国家出版基金项目
NATIONAL PUBLICATION FOUNDATION

中国西南少数民族
村落的保护与发展
内容总录系列

孙华　主编

广西侗族村寨调查简报 1

2015年度国家社会科学基金重大项目——中国西南少数民族传统村落的保护与利用研究

巴蜀书社

图书在版编目（CIP）数据

广西侗族村寨调查简报（一）/ 孙华主编. —成都：巴蜀书社，
2018.11

（中国西南少数民族村落的保护与发展丛书）

ISBN 978-7-5531-0907-7

Ⅰ. ①广… Ⅱ. ①孙… Ⅲ. ①侗族—民族调查—调查报告—广
西 Ⅳ. ①K287.2

中国版本图书馆CIP数据核字（2017）第285866号

广西侗族村寨调查简报（一）

GUANGXI DONGZU CUNZHAI DIAOCHA JIANBAO（YI）

孙　华　主编

出 品 人　　林　建

总 编 辑　　侯安国

责任编辑　　徐庆丰　易欣韡

封面设计　　张　科

出　　版　　巴蜀书社

　　　　　　成都市槐树街2号　邮编：610031

　　　　　　总编室电话：（028）86259397

网　　址　　www.bsbook.com

发　　行　　巴蜀书社

　　　　　　发行科电话：（028）86259422　86259423

经　　销　　新华书店

印　　刷　　成都东江印务有限公司

版　　次　　2018年11月第1版

印　　次　　2018年11月第1次印刷

成品尺寸　　210mm×285mm

印　　张　　27.75

字　　数　　560千

书　　号　　ISBN 978-7-5531-0907-7

定　　价　　400.00元

高秀村图版一 全景图

高夯村图版二 全景图

高秀村图版三　全景图

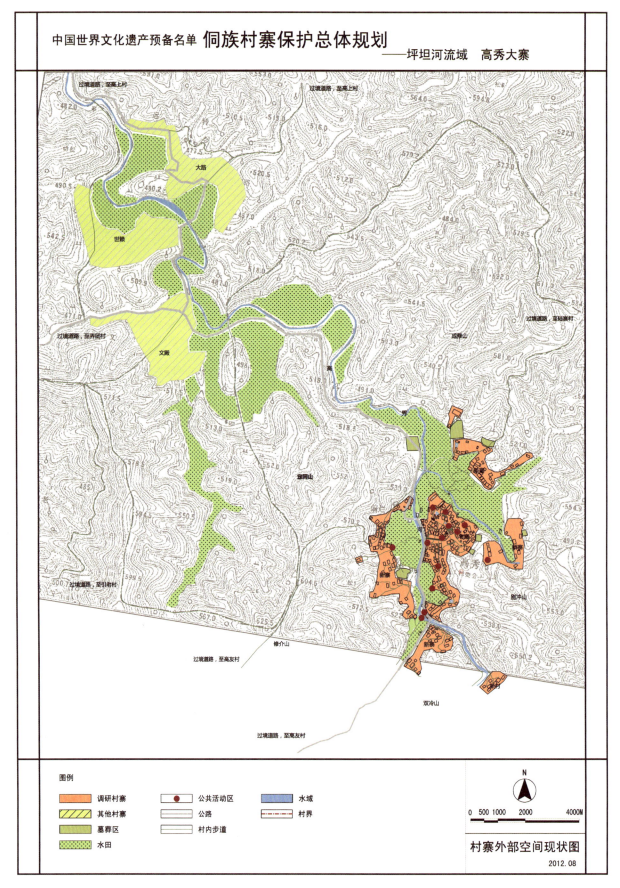

中国世界文化遗产预备名单 **侗族村寨保护总体规划**
——坪坦河流域　高秀大寨

图例

调研村寨		公共活动区		水域	
其他村寨		公路		村界	
墓葬区		村内步道			
水田					

N

0　500 1000　　2000　　　　4000M

村寨外部空间现状图
2012.08

高秀村图版四　外部空间现状图

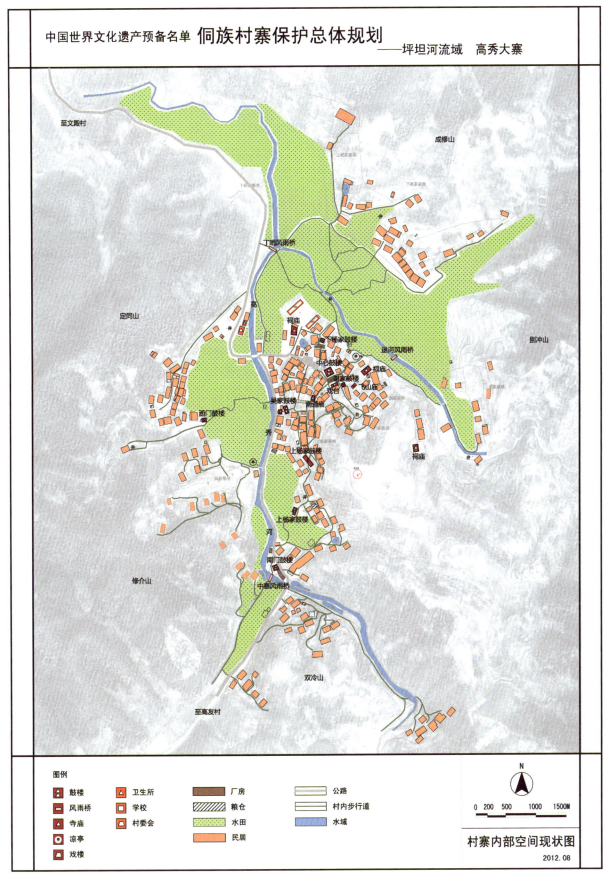

中国世界文化遗产预备名单 **侗族村寨保护总体规划**
——坪坦河流域　高秀大寨

图例

- 🔺 鼓楼
- ▭ 风雨桥
- 🔺 寺庙
- ◉ 凉亭
- 🔲 戏楼
- 🔺 卫生所
- 🔲 学校
- 🔲 村委会
- ▨ 厂房
- ▨ 粮仓
- ▨ 水田
- ▨ 民居
- ▭ 公路
- ▭ 村内步行道
- ▬ 水域

N

0　200　500　1000　1500M

村寨内部空间现状图

2012.08

高秀村图版五　内部空间现状图

中国世界文化遗产预备名单 **侗族村寨保护总体规划**
——坪坦河流域　高秀大寨

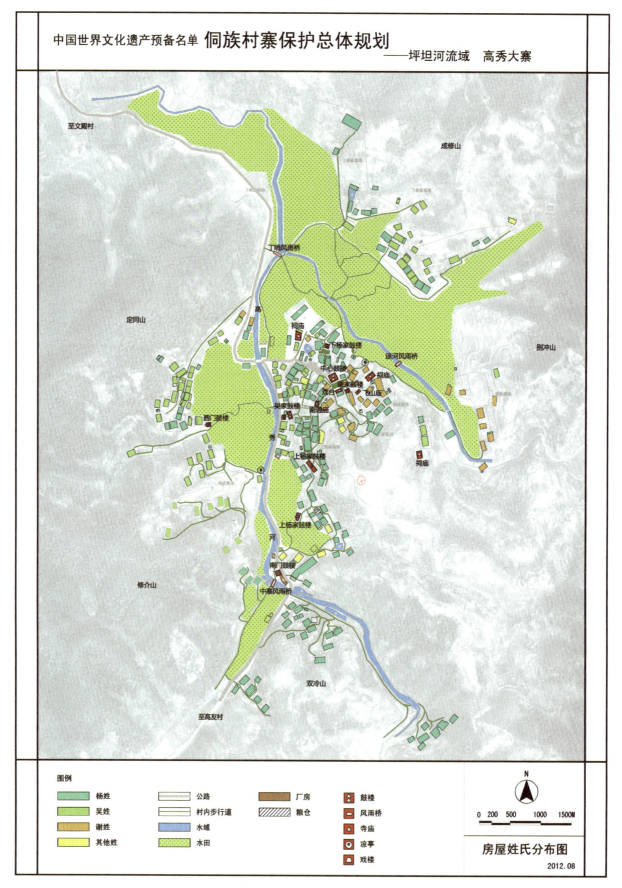

图例

杨姓	公路	厂房	鼓楼			
吴姓	村内步行道	粮仓	风雨桥			
谢姓	水域		寺庙			
其他姓	水田		凉亭			
			戏楼			

N

0　200　500　1000　1500M

房屋姓氏分布图
2012.08

高秀村图版六　房屋姓氏分布图

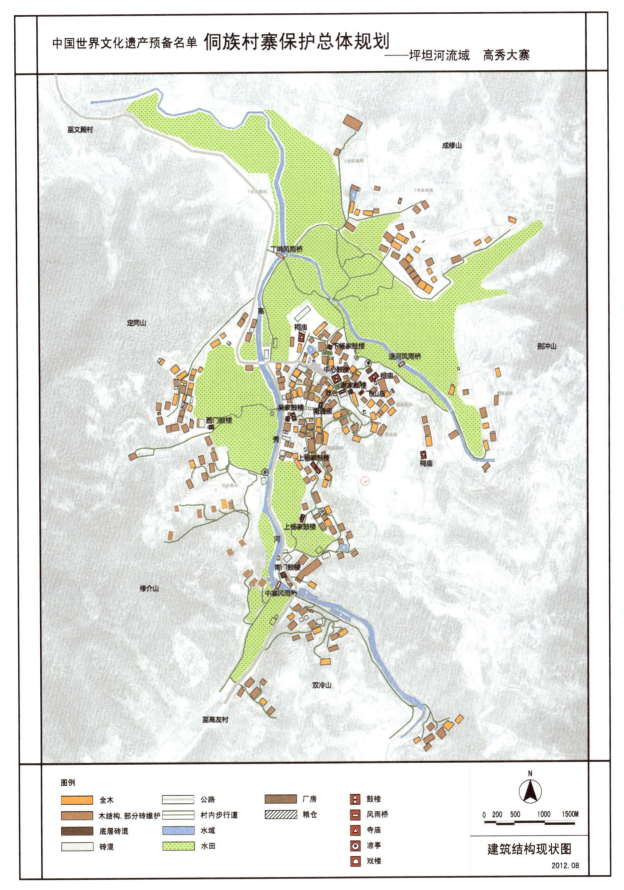

中国世界文化遗产预备名单 侗族村寨保护总体规划
——坪坦河流域 高秀大寨

图例

全木		公路		厂房		鼓楼	
木结构,部分砖维护		村内步行道		粮仓		风雨桥	
底层砖混		水域				寺庙	
砖混		水田				凉亭	
						戏楼	

建筑结构现状图
2012.08

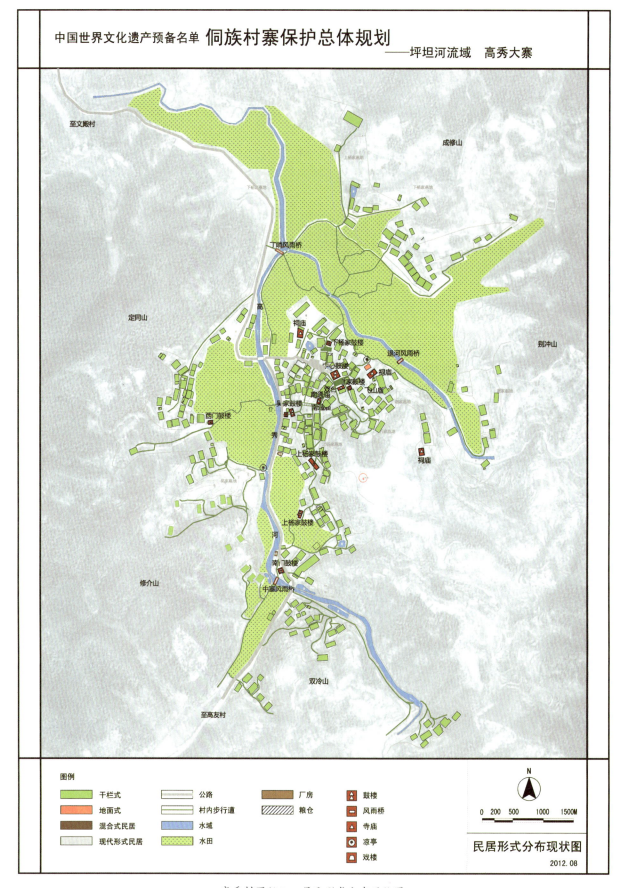

中国世界文化遗产预备名单 **侗族村寨保护总体规划**
——坪坦河流域　高秀大寨

图例

干栏式	公路	厂房
地面式	村内步行道	粮仓
混合式民居	水域	
现代形式民居	水田	

鼓楼　风雨桥　寺庙　凉亭　戏楼

0　200　500　1000　1500M

民居形式分布现状图
2012.08

高秀村图版八　居民形式分布现状图

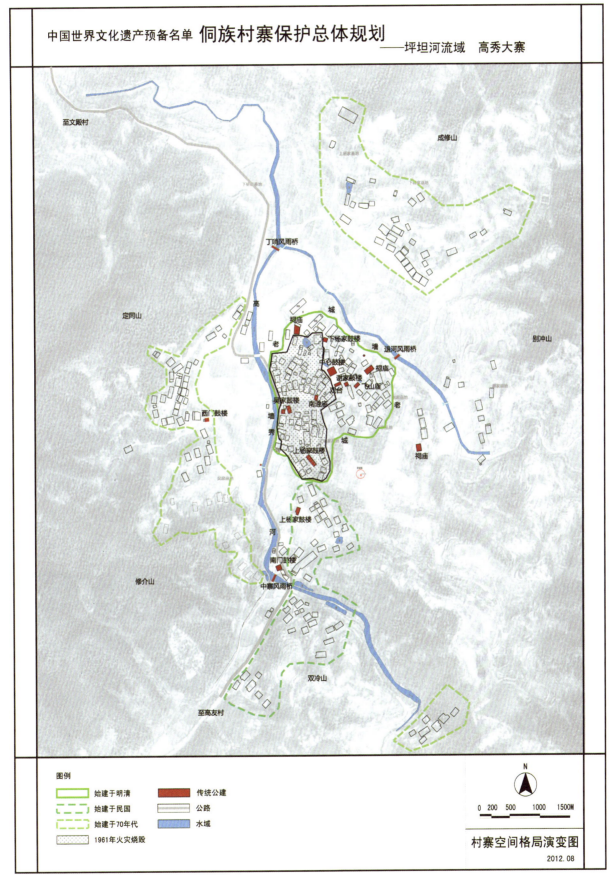

中国世界文化遗产预备名单 **侗族村寨保护总体规划**
——坪坦河流域　高秀大寨

图例

- 始建于明清
- 始建于民国
- 始建于70年代
- 1961年火灾烧毁
- 传统公建
- 公路
- 水域

村寨空间格局演变图

2012.08

高秀村图版九　空间格局演变图

高友村图版一　高友村全景图

高友村图版二　民居建筑

高友村图版三　中鼓楼（左）及下鼓楼（右）

高友村图版四　近年新建的福星楼

高友村图版五　杰龙桥（风雨桥）

高友村图版六　高友村外围林田

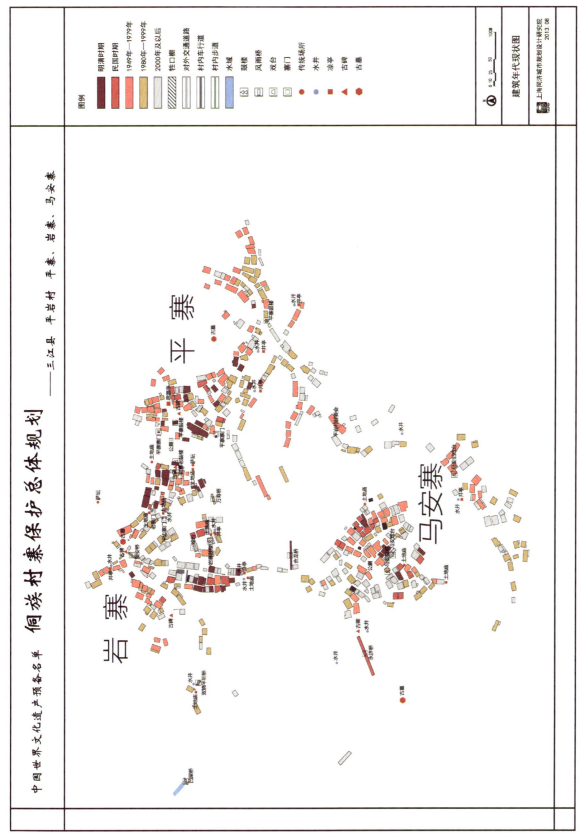

中国世界文化遗产预备名单 侗族村寨保护总体规划

——三江县平岩村平寨、岩寨、马安寨

上海同济城市规划设计研究院 2013.08

建筑年代现状图

图例

- 明清时期
- 民国时期
- 1949年—1979年
- 1980年—1999年
- 2000年及以后
- 牲口棚
- 对外交通道路
- 村内车行道
- 村内步道
- 水域
- 鼓楼
- 风雨桥
- 戏台
- 寨门
- 传统场所
- 水井
- 凉亭
- 古碑
- 古墓

平岩

岩寨

马安寨

平岩村平寨图版——平岩村建筑年代现状图

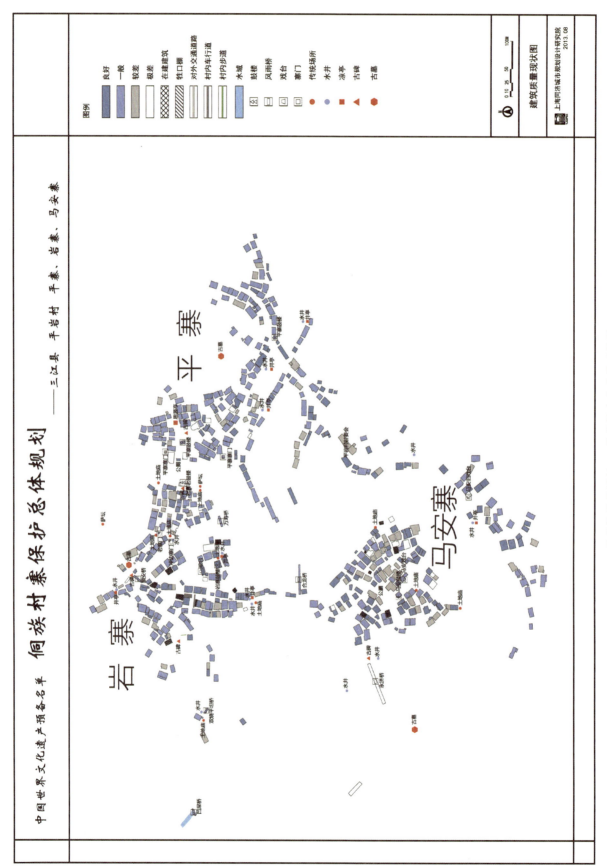

平岩村平寨图版二 平岩村建筑质量现状图

平岩村平寨图版三 水田及旱地

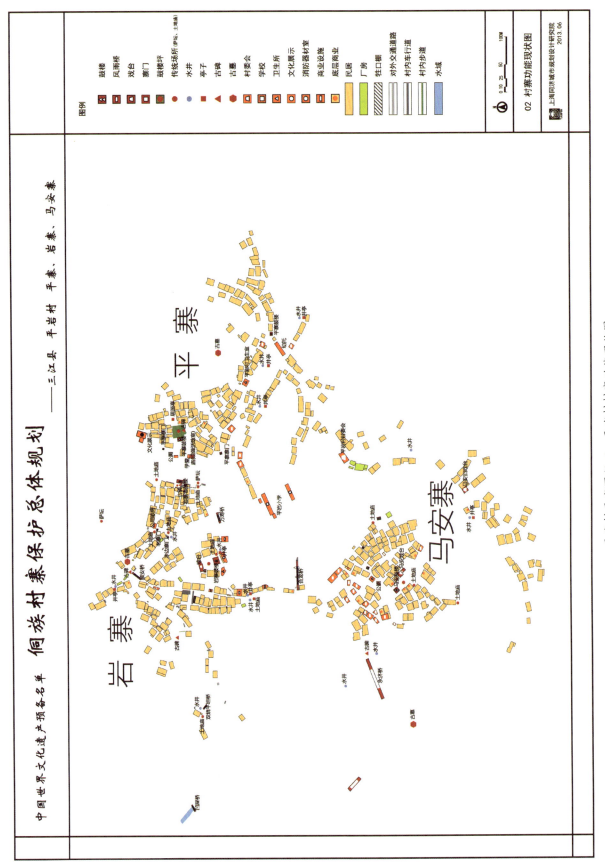

中国世界文化遗产预备名单　侗族村寨保护总体规划——三江县平岩村平寨、岩寨、马安寨

平寨

岩寨

马安寨

图例

鼓楼
风雨桥
戏台
寨门
鼓楼坪
传统场所（萨坛、土地庙）
水井
亭子
古碑
古墓
村委会
学校
卫生所
文化展示
消防器材室
商业
底层商业
民居
厂房
牲口棚
对外交通道路
村内车行道
村内步道
水域

村寨功能现状图

上海同济城市规划设计研究院
2013.06

平岩村平寨图版四　平岩村村寨功能现状图

平岩村平寨图版五　南寨门

平岩村平寨图版六　鼓楼坪

平岩村平寨图版七　综合楼前广场

平岩村平寨图版八　老鼓楼

平岩村平寨图版九　思源亭

平岩村平寨图版十　合龙桥

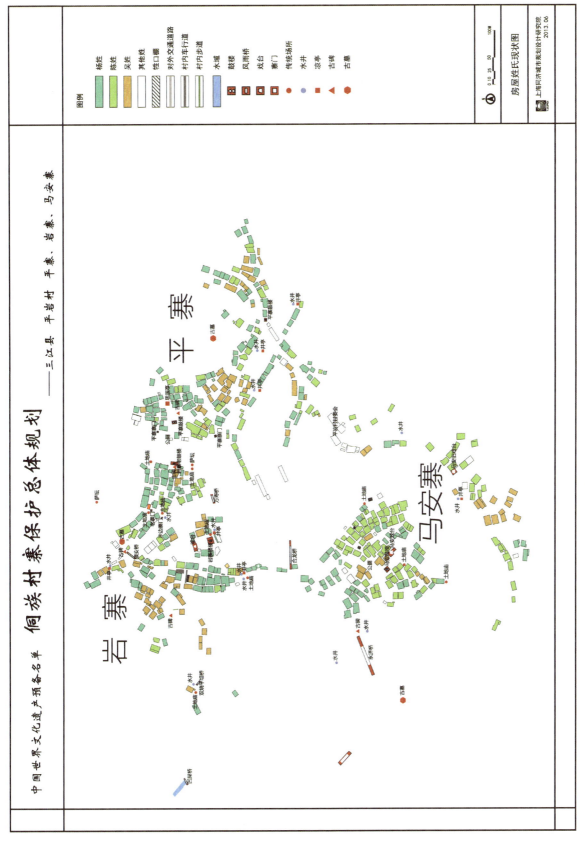

中国世界文化遗产预备名单 侗族村寨保护总体规划

——三江县 平岩村 平寨、岩寨、马安寨

平岩村平寨图版十一—平岩村房屋姓氏现状图

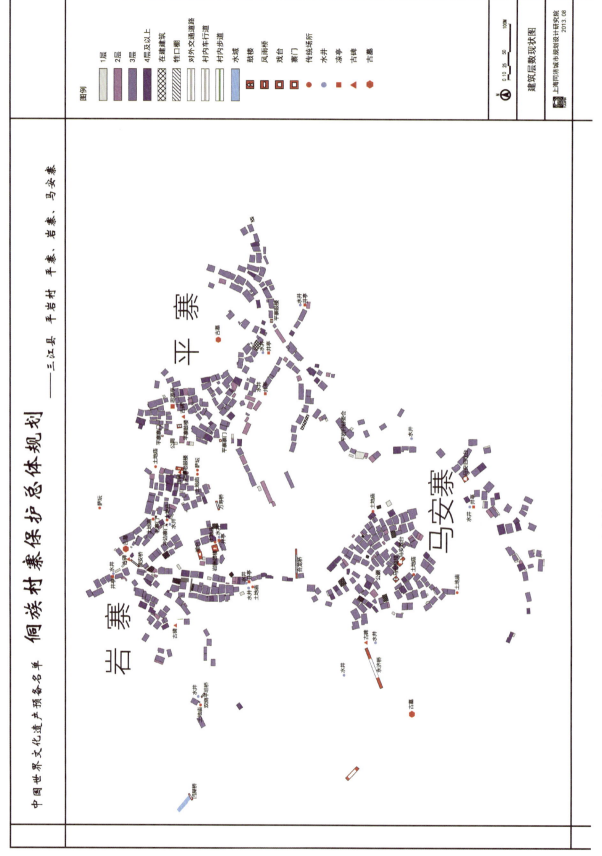

中国世界文化遗产预备名单　侗族村寨保护总体规划
——三江县 平岩村 平寨、岩寨、马安寨

平岩村平寨图版十二　平岩村建筑层数现状图

平岩村平寨图版十三　火塘

平岩村平寨图版十四　橱柜

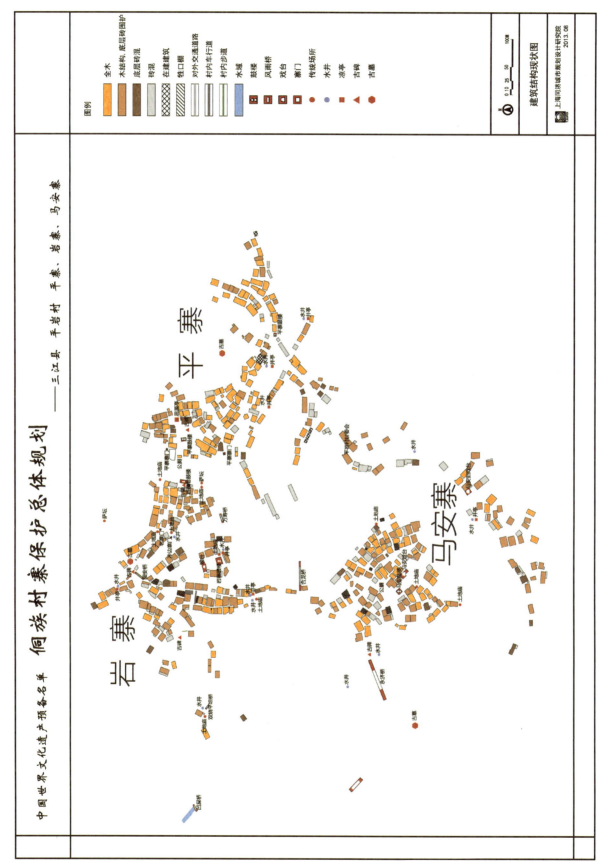

中国世界文化遗产预备名单 侗族村寨保护总体规划
——三江县 平岩村 平寨、岩寨、马安寨

平寨

岩寨

马安寨

平岩村平寨图版十五 平岩村建筑结构现状图

平岩村平寨图版十六　垫平地基

平岩村平寨图版十七　陈俊障宅走廊

平岩村平寨图版十八　老鼓楼立柱上的钉痕

平岩村平寨图版十九　儿童无领右衽衣

平岩村平寨图版二十　儿童套头
围裙、尾帽（正面）

平岩村平寨图版二十一　儿童套
头围裙、尾帽（背面）

平岩村平寨图版二十二　大梁上包裹的侗布

平岩村岩寨图版一　岩寨环境

平岩村岩寨图版二　俯瞰岩寨与林溪河谷

平岩村岩寨图版三　岩寨分区示意图

平岩村岩寨图版四　岩寨鼓楼

平岩村岩寨图版五　岩寨鼓楼内梁架结构

平岩村岩寨图版六　侗族非物质文化遗产传承展示中心

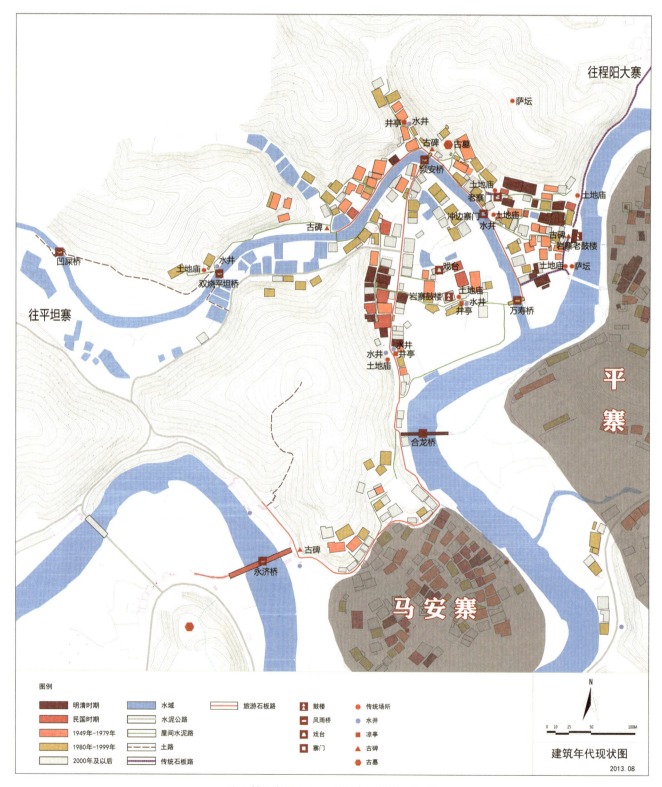

往程阳大寨

萨坛

井亭 水井

古碑 古墓

频安桥

土地庙
老寨门
冲边寨门 土地庙
水井

土地庙

古碑
岩寨老鼓楼
土地庙 萨坛

戏台

岩寨鼓楼 土地庙
水井
井亭 万寿桥

凹屎桥

土地庙 水井
双烧平坦桥

往平坦寨

古碑

水井
水井 井亭
土地庙

平

寨

合龙桥

古碑
永济桥

马安寨

图例

明清时期	水域	旅游石板路	鼓楼	传统场所
民国时期	水泥公路		风雨桥	水井
1949年-1979年	屋间水泥路		戏台	凉亭
1980年-1999年	土路		寨门	古碑
2000年及以后	传统石板路			古墓

N

0 10 25 50 100M

建筑年代现状图
2013.08

平岩村岩寨图版七　岩寨建筑年代现状图

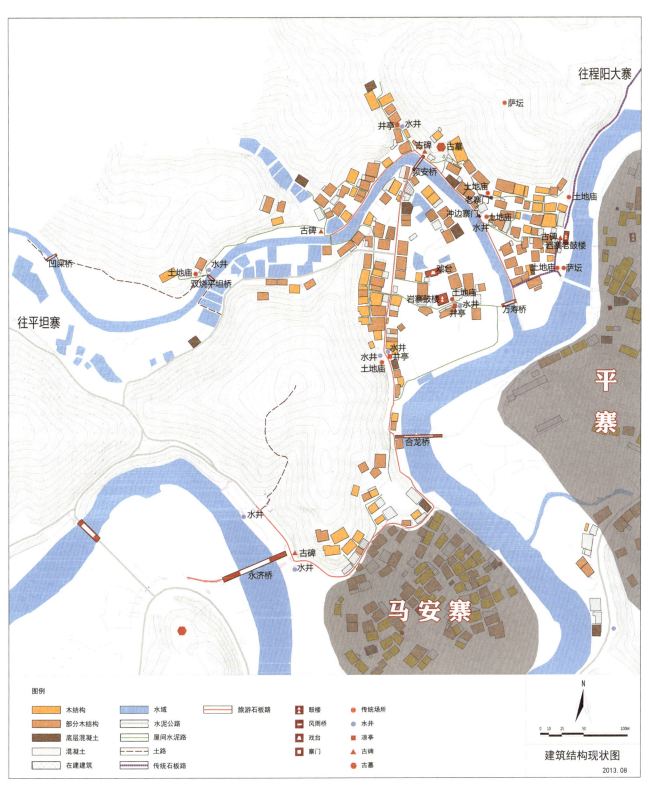

平岩村岩寨图版八　岩寨建筑结构现状图

平岩村岩寨图版九　刷桐油与清漆
的木板对比

平岩村岩寨图版十　杨莲指宅

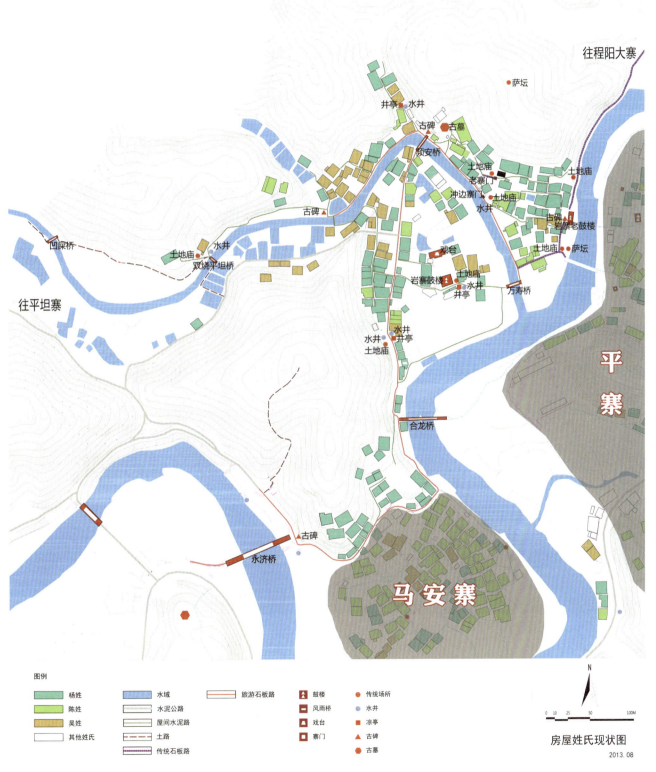

往程阳大寨

萨坛

井亭　水井

古碑　古墓

颐安桥

土地庙

老寨门

冲边寨门　土地庙

水井

古碑

岩寨老鼓楼

土地庙　萨坛

古碑　土地庙

戏台

岩寨鼓楼　土地庙

井亭　水井

万寿桥

往平坦寨

凹寮桥

土地庙　水井

双烧平坦桥

水井　井亭

土地庙

合龙桥

平寨

永济桥

古碑

马安寨

平岩村岩寨图版十一　岩寨房屋姓氏现状图

平岩村岩寨图版十二　采茶

平岩村岩寨图版十三　新绣老绣对比

平岩村岩寨图版十四　女性服饰

平岩村马安寨图版一　山顶俯瞰马安寨1

平岩村马安寨图版一　山顶俯瞰马安寨2

平岩村马安寨图版二　马安寨地理环境

平岩村马安寨图版三　山中经济作物

平岩村马安寨图版四　山脚下的稻田

平岩村马安寨图版五　山沟处的鱼塘

平岩村马安寨图版六　水位较浅的林溪河

平岩村马安寨图版七　路边的流动商贩

平岩村马安寨图版八　鼓楼

平岩村马安寨图版九　鼓楼匾额

平岩村马安寨图版十　程阳桥

平岩村马安寨图版十一　西侧旅游桥

平岩村马安寨图版十二　东侧桥

平岩村马安寨图版十三　新戏台

平岩村马安寨图版十四　程阳桥边井

平岩村马安寨图版十五　醉山路边井

平岩村马安寨图版十六　桥旁井

平岩村马安寨图版十七　男装（正面）

平岩村马安寨图版十八　女装-冬装（正面）

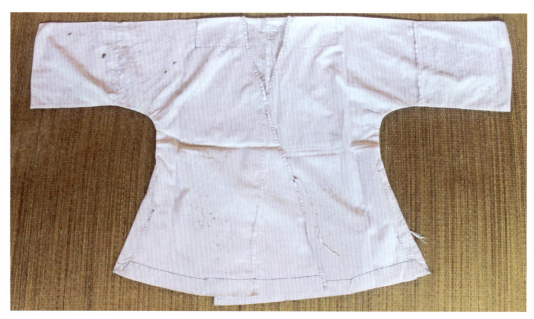

平岩村马安寨图版十九　内衣（正面）

平岩村马安寨图版二十　棉袄（正面）

平岩村马安寨图版二十一　夏衣（正面）

平岩村马安寨图版二十二　发带　侗帕

平岩村马安寨图版二十三　木工工具

平岩村马安寨图版二十四　染布所用的植物

目 录

保护民族村寨，促进社会发展（代前言）

孙　华

（北京大学文化遗产保护研究中心）

中国的西南地区包括了四川盆地、云贵高原和青藏高原三大地理单元。这里是世界的屋脊，是中国长江、黄河和珠江三大河流发源的地方，是贯穿中国的半月形文化传播带经过的地方。西南地区的腹地，也就是青藏高原东麓地区（包括藏东南、川西高原和滇西高原），被称作中国西南山地热点地区。该地区东为海拔很低的四川盆地，西邻高耸的青藏高原，从海拔几百米的河谷到六七千米的山脉交替出现。复杂的地理环境和气候条件造就了这里独特的生物多样性、民族多样性和文化多样性。这里是中国民族最集中的地区，又是中国交通最困难的区域，许多民族还保留着东部发达地区早已经遗失了的行为方式、生活习惯、聚落形态、宗教礼仪和生产工艺，蕴涵着极其丰富的民族文化信息，是进行民族学、人类学和民族考古研究最理想的区域。该地区少数民族聚居的村寨则成为所有这些历史和文化信息集中的一个个资料库，有待于我们去开启和利用。在现代化和城市化飞速发展的中国，许多西南边远地区的闭塞状况已经明显改善，村寨的文化景观也已经发生或正在发生悄然的变化。这些，更需要我们文化遗产保护研究的从业人员去迎接挑战，在当地人们生活水准提高的同时，努力保护好这份宝贵的遗产资源。

西南地区山高林密，交通困难，古代的统一事业相对进行得较为缓慢。直到今天，西南地区还生活着中国族类最多的少数民族，散布着星罗棋布的不同民族的村寨。这些村寨所在地区相对封闭，经济也发展缓慢，文化的演进还基本上沿袭着其千百年来形成的自然节奏，不像中国东部和中部地区那样，乡村文化景观已经发生了很大的变化。由于西南少数民族所在的自然环境差异很大，社会发展水平参差不齐，文化习俗异彩纷呈，其乡村文化景观也有着显著的不同。这种不同，最集中地体现在其民族居住的村寨内。丰富多彩的少数民族村寨蕴涵着居住在其中的人们的大量社会、历史、文化和艺术要素，对我们认识中国多元一体的民族结构，研究这些少数民族的社会历史，丰富和发展人类的文化艺术，促进当地社会的可持续和谐发展，有着重要的价值。这些价值具体体现在以下三个方面。

首先，西南少数民族村寨是中国大多数少数民族丰富多彩的传统文化的集中保存地，是世界多元文化的重要组成部分。西南地区是中国南北向的文化传播带和东西向的文化传播带经过的地方，云南高原地区更是这两条文化传播带交叉的地方。前一条南北向的路线被称为"半月形文化传播带"或"藏羌（彝）走廊"，是中国北方及西北地区的古代族群南下的主要通道。考古学的证据表明，从新石器时代的仰韶文化时期起，北方的居民就沿着这条通道不断南下。后一条东西向的路线，也是古代族群迁徙的重要通道，这些族群沿着从云贵高原发源或流经的多条大河（如长江的支流沅水和乌江，珠江的上游南、北盘江，元江／红河的上游礼社江），或从云贵高原东下至长江中游、珠江口甚至红河下游地区；或从中下游地区逆流而上，进入到贵州高原甚至云南东南部地区。正是这两大文化传播带和族群迁徙通道的存在，造就了西南地区，尤其是云贵高原地区民族和文化的多样性和复杂性。中国现有56个民族，西南地区就集中了汉、壮、回、苗、土家、彝、藏、布依、侗、瑶、白、哈尼、傣、傈僳、仡佬、拉祜、水、佤、纳西、羌、仫佬、景颇、毛南、布朗、阿昌、普米、怒、京、基诺、德昂、门巴、独龙、珞巴等民族，占我国已识别民族总数的三分之二；此外，中国绝大多数未识别民族，也都分布在西南地区。这些民族基本上是以农业为主要经济形态的定居民族，由于各村落的历史形成不同、文化渊源各异，因而形成了种类众多、风格多样、习俗也千差万别的村落乡村文化景观。无论是文化的多样性还是村落形态的多样性，在西南地区都得到最充分最集中的体现。

其次，西南少数民族村寨是人类发展历史的实物证据。严格意义上的历史时期，是指有文字记录的时期，这个时期在中心地区开始于商代晚期的殷墟时期，但西南地区则比较晚，且各区域进入历史时期的年代不尽相同。在云贵高原的古夜郎道沿线，历史时期开始于西汉中期；在西藏地区，历史时期始于吐蕃时代；而在其他地区，有文字记载的历史开始更晚。而这种狭义历史时期的西南地区历史，文献的记载都是西南地区古代族群的人们与中心地区的人们发生了重要接触行为时的记录，如汉武帝通西南夷、蜀汉诸葛亮平南中、唐与吐蕃调整关系、南诏侵益州及交州、忽必烈灭大理、明太祖时的平云贵、明万历时的平播州、清雍正时的改土归流、清乾隆时的大小金川之役，等等。除了这些重大历史事件以外，文献记载中关于西南少数民族地区的记载并不多。我们要认识这个地区的历史，其史料来源除了文献记载外，早期的主要是考古材料，晚期的则主要是蕴涵在村落中的民族志资料。回顾历史可以知道，一个古族自从其共同的生活区域基本稳定以后，如果没有积累的内部冲突或外界干扰，其聚居的村落有的会一直延续下来（当然随着人口的繁衍等原因也不断会有新的村落建立）。云南云龙县白族的诺邓村，由于这里很早就发现有盐卤涌出，白族先民很早就在这里定居，唐代樊绰《云南志》中就已经有了"诺邓"之名，该村的形成肯定在唐代甚至更早的时代，是一个千年村名不改，聚落不迁的具有深厚文化积淀的传统村落。现代西南每个民族的村落中都蕴涵着丰富的历史信息，通过这些信息，我们可以知道许多考古材料和历史文献所没有的古族历史的细节，从而为研究西南民族史做出贡献。除此以外，西南少数民族村落还能提供中国东部地区发展历史的重要参考材料。由于社会发展的地域性不平衡，我国东部地区许多历史上曾经有过的东西都已经消失了。"礼失而求诸野"，在中国西南民族村落中，就保存了许多中国中心地区曾经有过但现在已经消失的文化现象。研究西南民族村落的现在，很可能有助于了解我们的古代。

其三，西南少数民族村寨是西南地区社会发展的重要资源。西南地区各个不同的地域，是世世代代生息在这些地方人们的心灵家园。这里集中保存着他们祖辈的业绩，有他们世代相承的生存智慧、生活方式和文化传统。由于现代社会发展十分迅猛，特别是在现代化、全球化和城乡一体化的浪潮中，原先生活在相对封闭、节奏缓慢、发展滞后的西南少数民族村寨的人们，在使人眼花缭乱的外来信息的冲击下，自然会产生种种不适应，不仅对外界也对自身产生种种困惑，从而就会希望在自己的家园获得一些慰藉。如果说外来文化的冲击，使得西南少数民族村寨的传统发生某种程度的中断，当地村民持续而稳定的生活变得不那么具有连续性，是催生西南少数民族地区人们乡愁的纵向因素的话，那么，当今西南地区许多少数民族村寨的年轻一代离开世居的村寨到城市务工，置身于一个完全不同于传统乡村的现代城市中，这种空间距离和文化差距就是生成这些外出村民乡愁的横向因素。这样，作为家园的传统村寨就成为包括少数民族在内的现代人用以寻求自我的心灵平衡、重新找到精神归宿感的自我防御机制的重要"文化空间"。除此以外，中国西南地区山峦起伏，森林广布，自然景观随地区和地形而变化，既有云遮雾罩、山重水复的高原山地，又有天高气爽、环山嵌湖的高原平坝，还有白云蓝天、绿草如茵的高海拔草原，多样的自然环境加上多样的文化传统，造就了丰富多彩的建筑类型和建筑风格，形成了文化景观迥然不同的村落风格。优美的环境，奇特的建筑，再加上位于外地人很少去的偏远地区，西南少数民族村寨受到了国内外公众的普遍喜爱。早在20世纪前半期，俄国人顾彼得（Peter Goullart）就这样深情地写道："我很早就梦想找到并生活在一个被大山与世隔绝的美丽的地方，也就是若干年后詹姆斯·希尔顿在他的小说《失去的地平线》中描写的'香格里拉'。小说的主人公意外发现了他的'香格里拉'。而我在丽江，凭我执着的追求寻觅，找到了我的'香格里拉'。"前些年，《中国国家地理》曾发起过评选中国最美村落的活动，高居榜首的不是江浙水乡村落，不是皖南徽州村落，而是四川丹巴县甲居嘉绒藏寨，就说明了这个问题。西南少数民族村寨因而也就成了一种重要的旅游资源，成为促进当地经济、文化和社会发展的一个重要因素。

不过，也正是由于现代化、城市化、全球化的冲击，西南少数民族村寨才与中国其他地方的传统村落一样，几乎所有村寨都有了电灯照明、电话通信和电视接收。一条条公路、一根根电线和一道道电波正在将乡村与城镇连接起来，与世界其他地方联系起来，乡村也不可避免地要被全球化的浪潮所卷入。即使在最偏僻的一些村寨，外来的观念、外来的文化和外来的设施都已经进入到这些村民的头脑中、行为中和日常生活中。这种跨越自然区隔的道路建设和信息管道的建立，使得原先相对被"隔离"的乡村变得不那么封闭了，乡村的生态环境发生了变化。这种变化也必然导致乡村的许多方面向城镇靠拢，从而使乡村文化景观发生变异。这种变化的表象之一，就是许多民族村寨的人们受到城市和工厂的吸引，年轻人大多外出务工，村内剩下的大都是老人、孩子或中年以上妇女，失去了最有活力的青年群体，原先兴旺的村寨已经衰落和破败，村落面临着严重的空心化、老龄化、城郊化等问题。并且随着乡村经济走向多元化，西南地区许多村寨的家庭都有了兼业（副业），由于各家兼业种类和规模的不同，各个家庭的收入也有较大的差异，整个乡村社区的结构已趋向复杂。根据文化人类学或考古学的理论，越是复杂的事物，越容易发生变异。西南少数民族村寨的乡村文化景观，加快其原先基本稳定的发展演变节奏，已成为一个不可避免的现象。

在现当代全国统一的土地制度、行政制度和管理模式下，在当下城市化、城乡一体化和现代化的冲击下，西南地区少数民族村寨面临的问题与中国所有传统村落基本相同，主要体现在这样四个方面：一是普遍失去了传统的自下而上的自组织能力，自上而下的全国统一的他组织行为代替了具有个性化的自组织行为，传统文化多样性生成的土壤已经不复存在；二是伴随着现代化和城市化进程的迅速推进，村民大量涌向城镇，原先的基层政权对乡村的管控能力降低，导致村寨内部凝聚力的下降甚至丧失；三是传统乡村与城镇的生产关系发生逆转，新的城乡关系导致多数西南少数民族村寨的日益破败，城乡间的贫富差距进一步增大；四是开始于贵州湄潭县，进而在全国实施的农村土地的"两权分离"和"长久不变"，使得包括西南少数民族村寨在内的土地权属固化，无论是改善村民的居住用房和人居环境，还是试图致力于村寨的规模化产业的发展，都变得非常困难。除了这些问题外，我们在相当长一段时期内，强化了城镇与乡村的差别。农村户口的人们一旦因读书、招工、参军等因素获得了城市户口后，就失去了再回到农村的可能性。他们退休后也不能在故乡买房建房，为乡村建设发挥作用，而是在城市买房安度晚年，将积累的财富和资源留在了城市。这与过去乡绅阶层不少是从城市退休返乡、将在城市赚取的财富和资源带回乡村的情况截然相反。而在不断推进城市化的今天，乡村的人们不再被一亩三分地束缚，他们大量在城市务工，不少人将挣得的工资储存起来在城镇买房，人才资源和资金资源不断从乡村被带到城市，而城市的人才资源和资金资源却很少进入农村。这些因素，导致城市与农村的差距加大，农村不免日益贫困化和边缘化。

中国西南少数民族村寨既然有重要的文化价值和社会价值，现在它们的存在状态和发展趋势又面临着许多问题，这就需要我们尽快选取保护对象，寻找保护对策并采取相应的行动，使这些承载着丰富文化信息的传统村寨能够更长久地保存和延续。

中国西南地区幅员辽阔，基本保持着传统风貌的村寨数量很多，有些位于高山陡坡、交通不便、存在地质灾害、不利于村民生产生活的村寨，当然只能采取拆村搬迁、合村并寨等方式进行处理；那些靠近城镇、已经或即将纳入城镇建设区的村寨，那些位于交通要道沿线、传统风貌正在迅速变异的村寨，已经无法也没有必要再采取保护行动。西南少数民族地区村寨数量众多，许多村寨都具有相近的自然环境和村寨建筑，如何在每个少数民族的众多村寨中选取具有典型性和代表性的村寨，是保护好西南民族村寨的首要问题。中国是一个文明古国，又是资源相对缺乏的人口大国，遗产保护与民众生计的矛盾比许多国家都尖锐。即使是那些已经成为历史陈迹的古代遗址，保护起来仍然存在着保护性用地与乡村耕地和宅基地之间的矛盾冲突，更何况乡村文化景观这样的动态遗产。因此，在制定西南少数民族村寨的保护规划之前，先要对这些地区的村寨进行全面调查，基本掌握现有村寨的相关信息，才能进行一个民族或一个自然地理单元的各村寨的价值比较，才能从中选择出不同价值层面的村寨，并将其列入不同的保护层级，才能确定保护的范围、资源的取舍和发展的方向。

生活在中国西南山地的各民族，由于其村寨散布在交通不便的山区，被文化遗产学界了解情况的村寨只占其中一部分（这些村寨主要沿公路分布并距离城镇不是很远），还有许多村寨有待于重新调查和认识。到目前为止，我们已有的少数民族调查报告，注重的是人而非物，其公布的信息还不足以使遗产保护和管理者认知其价值。以苗族为例，早在20世纪50年代前，就已经涌现出了被誉为"苗学研究的三座里程碑"的三部苗族调查报告；20世纪50年代后，国家组织社会学家、民族学家和历史学家也开展了大量苗族社会历史调查工作，其调查成果除了"中国少数民族社会历史调查资料丛刊"中的苗族部分外，西南诸省区还分别编写了不少苗族的调查报告，贵州省民族研究所组织编写的"六山六水民族综合调查"就是其中之一。这些原始调查报告当然很珍贵，却存在一些缺憾。缺憾之一就是这些调查要么是区域民族调查，其调查范围主要是以州、县、乡为单位，很少能够具体到自然村寨这样基层的聚落单位；要么是某些专家进行的以某民族某一文化要素为对象的专题调查，缺少一个典型村寨全部结构要素的综合资料。因此，以自然村落为考察单位，首先进行各地区各民族的村寨调查，从中选取典型的村寨编写出版系列的"中国西南少数民族村落内容总录"，是开展该地区传统村落保护的前期工作。在此基础上，就可以通过村寨价值的比较评估，首先筛选出可以推荐列入省市级保护的相关村寨，然后再选出可以推荐列入全国重点文物保护单位和国家级历史文化名村的村寨，最后将价值最高、特征最典型的村寨推荐列入《中国世界文化遗产预备名单》及《世界遗产名录》，从而真正做到分级实施保护。

正是考虑到中国西南地区少数民族村寨的重要价值和面临的问题，北京大学文化遗产保护研究中心和贵州省文物局达成共识：少数民族村寨是中国西南地区文化遗产最重要的组成部分，这些村寨正面临着迅速改变和消失的威胁，亟须采取有计划的保护行动。由于西南地区自然条件复杂，民族成分多样，聚落形态千差万别，在开始保护行动之前，首先需要对西南地区不同民族、不同区域、不同社群的村寨进行系统的调查，在充分了解这些村寨基本情况和存在问题，以及深入思考这些村寨特点的基础上，通过对比分析这些村寨的文化面貌和价值分级，选取亟须采取保护行动的村寨群落和村寨个体，然后编制与乡村发展相结合的保护规划，采取恰当且适度的保护性干预行动。为此，我们在2007年开始了中国西南地区少数民族村寨调查的号召和动员，并于2008年起首先从贵州黔东南苗族侗族自治州的苗族村寨和侗族村寨开始，展开了少数民族村寨基本情况的调查。

从2008年到2014年，我们调查的范围从贵州黔东南州延伸到了邻近的湖南通道县和绥宁县、广西三江侗族自治县，其间还对云南大理白族州剑川县的白族村落、四川甘孜藏族自治州丹巴县的嘉绒藏族村落进行了调查。参加调查的人员主要是高等院校的师生，其中有以院系、研究所或研究中心名义组织的海峡两岸高校和科研单位人员，包括北京大学、同济大学、中央民族大学、四川大学、广西师范大学、台南艺术大学、贵州省文物保护研究中心、成都市博物馆等，还有多所高校的本科生和研究生个人自愿报名参加了调查。这些调查都是利用每年的暑期进行。七年间参加调查的人员数量，即使不计当地文物部门派遣的干部和当地参加调查的大学生，其数量也达到了309人次（其中有的师生多次参加，人员名单附后）。在此行动中，既有白发苍苍的老教师，如台湾清华大学的徐统、台南艺术大学的陈国宁教授，也有刚刚在大学修完“文化遗产概论课”参加实习的大学低年级学生，但主力则是来自历史学、考古学、社会学、民族学、建筑学、城乡规划学、博物馆学的大学毕业生和研究生。这些师生冒着酷暑，在西南偏僻的山村进行田野调查，先后调查的苗族、侗族、藏族、白族村寨超过五十个，另对与少数民族村寨相关的贵州锦屏县隆里古镇、四川宝兴县曹家村进行了调研，撰写了这些村寨的调查简报。有了对这些村寨地理环境与资源、传说与历史、基本构成单元、内部与外部结构、人群与社会组织、生业与经济结构、生活方式与风俗、宗教信仰与禁忌、相关文化事项和村寨保存状况的基本了解，再着手选择需要列入保护的村寨，并开始对一些村寨开展保护所需的更详细的综合调查和专题调查，在现状勘察报告完备、存在问题厘清的基础上，开始编制保护与发展规划，并开展保护行动。

选取要采取保护行动的保护对象，从岛屿生态地理学的理论来说，从尽可能多地保存我国传统村落的角度来说，都应当尽可能多地对有明显地理边界的成片传统村落和村落群进行整体保护。不过，传统村落不是简单的不可移动文物，我们不应当一味追求列入保护单位的传统村落数量。我们需要关注已被列为国家级或省市自治区级文物保护单位的传统村落的情况。这些村落通常都是以“某某村古建筑”的名义被列入保护单位的，保护的对象是这些村落中年代较早、规模较大的建筑群，不是整个村落，更不包括这些村庄赖以存在的农田、山林和川泽，也不包括这些村寨中的社会组织、生产工艺、民俗节庆、宗教礼仪等非物质文化事项，即其文物保护只是村落中个别物质文化要素的保护。这就容易出现传统村落中的公共建筑和个别民居保护较好、而整个村落及其载体却疏于保护的现象。我们还应当吸取中国历史城市保护的经验教训，这些教训是多方面的，其中一个教训就是国家级的历史文化名城数量过多，先后公布的三批国家级历史文化名城总数达99座，这些历史文化名城大多基础研究还比较薄弱，针对历史文化城市不同类型所制定的保护策略又有欠缺，保护范围（整体城市文化景观保护、城市轮廓及街区文化景观保护、部分街区文化景观保护、重点城市建筑遗产保护）也不够明确，结果现在的历史文化名城除了被列入世界遗产的城市以外，绝大多数是名存实亡了。西南少数民族村寨规模一般不大，即使是贵州黔东南州号称"苗都"的最大的西江千户苗寨，居民户数也不过1258户，人口不过5326人，其空间范围的大小和结构的复杂程度都无法与城镇相比，其保护难度比城镇要小些，保护模式应当以整体保护为主。不过，越是强调整体保护，在选取保护单位时就越应当注意代表性，否则有的地方会以为类似的村寨很多，改变几处无关紧要。一旦被列入高等级保护单位的民族村寨被人为破坏，而没有采取问责制追究有关责任人，就会使有关保护的法律规章失去其应有的权威，破坏行为就会蔓延，就如同大多数中国历史文化名城的遭遇一样。

我们早就认识到，一个完整的传统村落不仅是村落的建筑，还应当包括村落赖以存在的田地、水泽和山林，包括活动在这个区域内的人们及其行为传统模式。按照文化遗产的分类体系，传统村落应当归属于文化遗产的特殊类型——文化景观。文化景观是联合国教科文组织倡言的文化遗产的特殊类型，它是一定空间范围内被认为有独特价值并值得有意加以维持以延续其固有价值的、包括人们自身在内的人类行为及其创造物的综合体，其生活方式、产业模式、工艺传统、艺术传统和宗教传统没有中断并继续保持和发展的城镇、乡村、工矿、牧场、寺庙等，都应当属于文化景观的范畴。农业文化景观由于产业模式不同，又有传统村落文化景观和农场文化景观的分别，前者由于地理的区隔、传统的差异，文化面貌也异彩纷呈，是农业文化景观的主体，也是世界多元文化最重要的构成要素。中国西南的少数民族村寨，其地理环境多样，文化传统各异，许多地处偏僻山区的少数民族村寨迄今仍然保持了自己鲜明的传统和特色，是中国乃至世界的文化景观类型遗产的重要组成部分。不过，"文化遗产"不同于"文物"，前者包括了物质和非物质的遗留，后者则只针对物质的遗存。文物保护专家很容易将诸如少数民族村寨这样的遗产划分为两部分：村寨的聚落、民居和公共建筑被视为不可移动文物；而村寨内人们的日常用具、服装饰件则被归为可移动的民俗文物。至于传统村落赖以存在的田地、山林和丰富多彩的非物质文化事项，却没有被纳入文物保护的范畴。浏览目前已经公布的七批全国重点文物保护单位的名单，不难发现，几乎所有传统村落都是以"某某村古建筑""某某民居（某某大院）"等名目出现的，文物保护面对的不是传统村落的整体，而是村落中的部分古建筑或代表性建筑。由于以文物保护单位这样的模式保护传统村落，尽管有国家《文物保护法》的法规作保障，仍然很难做到保护村落的完整性、真实性和延续性；但如果将文物保护单位的范围推广至整个村落，甚至村落外的田地和山林，那么如何制定文物保护和管理的规定，如何处理村民因人口增长而新建的住房，以及如何对待村民改造自己原有住宅以提高自己生活品质，凡此等等，都是目前从事传统村落保护，尤其是西南少数民族村寨保护需要思考的问题。

我们这套"中国西南少数民族村落的保护与发展丛书"，正是上面这些思考和工作的产物。全书由"内容总录""勘察报告""保护研究"三个系列组成，涵盖了从西南部分少民族村寨基本情况调查、专题研究与综合研究以及保护与发展规划和实施报告三个方面。

"中国西南少数民族村落内容总录"系列，以村寨为基本单位，全面介绍该村寨基本情况。本系列已经编写了12册，分苗族村寨、侗族村寨、藏羌村寨、白族村寨四卷。其中已经调查的重要侗族村寨分布于贵州、湖南、广西三省区，故又细分为《贵州侗族村寨调查简报》《湖南侗族村寨调查简报》《广西侗族村寨调查简报》若干分册。每一分册由2-5篇调查简报组成，我们希望关注传统村落保护与发展的学者和机构，能够通过这些调查简报，对这些村寨的历史文化和当下状况有一个最基本的了解。由于我们的田野工作以贵州黔东南州为中心，因而贵州的苗族和侗族村寨调查报告的数量也最多，占了这个系列的半数，这也是苗族和侗族村寨以黔东南地区数量最多、保存最好、文化事项最丰富现状的反映。

"中国西南少数民族村落勘察报告"系列，由多本典型少数民族村寨勘察报告和专项研究著述组成。由于内容相对简单的村寨调查简报，还不能满足从事传统乡村研究、保护和发展的相关机构和个人的需求，需要对选取作为保护与发展对象的村寨做详细的勘察记录，找出该村寨存在的普遍性和特殊性问题，以便采取有针对性的保护与发展措施。计划撰写的勘察与研究报告有《贵州榕江县大利侗寨调研报告》《贵州榕江县大利侗寨勘测报告》《贵州锦屏县文斗苗寨调研报告》《贵州黎平县堂安侗寨整治报告》《四川丹巴县中路藏寨调研报告》《云南云龙县诺邓村调研报告》等。除此而外，我们还将在西南少数民族村寨保护与发展的实践中，选取一些典型案例，将其记录并汇集成册，以提供其他从事传统村落保护的同志参考和评判。

"中国西南少数民族村落保护研究"系列，是西南少数民族村寨保护的综合研究。它包括了村寨的历史、特点、价值和问题的基础研究，包括了针对中国传统村落、西南民族村寨、某一区域和族群村寨、某个自然村落存在问题及应对措施的研究，还包括了某些正在采取保护行动的传统村落的保护规划、展示规划、发展规划、方案设计等。如《中国传统乡村文化景观研究》《侗族村寨文化景观研究》《苗族村寨文化景观研究》《坪坦河流域侗族村寨保护与发展初论——从生态博物馆的角度》《川西高原藏羌碉楼研究》《云南云龙县诺邓村专题研究》《贵州控拜村苗族银匠村研究》《贵州榕江县大利侗寨文物保护规划》《贵州榕江县大利侗寨保护与发展规划》等综合和专题研究专著，以及《西南少数民族村寨研究文集》这样的论文汇集。

最后，作为主编，我代表全体作者，向支持西南少数民族村寨调查、研究和保护工作的单位和个人表示衷心的感谢。首先应当感谢的是联合国教科文组织北京代表处，该处的遗产项目专员杜晓帆博士最早提请我们关注西南地区少数民族村寨的保护与发展，希望中国这样一个大国能够利用自己的优势给东南亚少数民族村寨的保护探索符合亚洲特点的路径，我们正是在晓帆博士的鼓动下分别从不同的领域投入到西南地区少数民族村寨保护之中。其次是海峡对岸世界宗教博物馆的陈国宁馆长，她不顾自己年事已高，在自己原先任教的台南艺术大学的支持下，多年来承担起了组织台湾高校师生到祖国的西南地区参加少数民族村寨调查的重任，除了将她在台湾从事社区博物馆和社区再造的经验带给我们，还增强了海峡两岸师生的交流和了解。其三是要感谢中央民族大学民族及社会学院、同济大学建筑与城市规划学院、四川大学历史文化学院、台南艺术大学文博学院、云林科技大学文化资产维护系等高校相关院系所的负责人，他们协助我们动员学生参与西南地区少数民族村寨调查，是我们调查组人力资源和学术资源的可靠保障。其四要感谢四川、云南、湖南、广西诸省区文物局，他们在经费、人员、后勤保障上给予了我们许多支持和帮助，如果没有他们，我们许多工作没法顺利推进。最后，我们要特别感谢贵州、四川、云南、湖南、广西诸省区我们曾经开展调研工作的县（自治县）文化文物系统的工作人员和乡村的基层干部，他们或者与我们调查组的师生一起进驻村寨，充当我们的进村"向导"并为我们排忧解难，或充当我们在村中的"翻译"，帮我们联系村民，协助我们做社区动员和召开村民大会。正是在以上单位和个人的无私帮助和支持下，我们的村寨调查、村寨规划和村寨保护实践才能够顺利向前推进。

就在"中国西南少数民族村落的保护与发展丛书"首批图书即将出版之际，我们高兴地得知，国家已将"中国西南少数民族传统村落的保护与利用研究"列为国家社科基金重大招标项目，我们北京大学与中山大学分别中标，承担起该课题的研究任务。回顾过去，我们西南少数民族村寨保护与发展的项目，最初只是北京大学支持的一个小课题，所获课题经费也只有少量校长基金作为启动资金的五万元。多年的调查工作使我们从各方面筹集资金，非常节约地使用，使得我们历时八年、参加人员达三百余人次的田野工作能够顺利完成。国家出版基金设立后，基金委将"中国西南少数民族村落的保护与发展"作为首批国家图书基金资助项目，使我们这些年积累的调查和研究成果，能够有资金资助顺利出版。

希望本丛书能够给我们认识这些村寨提供基础资料，同时也希望这套简报能给予城市规划、乡村规划和区域规划者一个参考的依据，在城市发展、新农村建设的时候，能重新思考中国文化的核心价值，吸取农村发展的经验，厘清中国不同于其他文明的特色，构拟出一个适合现代国人生活和居住的蓝图。

附：参加西南少数民族村寨田野调查和报告编写人员名单

2008年度（20人）

孙华、张成渝（北京大学考古文博学院教员）。

王书林、吕宁、王敏、王璞、黄莉、马启亮、高玉、黄玉洁、童歆、干小莉、刘杨、石慧（北京大学考古文博学院、城市与环境学院）；刘睿、刘翠虹、刘业沣（中山大学人类学系）；郭琼娥、李蜜、杜辉（厦门大学历史系）。

2009年度（40人）

陈国宁（台南艺术大学文博学院教员）；孙华；李慧（四川大学历史文化学院教员）。

余昕、李伟华、丁虞、韩爽、张娥凛、戴伟、李林东、王皙妍（北京大学社会学系、考古文博学院、元培学院）；杨向飞、龙成鹏、张悦、张志磊、徐菲、王皓、罗洪、赵丹、王妹娜、邱艳、谢莉亚、周海建、杨丽玉、李灵志、黄秋韵、董晓君、宋秋、刘争（四川大学历史文化学院）；沈天羽、王韵嘉、雷继成、高忠玮、黄胜裕、陈韦伶、高玉馨、朱仲苓、张雯茵（台南艺术大学文博学院）；刘亦方（郑州大学历史与考古学院）；黄尚斐（中国传媒大学摄影系）。

2010年度（44人）

陈国宁；孙华、张成渝；江美英（南华大学艺术学院教员）；朱萍、马赛（中央民族大学教员、民族学与社会学学院教员）；白露、李林东（成都博物院文物考古研究所干部）。

王怡苹、范子岚、陈筱、张娥凛、何源远、赵昊、荆藤、邹鹏、余昕、郭明、李颖（北京大学考古文博学院、社会学系）；张林、陶映雯、向阳、贾凯丽、郑宜文、杨力勇、司马玉、张一辉、来源、吴仙仙（中央民族大学民族学与社会学学院）；冯佳福、吴昭洁、张康容、黄雅雯、苏淑雯、王柏伟、王净薇、谢如惠、黄淑萍、谢玉菁、钟子文、邓佳铃（台南艺术大学文博学院）；杨丽玉、张绍兴（四川大学历史文化学院）；韩婧（中山大学社会学与人类学学院）。

2011年度（61人）

徐统（台湾清华大学材料科学工程系退休教员）；陈国宁；孙华；王莞玲（兰阳技术学院建筑系教员）；江美英；朱萍；李智胜、郭秉红（贵州省文物局抽调专业干部）。

陈筱、陈元桉、梁敏枝、黄莉、焦姣、韩爽、杨玲、庄惠芷、张林、邓振华、何月馨、孙雪静、李梦静、周仪、丁雨、张瑞、柳闻雨、张琳、刘精卫、李皓月、王晴锋（北京大学考古文博学院、社会学系）；贾凯丽、郭领、刘学旋、郎朗天、雷磊、于梦思、王东、王博、王金、董韦（中央民族大学民族学与社会学学院）；袁琦（北京理工大学工业设计系）；闫金强（天津大学建筑学院）；杨丽玉（四川大学）；熊芝莲（云南师范大学日语系）；沈天羽、蔡译莹、赵庭婉、陈昱安、许又心、萧淑如，张康容（台南艺术大学文博学院、视觉艺术学院、艺术史学系）；段品琦、叶怡麟、郭维智、龚琳雅（云林科技大学文化资产维护系）；唐君娴（台北艺术大学建筑与古迹保存研究所）；谢以萱（台湾大学人类学系）；许明霖（台湾"中央"大学艺术学研究所）；林孟苏、陈仲甫（兰阳技术学院建筑系）；黄雅雯（高雄市立历史博物馆）；林义焜（台湾清华大学）。

2012年度（51人）

陈国宁；孙华；周俭（同济大学建筑与城市规划学院教员）；江美英；赵春晓（兰州建筑科技大学教员）；寇怀云（同济大学城市规划研究院职员）；赵瞳（清华大学建筑设计研究院职员）。

陈筱、陈元棪、王晴峰、张林、袁怡雅、刘昇宇、韩博雅、王小溪、朱伟、孙雪静、张锐、娃斯玛、刘婷、李楠、李可言、王斯宇、杨凡、刘天歌、尚劲宇、张予南、李寻球、张林（北京大学考古文博学院、社会学系）；曾真、董真、庞慧冉、刘小漫、卞晶喆、白雪莹、单瑞琪、张琳、俞文彬（同济大学建筑与城市规划学院）；石泽明、陈海波（中央民族大学民族学与社会学学院）；刘若阳（北京中医药大学毕业生）；陈沛妤、蔡泽莹、曾正宏、张康容（台南艺术大学）；段品淇、叶怡麟、龚琳雅（云林科技大学文化资产维护系）；杨贵雯（台湾）；林欣鸿（台湾清华大学）；林孟苏（台湾高雄大学）。

2013年度（42人）

孙华；朱萍；王红军、杨峰杨（同济大学建筑与城市规划学院教员）；赵春晓（兰州理工大学建筑学系教员）。

陈筱、李光涵、尚劲宇、王一臻、尚劲宇、吴煜楠、王宇、冯玥、王云飞、陈时羽、张夏、张高扬、张林、王思怡、温筑婷、张锐、刘畅、李唯、张予南、徐团辉（北京大学考古文博学院）；巨凯夫、门畅、尹彦、魏天意、娄天、陶思远、王正丰、陈艺丹、朱佳莉、罗蓝辉、陆盈丹、李缘圆、韩瑞、郑晓义、冯艳玲（同济大学建筑与城市规划学院）；曹玉钧（北京林业大学园林学院毕业生）；于炳清（南京解放军理工大学）。

2014年度（39人）

杨树喆、海力波、冯智明（广西师范大学文学院教员）；赵晓梅（北京建筑大学建筑学院教员）；孙华；郭炳红（贵州安顺市文物局退休干部）。

陈容娟、李哲、党延伟、谢雪琴、蔡检林、徐田宝、梁膑、彭翀、杨斯康、谢耀龙、李婉婉、周洁、辛海蛟、甘金凤、赵家丽（广西师范大学文学院）；李光涵、张巳丁、冯妍、尚劲宇、孙静、加娜古丽（北京大学考古文博学院、社会学系）；解博知、张逸芳、吕妍（北京建筑大学建筑学院）；于炳清、陈罗齐（南京解放军理工大学）；张力、杨中运、郑耀华（兰州理工大学建筑学系）；黄雨博（四川大学历史文化学院考古系）；Suvi Ratio（苏葳，芬兰赫尔辛基大学人类学系）；陈会、陈燕（贵州省文物保护研究中心）。

2015年度（12人）

石鼎（复旦大学文物与博物馆学系教员）。

李光涵（北京大学考古文博学院）；孙静（北京大学社会学系）；王霁霄（清华大学规划学院）；殷婷云（清华大学建筑学院）；石本钰、冉坚强、张芬（贵州民族大学民族学系）；刘威（山西大学考古学系）；杜菲（京都大学景观学系）；Joel Wing-lun（黄智雄，哈佛大学历史系）；张力（志愿者）。

——以上共计309人，没有注明教员身份的均为研究生和本科生。其中博士生陈筱、李光涵曾两次以辅导员身份带队，特此说明。

第 一 篇
广西三江县高秀村调查简报

一、概述

高秀村位于广西壮族自治区三江侗族自治县林溪乡东北部，平均海拔为546米，东北与湖南省通道侗族自治县陇城镇坪坦乡高团村、高步村、阳烂村毗邻，南与湖南省通道侗族自治县甘溪乡西壁村和本乡高友村接壤，西与本乡林溪村、弄团村相邻（图版一、二、三）。高秀村有

图一——1　柳州十大美丽乡村

两个自然屯（高秀屯和马哨屯），8个村民小组，其中高秀屯有7个组，马哨屯有1个组，有394户，1680人，均为侗族。有大小鼓楼9座，风雨桥3座，村寨依山傍水，错落有致。有村完小一所、马哨教学点一个，适龄儿童入学率100%。农民收入主要来源于种养及劳务输出。全村人均有粮514斤，人均收入3100元。

高秀村地处广西与湖南交界带，与湖南交界村寨通婚频繁，边界村民团结和谐，睦亲好邻，关系融洽，居民间日常交流多以侗语为主，除部分老年妇女之外基本都能讲普通话。高秀村民风淳朴，景色宜人，自然生态保护极好，为柳州市十大美丽乡村（图一——1），目前已积极拓展旅游事业。

本次调查从2012年7月19日开始到7月29日结束，一共十天。调查人员有赵春晓（兰州理工大学建筑系教员）、卞晶喆（同济大学建筑城规学院研究生）、杨贵雯（台南艺术大学艺术史与艺术评论所研究生）、蔡译莹（台南艺术大学博物馆学与古物维护所研究生）、杨凡（北京大学考古文博学院文物保护专业本科生）。

二、地理环境和资源

（一）地理环境

高秀侗族村寨地处高山河谷中，四面环山，位于定同山、成修山、别冲山、修介山及双冷山围成的山谷中，属于构造剥蚀中低山陡坡地形。平均海拔546米，谷地中地势比较平坦。

高秀村属岭南亚热带气候，雨量充沛，年平均气温17-19摄氏度。夏季日间晴朗时气温较高，可达35摄氏度以上，但晚间一般都比较凉爽。几乎每年冬季都会降雪。

（二）资源

高秀村位于林溪乡东北部，距离林溪乡政府10公里。全村耕地面积894亩，其中水田面积698亩，旱地196亩；林地10746亩，其中杉木9000亩，油茶林1600亩；村级竹林346亩，建有林场1个。现建设用地面积85亩。

1. 土地资源

三江县地处北纬23.5度以上，属红壤地带，随着山地海拔高度的不同分为红壤地带、黄红壤地带。三江县内大部分土地属丘陵地貌，红壤类极为普遍。据三江县农业区划委员会调查统计，红壤土约占普查面积298.66万亩的68.5%（204.45万亩），黄红壤土约占20.7%（61.79万亩），黄壤约占3.4%（10.3万亩）。在各类型土壤中，厚层砂岩红壤土约占8.5%。可见三江县土体深厚，土壤肥沃，适宜用材林、经济林生长繁殖。三江县境内土壤特点是有机质含量多。

2. 水资源

三江县年平均降雨量1548毫米，形成径流深为1028毫米，年径流量25.02亿立方米。20世纪50年代以来，三江县内各地修建水库24座，大小引水工程627处，水资源工程设施年可提供水量4.47亿立方米。参考外县有关水稻和旱地灌溉定额，结合三江县的情况，区划委员会推算双季每亩毛用水量为1200立方米，单季稻每亩700立方米，旱地作物为400立方米，工业及人民生活用水1759万立方米，合计超过年可提供水量，三江县地区水资源相当充足。

3. 植物资源

三江县内野生用材木林主要有樟树、椎树、荷木、楠木、枫树、鸭脚木、泡桐树、栗、榕、柏、香椿、棉木、棕等，野生竹类有黑竹、金竹、烟竹、实心竹、方竹、苦竹、水竹等，三江县内已列入国家收购的药用植物达五十多种，大宗的主要有桔梗、续断、鱼腥草、红杜仲、灵芝、金银花等，野生果类有猕猴桃、葡萄、杨梅、山琵琶、乌梅等。

三、村寨历史和传说

（一）村寨历史

高秀村建寨据说已有三百多年历史，村里最古老的姓氏是向、吴、杨三姓。听当地老人们说吴家约在三百八十年前由汉口迁来，还有一说是从湖南或江西搬迁来的；杨家在两百多年前由江西太河县迁来。大部分的人一致同意向家人是最早来的，村里人说大约两百年前向家被杨、吴两家赶到林溪乡，但杨吴两家因为不熟悉山高水冷的环境，种的稻米一直无法成熟，只好于第二年去请向家的人回来，并让向家人自选田地，向家人感到不好意思，就要了最小又最远的一块地耕种。

（二）传说

侗族人相信投胎转世。传说在高秀有小孩在三岁以前说出自己是由哪家投胎而来、前世叫什么名字等，可能是从本村的吴家转世到杨家来的，也有些是从外地转世过来，父母只要让小孩在家门的背后吃红鲤鱼，就能让他忘记前世记忆，这样的孩子比一般孩子聪明。若是转世到村内，转世前后两家也会多多来往，感情特别好。目前在高秀尚有一位老人看见孩子这样开口说话的实例。

（三）碑刻、题记

村中的碑刻、题记大多在"文革"时期遭到破坏，有许多石碑都变成台阶或水井的一部分，目前只有新建的高秀鼓楼旁的石碑尚存。

1. 高秀鼓楼序（图三—1、2）

碑文如下：

大凡侗族村寨，建寨必建鼓楼。在侗民们看来，没有鼓楼的侗寨算不上一个完整的侗寨。所以，在侗民们的意念里，鼓楼就是侗族的神灵，就是侗族的徽章，就是和谐吉祥、兴旺发达、幸福安康的象征。

在侗族神话传说中，我们的祖先在修建鼓楼时就是按照杉树的样子建造的。杉树是侗族先民膜拜的神树，被视为旺盛生命力的象征。受到古越龙蛇图腾文化的影响，匠师们便刻意将鼓楼建造成一条完整的龙的符号形象。鼓楼造型多变的塔顶就是龙头，青鳞鳞的层檐瓦片仿佛龙身甲片。在这里，鼓楼所代表的是一条守护侗寨的卧龙。

高秀是湘桂交界的一个美丽侗寨，全村住户三百二三人口一千六七，世居杨、吴、谢、陈、向、石六姓，先祖建寨至今然已三百多年。全村六姓聚居一方，共同耕垦，和谐相处，亲胜一家。与周边村寨团结互助，友好往来，被百里侗乡称"高胜高友高秀，定胜皇岭皇都"便是力证。为谋乡泽发展，道光辛巳年间修建高秀鼓楼，初为五层瓦檐。辛丑年末发生寨火，鼓楼毁于一旦。壬寅年间重建，亦为五层瓦檐。"文革"期间因破"四旧"，鼓楼改为村部，时至新纪初元，周边村寨大兴土木，建造鼓楼。高秀寨老多次商榷，倡议重建高秀鼓楼，以纪祖宗先民，二誉太平盛世，三庇宗族后人。丁亥年九月初

图三—1　高秀鼓楼碑

图三—2　高秀鼓楼序

九，新楼破土动工。全村父老乡亲齐心上阵，四方善男信女解囊乐捐，筹得善款二五万余，捐献木料一百多方，全村投工一万六千人/次。历经一年披风沐雨，新楼落成。鼓楼巍然挺立，气势雄伟。飞阁垂檐，翘角重棺，雕梁画栋，五彩缤纷。自上而下层层叠叠，形似宝塔，别具风流。鼓楼层檐十九，尚含"十拿九稳"地理乘数和"永久无穷"时空理念。平面下十六层为四角，顶上三层为八角，暗喻四季平安，八方进财。顶上葫芦串珠，暗喻侗寨子孙万代，繁衍不息。楼中雷公柱、四根主承柱、十二根檐柱，分别表示一年、四季、十二个月，象征天长地久，万世流芳。

重修高秀鼓楼，本为传承先祖智慧，弘扬侗族文化，展示侗寨风采；旨在促进侗寨邻邦友好往来，邻里和睦相处，匡正奸诈劣迹；意在侗族儿女秉持伦理，继承先人贤德，善待万物苍生。鞭策侗寨子民勤劳致富，勤俭持家，享誉四方。鼓励侗寨子孙刻苦读书，辈出英才，耀祖光宗。愿鼓楼这棵生命之树万古长青，永远庇荫侗寨子民生生不息，千秋万代；愿鼓楼这条吉祥卧龙盘缠亘古，永远保护侗寨和谐祥瑞，兴旺发达，万代千秋。（撰文：杨梅，农历二〇〇八年八月金秋）

2. 井亭梁上题字

村内有个井亭，梁上题字"皇图巩固帝道遐昌"，"民国三十二年岁次癸未十一月吉日立"。

图三—3　井亭梁上题字

四、村落外部空间

（一）耕地、林地、墓地的分布

1. 耕地、林地

全村的民居主要集中在高秀屯，而在相隔较远的马哨屯中只有二十几户人家。高秀屯坐落在四面环山的山谷中，西面为定同山，北面为成修山，东面为别冲山，南面为修介山。东南方较远处还有双冷山。民居主要分布在四面的山坡上，被水流隔为四组，村里的水田就主要分布在这几个组之间以及大约1-4公里以外东南部双冷山的两条山谷里。

林地主要分布在耕地外围的山坡上，杉木、楠木、毛竹等生长得非常茂盛。村民们还在山上种植茶树。

2. 墓地分布

村里的几个大姓均有自己的家族墓地，这些墓地均分布在村寨周围的山坡上。墓地与民居的距离很近，有的就在民居背后的山坡上或是民居旁边。但是，每个姓氏的墓地与本姓氏居住的地方并没有必然的联系。村民选择墓地位置的时候并不一定选在自己居住地的旁边，而是在周围山坡上看中一块地就用来作本姓氏的墓地。

（二）村外道路和水路

1. 村外道路

主要有三条通向村外的道路。西向的一条沿定同山的公路通往林溪乡，南方修介山山谷中的公路可通往高友村和马哨屯。双冷山有一条沿溪的水泥路，宽度不足以让四轮的机动车通过，但这条路可以通往高友村。

村外的这些沿山公路大部分比较平坦，但是宽度常常只够一辆车通行，不过每隔一段距离会有比较宽的地方。往高友村和马哨屯的路上除了一条比较平坦的公路外，还有一条可以通机动车的山间路，这条路较颠簸。

2. 水路

村寨周围主要有两条水流，它们都是由东南方向流向西北方向而流进村寨所在的山谷中，一条来自上游的高友村，一条是东面别冲山上下来的溪流，它们在村头的西北面汇合。来自高友村的没有名字，被村民称为小溪；别冲山上下来的溪流叫做灿溪。这两条水流将高秀村民居大致隔为四组，民居沿河两岸而建，以两河流之间最为密集（图版四）。

五、村落的内部结构

（一）村落布局和功能分区（图版五）

1. 居住区

村寨被水流大致分为四组，其中在东面别冲山山坡上的老寨子里民居最多，在西面定同山、北面成修山和南面修介山的山坡上也有民居，除了山谷中的这些民居之外还有较远处双冷山上的新村。房屋的选址基本顺应自然地形。朝向并不固定，基本沿着山势，房屋面向山谷。同一姓氏的村民常常聚居在一起（图版六）。

老寨子中过去房屋非常密集，但是近年来，由于防火的需要，拆掉了一部分民宅而修建了防火道。另外还拆掉了一部分民宅使有些地方变成一块没有建筑的坪，被村民用作晒粮食的场所。还修建了一些防火池（图五—1）。

图五—1　老寨远景

定同山、成修山和修介山山坡上以及新村均是在20世纪70年代以后才有村民居住，房屋间距相对比较宽一些（图五—2）。

图五—2　成修山上的新寨

2. 仓储区

高秀村民的粮食并没有一个大规模的存放地。在老寨子的周围，小溪边的水田中有零星的几个粮仓，剩下的粮仓就修筑在住宅的旁边。还有的村民将粮食直接放于住宅中。

3. 公共区

高秀村中的公共区主要是公共活动区和办公区，并没有明显的商业区。村中的小卖部都在民宅的一层，并未与住宅区分，除此以外未发现商业场所。

公共活动区分布在各个鼓楼及其周围。村民常常在鼓楼中乘凉、交谈、休息，同时鼓楼也是比较大的宴会场所。另外中心鼓楼的东面是一个戏台，戏台之前的空地是集会的场所。中心鼓楼的西面则是一个篮球场。村里的人常常在这个篮球场上打篮球，同时它还被作为舞蹈排练以及大型百家宴与集会的场所（图五—3）。

村中有一所小学，名称是高秀小学。学校院内有一座用砖与混凝土修筑的建筑，是小学生们上课的教学楼。高秀小学只有四年级以下的年级，更高年级需要去林溪乡里的小学上学。学校里另有一木结构建筑是从前的教学楼，现在被用作

图五—3　篮球场上的宴会

幼儿园。

办公区位于西边。从林溪乡进村的路的路边，有两栋建筑，分别是村委会和卫生所。村委会是三层的木结构建筑，一楼有砖与混凝土砌成的围墙。

（二）村内道路体系

因为高秀村的道路硬化工程，现在村中的很多道路都已变成水泥路。水田中大部分的小路，宽度为一米左右，皆用水泥修成，另有极少数的土路，宽度仅为20多厘米。居住区中有许多可以看出曾经是石板路，但后又被水泥浇筑，或者被用水泥拓宽的道路。居住区中仍有数量不少的石板路，特别是台阶以及房屋之间的窄路。

居住区中的道路十分曲折。虽然几乎每个民居都能从三个以上不同方向看到，但是由于寨中地形起伏，有许多陡坎，或者部分房屋间距很小无法从中通过，所以往往能够到达住宅的路只有一条。有时两个住宅的直线距离很近，却需要绕比较远的路才能从一座到达另一座。

（三）给水和排水设施

1. 水井

村中的饮用水的来源主要是井水，洗菜做饭等也是使用井水。目前村中共有七口井。每建造一个水井时就会建造一个井亭。

水井1号在老寨子北侧山坡下，四壁用石板做成。这个水井的特点是下雨时不论旁边的灿溪里的水变得多混浊，井里的水总是很清澈。村里传说这是此井坐落于龙门所致（图五—4）。

水井2号在老寨子西南侧，在稻田和鱼塘的旁边。这个水井的四壁是用石板做成的，上面加了个水泥盖子（图五—5）。

图五—4　水井1号

图五—5　水井2号

图五—6　水井3号　　　　　　　　　　　　　　　图五—7　水井4号

水井3号在老寨子东北部的山坡下，与东北面山坡的民居相对，井的四壁也是用石板做成的（图五—6）。

水井4号在村委会的斜对面，目前井的四壁是在1983年用水泥做的，但是罩是用石碑搭的。据传有200多年的历史。水井原皆由石板打造，"文革"时水井石板遭破坏。井里有鱼，鱼在井里能活着表示水质相当好（图五—7）。

水井5号在戏台的东面，是一口非常古老的井，有几百年的历史，据传是村中最古老的一口井（图五—8）。

图五—8a　水井5号

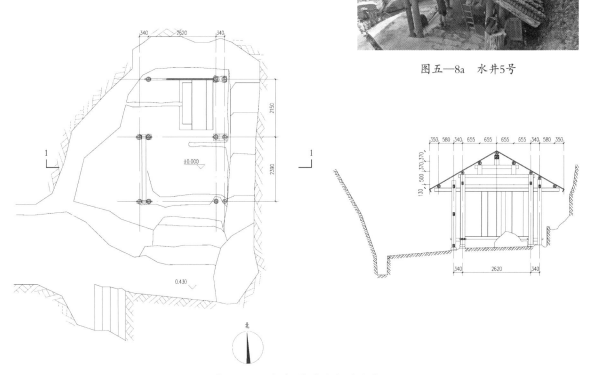

图五—8b　水井5号平面和剖面图

水井6号在西面山坡的脚下，四壁由石板做成。（图五—9）

水井7号在南面山坡的民居附近，井与井亭都是水泥做的。

2. 自来水

村民家中大部分通有自来水，自来水管道部分埋于地下，也有部分裸露于地表。自来水是从溪流里抽上来的，村民们洗澡的用水就是自来水。但是除了洗澡以外，村民们并没有更多的使用自来水。

3. 排水设施

民居的地下有排水坑道，生活污水随坑道排入水田之中。村中道路侧边也有排水的坑道。

4. 消防用水设施

在老寨子中民居比较密集的地方拆掉了一部分房屋，而修建有消防水池（图五—10）。运送家用自来水的水管同时也是消防水管。

图五—9　水井6号

图五—10　消防水池

（四）公共广场

高秀村有3个公共广场，其中两个都在中心鼓楼附近。

一个是中心鼓楼东面戏台之前的鼓楼坪。在调研的10天中，正逢村中庆祝戏台落成庆典，其中的芦笙表演就是在这个空地上演出的（图五—11）。

图五—11　中心鼓楼坪

另一个是中心鼓楼西面的篮球场。这不仅是一个货真价实的篮球场，村中不管是男孩子还是妇女都经常在这里打球，还是村中许多活动的举办场所。大型的百家宴会摆在这里，村中的大型集会也在这里举行。庆祝戏台落成庆典上的舞蹈排练也是在这里进行的。

还有一个是在老寨子西北部鼓楼［下文（五）中的鼓楼9号］的鼓楼坪。

（五）公共建筑及设施

1. 鼓楼

村寨中共有9个鼓楼。鼓楼主要是村民们休息、乘凉、聊天的地方。鼓楼中央有火塘，除祭祀时燃烧金纸亦可作为冬日取暖烤火用，还可以在鼓楼里摆宴会。鼓楼修建的时候是全村一同出力，但是由于村中的各个姓氏往往是聚居的，所以可能某个鼓楼会主要供某个姓氏来使用。

原鼓楼内皆有架鼓，当重大事件发生时用以通知全村人，由于小孩爱玩，出于安全考虑，现鼓楼皆将架鼓撤除，村内宣传系统以村委会替代。

村内各个鼓楼的情况：

编号	名称	位置	所属家族	始建年代	维修年代	造型	科学数据
1		中心鼓楼北侧的坡上	谢家	250–300年前		歇山式	3层檐瓴
2	高秀中心鼓楼	高秀老寨西部		2008年		攒尖顶	19层檐瓴高27米
3		高秀老寨南部	上杨家	20世纪50年代	"文革"期间2008年	歇山式	2层檐瓴
4		高秀老寨西南部山坡下	上杨家	1962年		歇山式	1层檐瓴
5	高秀南门鼓楼	修介山山坡脚下		2005年		攒尖顶	11层檐瓴
6		高秀老寨西部沿小溪的路上	吴家	1962年	1983年	攒尖顶	7层檐瓴
7		鼓楼6号的后方	吴家	1962年	"文革"期间	歇山式	1层檐瓴
8	高秀西门鼓楼	定同山山坡上		2004年		攒尖顶	9层檐瓴
9		高秀老寨西北部	下杨家	1962年	"文革"期间	歇山式	1层檐瓴

备注及照片：

鼓楼1号平时也被用作生产队开会的场所（图五—12）。

鼓楼2号所在的位置过去也曾有鼓楼，但在1961年的一场大火中被烧掉了（图五—13）。

鼓楼3号刚建成时被用作第五队的粮仓。原本有5层檐瓴，"文革"的时候减为了2层檐瓴。

图五—12a 鼓楼1号

图五—13 鼓楼2号（中心鼓楼）

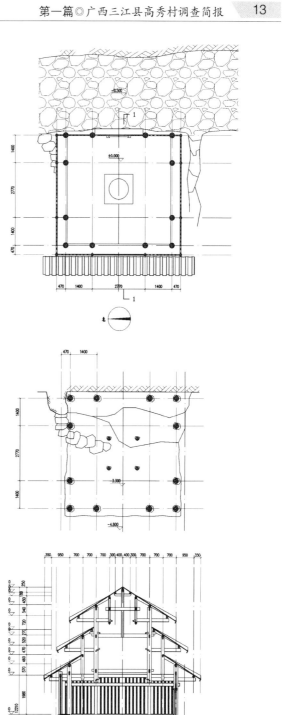

图五—12b 鼓楼1号平面和剖面图

图五—14a   鼓楼3号

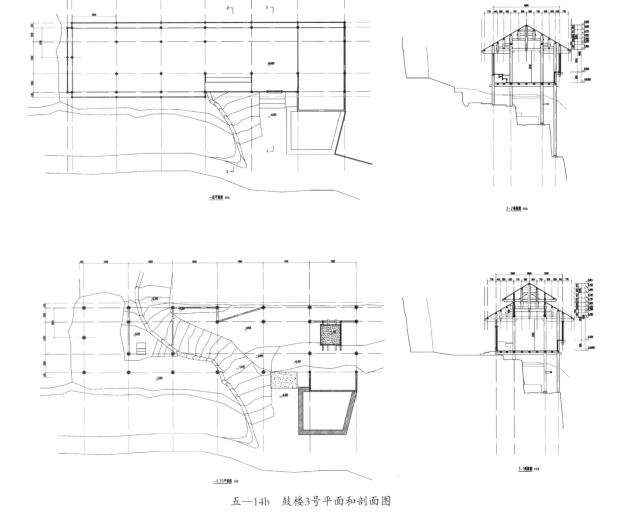

五—14b   鼓楼3号平面和剖面图

2008年被加长，上面可以摆满月酒和婚宴（图五—14）。

鼓楼4号中的火塘被木板封了起来。这个位置在1961年前也曾有鼓楼，但在1961年的大火中被烧掉了（图五—15）。

鼓楼5号（图五—16）。

鼓楼6号1983年之前有3层檐瓴，1983年时改为7层檐瓴。这个位置在1961年前也曾有鼓楼，但在1961年的大火中被烧掉了（图五—17）。

鼓楼7号"文革"时由4层檐瓴改为1层檐瓴。这个位置在1961年前也曾有鼓楼，但在1961年的大火中被烧掉了。现在这个鼓楼已经很少使用。

鼓楼8号（图五—18）。

鼓楼9号的位置在1961年前也曾有鼓楼，但在1961年的大火中被烧掉了（图五—19）。

图五—15　鼓楼4号

图五—16　鼓楼5号（南门鼓楼）

图五—17　鼓楼6号

图五—18　鼓楼8号（西门鼓楼）

图五—19　鼓楼9号

2. 风雨桥

目前村中共有3座风雨桥。风雨桥是架在溪流之上的木结构桥梁。由于顶上有屋檐，在遇到下雨的天气时可以在桥中避雨，还可用于乘凉和休息。

原本侗家的风雨桥都叫"长寿桥"，但因郭若沫路经三江县最大的长寿桥时（此桥为世界四大木制建筑之一），在上面题了"风雨桥"三字，往后长寿桥皆改称风雨桥。在附近的林溪乡还是能看到长寿桥的题名。

村中各个风雨桥的情况：

编号	名称	位置	始建年代	维修年代	造型	科学数据
1	丁哨桥	高秀老寨西北面水田间，架于小溪之上	约150年前		歇山式	二台五隔
2	退河桥	高秀老寨东北侧山坡下，架于灿溪之上	可能有几百年		歇山式	二台三隔
3	双文桥	高秀老寨西南面的水田间，架于小溪之上	1947年		歇山式	二台五隔

照片：

丁哨桥（图五—20）。

退河桥（图五—21）。

双文桥（图五—22）。

图五—20 丁哨桥

图五—20b 丁哨桥平面和剖面图

图五—21　退河桥

图五—22　双文桥

村中的老人说，从灿溪与小溪的交汇处沿溪水流方向的小土路走400多米，婆婆庙（见下文）旁边，曾有一座50米长，19隔的风雨桥，但在"文革"时候被拆毁了。

3. 戏台

高秀村新建了一个水泥戏台，就在我们的调研期间刚刚落成。位于中心鼓楼东面，这个位置曾经有一个木制戏台，后因挡住防火线而被拆除（图五—23）。

图五—23　戏台

4. 祠庙

（1）飞山庙

位于高秀老寨东北部。据传有100多年的历史，庙中的塑像在"文革"时期被打掉。门口两侧各一块长条木板，上书对联，这并不是最初书写的对联，而是于大约20年前重写的。内部的神位也是在20年前重做的（图五—24）。

（2）南通庙

位于高秀老寨中部。南通庙很早就建成了，但在"文革"时遭到完全拆除，村里在1982、1983年时将之重建，比原庙规模小，庙旁连着村中妇女协会的活动场所（图五—25）。

图五—24　飞山庙

（3）来祖大帝神位

村内篮球场的位置原本是一座最大的拜祭来祖大帝的庙，但在"文革"时期被拆毁，在小学大门口的左边重建，到了1978年又搬

图五—25　南通庙

迁到现在的篮球场旁，现只剩用三面水泥墙砌成的小神龛（图五—26）。

图五—26　来祖大帝的神位

（4）婆婆庙

解放前是座大庙，据传有此寨子时就建了，被村民称为婆婆庙。破"四旧"时遭到拆毁，1984、1985年原址重修成一间小庙（图五—27）。

（5）小型的土地庙

在村中的路边常有大约为正方体，半米高左右的小土地庙。

图五—27　婆婆庙

比如在高秀老寨东北部谢家的一座房屋旁边有一个小土地庙，呈正方体状，大约有半米高，比较简陋，是用石块和石板搭成的，年代很古老。村里的老人说可能是因为比较小的缘故，所以它在"文革"时候没有被拆掉（图五—28）。

另在鼓楼9号的旁边也有一个小土地庙。大小类似。这个土地庙是用砖砌成的，还有瓦片做的顶。在鼓楼3号旁边和许多道路边也有类似的。

图五—28　路边的土地庙

5. 凉亭

高秀老寨北侧山坡边缘，在原寨门的位置有一个小亭子，大约是在20年前修建的，可供路过的人休息（图五—29）。

在小溪上的众吉桥边有一个六角亭，是供路过的人休息的小亭子，附近的住户较少，不需要像鼓楼那样大型的公共场所，就盖了一个六角亭（图五—30）。

图五—29　小亭子

6. 高秀小学

学校的位置1956年前是农田，1956年学校建成。目前学校的院内还留存有1956年的教学楼，一座保存很好的木结构建筑，现在作为幼儿园（图五—31）。

另有一座砖和混凝土的教学楼于1994年修建，是小学生们上课的场所。

图五—30　六角亭

图五—31　学校

7. 小卖部

村中的小卖部都位于民居的一层，内有售小食品、饮料以及日用杂物等，还通有互联网。

（六）村内房屋类型

1. 民居

村中的绝大部分民居是穿斗结构，从建造材料上可分为3种。第一种是全木结构，整座房屋结构梁架、墙板、楼板都是用杉木制成（图五—32）。第二种是从外部看住宅底层[①]由红砖砌筑外墙，其上仍保留传统的木建筑外观（图五—33），其内部有两种情况：一种是建筑主体结构柱从上至下都为木柱，用红砖将底层围合起来；另一种底层仍然为红砖外墙，但是主体木结构柱从二层起，柱脚落在底层的砖墙，以砖墙为基础，二层及以上仍为传统的全木结构。这种建造形式出现在20世纪60年代后，是对传统全木结构的改良，其底层砖墙的主要作用为防火，其次也可以作为上层结构的基础，这是目前寨中民居建筑数量最多的类型。这两种房屋的屋顶都用青灰色板瓦铺成，屋顶主要承重构件为檩，其上铺板条承瓦（图五—34），这样的屋面作法

---

① 因为村内建筑皆依山而建，使得大多建筑下部的空间从其真正意义上来讲与一般建筑的一层不太符合，故将所有首个生活起居层下的空间称为底层。后文均同。

图五—32

图五—33　屋面板条

图五—34

使得屋面重量较轻，故而寨中建筑穿枋截面尺寸仅为140mm×80mm左右却能承担较大的跨度。第三种是完全的砖混结构，这一种在寨中极少见，只有两三座近年建的房屋（图版七）。

从屋顶形式上可分为四种，有简单的双坡悬山屋顶，山面带披檐的悬山屋顶，歇山屋顶及四坡顶。当地多雨故比较普遍的形式为山面带披檐的悬山屋顶，其做法相对简单，并有较好的保护山墙的效果；其次为简单的双坡悬山屋顶，常用在体量较小的建筑上；歇山屋顶及四坡顶较为少见，因其做法较为复杂（图五—35），对体量较小的建筑并不适用，个别这样的几种屋顶形式点缀在村寨中，使村寨天际线丰富多样、主从有致。

村中的大部分民居为三层，也有少数为二层或四层的。其中大部分建筑底层不作为生活空间，主要用来储藏和养殖。在很多民宅中底层不作空间划分，只是堆放杂物，有一小部分还保留了猪圈。二层及以上为住户的生活空间，部分民宅屋面与顶层楼板之间的三角空间被用来储藏杂物（图版八）。

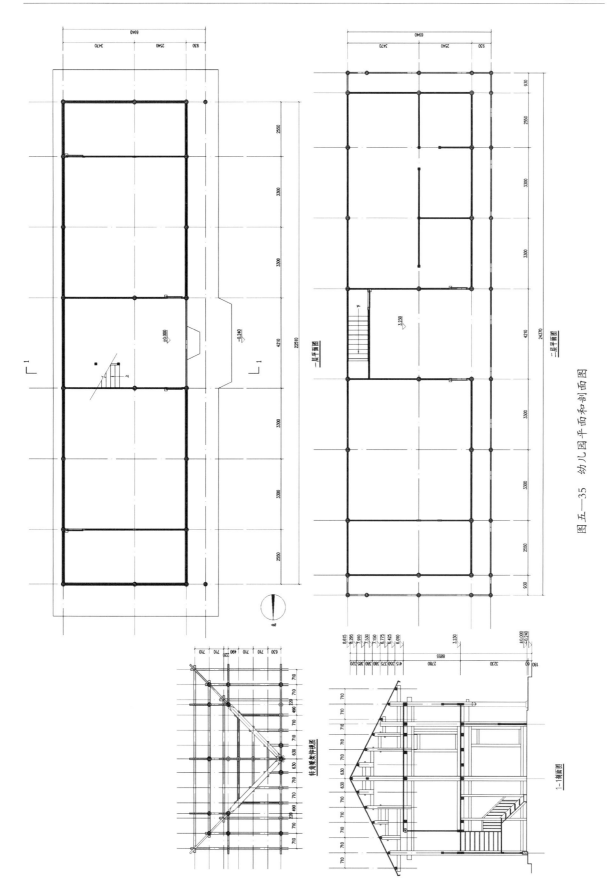

图五—35　幼儿园平面和剖面图

2. 禾仓

寨中原有八个生产大队，每个大队各有一个禾仓，大多都是只有一层的全木结构的建筑，造型简单，也有个别是利用鼓楼作为禾仓。现在禾仓均不再使用，逐渐废弃，利用鼓楼做禾仓的也恢复了鼓楼原有的功能。

3. 风雨桥

寨中共有三座风雨桥，全部采用穿斗式全木结构，最长为13米，因此三座桥均横跨小溪，中间不再设置桥墩。桥下采用通长的粗壮杉树主干跨过溪流，作为支撑上部结构的主要受力构件，其上垂直大梁置横向原木，原木直径在150mm左右，间距随上部柱距，在原木上还要再搭一层直径在100mm左右、间距在半米左右的原木，其上再搭木桥板，这样就完成了风雨桥下部的支撑结构。上部桥廊被屋顶覆盖，两侧用木板或窗棂封闭，在桥内部两侧柱间专门设有和主体结构一起的长凳供人休息。寨内小溪为南北走向，故其上风雨桥为东西走向，其南侧桥身板墙上采用直棂窗，因夏天主导风向以南风为主，在桥内休息时可吹风乘凉，北侧桥身板墙用实木板，不开窗，这样可以阻挡冬天来自北方的寒风。桥身外面底部还设有坡檐保护下部支撑构件免受风雨侵蚀。

4. 戏台

村里的戏台是2012年新建的，为钢筋混凝土框架结构。

5. 鼓楼

寨中共有大小鼓楼九座，均为穿斗式全木结构，其中八座平面形式均为正方形，一座为长方形（文中3号鼓楼，图五—14），最大一座为中心鼓楼（图五—13），建于2008年，内部为两层外观19层檐。除中心鼓楼外其余八座均不设内柱，木梁横跨整个进深，鼓楼上部屋檐通过层层架设的瓜柱梁枋承挑，并且每层向内收进，在设计中其收进距离各层相同，每层屋檐抬高高度也相同。寨中的鼓楼屋顶形式有歇山式和攒尖式两种，屋顶平面形式有四角、六角两种（图五—16、图五—18）。

（七）村落发展轨迹

自从大约500年前有村民到此地落户，直到20世纪40年代，虽然民宅的数量越来越多，但民居一直全部都在东面别冲山山坡的老寨子中。20世纪40年代，一部分村民迁到了几公里外的马哨屯，而留在此地的村民依然居住在老寨子中。到"文革"之前，寨子周围都是有寨墙的，寨墙有2米多高。但在"文革"时寨墙被拆掉，现在只在老寨子北侧边缘保留一小段，还有篮球场南侧民宅之间保留一小段（图五—36）。

从20世纪70年代开始，由于老寨子里的民居太过于密集使居住变得不舒适，同时出于防火

图五—36　残存的寨墙

的需要，开始渐渐有居民迁到北面、西面、南面的山坡上。20世纪90年代之后，又有一部分村民迁到了东南部双冷山山坳的新村里（图版九）。

六、村落基础构成单元

（一）住宅内部空间布局

寨中民居纵向依山势等高线建，尽量为坐西北朝东南，以便冬暖夏凉。民居大多为三层，其功能布局主要有两种形式。第一种表现出了早期的生活方式，底层空间为杂物储藏及牲畜养殖，通过架设在建筑外部的楼梯上至二层，二层的功能为生活起居，设有客厅、饭厅、厨房及老年人卧室。客厅的主要作用是接待客人、举行宴请以及家庭成员夏天乘凉，故其面积是所有功能房间中最大的；饭厅的作用除了家庭成员吃饭外主要还是家庭人员在晚上和冬天时的起居空间，故其面积较小，其中布置有沙发、电视，通向三层的楼梯入口一般也设在饭厅，这样既保证了三层的私密性，同时拉近了三层和饭厅的联系；厨房一般比邻饭厅设置；老年人卧室设在二层主要是方便老人出入，可不必再上三层。三层为卧室，根据建筑规模和家庭成员数量随意分割。厕所在建筑外单独设置（图六—1）。

但近年来村民逐渐放弃了在底层养殖，并且接受了现代的卫浴方式，从而出现了第二种布局形式：储藏室和卫生间设置在底层，通向二层的楼梯也被移入建筑内，这样建筑的主入口就设置在了底层；二层的功能仍为生活起居，并有老年人卧室，但是通向三层的楼梯入口不再设置在饭厅而是在客厅的明显位置，这样客厅成为交通核心，更接近了现代生活方式；三层仍设为卧室，根据需要随意分割（图六—2）。

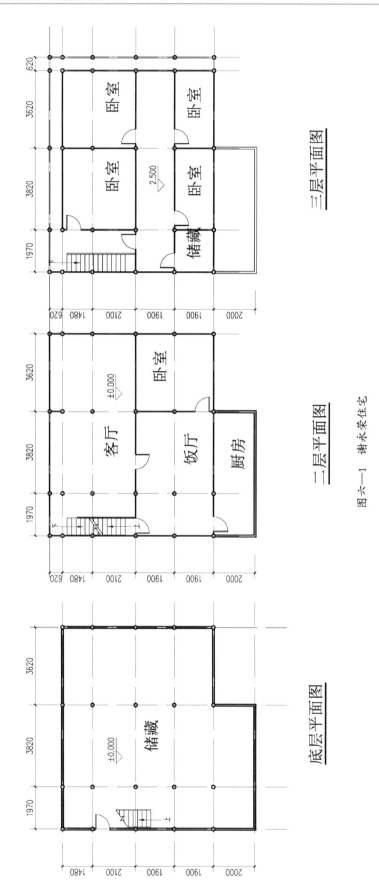

三层平面图

二层平面图

底层平面图

图六—1　谢永荣住宅

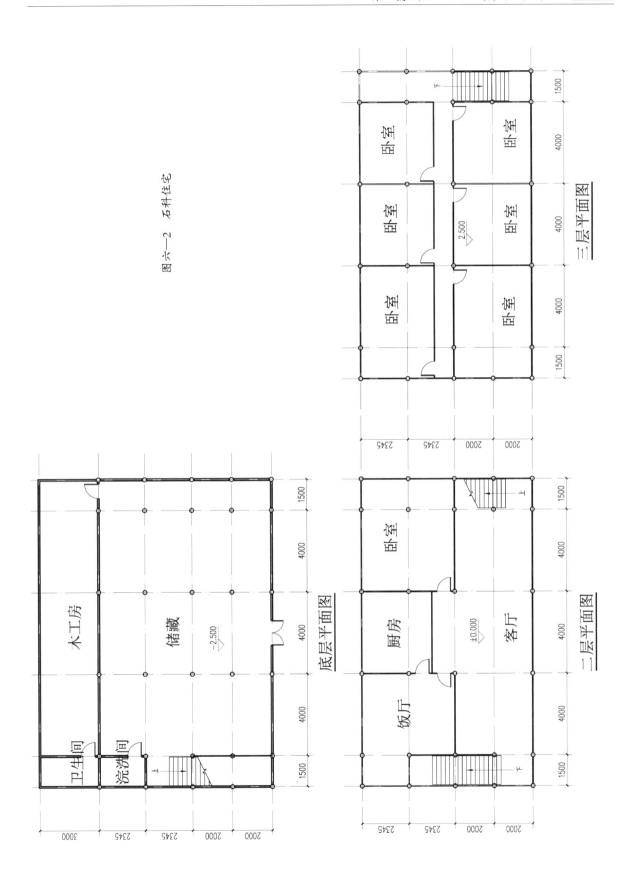

图六-2　石科住宅

七、人群和社会结构

（一）家庭单元

传统侗族家庭单元，以一夫一妻及孩子，约三至四人构成。侗族男子成婚后需离家自组家庭，侗族村寨的一间房子等同于一个家庭结构，而此结构由上述一夫一妻及孩子组成，较少与父母同居。

家庭经济来源主要倚靠男性，男性负责上山砍柴、农务等生产制造。女性则待在家中负责准备三餐、洗衣、照顾孩子等家务，农忙时有许多女性上山采集、挑水等，分担家计。应中华人民共和国节育计划，夫妻双方皆是少数民族及农民的，可生两个孩子；若夫妻其中一方为汉族则不适用于此，仅能生一个孩子。高秀村寨多数家庭符合生育两名孩子的条件，但因经济、教育考虑选择生育一名孩子的家庭占多数。当父母年迈无法自理生活起居，孩子们会轮流将父母接来家中照护，因此侗族家庭单元至多为三代同堂。高秀村人口结构以老、妇、孺为主，年轻人口流失，年轻人多往村外打工，目前村内人口1680多人，出外打工者760多人。因此高秀村一夫一妻一孩子的家庭单元，可能在孩子出外就读中学或离村工作时剩夫妻两人为一家庭单位。

侗族妇女社会地位较男性低，女性一般不得参加具决策性质之家庭集会。分配家产时，由男性继承，女性则无继承权；若男性继承人有两位以上，无论辈分次序，财产将平均分配于男性继承人。1950年后，为求男女平等，当男性继承人得了财产后，将另筹一笔钱赠于家中的女性继承人，以示父母对兄弟姐妹间无任何偏好，无论女性继承人出嫁与否皆会获得这笔遗产。女性社会意识虽已在侗族村寨渐渐抬头，但目前仅有法规可见其势，一般侗族风俗依旧保持父系社会的形式。当侗族人有宾客来家中，一律由男性家庭成员与宾客先行用餐，待结束后妇女才可入桌吃饭，侗族妇女以此表示对宾客的敬重。

（二）婚姻生育

1. 婚姻

旧时侗族婚姻由父母亲选定联姻对象，现今则不见此习俗，民风渐为开放，侗族男女结婚多以自由恋爱为前提，对象可能为出外打工时结识或相邻村寨年纪相仿者。侗族村寨以家族姓氏组织而成，为避免近亲生育，同村寨同姓氏者不得结婚。侗族传统男性于22岁、女性于20岁左右结婚，一般男性会选择小自己三至五岁女性作为结婚对象。

高秀村结婚习俗汉化程度较深，结婚程序与一般汉族无异，如：订婚、结婚、归宁。提亲时男方准备酒、糯米及聘金约六千至一万元人民币至女方家下聘，以表示感谢女方父母养育女方之情。女方则准备嫁妆，嫁妆以日常生活用品为主，如：家具、电器等，若女方家境富裕亦有准备汽车作为嫁妆之例。今日侗族结婚服饰已西化，年轻新人着西服、白纱；以往侗族传统结婚服饰由母亲传承下来，新娘在适婚年龄前也会自行缝制几件衣服作为嫁妆。

迎娶日子由高秀村内地理先生选定，迎娶后于男方家设婚宴酒席招待亲戚、朋友及村民，地点为自家或当地公共空间，宴请酒席每桌需备12道以上菜肴，酒水必不可少。侗族婚宴除菜色酒水丰足之外，亦会邀请当地芦笙队、文艺队、歌队表演余兴节目，事后男方将送上约一百元红包作为酬谢。新娘进门后三天，回娘家举办归宁宴，归宁宴席酒菜需与结婚宴客当日相同，酒菜由男方准备并送至女方家中，若女方家路途太过遥远无法将酒菜送去，男方则须准备一笔资金送到女方家作为归宁宴席开销之用，侗族举办婚礼费用一律全由男方支付。结婚后男子须离家独立门户，年迈父母由兄弟姐妹轮流照看、供养。

2. 生育

中华人民共和国节育计划明定一般家庭产一子，农家可产两子；高秀村规定孕妇分娩时需至乡级以上医院，村内卫生所不得私自接生，此后高秀村内不再有接生妇此业。妇女于生产后3~5日可回家中坐月子，坐月子期间饮食以鸡肉为主，侗族产妇月子期间不得吃猪肉，若非要吃猪肉仅能吃其肚子。高秀村为婴孩命名方式与汉族相似，依照祖谱字辈次序命定中间名，后名则由父母选定。婴孩满月时盛大宴客，邀请百桌亲戚、朋友及村民一同庆祝，并于村内找寻珍贵的树绑上红布条为婴孩祈福（图七—1）。高秀村内被视为最珍贵的树木即为红豆杉，如今高秀村内仅剩三棵红豆杉，其余红豆杉于"文化大革命"时，为破除迷信遭砍伐。周岁宴席则从简，邀请5~6桌亲戚朋友一同庆祝。

图七—1 红豆杉

（三）家族姓氏

由三江侗族自治县县志编撰委员会汇编，中央民族学院出版之《三江侗族自治县志》中有段文字这样记述："侗族族源有三说，一说其祖先是从广西的梧州一带迁到柳州，又迁至榕江流域及黔东南；一说其祖先自湖南洞庭湖畔迁至黔东南一带，再由黔东南进入三江；第三种说法是由江西吉安府泰和县或吉水县迁至湘西，再到黔东南和桂北。几种迁徙因素不外乎逃难、躲灾或当兵做官。"

据传最早来到高秀村的居民为向氏，而后杨氏大举迁入迅速扩张。目前高秀村以杨氏为最大姓氏，其次为吴氏、石氏、谢氏、向氏及陈氏；村内原有黄氏，但因解放后高秀村寨内人多地少，百姓难以承受日益增加的生存压力，便举家迁移至当时土地肥沃、聚落稀疏的通道县维持生计，故现在村寨内已无黄氏人家。

（四）教育状况

中华人民共和国实施节育计划，侗族村寨家家仅有一至二名孩童，因此村寨内教育机构学生人数相当稀少。以高秀村为例，高秀小学教学资源仅供幼儿园至小学四年级。高秀小学附设幼儿园（图七—2）目前有六十多名学生及四位老师。高秀小学（图七—3、图七—4）目前有七十多名学生及四位老师，平均每个班级内约有十几名学生及一名老师。小学五年级以上之学程，孩童需前往林溪乡或其他乡级以上小学就读，部分家庭经济条件优渥者，为给孩童更好的教育，小学一年级时便将孩子送往村外小学就读。中学以上教育需至省级学校就读，高秀村民平均教育程度为高中，高中毕业之后学习电机工程、汽车维修等技术或直接到村外打工。由于高秀村学童提早离家，与父母关系容易生疏，间接影响家庭教育致使孩子难以管束。

（五）卫生状况

高秀村卫生所由谢文锦医师一人管理。谢医师生于高秀村，初中毕业后前往广西自治区来宾卫校就读，毕业后回高秀村卫生所服务，现年40岁，全村官方医疗由他全权负责。高秀村卫生所就医无法申请医疗保险，村民需自付看诊费。谢医师表示高秀村卫生所新建至今已七年，七年间全由谢医师执业，其间高秀村内并未出现重大疾病或爆发传染病。平日看诊患者多为感冒症状，若病情较严重或欲申请医疗保险者则需转至乡级医院看诊。据谢医师回忆，在高秀村执业时期中较为严重的疾病为2012年5月村内同时出现十多起手足口病，但很快获得控制，目前村内已无病例。高秀村民信赖现代医疗科技，少有寻求宗教信仰治病之例。就诊管道除西医学外，村民会自行炖煮草药疗愈。

图七—2　高秀幼儿园

图七—3　高秀小学

图七—4　高秀小学

（六）管理状况

高秀村有几个村民组织会社管理村寨内公共事务，分别是老人协会、妇女协会、村民委员会、联合林场等组织。各会社管理专职如下：

老人协会：农历初一、十五集会，讨论与解决半个月内村里的事。

妇女协会：农历初二、十六集会，协助老人协会处理村内事务、组织文化娱乐表演；除固定集会时间外，每日皆会有成员在南通庙内聚集。

以上两个协会各有五位曾任领导的村民来管理。

村民委员会：专任职务，周一至周五都需在村委会办公室内，村里有任何活动都必须参加。

联合林场：1989年木材公司出资给高秀村民造林，由三四人家共同经营，木材公司赞助每亩地100元，其中包括购买树苗及种植费用。

其他组织：隶属村委会，一同由村委会管理、组织，出现村委会无法解决事务则上报乡级单位。

除遵守中华人民共和国律法外，高秀村另订有村规。因1961年高秀村发生火灾将村寨烧毁大半，此后高秀村极为重视防火，村内干部管理事务以消防安全为优先。从村民委员会前树立的"林溪乡高秀村高秀屯村寨消防工作制度"可见村民委员会制定的各个消防人员的负责事务、消防法规、消防教育……（"林溪乡高秀村高秀屯村寨消防工作制度"条例见附录二）。南通庙旁屋内有"三江县林溪乡高秀村安全防火公约"，村民表示此公约即为高秀村村规，内容较"林溪乡高秀村高秀屯村寨消防工作制度"简明，属宣传、教育性质公示，条约清楚明定村民需谨记之消防安全事项及各项惩处方式，（"三江县林溪乡高秀村安全防火公约"条例见附录三）。

八、生产方式与经济结构

（一）产业结构

高秀村的产业结构主要包括第一产业的农业、林业、畜牧业，第二产业的建筑业、制造业和第三产业的商业。整个村子是典型的农业经济社会，农业生产是全村居民最重要的经济活动。村民多自给自足，喜吃自产家畜，其家畜不食人工饲料，多喂食糯米，重视天然饮食，尽量不食用化学制品。家庭经济及财务多由女性掌管，因为女性通常要打理家中一切的大小事务，这样比较方便。冬季因为会下雪，村内基本上不从事任何产业活动，多在家中火塘边烤火，吃秋季收成后的储粮。

村内由林溪乡供电，林溪乡的电量则由三江县提供。

（二）农业情况

高秀村平均海拔为546米，属岭南亚热带气候，雨量充沛，年平均气温17-19摄氏度，适合种植各类粮食、经济作物，以水稻为主，兼种小麦、玉米、红薯、南瓜、韭菜、棉花、茶叶、中药材等；村中的水果种类有李子、柑子、杨梅、枇杷等，冬季不产。村寨总面积11084亩，耕地面积894亩，其中水田面积698亩，旱地196亩，人均水田0.4亩。两个自然屯（高秀村和马哨屯）中，共有8个村民小组（生产队）。

1. 水稻（图八—1）

目前95%是尖米（杂交水稻，于1976年左右开始推广），5%是糯米。"文革"以前几乎全部都是种糯米，因为村里人爱吃糯米，常吃的油茶中也加了糯米的米花，村中的酒也常用尖米和糯米酿成（图八—2），不同人家酿出来的酒口味也不尽相同。而杂交水稻除了作为粮食作物之外，也外销到其他地方，作为生活上的经济来源。每年农历六月十一的新米节，会庆祝一年的收成（有关新米节详见"节庆"栏）。

图八—1　稻田

图八—2　酿酒

2. 茶叶

茶叶按用途分为打油茶的茶叶与饮用茶的茶叶，多用作打油茶。原本农民多在田边、地角、菜园零星种植茶树，无专业茶场和茶农。村里有种植乌龙茶的，春天和清明节时收采，因此有春茶和清明茶两种，卖到浙江、桂林各地都有，销售情况良好，村民也能以此为生。

3. 韭菜

韭菜通常在3-4月时最好吃，糖分高且香脆可口。调查人员到村里的时间已经是七月底，此时的韭菜还非常可口。村内现在无韭菜节，但村民们会到高友村去参加韭菜节比赛，评比谁家韭菜长得好，并庆祝韭菜收成。

4. 红薯

村里有红薯节，在农历十月底，公历11月份，此节日主要用来把红薯打入市场，通常会运到林溪乡或湖南等地。红薯就是我们俗称的地瓜，据说高秀村这边的地瓜糖分高，吃起来顺口，里面没有太粗的纤维，而且色泽好看，皮通常是红或黄色，肉色可能为黄色或白里透红，调查时虽无机会吃到红薯，却吃到了红薯苗，红薯苗叶嫩色青，是当地常见的家常菜。

5. 棉花

村内居民有植棉习惯，但多是自种自纺，织成的布也自行用植物染色，再制成民族传统服饰。村民希望将服饰留给自己的后代而不愿意贩卖，商品率很低。青年农民多数到市场买成衣穿，很少穿家织布与传统服饰。

6. 杨梅

杨梅因为是野生，无人管护，农民一般直接捡拾。同一棵杨梅树有间歇性盛果年，这就是群众所说的大年小年之分。杨梅冬末春初开花，5月成熟，果熟时农民上山采摘上市出售。杨梅不易保鲜，群众购买主要为鲜食，加工甚少。近年有关部门收购加工成杨梅汁、杨梅干、杨梅酒供应市场，但为数不多。高秀村山上有整片的杨梅树，开花结果时，据村民形容，就像花果山一样，有满山遍野的杨梅果子可以捡拾，煞是好看。村内多酿成杨梅酒，宴客时饮用，此酒香甜带酸，清爽可口。近年来杨梅树随着滥伐森林而日趋减少（县志279页）。

7. 中药材

村里人会自行上山采药自用或销售，鱼腥草是村中最常见的中药材，平时饮食也常用此佐料，清热解毒，可生吃。

（二）林业

根据《三江侗族自治县志》描述：解放前，常有杉木茶油远销省内外。解放后，经过土地改革，县人民政府制定了"以林为主，多种经营，全面发展"的方针，增加对林业的投入，林业有了较大发展；1985年之后，集体林区取消木材统购统销，开放木材市场，允许林农和集体的木材自由上市，实行议价议销，多家经营，还允许小规格木材上市。因此出现抬价抢购、无证收购木材、买空卖空、贩卖票证等违法行为，林木采伐失控，使得全县森林覆盖率下降。

而本村的情况是：因早些年木材采伐失控，而产生了禁伐令，使得森林受到保护。目前村寨总面积11084亩，其中有经济林面积9436亩，种植杉树、油茶、茶树、樟木、松木、竹子等，其中杉木林8608亩、油茶740亩、村级竹林346亩（各林地之间有交叉），建有林场1个，村寨外围也有4000多亩的山林。

1. 杉木

全村人都分配到林地，每一户管几十亩，自家砍少数木材是不受到管制的，唯有需要大量木材才需申请，林管局批说可砍就能砍。盖房用的木材数量和空间大小并无限制，全视屋主的经济能力而定。

村中也有联合林场，1989有木材公司出资给村民造林，由三四户人家联合经营，一亩地给100元，包括买树苗与种植费，村里的人想卖出木材就要经过木材公司，在自己的林地砍树也不能乱砍，为了水土保持和维护森林绿地，必须有计划地砍。

有的屋子据说是在2008年盖的，当时砍树还控制不严，但这几年木材涨价后林业局管得特别严，而且办一张能买卖木材的证据说要几万块。举例来说，三间房的屋子会用到20条柱（4×5），2丈8升，100多平方。大柱子有的要去湖南买。梁柱的大小约30多方，2012年一方的价格为900多人民币（尾数约18cm），小一点的约700-800人民币。木材越来越稀有也越来越贵，所以渐渐有人使用水泥或红砖盖房。

2. 油茶树

此树种为常绿灌木，叶子互生，椭圆形，花白色，果实内有黑褐色的种子。种子榨的油叫茶油，村中通常用以炒菜（第九章日常生活部分有详细介绍）。调查人员在村里吃的菜都是用茶油炒的，味道香而且健康。

（三）畜牧业

高秀村目前有饲养鸡、鸭、猪、黄牛和少量的马。根据2012年第一季度畜牧渔业生产情况报表（图八—3、图八—4），出售和自产宰杀的家禽共有3145只，其中鸡就占了2000只；出栏肉猪共125头，出栏供宰杀的肉用牛共44头。肉类总产量19336公斤，其中猪肉9388公斤，牛肉4039公斤，家禽肉5595公斤，兔肉308公斤，其他肉6公斤。村里主食以猪肉为主，鸡、鸭肉为辅，牛肉较少见，兔肉很少。村内马匹为运输物品用。

图八—3　畜牧渔业生产季度报

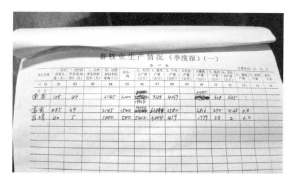

图八—4　畜牧业生产情况

（四）养殖业

村里养有鲤鱼、草鱼、鲫鱼和小虾米等，基本上都自家食用，较少出售。根据2012年第一季畜牧渔业生产情况报表（图八—5），高秀村有稻田养鱼340亩，产量52.05吨；池塘养鱼9.5亩，产量0.874吨。

稻田养鱼是在田地播种插秧结束之后，将鱼苗放进田里，鱼苗有自家的，也有从林

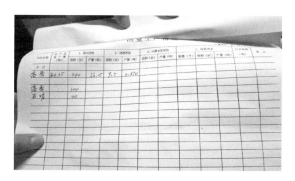

图八—5　渔业生产情况

溪买过来的，通常养的草鱼和鲤鱼，都吃稻花长大，不必特别喂食，因此村里将鲤鱼称"稻花鱼"，草鱼常放在池塘里养。稻田和池塘的鱼养到农历八月十五时，为了庆祝中秋团圆，会将稻田里的水放干，把鱼抓出来料理，以备过节用，有多的鱼才拿去赶集卖，抓鱼通常使用渔网（图八—6）。

图八—6　捕鱼工具

村内会将鱼加工贮藏，方便一年四季都有鱼食用，且能招待客人。加工贮藏有腌酸和腊干两种。腌酸时将鱼洗净，剖腹去除内脏，晾干，用适量的食盐腌一夜，再均匀拌上蒸熟的糯米饭，也有外加适量辣椒粉的。然后一层糯米饭一层鱼地放进"酸鱼桶"内，上面用洗净的稻草、木板、石头压紧，几个月后即成，取出可以直接食用，味道可口。这样腌制的酸鱼，可以留存一二十年。侗家视其为款待贵客的上等食品，多为农家自用，很少上市销售。

腊干，将洗净的鱼除去内脏，以食盐和少许酱油腌过夜，取出晒干或烘干即成。

（五）建筑与制造业

村内有若干名建筑师傅，包办各项公共建设与各式民宅，通常在村内工作。另有两户人家生产家具，以红木及杉木家具为主，每周赶集时会将家具送去县城销售（图八—7）。

图八—7 家具

（六）商业

1.赶集活动

距离村民最近的集市在林溪乡（图八—8），村民大多把生产剩余的商品带到此处贩卖，村中垃圾也都集中到林溪处理。1965年下半年就有林溪墟场，其中的猪肉、家禽蛋品主要是湖南通道的商贩和农民出售。1970年，林溪改星期日为墟期。1975年，农村人民公社社员自留地的产品，只准自食自用，不准上市，不准私人从事工副业和商业，市场再度冷落。县城与林溪墟亭被有关单位借用一部分。1979年，市场逐渐开放，个体商贩增多。1980年后，农村实行联产承包责任制，社员能根据自身情况安排生产，生猪、家禽、果菜、竹木器、香菇、木耳等土特产品的生产有了发展。为适应商品生产和人民生活需要，林溪乡赶集改为5天一次，日期为逢5逢10，也就是说5、10、15、20、25、30日皆有赶集活动。

另外，村民也常到湖南通道坪坦乡赶集，日期为农历逢二逢七，譬如说农历二、七、十二、十七、二十二、二十七。

图八—8 林溪赶集

2. 观光旅游

高秀村内游客人数鲜少，村委会有意拓展旅游事业，目前还在评估阶段。因观光旅游不兴盛，村内依旧维持良好的原生态样貌，民情淳朴，值得保持。

九、生活方式和风俗习惯

（一）民族服饰、盛装服饰、衣服来源及装饰特点

1. 民族服饰

侗族妇女头发梳得油油亮亮，一丝不苟扎个发髻，系上黑色发带，在后脑勺打上结；身子第一层穿上黑色镶上蓝边形似汉族肚兜的贴身衣物，不同之处在于，肩颈上原以绳线打结处以侗银链替代；二层穿上蓝侗布滚白边缝制的右衽开襟衣；下身着黑色长裤；脚穿黑鞋。蓝色配上黑色即为夏季侗族妇女衣着经典样貌（图九—1）。到了冬日，最外层上衣改为绯红色右衽开襟衫，衣长较夏季蓝色开襟衫长。侗族男性不如女性服饰华丽，男性身穿绯红色对襟短衣，下着黑色长裤。

图九—1　传统妇女服饰

2. 衣服来源

高秀村侗族妇女可完成整条制衣工序，包含种植棉花、纺纱、织布、染色、缝制，皆以手工制作。侗布完成品轻薄透风却坚韧不易破损，但目前仅剩年老妇女尚存制衣技法，年轻女性多数以购买取代自制，侗布制作技法有逐渐失传之虞。侗布制作最具匠心之处即为染色这道工序，侗族妇女采收"蓝紫草"，放入瓮中以盐、酒浸泡并以石块加压（图九—2），瓮缸中渐渐浮出细沫，其细末即为侗布染剂，布染蓝色及绯红色皆会使用此色料。乡间赶集时可常见侗族妇女挑起一担担深蓝色泥状物，即为蓝紫草染剂（图九—3、图九—4）；妇女将布料浸渍其染剂之中，洗

图九—2　浸渍蓝紫草

图九—3　赶集中贩卖之蓝紫草染料

图九—4　蓝紫草染剂

图九—5　染布时的洗净程序

图九—6　染布时的晾晒程序

净（图九—5）、晾干（图九—6），重复二次以上，洗净时以木棍持续且均匀锤敲布料，越敲纤维越结实，染色成品将微微透出光芒。

3. 盛装服饰

文中介绍传统侗族盛装服饰为结婚场合穿用，上衣与传统妇女服饰雷同，下身则绑上一片百叶裙，小腿裹上黑侗布及彩色棉线绑腿，脚穿凉鞋。侗族结婚服饰以项链及头饰最为耀眼，传统头饰皆由纯银打造，总重可达一二十斤。

4. 装饰特点

侗族喜戴银饰，日常时妇女会插着银饰木梳固定脑后发髻（图九—7），颈挂银项圈、手戴银手镯（图九—8）。结婚用银饰蔚为华丽，为一位新娘打扮可能花上一天的时间。首先将新娘发丝梳齐，拉起一把发束以彩色棉线缠绕成发髻（图九—9、图九—10），发髻插上银饰木梳固定。新娘头饰主要由五把

图九—7　以银饰发梳固定发髻

图九—8　侗银手环

图九—9　拉出一束马尾

图九—10　缠绕成发髻

发簪组成，五把发簪先行交迭再以彩色棉线缠绕固定（图九—11）后插上发髻，固定发簪之彩色棉线会留相当份量让其继续缠绕在发髻上（图九—12）。传统发簪以纯银打造，总重达一二十斤，现代为节省成本及考虑新娘舒适度，皆改以铝制。中间发簪以圆铝片为中心，圆周缀满薄铝片，铝片形状为花朵、蝴蝶、鸟或鱼，铝制品重量轻，当新娘走动或微风吹过，铝片与铝片间摆动轻碰，发出轻脆声响及闪闪光芒，相当耀眼。其余四只发簪作成树状，其枝干以弹簧作为结构，除缀着铝片之外，发簪顶端还会嵌上彩色棉线制成的棉球，移动时弹簧晃着晃着，好似真有蝴蝶飞舞在花丛之间（图九—13）。新娘颈脖会带上四层项圈，一层由三圈圆铝片组成，其范围宽至肩膀，二、三、四层为铅制，依序为串珠项圈、麻花状项圈最终是平滑银圈，戴上后总重达三至四斤（图九—14）。

图九—11　以棉线缠绕固定发簪

图九—12　将发簪与发髻固定

图九—13　发簪

图九—14　新娘服饰之项圈

（二）日常生活

多数高秀村民生活方式为自给自足，早晨四五点起床后下田耕作、上山采集、喂养鱼苗等，每户人家在村内约有四分水田，各种蔬菜皆有，有红薯、土豆、南瓜、黄瓜、扁豆等，供给一家饮食很是足够。高秀村民种植、养殖坚持使用自然饲料，拒绝使用化学药剂。工作闲暇之时齐聚鼓楼内，男性抽烟下棋、女性绣花补衣；高秀村使用鼓楼者多为老年人，一齐在鼓楼内话家常，氛围和乐融融。高秀村民相处融洽，无论认识与否路上相遇定会问候："你从哪里走来？吃饱了没？"年轻一辈需主动向长辈问好，否则属于无礼。

（三）饮食情况

高秀村民崇尚自然饮食，蔬菜、肉、鱼多由自家栽种、圈养，极力避免让牲畜吃食人工饲料。侗族人习惯早晨四五点起床后上山采集，待日出后气温升高时返家用早餐，此时约上午十点后，餐后稍作休息随即工作，中午待工作一段时间后再行用餐，因此中餐时间不太稳定，多在下午两点左右，晚餐前亦是如此，约在晚间八点左右用餐。

图九—15 酸鸭、酸鱼

图九—16 宴客酒席

侗家菜就是酸，侗家人喜吃酸，其酸味源自酸汤，无论鱼、鸭、猪肉及蔬菜，所有食材皆可以酸汤料理。侗族家家备有酸汤，其酸味性温和，别于一般醋味带呛。酸汤家家妇女皆会腌制，糯米以井水浸渍，约一周即成酸汤。酸鱼、酸肉（图九—15）为侗族最具特色餐点，将新鲜鸭、鱼、猪肉重复涂敷上盐巴，浸渍于酸汤之中至少一年以上方可食用。常见侗族人将酸鸭酸鱼腌制十年以上，其制作时间耗时成本高，一但开坛将食材取出后需即时食用完毕，无法放回，因此酸鱼、酸肉、酸鸭为侗族珍贵食材，仅有重要宾客来临时才会取出。侗族人好客性格于宴席时表现淋漓尽致，当客人造访，侗族人每桌必备十二道以上的菜肴及自家酿造酒水（图九—16）。侗族迎宾筵席中最精彩处莫过于妇女敬酒时所唱的侗族歌曲，她们会走到贵客一旁请客人站起，围绕客人哼唱起侗族歌谣，歌词含义大致是这样的："欢迎来到我们侗乡，我们真诚的喜欢你，我们没有什么好东西可以招待，只有这些酸鱼酸肉，希望你下次还能过来让我们好好招待，我们竭诚地欢迎你。"侗族人歌唱形式以即兴为主，所以无法抄写精确歌词，仅能片段了解其含义。侗族人招待客人时，侗族女性不能同时在桌上用餐，为表示尊客，侗族女性准备好酒菜，让男性及宾客先行用餐，待宴席结束后才得以上桌，并食用宴席剩余食物。

侗族喜种油茶树。吴桂贞主编之《三江导游词》写道："油茶树是常绿灌木，叶子互生，椭圆形，花白色，果实内有黑褐色种子，种子榨的油叫茶油。茶油是三江侗乡特产之一，有'三江油，天下流'的美誉。茶油是上等食用油，被誉为'东方橄榄油'。"油茶除作为侗族主要食用油外，与侗族饮茶文化也有深切关系，传统侗家早餐及宴客小点"打油茶"（图九—17），即是茶油所制。制作方法为先将

图九—17　打油茶

糯米、花生、糖球以茶油炸过，接着泡壶茶水淋上茶油，两者置入碗中摆上一些韭菜，轻晃几下，不用筷子直接对嘴饮用。"打油茶"咸香带甜、口感爽脆；油茶咖啡因含量高，侗族人多在早晨饮用提神。

高秀村民喜吃糯米，共有白糯米、红糯米、黑糯米三种，糯米占高秀村稻作产量百分之五，较一般水稻珍贵，因此逢节日喜庆皆会吃糯米以示庆祝，当贵客来临也会蒸煮糯米饭给客人品尝。高秀村烹煮糯米特别讲究，熟糯米饭会另外置于干燥白瓜容器中（图九—18），干燥瓜果的毛孔吸收米饭散出之蒸气，维持温度及湿度，使米粒维持松软不至湿润，村民以手指抓取糯米饭，稍稍施力捏紧米饭，此种吃法俗称"抓糯米"。塑形后的糯米饭较先前光滑，麸质更为紧实有弹性，吃起来比未捏过的糯米饭更为香甜

图九—18　白瓜容器

且具嚼劲。糯米热量较一般水稻高，农民出外耕作时，会以白瓜容器携带糯米饭，是为快速补充热量的最佳来源。糯米除作米饭食用以外，也制作许多其他食品，尤其以家家皆会酿制的糯米酒最为出色。侗家糯米酒，色泽呈透明乳白，带点微黄，口感滑顺浓郁，入口甘甜，香气馥郁，酒精浓度约17–18度。高秀村民逢喜庆节日喝酒，平日餐餐也必备糯米酒，不喝上三杯不准

离席，敬第一杯酒时全桌人站起大声呼喊"浅拉！呜呼～饮拉！呜呼"以营造热络氛围。

高秀村最引以为自傲的农作物即是韭菜，韭菜在三至四月时最为可口，爽脆、鲜甜；在高秀村内韭菜几乎是餐餐必备。在林溪乡几个邻近侗族村寨定期举办"韭菜节"，评比哪个村落的韭菜生得最好，高秀村常获好评。

（四）重要节庆活动

1. 节日

高秀村汉化程度深，除下文介绍节日之外，其他过节习俗一般与汉族惯习相同，不再赘述。

农历二月二日，初二节、串亲日亦称走亲日；侗族人在此日到处走访亲戚朋友家，在农忙开始前预祝彼此未来一年有着好运气、好收成。

农历三月三日，祭桥；侗族人生活与桥关系紧密，这日村民宰杀鸡、鸭作为祭品，前往桥前祭拜，感念桥协助延续族人生命，祈求身体健康，事事平安。

公历四月五日，清明节；侗族人在清明当日前往祖坟上祭祀，不会推延至他日。

农历四月八日，糯米节；吃黑糯米，吴桂贞主编之《三江导游词》写道："传说很久以前，侗家人没有牛耕田耙地，全靠人力耕种，劳动强度很大。尽管天天劳动，还是不够吃，靠摘采野菜野果和捕捉野兽度日。天上玉皇大帝见到人间此情此境，很是同情。一天，玉皇大帝对牛魔王说：'你带些谷种到人间，告诉他们今后三天才吃一顿饭都不会饿肚子。'牛魔王来到人间后，就被仙山圣水所迷惑，早已把玉皇大帝的原话忘得一干二净。于是，他说：'玉皇大帝看你们没吃没穿很是可怜，叫我带谷种给你们种，并嘱咐今后每日要吃三顿饭还不会饱。'说完，牛魔王就返回天庭了。到了天上，玉帝问牛魔王：'你把我的话传给人间了没有？'牛魔王答道：'传了。'玉帝又问：'你是怎么传的？'他原原本本地说：'玉帝赐你们谷种，叫你们好好耕种，以后每天吃三顿饭肚子都不会饱。'听到牛魔王的话，玉帝很生气，大骂道：'现在人间的日子已经够苦了，再让他们一天吃三顿饭还不会饱，这怎么得了！'牛魔王传错了话，给人间百姓带来了极大的痛苦，感到十分难过。于是，恳求玉皇大帝把他贬下凡间为百姓犁地耙田赎罪。侗族人自从有了牛耕田犁地后，摆脱了繁重的体力劳动之苦，认为牛真正的为人类造福。为了报答牛的恩情，侗族人便把农历四月八日定为牛的生日。"此后，到了农历四月八日这天侗家人不让自家牛下田耕种，并蒸煮黑糯米给牛吃，感念一年辛劳。除了这段来由，高秀村另传一则故事：杨门女将遭官兵逮捕打入大牢，家人想方设法营救，她们煮起了糯米饭，但侗家糯米饭煮来可口味美，糯米饭在送入牢前可能即被守卫拦下。因此她们将糯米饭以植物染色，白白胖胖的米粒变成了黑色，送去牢里时守卫见那米饭不甚美观，即让她们将糯米饭送入牢里，杨门女将吃了之后体力大增，破牢而出。

农历五月十三日，关公磨刀日；关公磨刀为民除害，这天通常都会下雨。

农历六月六日，新米节、尝新节；田里稻禾正长成，瓜果熟成，家家户户到田里摘几株稻禾，生、熟皆可食用，吃稻禾时必须将头抬高脖子拉长放入口内，拉得越长代表谷稻长得越长。这天也会祭祖祈求未来一年能有好收成。

高秀村过新年、元宵、端午、重阳、中秋习俗与汉人无异，高秀村逢喜庆节日必会准备"百家宴"（图九—19、图九—20），每家妇女准备一道菜肴，至邻近鼓楼一同吃饭、喝酒、唱歌、跳舞；百家意指很多家庭一起共享盛宴。

图九—19　百家宴一隅　　　　　　　　　　　　　图九—20　百家宴一隅

2. 文化娱乐活动

侗族能歌善舞的能力与生俱来，高秀村尤其如此，每逢喜庆佳节前一个月高秀村民开始商议表演节目，高秀村内文化娱乐活动由老人协会及妇代会统筹，基本内容有侗族大歌、芦笙舞及侗戏。引述吴桂贞主编之《三江导游词》一段文字："侗族文化艺术。种类繁多形式多样，民族特色浓郁，被人们誉为'诗的故乡，歌的海洋'。如侗族无伴奏多声部大歌、琵琶歌、笛子歌、牛腿琴歌、山歌、挡路歌、酒歌；芦笙舞、多耶舞、辨新娘、抬官人、讲款、讲古；侗戏等等，深受海外观众的欢迎。"

（1）侗歌

《三江侗族自治县志》里头记载："侗族大歌，俗称'嘎唠'（cgalao）是侗族人民集体歌唱的二声部民歌。这种歌通常在节日里，男女歌队坐在鼓楼或围在火塘边进行对唱，用歌来表达感情，赞美大自然。大歌分为男声大歌和女声大歌两种。男声大歌的曲调雄壮、有力，表现一种团结力量大的气氛，女生大歌则曲调优美、抒情，表示侗族姑娘热爱生活，向往未来幸福的思想感情。侗族大歌两个声部的安排，一般是这样：不论男声、女声，都由一人或者两人唱高音部（侗语称"索伴"），其他人（多的有十多人）一律唱低音部（侗语俗称"索吞"）。唱高音部的歌手，特别是女高音，必须具有一定水平的演唱技巧，包括童音、音色、节奏等因素才能突出高音，达到一定效果。如果演唱象征声音的歌，高音部分是模仿动物的叫声，唱得好，很形象，给人一种真实感觉，犹如听到大自然中动物的叫声。所以，凡是能唱侗族大歌高音部的歌手，一般从小就开始学唱歌，有比较丰富的演唱经验。这种人在侗族地区称为'歌头'。"

侗族人爱唱歌，吃饭能唱歌、有客到能唱歌、恋爱能唱歌，高秀村民随时随地都可唱歌。高秀侗族人唱歌经常即兴作歌随口哼来，因此以文字记录歌词上有困难，我们寻求高秀妇代会协助，下文将记述几段侗谣歌词含义。

《侗家待客喜盈盈》

侗家糯米白生生

侗家米酒香喷喷

侗家人心暖烘烘

侗家待客喜盈盈

远方朋友到侗乡～到侗乡～

喝杯米酒暖身心

侗族人好客，让客人吃饱喝足外必定会向客人敬上几杯米酒，敬酒不仅是交杯互饮而已，敬酒时侗家妇女将一齐向前为客人唱上几首敬酒歌。《侗家待客喜盈盈》即是属于此种歌曲，《侗家待客喜盈盈》歌词才短短六句，却已足够明了侗家人对生产糯米、米酒的自信及那份对客人竭诚欢迎的心意，敬酒歌在侗族歌种属礼俗歌谣。侗族人喜欢群聚交友，逢婚嫁喜庆、外出做客或接待外来客人，由于话语无法道出侗人内心喜悦，此时侗人选择以歌唱的方式表达那份真挚情感。下面介绍另一首礼俗歌《拦路歌》。

《拦路歌》

嗨～　树木直　树木弯

树木弯弯在上河　我知你在我才来

我才来～　情妹～

嗨～　树木直　树木弯

树木弯弯河湾上　你在家中我才来

我才来～　情妹～

《拦路歌》，侗语发音为"嘎沙因"，逢农闲时刻或节庆，各村寨间年轻男女相互走访、做客。进入村寨前，主人故意在寨门口设置数个障碍，将客人拦住，要求客人一同对歌。客人若能对上歌，主人即会将障碍撤除让客人入村，此种一答一问的对歌叫《拦路歌》。《拦路歌》需集体合唱，有领唱、有齐唱，有男声、有女声。拦路活动带娱乐性质，其曲风热烈、欢乐并夹杂呼喊声。侗族歌谣为侗语发音，而侗族无文字，看到侗族大歌词本时可能是罗马拼音或以同音汉字替代，因此上文记述歌词为寓意而非词曲本身。

（2）侗戏

《三江侗族自治县志》记载："侗戏产生于清嘉庆、道光年间，创始人是贵州省黎平县腊洞山寨侗族文人吴文采。他根据汉族传书编出两部侗戏剧本，即《梅良玉》和《李旦与凤姣》，并在侗歌的基础上设计唱腔，创造了侗戏。侗戏演出后，深受侗族群众的喜爱，后传至三江。侗戏音乐有'大过门''小过门'和'普通腔''哭腔''尾腔'等传统唱腔。乐器有二胡、牛腿琴、锣、钹等。表演程序较为简单，两个演员在舞台上走横8字。近年各地侗戏队（团）吸收了汉族其他剧种长处，表演程度有所变化。1979年，全县有业余剧团（班）179个，演出的新老剧目共434个；最早的剧目是《梅良玉》《凤姣李旦》《刘志远》《金汉》《门龙》《美道》《三郎五妹》《莽子》《珠郎娘美》《郎夜》。"

（3）侗族芦笙舞

民国时期，稍大的村寨几乎都有芦笙队。吹笙跳舞有季节性，各地根据本地农忙、农闲时间定自己的芦笙季节；有从农历十一月至二月初二，有正月初一至三月初三，有从八月十五至正月十五，不是芦笙节绝不许吹芦笙，并作禁忌定下来，传说如果乱吹，当年禾花会被吹落，五谷失收。芦笙踩堂舞（图九—21）一般是在节日庆典和祭祀时跳，乞求神灵保佑"风调雨顺""国泰民安"或庆祝粮油丰收等。表演者通常有二三十人，穿着庄重漂亮的芦笙服、扎绑腿、白裤羽毛衣、帽。领头和跟尾的人要手撑伞，身披红毯，跟着芦笙左右摆舞，并口念咒词。芦笙舞曲调稳重雄浑，踩堂舞分两节，向左舞完又向右。

图九—21　芦笙踩堂舞

十、宗教、信仰和禁忌

（一）萨玛和萨玛祠

高秀村中没有相关信仰，早期和"文革"前就住在村里的老人也没听说。

（二）风水先生

村里共有四位通天文地理的先生，欲知自己和家里状况的过去、现在、未来可以去找一位眼盲的算命先生，若要看坟地位置可找一位风水先生，还有两位地理先生能帮人挑选竖房子、结婚、丧葬等人生重大情节的日子。

这次本组调研工作有幸拜访那位眼盲的算命先生，他天生看不见，但基本生活皆可自理。据村民口传，上午算命是最准的，到下午算多了，情绪差就会不准确。算命的方式是直接问自身或自家的一些问题，先生就能知道这人是从哪里来、家里住几层、有几个兄弟等；也可能会进一步问人出生年和生辰，然后用摸骨的方式看这人何时会找到工作，能不能当干部，会跟几年次的人结婚或不能跟几年次的人结婚，会有几个孩子，几岁退休，能活到几岁等。

别村也有人经常来找他算，本村的人反而会到湖南去算，因为大家认为算命先生已经对本村的事情太过熟悉，反而不特别信，只有特别紧急的事情才找他算，也有部分村民相信科学而完全不相信这类事情。

给算命先生看完后，通常会包个十元红包让先生祭拜神明，用以聊表心意。

　　结婚、盖房子、丧葬的日期皆会请地理先生挑日子。盖房子动工那天要烧香拜神与拜祖先，村民们只当成是一个仪式，并无特殊意义，还必须准备一个大红包、酸鱼、猪肉、糯米、杂交水稻三斤六两（村民也不知此数量的意义）、侗布共一丈二尺（深红色那种）。然后要拿一只鸡，让有经验的专家将鸡从下面抱起，要是能让鸡温驯、不乱叫乱动，当天盖房子的工作就会很顺利，如果鸡叫了或动了，当天工程就要注意安全。那天还必须把男方女方亲戚都至少叫过来一个，用意是希望后代繁荣发展，有男有女。盖一栋房子都从竖柱子开始，光竖柱子就要一个月，后续还有打板子、装修等工作也要一个月，约两个月可完成一栋房子。新居落成后，入住那天也会请地理先生挑日子，烧香祭拜祖先神明，并请客让亲友来热闹一下。

　　若是遇到公共建筑的上梁时辰，在那个时辰出生的人不能接近工地，住房则无限制。

（三）祖先崇拜情况

　　基本上高秀村民对祖先态度开放，也不忌讳，在墓地常看见酒瓶。少部分人家才供奉神明及祖先牌位（图十一—1），祭拜时机为过年过节才会烧香，平时也没特别祭拜或维护神龛，但也和汉族一样无论搬迁至何处，祖先牌位皆必须一同迁移。因为"文化大革命"的关系，有许多原本该是被立着祭拜的石碑，如今躺在地上任人踩踏而毫无怨尤，显现了侗族人民单纯不迷信的一面。

图十一—1　住家神龛

（四）丧葬礼仪

丧礼俗大体上与汉族差异不大，当家中有人去世，会先通知亲族前来吊唁，并请村内地理先生算日子，择选入土吉时，通常会在家留两晚后才上山。与汉族不一样的是，侗族丧葬费用由女方负担，送葬时是由姑爷去请唢呐队，没有女儿女婿的话就由死者姊妹的姑爷去请。棺木是使用杉木制作，里面会上黑漆，大体平放，头部会填充纸钱。棺木由家里送往坟地时，一般会将棺木推出去到半路再推回来，至少需来回推托三次之后才继续往前走到墓地，以向死者聊表惋惜之意和亲人们对死者的不舍，也显得比较热闹。

棺木下土时会先将活鸡的头砍一半，但没让它完全死去，再将它丢入坑里，鸡在坑里要是能跳到四个角落再跳出来就代表此地风水好，最后会将这只鸡送给地理先生。棺木入土安顿后，其余亲友可以一起回家用餐、追悼，独留姑爷于坟地自行寻找最后一块石头并堆砌上去，用来代表姑爷感谢死者养育女儿的辛劳。

小孩或其他不具名的人士则葬在竹子林附近。

（五）民间信仰及其变化

高秀村信仰的主要是道教，还祭拜观音和一些忠臣良将，也有一些土地神和自然神祇；另外有少数人信仰从印度传来的天主教。下述神龛基本上看起来都无人维护。

1. 风雨桥

村子入口的风雨桥里面共有四个神龛。主神为关圣帝君（图十一—2），上面题字正中为"敕奉三界伏魔大帝关圣帝君神"，右侧为"关平小将"，左边为"周仓大将"。另有一魁星（图十一—3），上面题字正中为"敕奉魁星点斗之神位"，右侧为"手捧月中桂"，左侧为"足踩海底鳌"。还有一土地神（图十一—4），只有中间几个字清楚"土地维护功德之神位"。最后一

图十一—2　关圣帝君神龛

图十一—3　魁星神龛

个神龛已模糊不清（图十—5），村里人也不记得名称了。神龛下有个烧金纸的石板（图十—6）。基本上，祭拜的人已不多，神龛几乎都无人维护。据说村中年轻人要出外求学或工作会到关圣帝君前的香炉拿取一柱已烧尽的香，并折成三断放进口袋，以祈求平安。

图十—5　不知名神龛

图十—4　土地神龛

图十—6　烧纸钱石板

2. 婆婆庙（图十—7）

婆婆庙，解放前是座大庙，有此寨子时就存在，破"四旧"时遭到拆毁，1984、1985年于原址重修一间小庙。神龛上有三个观音像（图十—8），是"文革"之后有老人家带回村里来的，龛上题字"本祭观世音……"。村民有进村就要向婆婆打招呼的习惯，村里发生的大大小事诸如结婚生子等，也都会向婆婆报告，平时农历初一、十五，过年过节更是少不了，通常都是祈求下一代健康，全村平安，发展人口等。

3. 南通庙（图十—9）

南通庙在"文化大革命"时遭到完全拆除，村里在1982、1983年时将之重建，比原庙规模小，庙旁连着村中妇女协会的活动场所。庙中有一神龛，龛上题字"荫普云岳"，神龛中

图十一—7　婆婆庙

图十一—8　婆婆庙观音神像

有两个神位（图十一—10），但字迹已残破无法辨认，只能依稀辨认出右边为"南岳忠静……大王"，左边为"五通……灵官"，据说两位皆是忠臣的代表，能够为民伸冤、为民做主，并保佑村寨平安，最上面的匾额"平安保佑"得以证明。通常祭拜时间是农历每月初一、十五与过年节庆时日，主要也都祈求这一方人的平安，根据香炉上的香判断，祭拜的频率频繁，人数不少，只是庙宇环境并无人维护，显得渐趋原始。

图十一—9　南通庙内部

4. 飞山祠（图十一—11）

飞山祠，祭拜威远将军的小庙，也是"文革"之后重修的。门外面有副对联，上联是"威灵普照万古赖神恩"，下联是"显应佛照千秋祈圣德"，庙里面有个神龛（图十一—12），神龛上边有个匾额题"运宫端殿"，正中题字"本祭家奉飞山土主威远侯王之神位"，左右各题"两班文武""十二朝官"，再右侧有"神德恩挟家祠旺"，再

图十一—10　南通庙神龛

左侧有"祖宫福庙子孙贤"。下面还有个土地神位，中间题字"本祭下坛长生兴隆土地之神位"，右为"招财童子"，左为"进宝郎君"，两旁各题字"保一方清泰""佑四季平安"。此飞山祠是村中少数看来环境整洁的庙宇。

5. 来祖大帝

来祖大帝，村内篮球场的旧址原本是一座最大的庙，"文革"时期全毁，在小学大门口的左边重建，到了1978年又搬迁到现在的篮球场旁，现今只剩用三面水泥墙砌成的小神龛（图十—13），外观无庙宇样式，神龛中有两个神位，左边为"飞山土主威远侯王之神位"，右边已残破不堪。据村民描述，这个就是来祖大帝的神位，农历每月初一、十五、过年节庆时都要祭拜，神龛前方有一个红砖砌成的小平台，此为摆放祭品所用，祭品常为一般家庭所吃的东西。

6. 土地神和其他神祇

村中祭拜土地神除了村入口处风雨桥中的土地神龛外，村中小路上常见许多小小的土地神龛（图十—14），用以保平安。另外许多民居出入口处皆有钉上"泰山石敢当"的木片用以驱凶避邪，禁压不祥之俗。在村里的红豆杉或其他被村民视为较有价值的树上都绑有红布条，此象征村里人祈求新生儿的平安，也代表对自然的敬畏，据说村中仅有的那棵红豆杉有人出资好几十万想买，村里都不愿意卖，由此可见村民们对红豆杉的重视。

7. 天主教

这个天主教也类似传统民间信仰，初一、十五在家祭拜，主要是拜保平安的。

图十—11　飞山祠　　　图十—12　飞山祠内部

图十—13　来祖大帝

图十—14　路边土地神

（六）禁忌

若是遇到公共建筑的上梁时辰，在那个时辰出生的人不能接近工地，住房则无限制。未有特殊禁忌，一般与汉族相似。只有礼貌问题，如进屋要脱帽，晚辈需主动向长辈打招呼。

十一、保护和管理现状

村寨民居及公共建筑基本保存了原有建筑格局和侗族风貌，只是近几年新建的砖与混凝土的建筑有些破坏景观。建筑的布局总体上来说非常富有美感，基本呈现没有太受干扰的原生态。由于民居比较密集，高秀村中有《防火公约》以预防火灾。

村寨周围的山上植被如杉木、楠木、毛竹等高大茂密，原始自然环境没有遭到太大的干扰和破坏。而且无论是村寨中还是村寨外围，环境都比较清洁干净。

高秀村的侗族人汉化程度比较高。保留有一些侗族特有的传统风俗和生活方式，但同样也有许多已经消失，同时他们也接受了一些汉族的习惯。

十二、结语

高秀村地处广西壮族自治区与湖南省交界处，在三江侗族自治县边缘，且交通不太便利，当游客选择侗寨观光旅游时高秀村并非首选景点，正因如此高秀村得以留存原型侗寨样貌，间接避绝外来文化渲染。村内建筑功能以居住为主，整体风貌保持良好，放眼全村多数为木造房屋，虽有几栋现代水泥建筑正在搭建中，但皆处在村寨外缘处而非村寨中心巷道内，若需改善景观样貌难度不高。侗族传统建筑为木造，近年重视消防安全，部分民宅一楼改以砖造，建筑外观变革可清楚地在村内见到，极为完整保留其地貌演变过程。

高秀村外来人士稀少，全村依然具有传统侗族文化、习俗、生活方式，其非物质文化真实性高。村内并无任何为增加观光效益所做的建设，无论软硬件设施皆是村民生活自身所用；如村内鼓楼、风雨桥仍然是村民生活聚集重要地点。高秀村目前所需担心的是年轻人口流失，当年轻人出外工作，传统侗族技法恐遭失传。除此忧虑之外，高秀村较其他村寨更具原始侗寨样貌。

附录一

访谈对象一：吴平秀，男，65岁，前三江县电影公司制作人

访谈对象二：石科，男，46岁，高秀村村委会主任

访谈对象三：谢文锦，男，40岁，高秀村卫生所医生

访谈对象四：向文方，男，68岁，农民

访谈对象五：吴国元，男，70岁，木工师傅，也顺便访问了她的女儿（高秀小学附设幼儿园园长）

附录二　林溪乡高秀村高秀屯村寨消防工作制度

消防、防灾规划

1. 旧寨分为三个防火区，每个防火区由45—50户组成，新搬迁农户数为14户，建筑采用砖混与木质结构，砖混外墙装饰应按木质结构色调。

2. 旧寨分别设置200立方米消防水池两座，水池标准应高于建筑标准20米以上，防火水池严禁人、畜使用，消防水池应由县消防部定期检查、补水，保证消防用水充足。

3. 规划在村内道路为消防通道，任何人不得在消防通道内堆放物品，保证紧急时通道畅通及村民疏散。

4. 室外消防栓用水量为30升/秒，消防栓按消防规范设置。

村（屯）长消防安全工作职责

村（屯）委员会主任（屯长），为本村（屯）消防安全工作第一负责人，对本村（屯）消防安全工作负责，并履行以下职责：

1. 组织传达贯彻落实党和国家有关消防安全工作的方针、政策、法律、法规、规定及上级党委，政府有关消防安全工作的文件、会议、指示。

2. 组织开展消防安全宣传教育，增强全村村民消防安全意识。

3. 根据上级党委政府对消防安全工作的要求，组织研究制定本村（屯）消防安全工作计划、目标、措施、完善规章制度，严格管理，认真落实。

4. 定期组织对本村（屯）进行消防安全大检查，发现火灾隐患及时督促整改，一时不能整改的要及时将情况报告乡人民政府。

5. 制定灭火预案，定期组织消防安全演练。

6. 积极组织义务消防队进行训练，提高村民灭火技能。

7. 凡发生火灾事故应立即报告乡人民政府，并立即启动预案，组织村民灭火和疏散群众，及时开放防火隔离带，将灾害减到最低。

村（屯）消防安全员工职责

村（屯）消防安全员，为村（屯）消防安全工作的具体负责人，对本村（屯）消防安全工

作负责，并履行以下职责：

1. 贯彻执行消防安全法律、法规、条例、规定和上级党委、政府有关消防安全工作文件、会议、指示精神。

2. 抓好全村（屯）消防安全宣传教育，提高全村消防安全意识。

3. 定期对全村（屯）开展消防安全大检查，发现火灾隐患实时督促整改。

4. 制定本村（屯）火灾演练预案，并组织灭火预案演练。

5. 不定时对本村、屯的消防机、消防器材进行检查、保养，使之保持良好备战状态；平时每台消防机油箱内随时保持有三分之二以上的汽油，并配有93号汽油20升和汽机油2升以上，如发现消防机有故障及时向乡人民政府或三江县公安消防大队汇报备案。

6. 严禁私自动用消防机及消防器材用于灭火以外的其他方面，对违反消防设施管理规定，造成消防机和消防器材损坏的责任人或单位负责人，责令其按原价赔偿，拒不赔偿的，按照《中华人民共和国治安管理处罚法》第二十六条的规定进行处罚，并处以原价格两倍以上的罚款。

7. 按消防机使用操作规程，对消防机手进行培训，使义务消防队队员人人能单独操作消防机，并每季度定期组织有消防机的村（屯）义务消防队员开展演练，提高灭火技能。

8. 凡本辖区内发生火灾事故应立即出动，并实时报告当地政府和三江县消防大队。在火场中组织村民灭火和疏散群众及财物，将灾害减少到最低程度。

9. 乡人民政府把消防设施监督工作纳入年终考评，对消防设施监督不到位或者不履行职责，在火场上消防设施发挥不出作用的工作人员，给予全乡通报批评，追究相关责任，并扣发全年个人工资或奖金。

村屯防火安全管理制度

1. 本村村民及外来人员必须自觉遵守各项规章制度，严防火灾事故的发生。

2. 村民必须按照规定加强用火用电管理，不许随意架接电线，照明灯具要远离可燃物，在寨内不得用火把照明。

3. 村民要小心用火，做到人离火熄，烘烤腊肉、谷物等要有成人看管。

4. 村民要经常教育家庭成员小心用火，注意安全，要积极集资投劳修建消防基础设施。

5. 村民要爱护消防设施器材，不许破坏公共消防设施，积极参加消防教育和培训。

6. 不准聋、哑、傻、病、残和小朋友使用火源，发现小孩玩火要及时制止和教育。

7. 发现火灾隐患要及时举报，发现火灾要立即喊寨报告，并积极补救。

8. 发生火灾事故时，村民必须在防火安全委员会的领导下，有组织地开展灭火救援，不得只顾个人利益而耽误战机。

村寨防火公约

为保护全村公共安全，防止火灾事故的发生，特制订"防火公约"如下：

1. 严禁乱堆乱放柴草，乱接乱拉电源线路，违者每次罚款200元。

2. 对火灾隐患拒不整改者，防火安全委员会有权进行强制整改，并处以200元以上罚款。

3. 未经批准，无故不参加消防倡导教育和培训者，处以罚款30元/次。

4. 村民要自觉爱护公共消防器材设施，损坏公共消防器材设施者，责令赔偿，拒不赔偿的，按其价格两倍以上罚款。

5. 任何村民不得擅自搭建临时建筑物（构筑物），侵占防火线，堵塞消防通道，违者限期改整，逾期不改者，强制拆除或消除，所需费用由违规行为人承担，并处500元的罚款。

6. 严禁私自动用公共消防器材设施，严禁擅自移动圈占、埋压、拆除、停用消防器材设施。违者责令恢复原状。

7. 小孩玩火及重点人员无人监护的责令改正。拒不改正的对监护人罚款200元。

8. 引起火灾事故者，除按法律法规处理外，对其罚大米120斤、米酒120斤、肉120斤。

9. 发生火灾时，任何村民必须服从命令，听从指挥，严禁私自行动，违者罚款50元；对不参加救火，只顾个人利益抢救自己物资的，除罚款100元外，并将其抢救的物资归全村所有。

10. 外来人员进寨，必须遵守本村"村规民约"和"防火公约"。

供水设施管理制度

1. 按照"以水养水"的原则，实行村民用水收费制。

2. 落实专人管理消防人饮供水设施。

3. 村民生活用火按0.5元/吨收取管理费用，收费的间为每月的25日–30日。

4. 所收取的管理费用途如下：

（1）管理人员的工资。

（2）进户管之外的水管、水池、消防栓、消防水袋、消防机等设施损坏的维修。

（3）消防机的用油。

（4）消防队演练的相关费用。

（5）其他与消防人饮工作相关的费用。

5. 所收的管理费实行收支两条线管理，收支情形每个季度公式一次。

村屯消防管理协会职责

为了认真贯彻执行《中华人民共和国消防法》《广西壮族自治区消防管理条例》，加强对本村屯消防工作的领导，保护人民群众的生命财产安全，预防火灾发生，更好地建设社会主义新农村，特制定本职责。

1. 在乡镇防火办的领导下，按照"谁主管、谁负责"的原则，全权负责开展本村屯村寨防火各项日常管理工作。

2. 贯彻执行消防法律法规和上级有关防火安全规定，制订消防工作计划，定期召开安全会议，解决本村屯村寨防火存在的实际问题。

3. 负责组织落实各项防范措施，定期开展村寨防火安全大检查，督促整改火险隐患，监控本村屯精神障碍人员等。

4. 负责本村屯村寨防火改造工程的后续管理工作，做好消防器材的日常维护和保养，保证消防设施设备在发生火灾时正常发挥作用。

5. 负责村屯村寨防火安全宣传教育，增强群众防火安全意识。制定并落实好本村屯巡寨喊寨制度、村寨防火村规民约、村寨防火补救预案等。

6. 加强村屯义务消防队的培训和管理，定期进行消防演练，做好补救村寨火灾的充分准备。发生火灾时，义务消防队必须第一时间到场补救。

巡逻、喊寨员职责

1. 自觉服从村民委、村防火安全领导小组的安排和指挥。

2. 积极主动密切配合防火安全领导小组工作，认真履行工作职责，坚守岗位，严防寨火。

3. 喊寨员（巡逻员）每天早、中、晚不得少于3次巡逻和喊寨，在巡逻中发现火险隐患及时排除，并作好登记，对重大隐患及时上报村防火委员会。

4. 做好本村（屯）防火宣传工作，保证上级防火安全工作有关精神得到畅通无阻地贯彻落实。

5. 严格屡行交接班制度，做好当班时的一切情况记录。

6. 一旦发生火灾，立即通知防火安全领导小组及全村寨所有人员参加灭火，确保群众的生命财产不受损失。

7. 协助村"两委"班子做好本村（屯）的其他中心工作。

村屯义务消防队职责

1. 在村防火领导小组和上级防火安全部门的领导下负责本村寨的火灾补救。

2. 学习消防法律法规和规章制度，自觉加强消防业务理论学习，积极参加消防安全培训，刻苦钻研消防业务技术。掌握各种消防器材的技术技能，能熟练使用各种消防器材。

3. 牢固树立全心全意为人民服务的思想，发扬不怕牺牲的大无畏精神。

4. 积极参加防火安全检查，督促火灾隐患整改。

5. 认真维护保养消防器材，定期检查消防设施的运行情况。

6. 本村屯一旦发生火灾，必须第一时间赶到现场进行补救，其他联防的村屯发生火灾，接到通知后，要火速赶赴现场，各就各位，做好补救的准备。

7. 一切听从指挥安排，不得自行其是，不准私自抢救自己或亲友的财物。

消防器材设施器材、维护人员职责

1. 在上级消防部门和村屯消防管理协会的领导下，负责本村屯所有消防器材设施的保管和维护。

2. 牢固树立全心全意为人民服务的思想。自觉加强消防业务理论学习，对技术精益求精，定期或不定期对消防器材设施进行维护、保养，保证完整好用。

3. 积极参加上级消防安全部门举办的业务培训班，刻苦钻研专业技术，掌握各种消防器材的技术性能，熟练使用各种消防器材，不断提高应付突发事件的能力。

4. 严格遵守操作规程，爱护消防器材。

村屯电工职责

1. 在乡（镇）防火办以及消防管理协会的领导下，负责全村范围内各用电户线路安全检查、维修管理。

2. 认真学习有关电器防火知识，自觉做好本职工作，认真履行职责，主动配合上级消防安全部门，搞好消防安全检查、宣传工作。

3. 按照上级的要求，定期或不定期地对全村线路进行安全检查和维修。

4. 在检查中，发现不符合要求的有权停电，并责令用电单位或用电户限期改整。

5. 对存在线路隐患的，及时消除，一时不能消防的，要做好记录，并向消防管理协会报告。

防火安全警示牌

1. 家长必须督促家庭成员共同做好防火安全工作。

2. 家长教育小孩不要玩火。

3. 要加强对火源火种的管理，灶前不乱堆柴草，做到烧火做饭有人看，外出务工先熄火。

4. 严格安全用电，严禁私拉乱接电线或超负荷用电，对于超过使用年限的电线，要请电工及时进行更换安装。

5. 不要卧床吸烟或随意乱丢烟头。

6. 做好家庭清理卫生，不准乱堆放易燃物品，并保持家中水缸满水。

7. 维护公共消防设施，确保设施完整好用。

火灾隐患整改制度

1. 检查人员在检查中发现存在火灾隐患要及时下发火灾隐患整改通知书，并督促限期整改。

2. 对一时难以整改的火灾隐患要及时向村防火委员会报告，采取防范措施，限期整改，消除隐患，确保安全。

3. 对拒不整改的火灾隐患，除按"村规民约"和"防火公约"处罚外，并依法强制整改。

消防器材设施维护保养制度

为了保证消防器材在发生火灾时能正常使用，特制定以下消防器材维护、保养制度。

1. 要明确专人管理，责任到人，消防器材要按要求存放器材室和专用消防器材乡内保管。

2. 定期检查消防器材，发现器材损坏要及时维修，保证完整好用，器材发现丢失，要及时查明原因，并向乡防火办汇报。

3. 及时补充灭火设施的油料，定期检查消防给水管道，发现断裂或漏水等情形，要及时维修，消火栓损坏要及时更换。

4. 消防设施一般不得用于其他方面，特殊情形需用时，应报乡政府批准，但不得影响消防工作的需要。

5. 对所配备消防水带要保持干燥，用后必须洗干净晒干后方可放入器材箱存放，防止霉烂；防火栓阀门要保持润滑，发现锈蚀时，要及时打黄油。

6. 消防机动泵和消防车每半月应发动一次，保证随时处于备战状态，发现故障要及时修理，并将情况汇报乡防火办。

7. 做好消防器材维护、保养登记。

8. 消防器材设施维护保养员未按规定履行职责。造成消防器材设施损坏的，按"村规民约"和"防火公约"进行处理。

消防安全宣传教育制度

为了加强防火安全宣传教育工作，增加村民防火意识，特制订本制度：

1. 村屯消防管理协会每季召开一次村民大会，学习消防法律法规和规章制度，分析消防工作状况。

2. 村屯消防管理协会每季举办一期消防宣传栏，宣传防火、灭火知识。

3. 在重大节日、重大活动期间，要将消防知识编排成表演节目，或书写消防标语，分发消防宣传资料。

4. 坚持鸣锣喊寨制度，每天不小于二次，白天和晚上各一次，提醒村民注意防火。

5. 学校每月召开一次全校师生大会，邀请防火安全宣传员上消防课。

6. 家长要教育家庭成员尤其是小孩小心用火，注意安全。

消防安全制度检查

1. 村防火委员会每月组织一次防火安全检查。

2. 防火检查应当填写防火栓检查记录表，检查人员和被检查户主应当在检查记录上签名。发现火灾隐患，检查人员应填发火灾隐患当场整改通知书或火灾隐患限期整改通知书，落实各项整改措施。

3. 重点检查《村规民约》的执行情况和有关防火安全标准。检查的主要内容：

（1）火灾隐患的整改情况和防范措施的落实情形。

（2）安全疏散通道，消防车通道，消防水源情形。

（3）灭火器配置及有效情况。

（4）在用火用电过程中有无违章操作等情况。

（5）重点人员的监护情况。

（6）柴草的堆放情形。

（7）村民执行防火安全规章制度情形。

（8）其他需要检查的内容

4.对村寨内火灾隐患较多部位、易燃物品聚集地和精神病人、孤儿寡老人的情况进行全面检查。

5.在重大节假日活动期间和农业收获季节，应实施定期检查。

6.对村民举报的火灾隐患，应及时派人核查并采取措施加以排除隐患，确保安全。

7.在检查中如发现有违反规定的行为和存在的不安全因素，要立即或限期进行整改，并对照《村规民约》处罚。对整改难度大的，整改期间采取死看死守措施，确保村寨安全。

8.对检查情况及向村"两委"汇报，登记存档，并把检查结果进行张榜公布。

消防工作例会制度

1.村屯防火管理协会每月召开一次消防工作例会，遇特殊情况，可随时召开。

2.村屯防火管理协会成员要将各自负责工作向会议报告，表扬先进、鞭策后进。

3.组织学习消防法律、法规和防火、灭火知识，传达上级指示和精神，研究本村消防工作存在的问题和下一步工作。

4.例会由村屯防火管理协会主任主持，全体成员参加，并做好会议记录和统计上报工作。

柴草管理制度

1.严禁柴草乱堆乱放

2.村民堆放柴草时一律在规定区域内，远离火源，柴草堆放区严禁使用明火。

3.村民不得在寨内焚烧柴草，保持室内外清洁卫生。

4.对违反柴草管理制度者，责令当场整改，并依照"村规民约"和"防火公约"予以处罚。

义务消防队训练制度

为巩固和提高本屯义务消防队员的消防业务技能，提高扑灭火灾的整体作战能力，特制订以下制度：

1.义务消防队每月训练一天，遇到农忙或其他特殊情况，每月训练半天。

2.义务消防队每半年组织一次灭火演练。

3.训练内容以如何使用消防设施灭火和破拆训练为主。

4. 任何人不得无故旷课、缺课，每半年村委会组织一次考核。

5. 搞好训练登记。

火灾隐患举报制度

1. 防火安全委员会在本村寨每个防火分区设立一个火灾隐患举报箱，每周开箱一次。

2. 村民发现火灾隐患，有举报的权利和义务。

3. 村民发现有人损坏消防器材和设施，要坚决制止并向防火安全委员会报告。

4. 村防火安全委员会对举报的问题要登记备案，及时核查处理。

重点人员监护制度

1. 群众对自家的重点人员要严加监护和管理，并采取一定防范措施，防止引发火灾事故。

2. 重点加强对聋、哑、盲、傻、四肢不全、精神病患者和小孩等人员的管理。

3. 村民发现重点人员违规违章行为要及时制止，并向其监护人和村防火委员会报告。

农村防火十不准

1. 不准在村寨内烧灰积肥。

2. 不准在房屋楼底存放稻草等易燃物品。

3. 不准点"无人灯"、烧"无人火"和无人看管烘烤衣物、食品等。

4. 不准在灶边堆放易燃物。

5. 不准违规乱搭建。

6. 不准小孩玩火，在易燃物附近燃放鞭炮。

7. 不准晚上用火把在危险的环境中照明。

8. 不准乱拉乱接电线、用"三丝"代替保险丝。

9. 不准在床上抽烟和睡觉时点"长明灯"。

10. 不准损坏和挪用消防设施。

消防工作考评奖惩制度

1. 消防工作应纳入村党支部、村委会议事日程，与党政工作同安排、同部署、同总结、同评比、同奖惩。

2. 每半年对消防工作进行一次全面考评，总结经验，查找不足，拟定下步工作计划。

3. 消防工作由党村支部、村委会组成考核小组进行考评，对工作完成较好、成绩突出的给予适当奖励；对工作不到位、未发挥应有作用的给予处罚。

附录三　三江县林溪乡高秀村安全防火公约

为了搞好我村的防火安全，经党支部、村民委员会、老人协会讨论，一致同意制定本村防火公约：

1. 成立防火领导小组，全村共设六个小组轮流转换值班制，每天每组定要有一人参加，各组当班人员要按时到齐。

2. 上班时间早上十点钟开始至晚上十二点钟收班，并在早上十点钟以前一定到老人馆集中报到，不得缺席迟到、早退。

3. 分做两组进行任务，主要检查各农户炉灶用火，并要求及时解决合格为止。

4. 防火水池水源要保持有水供应，任何人不得以任何理由和借口来切断和浪费防火用水，违者按其情节轻重进行处罚。

5. 交班时当天晚上十点钟以前通知，并把轮流牌交给下一班的人员，不交班者罚替上第二天班，轮流牌另交给第三班人员，严禁"过牌"违者处罚。

6. 为了不影响各组上班人数，因急事或全家外出劳务者，要向防火领导小组报告批准，允许自己找人代替，无人代替者，无条件的交足此工费。

7. 上班人员不准利用小孩和无能力的老人来参加，家庭主妇例外。

8. 卫生工作每月不定期由村委主持大检查，各户房前屋后要求每星期打扫一次，稻草不准存放于楼底，稻草棚要求距离村庄五十米以外。

9. 照明用电防火未经电管人员允许内私自乱接电线、偷电或强行超负荷用电者，罚款100元不等，特别严重的追究刑事责任。

10. 为了确保防火安全，消防机器和消防器材经常保持良好状态，每月要定期进行一次开机检查试机，机器的存放有专人保管。

11. 对防火工作有功者给予一定的物质奖励和精神奖励。

12. 如有发生火警，每次罚款100元，惊动全村的火警罚肉100斤。

13. 有无故不上班的农户，在经查确认后，罚款每天10元，并要求补工1天。

14. 对燃放鞭炮，烧钱纸箱等，要选择安全的地方进行燃放火烧，吸烟的烟头不得随意乱丢，违者追究责任。

15. 本村民委会还有一名专职防火人员加强配合两组防火守备的人员进行巡逻，上下联系防火安全职责和通知全村的有关重大事情决策者与有关参与者。

16. 防火专职人员的工资报酬，由全体村民共同承担。

以上各条条款规定，望全体村民必须严格遵守执行，违反者，防火领导小组有权直接按性质轻重情节给予处理。

第二篇
广西三江县高友村调查简报

一、概述

高友侗族村寨（图版一），位于广西壮族自治区柳州市三江侗族自治县林溪乡境内。全村现有居民472户，1885人，侗族人口占总人口的99%。按照语言特征划分，高友侗寨属于侗语南部方言区。

高友侗寨，是三江县"程阳八寨"景区的延伸，是桂、湘两地侗族文化的交接点，有"世外桃源""诗境家园""百节之乡"的美誉，较好地保存了侗族传统文化和建筑，并与周边自然环境相融合形成了独具特色的侗族村寨文化景观。高友侗寨地处高山地带，气候湿润，四季分明。村寨四面环山，地形平缓，是广西属于长江水系的两个侗族村寨之一。全村森林植被较好，植物茂盛，森林覆盖率达75%。寨内建筑错落有致，布局紧凑，鼓楼、戏台、民居、风雨桥、宫庙、井亭、石板路、碑刻、墓群与山林、古木、稻田、茶园、鱼塘构成了诗意图景，环境优美，生态宜居。与此相呼应的是这里所保留、传承的丰富多彩的非物质文化遗产，包括侗族传统节俗、民间活动以及侗族建筑技艺、侗族服饰的刺绣技艺、侗族传统风味酸肉、酸鸭、酸鱼、酸菜等腌制办法以及藤编、竹编、草编等日常用品的加工技术。然而由于旷日持久的自然作用和日益严重的人为破坏，加之外部各种力量的强势介入，高友侗寨文化景观及其价值的延续面临着严峻的挑战，"景观延续与村寨发展"难题亟待破解。

自2007年以来，北京大学考古文博学院文化遗产保护研究中心主任孙华教授主持开展了西南地区少数民族村寨文化景观系列调查，该项目吸收了包括考古学、历史学、民族学、社会学、建筑学、艺术学等多学科背景的人员共同协作，对分布在中国西南地区具有独特文化价值、亟待研究保护的少数民族村寨进行了多层次、全方位的综合调研。高友侗寨被列为"2012

年坪坦河流域侗寨文化景观调查”的村寨之一。

目前，高友侗寨作为“中国侗寨”的重要代表正在申请列入2012年中国世界文化遗产预备名单。本次调查，以积累、充实侗族村寨文化景观基础资料为主要内容，既是作为“‘侗族村寨’世界文化遗产预备名单申报文本”的补充更新和中国侗族村寨总体保护规划编制的基础工作，也是探索东南亚地区村寨文化景观保护与发展的有益实践。

本次调查以实地调查观察与历史文献研究相结合，从调查者亲眼所见、被调查者亲眼所见、被调查者听说三个层次，并参照文献记载，获取关于高友侗寨历时性、空间性、文化性的相关信息。通过实地踏查和测绘，获得了包括村寨建筑结构、组织布局、道路交通、周边环境等内容。通过与当地人的访谈，了解到村寨的传说故事、历史沿革、宗教信仰、生活面貌、风俗习惯、手工技艺、生业结构、教育状况、卫生状况等内容。调查始终在年代学的框架下进行，同时关注村落的空间结构，采用笔记、照相、录像、绘图等多种手段，力求真实详尽地记录下调查的内容。

本次高友侗寨调查团队由北京大学考古文博学院学生李可言、朱伟，同济大学建筑与城市规划学院学生董征、曾真和国立云林科技大学文化资产维护系/所学生叶怡麟组成，调查时间从2012年7月19日开始，至2012年7月29日结束，8月1日进行了补充调查，并于7月30至8月3日整理、编写出了本调查报告。本调查报告以实地调研所获取的信息为主，结合相关历史文献以及官方数据编写而成，对高友侗寨的综合信息进行了全面、细致、深入的调查。

调查报告第一章、第二章、第七章、第八章、第十章、第十一章、第十二章、第十三章由朱伟执笔；第三章、第四章、第六章由李可言执笔；第五章、第九章由叶怡麟执笔；调查图纸由董征、曾真绘制；随文照片均由团队成员摄制。

二、地理环境与资源

（一）地理环境

高友村位于广西壮族自治区柳州市三江侗族自治县。

三江侗族自治县地处广西壮族自治区最北端，云贵高原东部边缘，桂、湘、黔三省（区）交界地带，东接龙胜各族自治县、融安县，南靠融水苗族自治县，北邻湖南省通道县、贵州省黎平县，西与贵州省从江县交界。县治在古宜镇，南距自治区首府南宁市351公里。三江全县土地面积2430平方公里。县境内地质风貌多样，沉积岩分布极广。地形复杂，以丘陵低山为主，余为高山、河谷洼地、小平坝等。山地面积占县域总面积的77.2%，低丘陵占13.5%，河谷盆地占0.6%。山峰海拔多在500-1000米之间，总体地势由北向南倾斜。地形地貌类型分为构造剥蚀中低山陡坡形和构造剥蚀低山缓坡形。境内河流纵横，属珠江上游西江水系的一部分。主干河流有溶江（都柳江）、融江、浔江三条，"三江"县名也因此而得。县境处于低纬地区，属中亚热带南岭湿润气候区，气候温和，雨量较丰富。

林溪乡位于三江县北部山区，北邻湖南省通道县牙屯堡镇，南接周坪乡，东靠通道县甘溪乡，西连八江乡。全乡土地面积153平方公里。

高友村位于林溪乡东北部，距乡政府所在地8公里，距三江县城39公里。东、北分别与湖南省通道县甘溪乡西壁村、长界村，陇城镇平寨村、双斗村、梓坛村相接，西连本乡高秀村，南邻本乡合华村、林溪村。全村土地面积6900亩。

（二）资源

三江全县耕地23.06万亩，占县域总面积的73.97%。土壤属红壤性土壤，大部分属丘陵地貌，500米以下的丘陵为红壤性土壤，500米至850米为黄红壤性土壤，850米以上为黄壤性土壤，其成土母质主要是砂页岩，风化程度好，中厚40-80厘米以上。

县年平均降雨量1493毫米，气温17-19摄氏度。年平均日照数1323.3小时。年平均无霜期321天。春夏多雨，适宜林木和农作物生长。全县有大小河流74条，总长687公里。全县年均径流量25.02亿立方米，电能蕴藏量25.54万千瓦，可开发20万千瓦以上。动物资源包括鸟类、兽类、鱼类、两栖类和爬行类5类85种。植物资源包括建筑木材、药材、油料、纤维、化工原料、花卉果类、淀粉植物7类77种，其中，杉木作为当地居民最为主要的建筑材料，其种植区域极为广泛。

县境内金属矿藏有锰、铅、锌、金、铁、钒、铜、白钨、钾、铀等；非金属矿有磷、重晶石、金刚石、石煤、石英石、辉绿岩等。

高友村地处高山地带，四面环山，高山山岭冷泉量大质优；平地较少，耕地资源有限；村寨外围林地分布较广，全村森林覆盖率达75%，树种以杉木为主。高友村物产品种并不丰富。农产品以稻米为主，兼有其他各类农作物，绝大部分自给自足，少量外销，其中以韭菜、红薯最为出名，并曾专门举办过"韭菜节""红薯节"，推介产品。

高友村人文资源丰富，村寨内保留了大量独具特色的侗族传统民居和鼓楼、风雨桥、宫庙、井亭、石板路等公共建筑，多姿多彩的侗族传统风俗与技艺与村寨建筑相映成趣。而人文资源与周边田地、茶园、山林的等环境构成的侗族田园诗画，是具有较高潜质的文化旅游资源。

三、传说与村寨历史

（一）传说

1. 创始传说

高友这片土地上最早住着几户苗族居民，后来迁移到别的地方居住，与此同时，来自江西的侗族三兄弟来到了这片土地，这三兄弟分别是潘相金、潘相银和潘相发，三兄弟到了这片土地之后，通过与外村的通婚或者邀请周边地方的同族人一起在这里生活，使得高友的侗族人生产生活规模日益增大，高友村逐渐建立起来。勤劳的侗族人民在这块土地上积极开山垦田，种植粮食，集资修路，出钱出力，有饭一起食，有路一起走，互帮互助，相亲相爱，民风淳朴，无论在精神上还是物质上都过着恬静的生活。高友经过几百年的发展，在很多代侗族人民的共同努力下，逐渐变为一个人丁兴旺、拥有数百户居民的村落。

姓氏变迁：据记载，高友侗寨先由潘氏迁入，接着杨氏和吴氏入住，之后又有李、罗、石、黄、韦、陆、陈等姓氏迁至高友村定居，目前高友侗寨有十个姓氏一起聚居（图三—1）。

2. 族源传说

高友是一个侗族村落，村落中以侗族人口比重最大，其次还有一些苗族人和汉族人。

高友历史上最早的侗族人是来自于江西的移民，当时来到这片土地的是侗家姓潘的三兄弟，分别是潘相金、潘相银和潘相发。后来生活在这里的外来移民也都是侗族人，这就使得高友长期以来就是一个侗族村落，一直到20世纪50年代初期，这里还只有侗族一族。

苗族原先有几户人家生活在高友这片区域，在侗族迁入的前夕因为某些原因而迁出这一地区。后来，随着新中国的建立和改革开放政策的推行，高友村与外界交流联系逐渐增多，一些苗族居民和汉族居民因地域迁移或婚姻关系而入住高友，因而这里的民族数目逐渐增多。

3. 英雄传说

清朝时期，高友村曾出过一名英雄人物，他的名字是潘尚堂，这位侗家好汉，自幼跟随师父学习侗家的传统武艺，练就了一身的好功夫和坚忍不拔的品质，长大后，他在保卫村寨的过程中付出了很多的精力，也在民众心中建立了很高的威望，他英勇无畏的精神品质和对村子的贡献使得他一直被后来的高友人尊崇为大英雄。

高友的英雄传说留传下来的只有这一个，除此之外，调查组未能搜集到别的英雄传说。

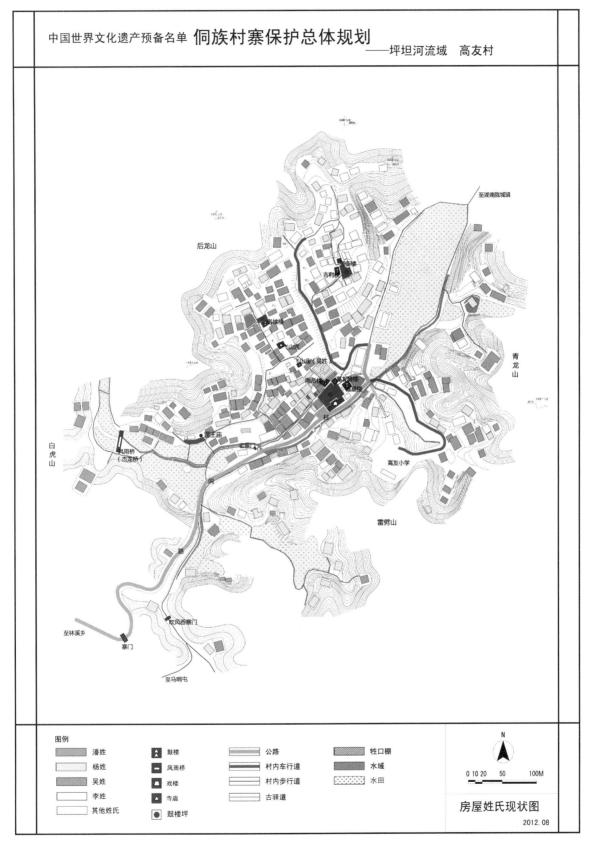

图三—1　房屋姓氏分布图

（二）地方史志

1. 高友村行政区划的历史变迁

高友村乃至林溪乡都没有自己单独的地方志，关于其历史，只能从2007年出版的《三江概况》和1992年出版的《三江侗族自治县志》[①]中了解到一些零散的线索。

三江县在秦代隶属桂林郡，两汉时属于郁林郡潭中县地，三国时期属吴国桂林郡潭中县地，晋属桂林郡潭中县地（西晋）、荆州武陵郡地（东晋），南北朝属南朝齐熙郡齐熙县（宋、齐），东宁州（梁、陈），隋为始安郡融州义熙县地，唐为融州地，五代十国因之。宋至和年间（1054–1056），在今老堡附近置"三口砦"，崇宁四年（1105）改置怀远军，不久改为平州，并置怀远县，此为三江置县始末，历经南宋、元、明、清朝，几经更迭，名号几经变化后仍称怀远县，直到民国三年（1914）改名为三江县，到1949年11月18日，三江县全境解放，12月18日成立三江县人民政府，1952年成立三江侗族自治区（县级），1955年9月17日改为三江侗族自治县。

高友建寨于明代天顺年间，到清朝时划归于永吉下峒的平江；民国前期，三江县下分四区，高友位于其中的平江区；民国后期，高友村属于平江区下辖范围中的高步乡。新中国成立后，三江县划分为六个区三十三个乡，高友属于当时林溪区的高步乡；1980年三江全县共划分为12个公社，142个生产大队，而高友就是三江县林溪公社下属的生产大队之一；到1984年公社改称乡，原公社管委会改设乡人民政府，大队改设村公所，在自然村（寨）设立村民委员会，生产队为村民小组。此后，高友村作为三江县林溪乡下属的村级行政单位一直持续至今。

1987年，林溪乡高友村公所、村民委员会设置情况大致如下：

村公所名称	村民委员会名称	生产队数	户数	人口	所辖自然屯名称
高友村公所	务衙村委会	2	70	330	务衙屯
	中寨村委会	3	110	620	中寨屯
	下寨村委会	5	131	727	下寨屯

2. 高友村建村概况

高友村寨始建于明代天顺年间，因为高友人所居的地势之高和爱交朋友的民族品性，故将村寨名定为"高友"。

高友侗寨本属于原始森林地带，只有少数苗族居民居住于此。到明中期，高友侗寨先民

---

① 《三江概况》，香港展望出版社2007年12月第1版，第1次印刷；《三江侗族自治县志》，中央民族学院出版社1992年11月第1版，2010年第2次印刷；下列资料来源为：《三江侗族自治县志》37–57页，31–35页；《三江概况》34页。

从江西省吉安府太和县出发，先迁至湖南省洞庭湖一带居住，之后进入贵州省境内落户，然后又向南进入三江境内，安居于三江县古宜镇大寨村，不久，又沿着洞雷河溯流而上一直迁居至西壁村下游萨老湾一带落脚，鉴于这一地区无耕地、少良田、可持续发展条件差，高友先民们继续沿着河水溯流往山上迁至塘油地区，即现在高友村新寨门外附近的山地，这一地区地势较高，环境清幽，光线充足，水源充沛，利于安居，所以先民们定居之后，人口增长快，族群逐渐壮大，但是塘油有限的地理空间和匮乏的生活资源不能满足人们的生活和发展需求，不利于长久居住，因而高友先民们继续大规模地往山上迁移，迁到了当今的高友侗寨并居住至今。

（三）碑刻及其他

1. 碑刻

（1）飞山庙的石碑（图三—2）

位于高友村飞山庙内，主要介绍的是飞山庙的建造历史，建造年代为同治三年三月，碑身较新，碑面较新，但石碑右上角有缺失。

石碑前言内容如下（其后所记各人所捐钱数不录）：

图三—2　飞山庙功德碑

芳名千秋

曾闻渠阳之志靖州飞山之顶有杨公庙焉屡显圣于其所杨公者威远侯也生为良将没为明神于唐为尚书由唐宗以来历朝如对祀之者无不护福故庙貌根骨香炯奕世我始祖立□于斯而供奉之民安物阜五谷丰熟嘉庆年间乃立庙宇正殿□廊四壁尽皆木料道光年间置神像即□谓之飞山庙者实威远侯王杨公庙也未久损坏缘此鸠工□材砌石陶砖而重修整咸丰己未起攻辛酉告竣工程虽非浩大而事神之始末宜□且援笔而歌之曰皇图□固帝道遐昌□我蒸民福寿吉祥子子孙孙永莫馨香以志为序左列名芳劝首人

同治三年三月□旦日立

（2）土地庙旁石碑（图三—3）

此碑是同治六年四月吉日立，碑身破旧，文字磨损、破坏比较严重，主要内容是同治年间高友的村规民约，可辨识的文字整理内容为：

闻之朝廷有律间里有乡规帝王明律例以治天下百姓立
乡规以正地方府城县城王昭告示常诏小民不敢为恶□村谷
里耳目见闻不及梗夫不知犯法故祖传约□乡规以教化其不
为以约求其不轨则强不得凌弱智不为欺愚其俗醉美道不拾
遗夜不关门人皆后重约□乡规足赖多矣近有不轨之徒诡计
百生引诱幼稚撩钱赌博鸿朋结党油索唬骗利重□吞奸诈害
人非法之事种种弊端难以枚举故我合□聚议整旧约以修明
之将弊端以革禁之集众讲明勒石永远倘有故犯于条规禁约
责罚不恕此当各宜自爱边为好人与贻祖父作恶子孙报应之
羞可也

图三—3　土地庙旁石碑

　　一禁在外赌博输赢不许□□理论

　　二禁人生面不熟不许□□

　　一约禾米不许腾贱□贵

　　一约道用不许一家私酿□□

　　一约谷米去□□换之卜□限到九月十三日立

　　一约禾把热□□要照两三百斤换

　　一约贱烟□□桐子限于十月初一日

　　一约茶子限于十二月初一日

同治六年四月吉日立

（3）分路碑（图三—4，图三—5）

村中两块分路碑位于村东，邻近古驿道，一块上写有"分
路碑/左去梓坛/右走高友/弓开弦断/上老路直达十八坡"，另一
块上写有"分路碑/右走梓坛/弓开弦张/左去耕种"，两块碑刻
保存较完整，字迹清晰。

图三—4　分路碑

（4）墓碑

村中有四片墓地，墓地中的人均实行土葬，在坟上树有墓
碑，墓碑一般用当地的青石雕刻而成，墓碑上部有时会有檐状
的防雨部件，墓碑背部用水泥、砖石堆砌以进行加固，正面打
磨光滑后刻字，内容包括四部分，一是墓主逝世的时间，二是
立碑的时间，三是墓主的姓名，四是立碑者姓名——多为墓主

图三—5　分路碑

图三—6　墓地

的直系亲属姓名。一些讲究的墓碑还在碑面上缘装饰以花纹。历久的墓碑周边多见茂密的草木，使墓碑掩映在草丛之中（图三—6）。

2.其他

（1）房屋旁边的特色标识

在高友村，一些房屋外侧墙壁中间或柱子上有木牌，墨书有"泰山石敢当"（图三—7）"姜公在此，万福来朝"（图三—8）"吾奉太上老君敕令逢凶化吉"的字样，有护宅驱邪、招福纳祥之意。

图三—7　泰山石敢当

（2）建筑序言

高友村的鼓楼和几个大的井亭都有建筑序言，用来说明建筑具体的建造年代、出资出力修建礼制建筑的积功德之人的名讳和建造此建筑的意图。如村中最大的鼓楼，近年所修建的福星楼的石碑序文上就记载有福星楼的动工、竣工的吉日，楼层的高度、层数和面积，所耗资金的多寡，捐资人的名

图三—8　姜公在此万福来朝

字，建此楼的目的等。

除了福星楼外，其他鼓楼（图三—9）、政协井亭（图三—10）等均有序文表明类似信息。

图三—9　南岳鼓楼序文

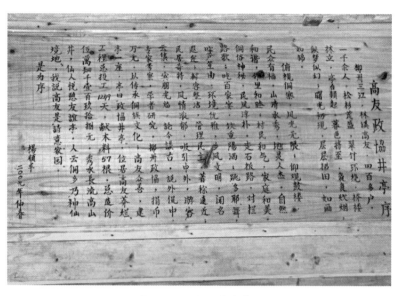

图三—10　政协井亭序文

（3）楹联

楹联是写在柱子上的对偶的语句，俗称对联，楹联一般言简意赅、对仗工整、平仄协调。高友村的多座建筑均有楹联，福星楼的楹联为"楼耸碧霄巍巍壮丽，碑铭厚德熠熠光辉"（图三—11），政协井亭楹联为"秀水长流高山井，仙人悦憩友谊亭"（图三—12），戏台楹联为"西戏中唱一曲笙歌颂中华盛世，平台高唱三声侗调扬高友浓情"，从中可以看出，高友建筑楹联的内容与建筑的功用相关，同时寄寓了人们的感情。

图三—11　福星楼楹联

图三—12　政协井亭楹联

（4）雕刻

高友村中的雕刻包括大型建筑的附属构件
和一些雕刻石板，雕刻的内容和形制都有一定
的要求，比如，人们在风雨桥上雕刻鸟时，使
鸟的头朝向外，尾朝向内，希望招来好运气；

图三—13　双羊雕刻石板

人们在建筑上雕刻蜘蛛，同样也取的招福纳祥
之意，因为蜘蛛是侗民的标志之一，传说有人生病久不见痊愈
时，侗民就会捉三只蜘蛛于小锦囊内挂在患者的脖子上，挂上
几日就可以使患者痊愈；除此之外，村中还发现有雕刻双羊的
石板，鉴于羊有"男丁"之意，羊雕石板则寓意人丁兴旺（图
三—13）。

（5）铭刻

高友村飞山庙内的铜钟上铸有铭刻，具体内容为"国泰民
安，风调雨顺"，并注明了修造此铜钟的作坊"洪江孔合舆炉
坊造"（图三—14）。

图三—14　飞山庙古钟

四、村落外部空间

（一）村落及外部林

1. 山林、田地、建筑

高友村位于广西与湖南的交界线上，广西壮族自治区柳州市三江侗族自治县最北端，坪坦
河最上游。高友位于林溪乡东北部，距离林溪乡政府所在地9公里，距离三江县县城39公里，南
北两侧均为不规则的低山丘陵，村落沿着丘陵的山谷地带和中心区域的平地分布，村落地处高
山地带，四面环山，地形平缓，是广西属于长江水系的两个村寨之一，全村森林植被较好，植
物茂盛，森林覆盖率达75%。

高友村的格局大致呈组团式，各区域之间又依据地势紧密结合，村落中心的旧鼓楼和新建
的福星楼为整个村落的建筑中心和活动中心。从鼓楼区向外，村落范围依次包括：宅基地，稻
田和经济作物（茶叶）、玉米等的区域，环绕前两者的茂密苍葱的林地，远离村寨的大规模稻
田（图四—1）。

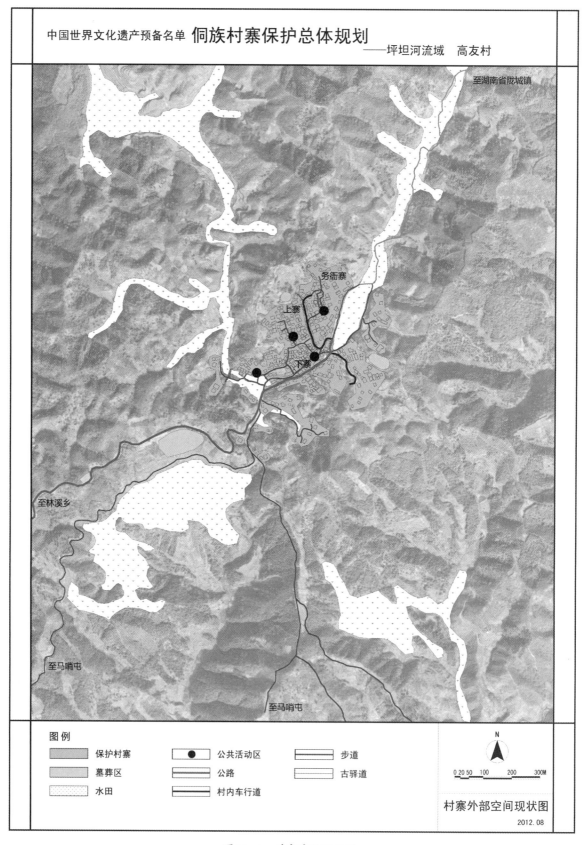

图四—1 外部空间现状图

（1）林地

高友村地形北高南低，周边又有成片丘陵分布，林地主要分布在村落东、南、西、北部的山坡上。高友村的林地茂密，植被生长很好，主要种植杉木，还种植有竹子、柿子树、桐树、杨梅树、茶树、茶油林等。其中，杉木主要用于建筑，建材多供村民自己使用；茶树用于加工茶叶，茶油树的果实用于榨取茶油，这些经济作物的产品一部分供村民自己使用，另一部分用于对外贸易（图四—2）。

图四—2　林地

（2）田地

高友村的农田与居住区和林地并没有严格的界线，其主要分布在两部分区域：居住区外围、林地内侧的部分区域；林地外围的广大区域。

居住区外围、林地内侧的田地主要分布在山腰至山脚等坡度较小且给排水较方便的地方，这部分主要为旱地，多种植玉米、南瓜、西红柿、黄瓜等；居住区周边田地多分布在明渠和河岸边小片的平地上，这部分主要为水田，多种植大面积的水稻（图四—3）；在房前屋后地势略平坦的地方，则零散分布有菜地和农田。

图四—3　核心居住区上寨、下寨及务街

林地外围的田地距离村中有30—40分钟的脚程，这部分多见大面积水田，种植有水稻。

（3）建筑

高友全村472户1885人。村落建筑区分为上寨、下寨和务衕寨，西北的上寨和下寨是早期村寨所在的区域，务衕寨则是后来所建（图四—4）。

高友村的活动核心地区在中心鼓楼及其附近的空地，这一区域有老人活动室、小广场、戏台、小卖部等公共休息、服务和娱乐设施，所以长桌宴、戏台侗戏表演、多耶表演、芦笙表演、篮球比赛、居民休憩等都集中在这一区域（图四—5）。

高友的村落民居主要是木制吊脚楼建筑，有些家庭出于防火和冬季保温的目的，还在一楼四面修筑有砖墙（图四—6）。高友村的建筑以底砖上木和全木的结构为主，房前屋后经常有建有鱼塘，起到消防和饲养鱼鸭的作用（图四—7）。

高友村建筑群呈块状聚落，主要分布在山腰、山脚和河边。各个建筑的朝向不同，上寨和下寨的房屋为坐北朝南，北部一些宅子为坐西北朝东南，东北部一些傍山房屋坐东北朝西南，东南部傍山房屋坐东南朝西北，西南部傍山房屋则坐西南朝东北。一栋栋房屋中间因地势的分异而有坎相隔，这样使得各个宅子之间高低错落，保证了每个宅子充分的采光条件。

2. 村外其他用地

（1）墓地

高友村的坟墓主要集中在村落周围的丘陵上，在村落的北部、东北部、东部及寨门

图四—4 近村水稻田

图四—5 戏台 广场

图四—6 单栋房屋建筑

图四—7 鱼塘

附近的空地共有四片墓地，还有一片墓地位于旧寨区，但是被村落的发展所淹没，如今已不得见，在这片墓地上所建的供女性活动的鼓楼因此得名"务坟"。另有若干坟墓散布于村落各处。

高友村内村民逝后均实行土葬，村落周边墓地中，以前都是根据家族来划分区域埋葬逝者的，近些年来家族间的界限逐渐模糊。

（2）活动用地

村落外围有通向湖南的古驿道（图四—8）。

（3）林地

村落外围的林地，主要种植有杉木，此外还有茶油林及其他一些树种（图四—9）。

图四—8　古驿道

图四—9　杉木林

（4）梯田、坡地

村落周围有距离村落较远的梯田，坡度较大的高处种茶叶，坡度较缓的低处种水稻及其他粮食作物（图四—10）。

图四—10　茶田与稻田

（二）村落道路和水路

1. 道路

高友村通向村外的道路是一条水泥路，中间没有行车道，但可以允许两辆中型车相向并肩通过，这条路从寨门向西通往林溪乡，向西北通向高秀村。是村子同外界联系的重要交通要道，村民出行时一般乘汽车或摩托车通过这一路段（图四—11）。

高友村与外村间还有小路相通，但主要是石子土路，路况不佳，需要修缮。举例：通过寨门的水泥路侧延伸的小路通往湖南西壁村。

村内有一段环绕旧寨的水泥路（图四—12）可供机动车通行；通向古驿道的碎石土路（图四—13）；民居间的古石板路（图四—14）和新筑的上山石板路（图四—15）。

图四—11　连接村外的水泥路

图四—14　古石板路

图四—12　水泥路

图四—13　碎石土路

图四—15　新筑的上山石板路

高友村近年来旅游业有所发展，客观上促进了村内外旅游线路的建设，修建了村落周围三座凉亭之间相连的石板路，铺设了村内连通到寨门的水泥路，整修了村中道路的台阶，改善了村中的路况。

2. 河流及井

高友村地处坪坦河流域上游地区，河流从村子西部流过，水流量较小，河道较窄，河水较浅，所以并不用于航运，而是用于村落居民灌溉用水。

（三）村外特殊的活动位置及情况

1. 斗鸟

在高友村，一些人家中会养画眉鸟，这些画眉鸟很多都是从山上捉的，一般有经验的人如果运气好的话，半天时间可捉四五只鸟，目的就是为了斗鸟比赛。在村落中，有些老人腰间会佩戴小竹篓，里面会放田中捉来的虫子给鸟吃（图四—16）；有些鸟笼外面罩着一个很大的黑色袋子，既可防止鸟看到生人受惊，又可防止鸟儿被山中其他动物所伤（图四—17）；有时候天气太热，鸟笼还会被放置于小溪的浅水处，方便鸟儿喝水、洗澡和降温。斗鸟是一项颇有趣味性的活动，据村干部说，斗鸟的时间地点要提前选定，比赛正式开始后，两只鸟儿要被放在同一笼子中争胜负，败的画眉一般都躲着胜的画眉鸟，以此来定胜负。

图四—16　竹篓

2. 斗牛

高友村有时会举办斗牛比赛，斗牛的地点一般在村边有坡的空地上，各家将自己的黄牛牵来，进行一对一的较量，直到角逐出一个优胜者，就会在牛角上绑上红缎，象征着一种牛中佼佼者的荣誉。

高友斗牛一般只有黄牛，而且参加比赛的黄牛都是雄性；邻近的富俗乡，斗牛比赛的参与者则是水牛；而在融水县一带，则时兴斗马比赛。

3. 打猎

高友村附近的林木茂密，从前山林中甚至有老虎出没，当时的一些村民手中还有鸟枪，经常上山打猎，猎物包括了野猪、野鸡、野兔等。后来鸟枪被国家没收，再加

图四—17　鸟笼

之生态遭到了一定破坏，所以山林中的野味也逐渐减少。现在人们基本不打猎了。

4. 赶圩

图四—18　银饰品

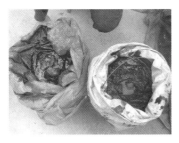

图四—19　侗布染料

高友村的村民若是想要通过互通有无来交换到自己需要的东西，一般都会通过"赶圩"或称"赶集"的方式，出卖自家产的蔬菜、糯米、鸡鸭猪等农产品以获得钱物，去购买本村不能生产的衣服、鞋裤、盐巴和外地的水果。高友附近的集会主要有：每逢阳历5日、10日、15日、25日、30日，林溪乡集市；每逢农历五日、十日、十五日、二十五日、三十日，湖南陇城镇集市；每逢农历四日、九日、十四日、十九日、二十四日、二十九日，湖南坪坦乡集市。从高友到这三个地方，以前的路都是土路，人们搬运东西也只能手提肩挑，现在修了一些乡间的公路或可以行车的石子路，许多人家里也购置了摩托车等轻型交通工具，这就大大方便了人们的出行，赶集也就更加便利。

集市上的东西五花八门，便利了民众间物资的互通有无，商品包括各种生活日用品，小吃，鸡鸭鹅等家禽和猪等家畜，传统的侗族衣服、银饰品（图四—18）、侗族鞋子，现代的衣服和鞋子、蜂蜜、侗布的染料（图四—19）等。

5. 登高联谊

图四—20　驿道凉亭

在宅基地外围的经济作物区域，有三个比较大的山间亭子，主要用于夏日村民的纳凉，人们会在亭中闲谈和休憩，这些亭子为近年所建，保存状况完好，并且有规整的石板台阶与地处低处的村子相连，步行数分钟即到；在村北处，有古驿道，古驿道附近也有凉亭，可以作为特定节日中村中老人的活动去处，并且此处挨着湖南，湖南的一些老人家也会到这个亭子来，与村中老人聊天交流（图四—20）。

（四）村落与村落的往来关系

1. 宗教类交往

信仰类的交往：鼓楼是一个侗寨的核心标志，它是侗族在父系氏族社会的标志性建筑，由于鼓楼是工程量很大的建筑，所以高友村与邻近村落在修建鼓楼时，通常会互相帮助，在劳动力上进行劳动合作，在木材的使用上也会互相帮助。这也象征着侗寨人民之间的和谐与团结。

2. 婚姻与亲属关系

在高友村中，我们了解到，同一个村子中同姓不能通婚，只有异姓之间才能通婚，而不同的村子之间，则没有这些讲究，同姓和异姓之间都可以通婚。有女儿嫁出去，有找媳妇进来，也有一些女孩子多的家庭会找上门女婿。总的来说，村间姻亲关系的缔结对于联系高友与外村有着很重要的意义。

3. 日常交往

高友村的侗家人住的均为自家所种杉木修建的宅子，在建造宅子的过程中，就需要借助村中其他人的帮助，久而久之，大家约定俗成，一家建房子，大家都去帮忙，这就使得村民之间保持着很朴实的互帮互助的习惯，也成为高友人一种人生哲学的体现。

有的时候，村落之间的婚姻缔结使得许多本村人和外村人之间产生了血缘关系或者姻亲关系，因而跨村的走亲访友活动在客观上促进了不同村落民众之间的日常交往，互相之间的聊天促进了信息的畅通，亲友之间的相互帮助促进了村落间的和谐关系的营建，也使得村落间的人情味更加浓厚。

高友村周围有很多村落，包括毗邻的梓坛村、西壁村、甘溪村和稍微远一点的领冲村，村落之间经常会举办一些活动，内容主要以篮球比赛、侗族大歌（唱多耶）、侗戏表演等为主。这些活动都有一些程式化的规则，在活动进行前，活动的发起村落应该向一起表演或比赛的村落发帖，告诉对方自己将要和他们一起举行活动，如果对方代表接了帖子，就代表对方同意进行活动，反之则代表对方不同意。一旦双方的意见达成了一致，就可以在特定的日子到活动接受方的村落举行这样的活动，双方的村民或代表一起参与侗歌的演唱，一起观看侗戏，或者进行篮球比赛。在高友村，活动的场地主要是福星楼前的篮球场空地和篮球场边的大戏台。

高友村与其他村落之间通过这样的活动，很好的丰富了村民的精神文化活动，使人们获得了很好的娱乐放松的机会，同时很好地联络了村落之间的感情，有利于保持与邻村间的和平友好关系。

4. 近年的变化

许多村民外出工作和读书，许多游客则进寨感受侗族文化，村内外的物资交流和信息交流也很便利，手机、电视等很普遍，部分家庭还配置了电脑，这进一步加强了高友人与外界的联系。

（五）中心与边缘

高友村整体呈现向心式布局，除了东北地区是大片稻田，而西南地区是道路、风雨桥、寨门等，由中心到边缘分化为各个功能区。

高友村的中心区域位于整个村落地理中心的鼓楼及其附近地区，高友鼓楼是高友侗寨最富有特色的民族建筑，是村寨的活动中心，集村民议事、庆典、迎宾和歌舞娱乐为一体的公共场所。这一地区包括了三座鼓楼，一个戏台，村委会办公楼，一个大的篮球场空地，村里的所有商店。这一地区是整个村子的政治中心、商业中心和娱乐休闲中心，大型的活动都在此处举行。

村落的居住区以鼓楼为中心分布，西北部地区是村民集中居住的地区，分为上寨、下寨和务衕寨三个部分，寨内的各栋房屋高低错落，以坎相隔。南部地区和东部地区的平地和山谷坡地上也有许多栋房屋，但很多房屋组团被地势相隔，其房屋集聚性不如西北部的寨子。居民区是村落的主体部分，占据了很大的比重，也是村民活动的重点区域。幼儿园、小旅馆等都分布在这个区域。

寨门附近的空地、居民区向外的北部、西北部和东部丘陵顶部有四处大面积的墓地。

居民区向外则是高友村的边缘地带，首先是近村的农业用地，除了东部有大片的水稻田外，主要以菜地、茶园和茶油地为主；其次就是大面积的林地，环绕在村子附近的山上，林地主要以杉木为主，杉木是用作村民建筑宅子的木材，在村落附近分布广泛。林地周边外围则是大面积的水稻田，是村民主要的水田之所在。

五、村落的内部结构

（一）村落布局及功能分区

高友村四面环山，是依山而建的一个村落，位于坪坦河上游，河流贯穿高友由西南向东北流过。村落中心在下寨，由三座鼓楼围着一个大广场所组成，上寨有一个女鼓楼，务衕由两个鼓楼及广场为核心向周围发展，房屋延着西北边的丘陵地发展开来，村内的井水分散于核心居住区域，水资源充足，约有十三个井亭，2009年公路开通后彻底改变了村落与外部的联系关系（图五—1）。

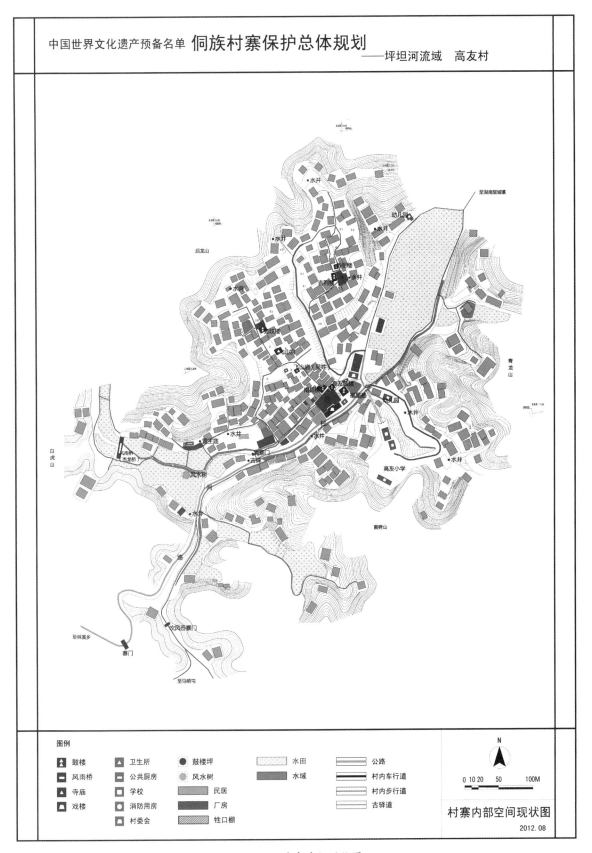

图五—1　内部空间现状图

（二）村内道路体系

2009年村落开通水泥公路直接通往高友村的中心，一条防火隔离带划开上下寨及务衙，核心居住区内的道路都是绕着民居蜿蜒而成，主要的村内道路都铺着石板，为满足基本的旅游需求，村内建设了观景亭及观景步道。

（三）给水和排水设施

高友村位于坪坦河上游，村内有多达十三口水井，井水冬暖夏凉且终年不缺，居民的饮水、做饭等生活所需用水都必须到井边提水，每家都已有自来水，但自来水只拿来清洗不饮用。2009年水改主要的目的是建立消防用水及民生用水。

高友村中有许多渠道，作为村落平时的泄洪和排水之用，给排水系统比较完善，配合村中的池塘可以缓解暴雨威胁。

（四）村内房屋类型

1. 民居

村内核心居住区民居（上寨、下寨及务衙）接近两百栋，基本上皆是穿斗构架，房屋类型分为干栏式及地面式，干栏式建筑的底层除了储藏物品主要起到排水的作用，二层分为火塘中心式、堂屋中心式及前廊直入式，主要作为一家人的起居室；地面式建筑的底层及二层已作为起居室，三层仍然是居住空间，村内核心居住区民居仅有一栋砖混结构，其余皆为木构建筑。

2. 公共建筑

村内公共建筑大多仍保持着侗族的传统黑瓦及木制建筑，除了寺庙及高友小学外，新修的鼓楼、戏台及凉亭也都是木造建筑，按建筑型态及功能区分有鼓楼、戏台、井亭、观景亭、风雨桥、政府办公场所等。

（五）公共广场

1. 鼓楼广场（下寨）

高友村下寨福星楼、南岳鼓楼、高友下寨鼓楼（老人活动室所在地）三座鼓楼及一座戏台的中间广场，是村里重要的活动场所，过六月六、重阳节，办婚宴、三朝酒等都会在这里摆酒，侗族60岁以上的老人都会在用过早饭后聚集在广场周围阴凉的地方一起聊天、打牌，是居民重要的活动中心，设置有篮球场，也应各种需要转变成拔河场及羽球场等，也用来晒稻谷及玉米（图五—2）。

图五—2　下寨鼓楼广场

2.鼓楼广场（务衙）

由务衙鼓楼、吉利楼及一座井亭包围，可作为村民活动中心、一事一议、婚宴摆酒及死者入殓的场地，也用来曝晒粮食。

（六）公共建筑、设施及其他

1.鼓楼

根据调查结果，并参照《三江县志》，高友村内鼓楼共有六座，其基本情况如下：

（1）高友务衙鼓楼

坐落在林溪乡高友村务衙屯，始建于清代光绪年间，为歇山式建筑造型，高7.5米，面积是6米×5.6米，三层檐瓴，为务衙屯居民的休憩活动空间，鼓楼外侧标语"一定要解放台湾"，据说在解放后五六十年代由某林姓台胞所题（图五—3）。

图五—3　务衙鼓楼

（2）高友上鼓楼

这里原本是村里的坟地，又称务坟鼓楼，坐落于林溪乡高友村大寨，始建于1943年，为歇山式建筑造型，高8米，面积是9米×7.5米，二层檐瓴，里头有厨房及电视，是个女鼓楼，村里女人们在这里看电视、唱歌等（图五—4）。

图五—4　高友上鼓楼（务坟鼓楼）

（3）高友中鼓楼

又称为南岳鼓楼，坐落于林溪乡高友村，始建于清朝光绪二十七年（1901年），为过街楼形式，歇山式、攒尖式的建筑造型，高7.6米，面积是11.5米×11.5米，三层檐瓴，目前南岳鼓楼不对外开放，作为村内公共桌椅堆放的空间，鼓楼内部有一个牌位，有大活动或过节会开放给居民祭拜（图五—5）。

图五—5　高友中鼓楼（南岳鼓楼）

（4）高友下鼓楼

坐落于林溪乡高友村，始建于清朝咸丰三年（1853年），为歇山式建筑造型，高15米，面积是7米×7米，三层檐瓴，村内老人活动室，有一个火塘及三张棋桌，居民一般都在里面抽烟、聊天及下三棋。（图五—6）

图五—6a　高友下鼓楼外观

图五—6b　高友下鼓楼内部

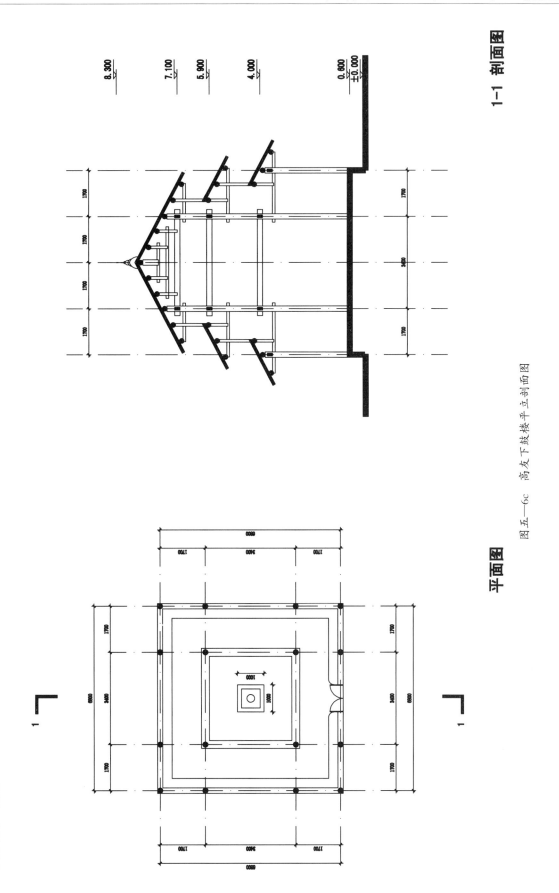

高友村　鼓楼

平面图

1—1 剖面图

图五—6c　高友下鼓楼平立剖面图

（5）福星楼

坐落于林溪乡高友村，始建于2005年，按照房檐的数目计算共有十三层，为攒尖式的建筑造型，是目前村内对外开放最主要的鼓楼，村内重大的集会及祭祀活动皆在这里举行（图五—7）。

（6）吉利楼

位于林溪乡高友村务衙屯，原有一座较小古楼，于2011年改建，为歇山式屋顶，空间加大，底层有公共厨房，红白喜事等活动主要以二三层为主（图五—8）。

2. 戏台

村内原有戏台于1973年被洪水冲毁，现有戏台于2008年新建，作为文化综合楼，戏台的右手边原本规划给老人协会，左手边规划给村民互助社，戏台上横幅为"保护世外桃源侗寨，构建高友诗境家园"，楹联为："西戏中唱一曲笙歌颂中华盛世，平台高唱三声侗调扬高友浓情"。高友村的戏台是村里重要活动和演出的场所，例如文艺表演、侗戏表演等都在戏台上进行（图五—9）。

图五—7　福星楼

图五—8　吉利楼

图五—9　戏台

3. 风雨桥

村内风雨桥一座，名为"杰龙桥"，位于村落的西南边，有风雨桥始建于清代，1973年发生大水将风雨桥冲毁，现在的风雨桥于1979年重建，在2009年以前是村内联系高秀村重要的联外道路。风雨桥上供奉有四座神龛。因为风雨桥地靠寨门，与鼓楼中心区域相去较远，故现在去乘凉的人较少；风雨桥下为坪坦河上游的一条浅而窄的河道，河道两岸和风雨桥附近分布有大面积的稻田（图五—10）。

图五—10a　风雨桥　　　　　　　　　　　图五—10b　风雨桥

4. 高友小学

学校位于高友村的东南方，有三栋校舍，入口看到的第一栋木构建筑建于改革开放前，二楼是教师宿舍，一楼是低年级的教室，另外两栋都建于2000年以后，主要都是砖混结构，单栋一层建筑作为食堂，另一栋三层楼白色建筑是新建的校舍（图五—11）。

图五—11　高友小学

5. 中共高友村党支部及村民自治委员会（村部）

是两层楼的木构建筑，一楼存放杂物，二楼为主要的议事空间及办公室，这一层的空间较大，光线明亮，为主要的办公处，除了配备有桌椅的工作室外，还有专门的藏书室、资料室和扶贫互助社。

6. 卫生室

高友村的卫生室位于鼓楼中心区域的南侧，靠近村中水泥路，是一栋两层建筑，一层为砖制，二层为木制。一层空间又可以分为两部分：一部分是就诊室，其中有两张木沙发，许多介绍卫生室情况的海报；另一部分是储藏室，放置有药品和医疗器械。高友村目前有杨灿刚、杨灿魁和潘玉贤等三位医务人员，负责村民疾病的诊治。

7. 公共厨房

公共厨房建于2000年，位于福星楼的北侧，门前即为篮球场所在的空地；厨房内部，有十数个案板和灶台，可以同时进行多道菜的烹制。村民家中有婚丧嫁娶、"三朝酒"等事情发生时，都是在公共厨房制作筵席，然后在鼓楼门前的空地上办酒席招待宾客（图五—12）。

图五—12　公共厨房

8. 井亭

高友村的井水资源丰富，有大小十数口井，散落分布于村落之中，每一井口处都经过水泥加工修整，建成平台，既能方便人们取水，又能防止水井内落尘；在一些井所在地还建有井亭，亭内除了井，还配备有座椅等，方便人们取水、纳凉、梳洗和休憩；井边有时会放一块木牌，有保佑小孩安睡之意（图五—13）。

图五—13a　井亭

图五—13b　政协井亭

9. 观景亭

村落周边有三座观景亭，建于高友村周围山顶之上，以下寨鼓楼为中心分别位于正北、西北及东南。正北方的观景亭原为岗哨，西北边的观景亭原为晒布亭，东南边的观景亭为赏月亭，可满足多视角俯视高友景致的观赏需求，亭间有石板台阶路相通，亭子周围的山地之上均经过人工开发利用，茶树林、旱地农作物、菜地交错分布。亭子本身做工用料考究，且为仿古建筑，朴素美观，亭中设有座椅，可供来者休憩之用（图五—14）。

10. 萨坛

据老人回忆，村中原有萨坛，因"文革"破"四旧"拆除，后未再建。

11. 宫庙

飞山宫是村里重要的礼制建筑，庙中有院落和祭祀的厅堂，堂中供奉有杨在思之外，还供奉有庙堂土地和地脉龙神，神龛装饰讲究。寨门附近有一座雷王庙及一座飞山庙，是砖混建筑，村内的小土地庙都是砖砌，外抹水泥。

12. 寨门

村内共有三座寨门，皆位于村子的西南边，最新的一座永兴门是在2009年水泥路通到高友村时所建；另外，通往湖南的驿道上有一座寨门，名为"吹风岙"，仅供人畜行走，不通车；而在村落逐渐扩大的情况下，最初的老寨门已被新建的民居包围（图五—16）。

13. 风水树

风水树位于高友村的西南方，风雨桥的正对面，看上去是一个土堆上面植一棵桂花树，形似一个装糯米的白瓜，村民认为这棵风水树会帮村子带来更多的糯米，寓意粮食丰收（图五—17）。

图五—14　观景亭

图五—16　老寨门

图五—17　风水树

（七）村落发展轨迹

据说高友侗寨最先的居住地在新寨门外，后迁移到现在的上寨居住，由于居民习惯将祖先葬在自家门旁，居住空间越来越少，居民又向下寨迁移。下寨原本是苗族所居住，高友祖先迁移到下寨后，上寨的坟地也被开垦作民居，因此上寨的女鼓楼又称务坟鼓楼。上下寨发展到一定的阶段后，接着往务衙部分发展，近年来人口增加且经济条件改善，居住地不足，村落逐渐往雷劈山即现在高友小学的方向发展（图五—18）。

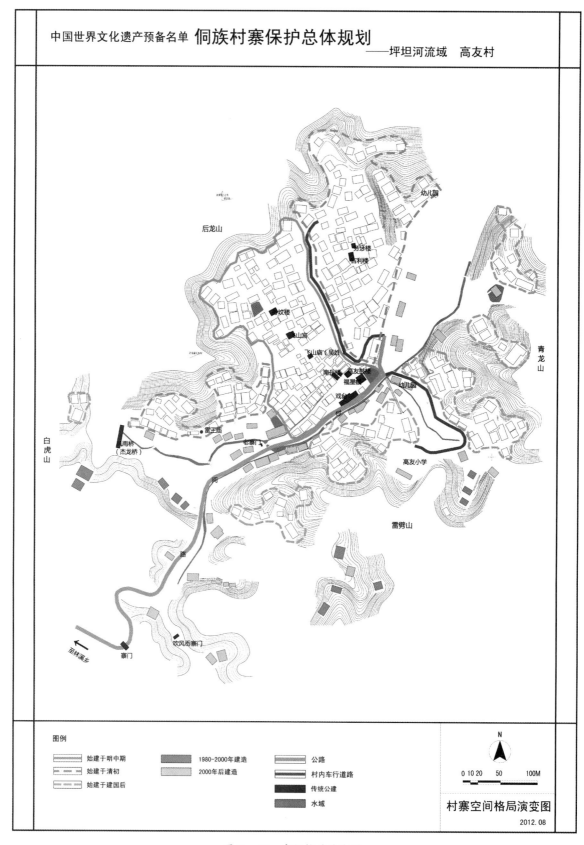

图五—18 空间格局演变图

六、村落基础构成单元

（一）家庭布局

高友村的民居以独栋干栏式建筑为主，含少数地面式建筑，每栋民居由单户或与其兄弟多户人家构成，层数以三层居多。干栏式民居主要家庭起居在二、三层，底层作养殖牲畜和仓储农作物之用；地面式民居家庭主要起居空间在一、二层，顶层兼有仓储空间之用。

1. 院落

高友村大部分房屋为独栋成排的集聚式分布，房屋之间有坎相隔，高低错落，排列紧密，排与排之间多见小路和明渠，而没有多余的空地营造院落。

在村落四面山脚或山坡空旷地带的房屋有院落分布，院落的围栏多为篱笆或杉木栅栏，院门可有可无，视情况而定；院中地面经过休整，为土质或水泥制；院中或有菜地，或有鱼塘，或有桌椅板凳供休憩之用。

2. 起居室

高友村的家庭起居空间包含以下几个部分：厅室、厨房、卧室、盥洗室。

厅室是人们公共活动的空间，也是冬季取暖的中心区域。侗寨沿袭下来的传统是在厅室内设置火塘（图六—1）来进行取暖，但是随着居民生活的日益现代化，这种旧有的构造逐渐发生着新的变化，根据火塘的数量和使用的情况可以将人们的房屋建筑分为三种类型，具体说来：分为火塘中心式、前廊直入式和中间堂屋式房屋。火塘中心是很传统的房屋结构，前廊直入是兄弟分家或住房调整时，为了满足多个房间的取暖或多户人家的住宿而采取的变革，中间堂屋则是现代元素影响下，随着取暖方式的多样化，对火塘取暖的方式采取的根本性变革的一种体现，火塘的数量及其废弃与否客观上也是一种对房屋的年代和功能判断的依据。第一种：人们生活的空间里，只有公共区域内有一个火塘，并且这个火塘现在在冬季依然用于烧火取暖，那

图六—1　火塘

么这样的结构叫做火塘中心式房屋；第二种：在这层区域内，除了有公共的活动空间外，在分出的若干个房间内，每个房间都有自己的火塘，即在同一栋房屋生活的某一层区域内，共有两个或两个以上的火塘，那么这样的结构就叫做前廊直入式的房屋结构；第三种：房屋结构是在活动的主要层位空间中，虽然有一个火塘，但是火塘的位置已经移到了起居室的边缘部分，即堂屋成为人们活动的中心区域，火塘已经被废弃，这样的房屋形制被称为中间堂屋式的布局结构。随着高友村民生活水平的不断提高，电视、冰箱、洗衣机、电风扇、电饭煲等家电产品逐渐进入人们的生活。

厨房是人们制作食物之所，高友村厨房空间一般较大，且紧邻厅室布局；高友村中，地面式住房的厨房一般在一层布局，而干栏式住宅的日常用厨房多在二层，少数在一楼另辟空间作为厨房；厨房中都建有灶台供烧火做饭之用，也有一部分家庭开始使用液化气进行食物的烹制；除了自家的小厨房之外，高友村中还有四个公共厨房，分别为务衙寨吉利楼底层的公共厨房，务坟鼓楼处的公共厨房，雷王庙与飞山庙之间的公共厨房和村落中心福星楼北侧的公共厨房，公共厨房内包括数个炉灶，配备厨具，村中发生红白喜事，一般都在公共厨房置办筵席（图六—2）。

盥洗室一般都位于房屋的边缘或拐角处，有向外的窗户通风。在木结构的房屋中，为防止漏水，盥洗室一般会用水泥和瓷砖等材料做防水处理；个别老式建筑中，盥洗室处于房屋外部，即在紧邻房屋的一楼外侧多加一个厕所，不过这种结构较少。

图六—2　公共厨房制备筵席场景

3. 圈房

干栏式建筑中，圈房一般处于一层，所养动物包括鸡、鸭、鹅、猪等，高友村有养兔专业户，在一层空间内还置有数层铁笼作为兔子栖居之所。诸多家畜中，鸡多为散养，白天跑出觅食，晚上回窝睡觉；鸭子也为适度放养，白天或喂饲料，或放养于小河，晚上归巢；鱼则饲养于稻田，构成生态农业的一环。所养家畜大多供自家食用。

4. 仓储

干栏式建筑中，一层光线昏暗，空间潮湿，不利于住人，故作为仓储之所，主要存储有建材、农具、化肥、饲料等；轻型交通工具也置于一层。干栏式建筑和落地式建筑中，顶层空间逼仄，较少住人，狭窄处多用于储存生活性的杂物，包括反季衣物、废弃家电等，不同家庭中，顶层仓储所存物品不尽相同（图六—3）。

（二）住宅内部空间布局

1. 房屋立面、剖面结构

高友村民居的主干多为全木制作的穿斗架，局部住房下方有砖垒砌。建筑多为重檐建筑，椽上铺设有瓦，起到遮阳挡雨和通风的作用。

图六—3 一层仓储和圈房

以干栏式建筑为主的高友村民居多为三层，偶尔有四层和两层，底层潮湿阴暗，主要用于堆放农具、建材和饲养牲畜，顶层空间逼仄，故较少有人住，而用于生活杂物的堆放；故人们的活动空间主要集中在中间的楼层（图六—4）。

图六—4 单栋房屋结构

2. 建筑材料及作法

高友村住宅的建筑材料为杉木，杉木是一种速生商品材树种，生长快，材质好，木材的纹理通直，结构均匀，不翘不裂，密度小，韧性大，强度适中，质量系数高，所以可以广泛应用于建筑方面。

高友村的建筑材料均采用的是这样的杉木，一般来说，村中的林地都会按户口分配，所以每家都有自己一定面积的杉木林，在木材成材之后，可以用于自家房屋的修建。但是，现在村中的木材不能完全供应村内的需求，所以有时候还会在外购买杉木建材（图六—5、6）。

图六—5　南岳鼓楼

高友村建筑中还需要使用红砖和瓦，高友村以前曾有自己的烧砖厂，供应村里的用砖需求，后来砖厂关闭，停止营业；所以现在高友村建房所用的砖全都是从外面购入。

与红砖相同，高友村建房所用之瓦和水泥等也是从外面购入的。

图六—6　屋顶木梁

房屋的建造首先要经过骨架的搭建，均是成材的杉木，加工成长柱状，通过榫卯相接，将三层房屋的主干搭建起来，这一阶段的最后一个步骤是上梁，这一仪式同时也是一项需要庆祝的工程，有专门举行的仪式（图六—7）。

房屋的骨架建好之后，接下来要修建楼层、屋顶和墙壁。这一阶段中，楼层均为全木铺设；屋顶多为用木材和瓦片架设而成的人字形悬山顶；墙壁的建造中，全木式建筑主要用杉木制作，部分砖的建筑多在一层用砖石垒砌砖墙，上面几层用木料做墙。

刚建好的房子，地板上每隔几块紧密相接的木板之间都会有一段空区，这一空区作为适应木板热胀冷缩条件下的变形空间，将会在木料基本定型后才会封上。

图六—7　建房上梁

3. 内外部装修情况

高友村中的住宅在外部装修方面大多架构房檐加以美化修饰，在人字坡悬山屋顶上，也有一些雕刻和装饰。

高友村民居多采用的是单扇实拼门和双扇实拼门，门的表面经过抛光，很少修饰。多采用平开窗，窗子多为两扇（图六—8），以两侧摇梗为轴转动，也有许多现代的推拉窗（图六—9）。

图六—8　推窗

图六—9　推拉窗

住宅内部的装修情况各有不同，旧有住宅的墙壁表面多经过抛光处理，并涂抹桐油来防潮和防虫蛀，较新的住宅中，则通过刷清漆来保护木制建材；墙壁紧邻地面的十几公分的部分，有的家庭会涂抹水泥墙面，有的家庭会铺设瓷砖；天花板上会用塑胶布或油光纸进行封顶，用来防止屋顶落尘和增强隔音效果；卫生间会在底部和四面涂抹水泥隔水，铺设瓷砖美化。

（三）典型人家

1. 务衙　李正家

李正家位于务衙鼓楼的北边约五十米的距离，是一户典型的地面式住宅。因危房改造而兴建，建筑所使用的木料是自家林地产出的杉木，当初前来协助盖房的都是自家的房族及亲戚。目前居住人口为三人，在房屋对面搭了一座一层的砖房圈养牲口（含牲口专用灶台）。建筑本体一层有厨房、中间房火塘及厅室、两间卫生间及储藏空间；二层有一间已装修完成，是他们主要的居住空间；二层其余的空间以及三层尚未整修完毕，待有空闲主家才会进行装修（图六—10a，图六—10b）。

图六—10a　务衔　李正家外观

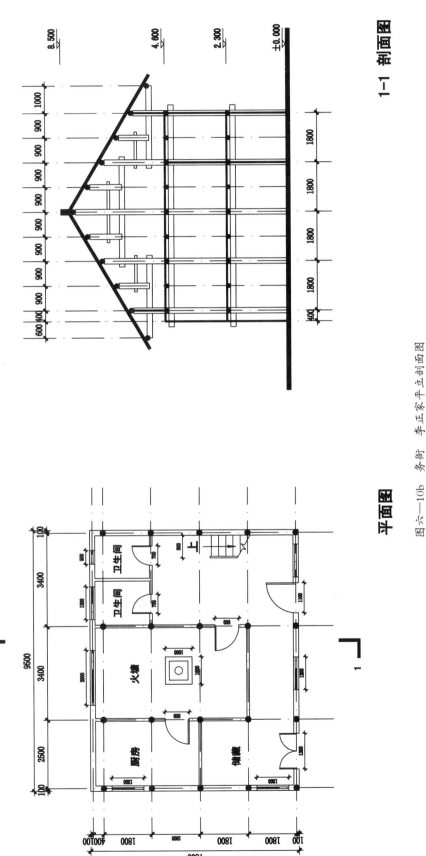

高友村 落地式住宅 A43

平面图

1—1 剖面图

图六—10b 务衡 李正家平立剖面图

2. 上寨　杨昌义家

杨昌义老先生，曾担任过老人会的会长，是高友村内德高望重的老人家，村里的侗戏、多耶及讲款等节目都是由他主持。

他家位于上寨务坟鼓楼旁，建筑前有个大鱼塘（鱼属别户），兼用消防水池。该户是一座典型的干栏式建筑，一楼围墙式砖砌，其余建材皆为木料。房屋建造年代一百年以上，原本在此居住的有六户，在1976年对房屋内部空间进行了整修。一楼地面是用土夯实的土地，主要用来收藏稻米、农具及杂物，最内侧设有厕所；二楼是各家主要的厨房、厅室及祭祀祖先的空间，整修后前廊面积得到扩大，可作为宴客的场地；三楼是主要的居住场所，共九间房，空地也可作为储物空间。分房改建时按照长幼顺序由老大杨昌义先选择居住空间，原有前廊直入式六个火塘减少到三个，其余三户在村内择址另建新房（图六—11）。

图六—11a　上寨　杨昌义家外观

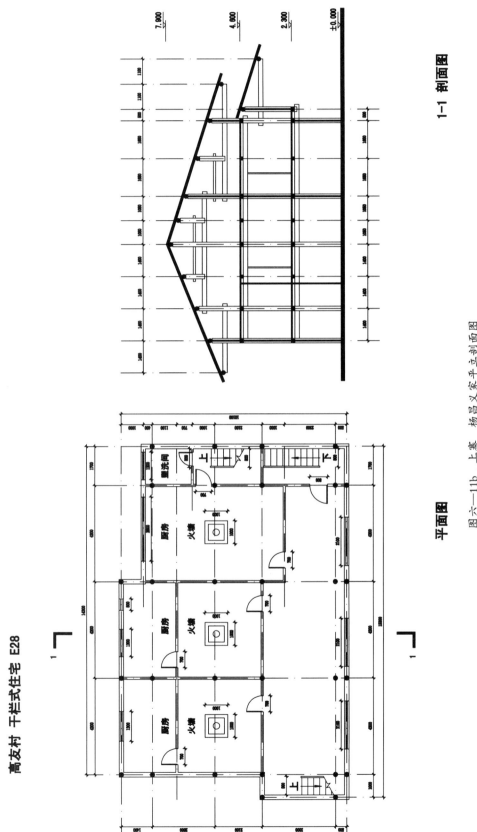

高友村 干栏式住宅 E28

1—1 剖面图

平面图

图六—11b 上寨 杨昌义家平立剖面图

3. 下寨　潘玉杰家

　　潘玉杰家位于下寨，属于干栏式建筑，整栋房子都是以木头为建材，目前居住人口两位。一楼地面用土夯实，用来圈养牲畜、放置农具等杂物，设有一口灶；二楼厅堂有香炉作为祭祀空间，往内走有火塘、厨房，通往二楼楼梯下面设有老奶奶的居住室；三楼是主要的居住空间，有一人居住，其余空间皆做储物用（图六—12）。

图六—12a　下寨　潘玉杰家外观

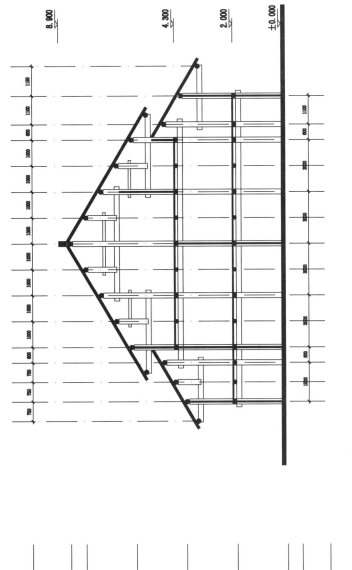

1—1 剖面图

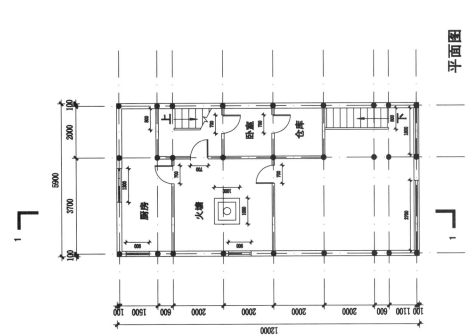

平面图

高友村 干栏式住宅 E103

图六—12b 下寨 潘玉杰家平立剖面图

七、人群和社会结构

（一）家庭单元

一个家庭多为三代同堂，祖父和祖母、父亲和母亲及孩子们，共同生活在一栋房子内；也有极少数兄弟姊妹未分家，同住在一起。

近年来，由于青壮年外出务工，"空巢老人""留守儿童"现象较为普遍。此外，夫妻双方中一方外出务工的现象也较多。

据2012年的最新统计，高友村全村共有472户，总人口1885人。

（二）婚姻生育

婚姻方面：长期以来，高友村中大部分都是侗族内部通婚，且同姓不婚，异姓联姻；另有与毗邻的湖南省通道县陇城乡梓坛、甘溪、西壁等村以及本区（省级）三江县内其他村落通婚者。近年来，随着寨内剩余劳动力转移，人口流动加强，少量汉族、苗族等其他民族女性嫁入本寨。

生育方面：高友村基本执行广西壮族自治区制定的少数民族生育政策，夫妻双方均为侗族可生育二胎；若有一方为汉族，则可在第一胎生女的情况下，生育第二胎。高友村内家庭多育有两个子女；少数因经常外出打工，考虑到子女成长及家庭负担而只生育一胎。

（三）家族姓氏

高友侗寨中，潘氏最早徙居于此，其后杨氏、吴氏先后迁入，再后又有李、罗、石、黄、韦、陆、陈等姓氏在此定居。目前，寨内共有10个姓氏聚居。经过长期的繁衍生息，较早迁入的姓氏衍生出诸多房族，逐步发展成为寨内大姓，如潘姓人口约占寨内总人口的一半，为寨内第一大姓，杨姓次之。

民居分布多为同姓房族小规模聚居，近年来随着人口迁出迁入，部分同姓区域亦夹杂他姓（图三—1）。

（四）家族群体关系

高友村内侗族的家族群体关系融洽，即使兄弟姊妹分家，也是相邻而居，相互照应、扶持。各家各户，平日里基本不锁门，即使是夜晚，也只是将卧室等私密场所上锁。

（五）教育状况

关于村内的教育状况，我们采访了高友小学校长潘敏杰。潘校长是高友本村人，原任职于林溪乡"九年义务教育普及"办公室，2009年调回高友小学，任校长至今。

经实地走访和相关了解，村内有私立幼儿园两所，分别是"金阳光幼儿园"和"小天使幼儿园"。小学一所，名为"高友小学"，承担小学一至五年级教育及学前教育，学校开设国家规定的基本课程，另有基于侗族文化的校本课程（包括侗族大歌、芦笙吹奏等内容），但尚未形成高质量的教材。由于师资力量有限，目前一名教师要承担若干门课程。2000年以前，高友小学有代课教师；现在，校内教师均有编制。2005年之前，村内有自治区内外师范类学生前来支教。

林溪乡九年制义务教育普及工作于2006年通过国家验收，目前，适龄儿童入学率、升学率、巩固率均达到100%。近年来，青壮年外出打工人数增多，导致留守儿童较多，约占全村儿童总人数的67%，家庭教育相对薄弱。

高友村内学生小学一至五年级在高友小学或去林溪乡中心小学就读，六年级在乡里就读。据了解，多数六年级学生需步行从高友村到林溪街道；中学在乡里或县城就读；大学生目标学校以广西区内高校居多，现有在校大学生约50人，入学前按高考成绩分档次给予不同金额奖助，另有生源地贷款。

学校基本用汉语教学，并没有专门教授侗语，侗语作为村民母语绝大多数自幼习得。20世纪80年代初，曾有专人来村内教授侗文，但由于实用性不强及学习难度较大，并未得到普及，侗文教授三年就停止了。

（六）医药卫生状况

关于村内医药卫生状况，我们采访了村党支部副书记、村卫生室医务人员杨灿魁。

高友村人均寿命75-80岁，过去地处偏远，生活贫困，多数居民营养不良，人均寿命较低。长期以来，村内很少发生大规模的传染病疫情，人口变化较稳定。

2002年以前村内有个三个私人诊所，2002年以后建立整合医疗资源，成立高友村卫生室。卫生室现有三名医务人员，分别是医士、所长杨灿刚，医士、会计师杨灿魁，医士潘玉贤，三人均结业于三江卫校。卫生室目前主要承担内科、外科、儿科、疾病预防等医疗科目，另有中医针灸疗法。受医疗设备限制，村民看病视病情严重程度到各级医院就诊。孕妇分娩基本提前到乡、县医院待产。目前，村内新型农村合作医疗参与人数1615人，农村养老保险参保人数663人。

村内有专人任防疫员，负责重大动物疫病防控工作，定期为村内牲畜注射相关疫苗。

我们特别关注了村内侗医药的应用及传承情况，并采访了村内有名的侗医吴永强老先生。除吴永强之外，村内还有罗氏兄弟，共三位侗医。他们主要擅长医治跌打损伤及胃病。由于医书失传、疗效不确定，侗医药后继乏人，面临消亡的威胁。

（七）管理状况

高友村原有高友、务衕、竹冲三个自然屯，现已合并成高友一个自然屯，下辖十个村民小组。村内的日常管理和突发事件处理主要由村两委，即村党支部和村民自治委员会负责。村党支部包括书记、副书记和三名委员；村委包括主任、副主任、妇女主任以及两名委员。村两委干部每天轮流值班。村两委三年一任，村党支部书记由村内党员选举产生，村民自治委员会由村民直接选举产生，可连选连任。另有专人负责计生工作。

村内有老人协会，积极参与村内事务，在村内颇有影响力，甚至能够左右村中的重大决策，平时主要负责组织相关传统节庆活动和募捐等公共事务。老人协会主要由会长、两名副会长、会计、出纳等六人组成领导集体，每年选举一次，可连选连任。领导集体成员均由村内德高望重的老人担任。会长类似于过去侗族村寨的寨老，担任会长的老人也时常登台宣讲，类似侗族传统的"讲款"，宣扬美德。

由于高友村内的侗族民居及公共建筑多为木构，且村民普遍在屋内使用火塘，火灾隐患大，因而防火一直是村内管理的重中之重。为此，高友村委托专业机构编制了《三江县林溪乡高友村高友屯村寨防火改造规划》；通过了防火公约；建立了防火组织机构。村支书出任消防管理协会会长，即消防安全负责人；另有消防安全管理员两名，设有防火检查组、巡寨喊寨及报警联络组和志愿消防队20人，志愿人员分为疏散组、灭火组、破拆组、警戒看护组四个小组。村内分布着许多防火蓄水池，以备不患。

（八）人群差异与贫富差距

村内性别差异明显，男性地位普遍高于女性，由于男女活动区域的不同，作为村内公共建筑的鼓楼也呈现性别差异，甚至有"男鼓楼"与"女鼓楼"之分。位于村寨中心的鼓楼内基本不见女性活动，平常在内休憩的均为老年男性，而女性一般都集中在寨内山腰的一座小鼓楼内。这种活动区域的差别直观地反映了过去"男尊女卑"的传统，而在中心鼓楼坪举行的"霖雨节"宴席，清一色男性更为直观地反映了因"性别"所形成的种种差异。

高友村民年平均收入3500元左右，享受"农村居民最低生活保障"的村民有57户，253人，每人每月62元。村内贫富差距并不特别明显。住房及院落面积、室内装修以及民居一层功用等可在一定程度上反映贫富差距。特别是一层功用，传统意义的干栏式建筑一层主要圈养牲畜和仓储物资，而村内改建或新建的住房一层已成为居民主要的活动空间，如客厅、厨房、餐厅等，活动面积增大，装修费用增加，也反映出主家的生活水平，此类房屋约占10%。

八、生产方式与经济结构

（一）农业

农业是高友村民最主要的生业。据最新统计，2011年高友村耕地总面积630亩，水田540亩，旱地90亩。农业从业人员640人。

全村粮食播种面积1177亩，总产量669752斤（以下数据为调查所得，可能不准确）。中稻、玉米、杂粮等谷物播种面积651亩，总产量505827斤：其中，中稻作为主要谷物播种面积603亩，每亩单产量845斤，总产量510323斤；玉米播种面积41亩，每亩单产量423斤，总产量17343斤。大豆、绿豆、其他杂豆等豆类合计播种面积61亩，总产量10260斤。红薯、马铃薯等薯类（折粮）播种面积465亩，每亩单产量372斤，总产量173195斤，其中红薯播种面积415亩，总产量154795。过去，稻米一般要种两季才能满足村民的粮食需求，前人为了不浪费所有农民辛勤耕作的作物，又不能让自己种植的作物被别人收走，在村规民约中规定出明确的日子，在该日子前后农人尽快地将稻米收割。近年来，随着外出务工人口增多，稻米产量随需求减少而下降，一般只种一季中稻。而糯米作为侗族主要的传统食物在村内亦有种植，基本供村内各家自己消耗，但近年来播种面积减少，产量下降，也在一定程度上反映出侗民饮食习惯的细微变化。村内所产红薯品质较高，并已打造出"高山薯王"（图八—1）的品牌。

图八—1　高山薯王

全村经济作物播种面积114亩：其中花生、油菜籽等油料作物播种面积42亩，总产量5162斤；烟叶播种面积6亩，总产量948斤；木薯播种面积6亩，总产量5238斤；棉花播种面积60亩，总产量7080斤，仅够做村内买卖，用来制作棉袄及棉被，成品棉花每斤售价10元左右。

其他农作物播种面积331亩：其中，蔬菜（包括菜用瓜）播种面积315亩，总产量464940斤；瓜果类播种面积5亩，总产量11175斤；绿肥播种面积11亩。

蔬菜中，芹菜播种面积3亩，总产量2979斤；菜心菜播种面积10亩，总产量7190斤；菠菜播种面积4亩，总产量3228斤；大白菜播种面积42亩，总产量84000斤；白萝卜播种面积45亩，总产量118925斤；胡萝卜播种面积3亩，总产量3297斤；生姜2亩，总产量1782斤；黄瓜播种面积20亩，总产量36320斤；南瓜播种面积12亩，总产量23652斤；豆角（豇豆）播种面积5亩，总产量6005斤；四季豆播种面积4亩，总产量4776斤；茄子播种面积3亩，总产量3144斤；辣椒播种面积2亩，总产量2166斤；西红柿播种面积1亩，总产量1300斤；大蒜播种面积1亩，总产量823斤。

茶叶合计52600斤：绿茶32086斤，红茶20514斤。茶叶品种有20世纪80年代从浙江引种的"龙井""乌牛早"以及"浮云6号"等，前两者为绿茶，后者一般加工制成红茶。刚引进时，政府会给茶农发放一定补贴以鼓励种茶。据茶农吴凡忠说，一般茶叶采摘每年有两段时间，二月到四月，五月到九月。以吴凡忠一家拥有1.2亩茶园计，日采摘量4.5斤左右，一年收入在6000元左右。

园林水果合计9400斤：梨1200斤，桃1200斤，李子1000斤，杨梅2000斤，其他水果4000斤。食用坚果、板栗4000斤。2011年末实有茶园649亩，柑橘园面积8亩，梨园面积18亩，桃园面积11亩，杨梅园面积6亩，其他水果园面积90亩。

村内农业基本自给自足，除茶叶外，只有少量韭菜、红薯外销。

（二）林业

高友村林地面积416.2公顷，森林覆盖率达到77.1%。林地种类有防护林、用材林、薪炭林、经济林、特种用材林等。林木以杉树为主，长期以来，高友村将杉木作为建房起楼的主要材料。村内各户均拥有面积不等的林地，过去主要是有控制地砍伐以用于建房，由于砍伐区域和数量都有限制，所以林地一直较好地保有着。目前，一根树龄在40-60年之间、立柱圆周约84公分的杉木，售价约500元左右，形成专业分工下建造房子时向外面购买木料，加上加工，比起村民自己到山里砍伐、雇用人工将木头挑下山进行加工所耗费的资金还要少这样奇特的景象。村民将自家的杉树卖给加工厂，再向加工厂购买加工好的木料。经济条件好转的情况下买进村里的木料比卖出的还要多。

此外，油茶籽作为村民食用油的主要原料成为林业生产的重要产品。茶油的收获季节大约在稻米收成后，气候对油茶籽产量影响大，经过榨制，产出的茶油每斤售价在25元左右。

2011年油茶籽的产量达到175000斤。另有竹笋干产量1000斤。

（三）养殖业

高友村内养殖业以自给为主，少量外销，养殖品种有鱼、鸡、鸭、猪、牛、马、羊等。

村内养鱼有池塘养鱼、稻田养鱼，以稻田养鱼为主。池塘养鱼以草鱼为主要品种，稻田养鱼以鲤鱼为主要品种。稻田养鱼是侗族的古老传统，其建构和利用的微型生态系统深刻地反映了侗人关于土地利用的智慧。

村内鸡、鸭大多放养，多为村民自家食用或摆宴食用。村内传统的干栏式民居通常在一层圈养猪、牛。牛是犁地耕田的主要动力，村民一般不食用牛肉。猪是村内最主要的肉食来源，逢年过节，要杀猪宴客，特别到过年时，有杀"年猪"的说法，各家轮流宰杀，每天到不同人家共享猪肉。村内有养猪专业户两家，各有种猪十多头，由于所养生猪品质较好，常有来自县城的人来买，生猪价格大约每斤10元，通常一头生猪体重200斤左右。村内马、羊少见，马主要用于运送木料。另有家养土狗，偶尔供食用。

（四）商业

高友村内共有十个小商店，主要分布在鼓楼中心活动广场的西南侧，经营副食品及生活用品。村内最大的小商店名为"三江县安昌商行有限责任公司高友加盟店"，据女店主潘干连介绍，由于所处地段相对较好，平时来往顾客较多，但购买量不大，每天收入70~100元左右，收入并不稳定。烟酒、饮料有专人送货到店里，其他商品通常由女店主的丈夫吴东开车去县城进货。吴东空闲时还为村民，主要是为老人、小孩理发，每次收费3元。

村内有三家专营茶叶加工的作坊，到春茶上市前，又增加三家临时作坊，茶叶加工主要是将新采摘的茶叶加工成成品茶，主要有绿茶和红茶。据作坊主潘奉军介绍，由于茶叶采摘受天气影响大，茶叶市场价格波动大，茶叶加工收入不稳定，一般品质较好的春茶每斤可买到400~500元，平常则大约几元到几十元不等，年收入约2万~3万元。又有专营谷物加工的作坊，主要是为稻谷脱壳，米糠分离，将糠碾碎作饲料。收费标准为每完成100斤稻谷脱壳收费2.5元。据作坊主介绍，每年凭此项可收入700元左右。

村内有从高友往返林溪乡或县城私营客运车。据业主透露，每年靠运输可收入15000元左右，近两年，由于外出务工人员增多，许多村民购置了摩托车甚至是汽车，客运需求大幅度降低。

由于高友侗寨景观秀丽，文化独特，每年吸引着海内外的游客来此参观，体验侗家生活。村内有两家小型家庭旅馆，有十几个床位，主要接待来村内参观留宿的摄影和写生爱好者。调查期间我们遇到了阳朔美景旅行社的工作人员黄卿发，他带着两位荷兰游客来高友村参观。这两位荷兰游客是从荷兰当地的旅行社了解到三江侗族村寨旅游路线的。高友村通常与程阳风景区连成一线，7、8月份为旅游旺季，这期间每月大约有20个旅行团到此。通常游客会支付相应的费用让村里举办"百家宴"，以此直观感受侗族文化、品尝侗族美食，一般每桌25元以上。但总体而言，高友村旅游效益不高。

九、生活方式和风俗习惯

（一）民族服饰

高友村的传统服饰，基本有三个颜色：深黑色、蓝色及白色。男性上衣为深黑色，女性为蓝色，女性30岁以上穿裙子，年轻的女性一般穿着长裤，男性及女性的裤子、裙子皆是黑色，以"靛青"为染料，调整染色的深浅，染出深黑色及蓝色。因传统侗衣染料没有固色剂，清洗后易褪色，现在除节庆外，日常生活中男性及年轻的妇女较少穿着传统服饰，年长的妇女穿着传统服饰比例较高；高友村居民较为朴实，衣服以素面呈现，仅缀饰手编线条，过去冬天领口会多缝一条线，随手用来剥杨梅（图九—1、图九—2）。

图九—1　高友村男性传统上衣　　　　　图九—2　高友村女性传统上衣

（二）日常生活

1. 30-60岁男女

传统的高友村居民过着日出而作，日落而息的简朴日子：一般约六七点起床到田里工作，待太阳出来较炙热，约九点到十点的时候回家吃饭，吃完饭休息一下或者直接再出去工作，下午两点到三点是高友村日正当中时刻，回家吃午饭稍作休息，再接着出门工作到日落时分，冬天日落约五点到六点，夏天约七点到八点，日落后再吃晚饭。

男性普遍以粗重的下田工作或搬运东西为主，女性则能顶半边天，家里洗衣煮饭、纺纱、带小孩、摘茶叶及下田工作等皆需承担。大部分的年轻男女都已经外出到桂林、广东及浙江等地区打工，留在村子里的年轻女性主要是在家里带小孩，等小孩成长至一岁半左右，将小孩留给父母带，自己则外出打工。

2. 60岁以上年长者

60岁以上的年长男性一般都会在早上九点到十点吃完早饭过后到鼓楼里共同讨论村里的事情、乘凉或者下三棋，现在则因农村人口外流且卫生习惯较从前好，平均寿命稍微提高，现在许多年长的男性仍然会从事下田耕作或是盖房子等工作。高友村里有许多为老人而设置的节日，如重阳节及六月六等；村里的大事，如订定各种岁时节庆活动的细节，基本上是由老人协会或村里干部去讨论，最后写张红纸公告于鼓楼前。

3. 防火

在村里的村规民约中明确规定，收获后的稻禾禁止带入住家里，以防止火灾的隐患，村里有一个习俗是如果有一户人家家里着火了，周围的居民前来帮忙灭火，火灭了之后主家必须要拿出一只猪，将猪烤熟，不能用煮的，他们的说法是，这样就可以把这次火灾的火使用完，并将烤熟的猪发放给前来帮忙的邻居。在政府的关注下，2009年四改：电改、水改、寨改、灶改都是为了防火所准备的，高友村内每年都会由村干部到每家每户进行防火状况的评估，评估结果用白色粉笔写在该户的门口。

（三）饮食情况

1. 酸肉

以前因为食材保存不易，且经济状况较不富裕，平日家里来重要的客人必须拿出腌好的肉类制品招待客人。在高友村若主人摆出各种酸肉的制品，表示这是最高的礼遇。妇女们将猪肉、鱼肉等加入大量盐巴及蒸好的糯米进行腌制，腌好的生肉可直接食用，保存条件好的可达十多个月，据说腌越久越好吃，因此有酸肉、酸鸭、酸鱼等，但现在年轻一辈的侗族多是将这些酸肉干炒后食用。

2. 酸豆角

一般侗族家里必备的食材，将豆角加入酸水中，酸水用盐加煮熟的糯米制作，两样原料加在一起腌上一晚隔天就可以实用，可生食，或加入肉片一起拌炒。

3. 糯米粑粑

在过年初一时每家每户必打糯米粑粑，二月初二结束新年也会制作糯米粑粑让离开的亲戚不空手而回，建房时会将糯米粑粑裹上一点糖粉包在红色袋子里，在大梁上到屋顶后洒下糖果、钱币及糯米粑粑。

4. 油茶

高友村村民在早起下田工作后，约九点至十点回到家中吃早饭，油茶就是高友村传统的早饭，主要材料有爆过的糯米（称为阴米）、煮熟的黄豆及蒸好的糯米及油茶水。油茶水是先将茶叶、水及茶油在锅里煎煮，煮到一定的程度后倒入大量的水，再煮沸，用网子滤去茶叶后依各家口味加入盐巴成油茶水，将阴米、蒸熟的糯米及黄豆各拿一些至碗内，最后倒入茶水就成了传统的油茶，也会因各种节日加入其他配料，如韭菜油茶等（图九—3）。

图九—3　油茶

5. 腊肉

在防火改造工程以前，村子里家家户户都会围着火塘烧饭煮菜，天冷了就围在一起烤火，天花板上也跟着吊满一串串的烟熏腊肉，储藏好的腊肉让侗族人一年四季都有肉可以吃，经过防火改造工程后，只有在过年的时候才能见到这样的景象。

6. 米酒

米饭蒸熟放冷，放入大瓮中加入甜酒曲，夏天发酵需一个礼拜，冬天约十天，发酵完成后取出烧火蒸馏，口感较呛辣。

7. 杨梅酒、红薯酒

以米酒作为基底，将洗好阴干的杨梅、红薯放入米酒瓮内一起酿，酿越久越好喝。

8. 重阳酒

将蒸熟的糯米放入大瓮中加入甜酒曲，熟成需要较长时间，一般今年的重阳酒明年才喝，重阳酒不需蒸馏，熟成后的重阳酒为白色混着的液体，喝起来有甜味。

9. 鱼生、肉生

将草鱼及猪肉切成薄片，加上各家的独门配料制成。

（四）社会风俗

1. 百家宴

传说从前有一位英雄人物，村里的每家都希望宴请他，但时间过于紧迫，有人想出让每家每户都做好饭菜，端到鼓楼下面一起宴请这位英雄的办法。流传到现在变成每到有重要的人来

图九—4a　百家宴　　　　　　　　　　　　　　　　图九—4b　百家宴

到村子里，便邀集各家各户将自家的菜拿到福星楼前的广场，共同宴请贵客。当客人要离开高友村时不仅有芦笙奏乐欢送，更拿出高友村特产的韭菜致赠，象征着长长久久（图九—4）。

2. 立房（上梁）

以前要建房对一家人来说压力很大，一般只有掌墨人支领一些薪水，前来帮忙建房的工人是义务的，开工那天主家只要杀一口猪，主家的亲戚会拿其他的食材过去烹煮，分担主家建房的压力。建房过程中，主家的房族之间也会轮流帮忙在自家煮饭供给来帮忙的工人，侗族的团结互助即体现在这些方面上。时代变迁下现在则是由主家负责工人早午饭，掌墨人及工人一天的工钱都是70-80元，工人也有可能是主家的房族或邻居义务来帮忙几天。

立房时会看到几位腰间绑着红布条的先生，其中一位是掌墨人，其他的就是主家，上梁的日期及时辰必须请风水先生看日子，上梁当天请风水先生到场举行上梁仪式，喝完油茶就算办完上梁仪式；吃过午饭后，主家必须要挑蒸好的糯米、布匹、菜肴及整把的稻米去向风水师傅表达谢意，风水师傅收到后会在自家火塘上烧香向主家回礼。

建房时的中脊梁是有说法的，砍伐及搬运这根木头的人必须是好的人，就是说包括他自己及他的家人都是好的人，砍下后的木头搬运回来的过程、后续加工至上梁期间这根木头是不能落地的；上梁仪式中的法师（即风水先生）除了自己身体好、健康，他的家里人也要好、健康，且家里有人怀孕也不能执行仪式。上梁前需先验梁，验梁过程：一手抓只鸡，一手拿法水，口中念着口诀"验梁头，子孙代代得中公侯；验梁中，子孙代代得万年红；验梁尾，子孙

代代步步登天"；上梁的搬运途中的抬梁
人必须是要有一子一女的人，让这户主家
也是可以有多子多孙，人丁兴旺；上梁完
成时会有人从梁上洒下糖果、糯米粑粑及
小钱，等邻近的小孩知道有人家要上梁都
会高兴地跑来，主家正希望借此聚集人
气。中脊梁中间红布会写着吉星高照或紫
微高照，中脊梁上会用银圈，上面刻着两
个龙头相对（图九—5）。

图九—5　上梁仪式

3. 行歌坐夜

约1990年前还相当盛行，成群的年轻男女唱着多耶或互对唱歌，场面好不热闹。现在年轻
男女到城市里工作、上学等，留在村里的时间少了，与外部民族交往频繁，村内行歌坐夜的景
象多在过年时才会出现。

4. 婚俗礼仪

以前社会正常情况下男女青年会在16-18岁结婚，现在一般在村里的年轻男女结婚年纪约
18-20岁，因上学或出外打工的就更晚。一胎化政策对少数民族是有优惠的：若是一个少数民族
与汉族结婚，第一胎生了女生，可以再生第二胎；若第一胎生男生就只能要一胎；若婚姻的双
方皆为少数民族，就可以生两胎。

结婚的时候办酒及隔三天的回门酒都是由男方出资，办酒到回门酒的这三天女方要到男方
家的姐妹家住，如果没有姐妹，就到男方的外婆家或到男方父亲家的姐妹家住到回门酒那天，
女方在生完孩子后将嫁妆抬到男方家，嫁妆一般有农具、织布机等。

5. 三朝酒

以前是在小孩子出生后的三天办三朝酒，连办三天，现在因妇女都到城里或乡里生孩子，
直到出院回家后，选单数的日子办酒（"双"与"凶"谐音，不吉利），简化后三朝酒大多只
办一天。一早主家的房族及邻居就到鼓楼旁的厨房，主要做菜的都是男性，女性在一旁帮忙洗
菜切菜，摆碗盘等，约九十点做好早饭，主家会在土地庙前准备牲礼及酒，烧香拜土地庙，最
后放鞭炮及完成祭拜的仪式，拜完土地庙后辛苦的工作人员放下手边的工作开始吃早饭；下午
两点吃饭前，孩子的外婆会将女方的嫁妆抬到主家，外地的亲戚也会赶回来送礼，嫁妆及礼品
送进主家之前会先鸣放鞭炮，挑进主家的糯米主家会随意地挖起四杯，放一包白糖进米篮作为
回礼给亲戚，带来的糯米饭也只拿一些起来，其余的请客人再挑回去，并不会全部收下（图
九—6）。

图九—6　三朝酒娘家送礼到婆家

6. 小儿不哭令

谁家的小孩若半夜哭闹不止，就会拿一小块木板写上"天皇皇地皇皇，我家小儿夜哭娘，君子遇路念一遍，小儿一睡到天光"，将自家的姓氏填到里面去，摆在水井旁，让看到的人念一遍，也算是积功德（图九—7）。

7. 编草鞋积功德

村里的老人家会在家里编织草鞋，将草鞋挂

图九—7　小儿不哭令

在村子的风雨桥上做功德，路过的行人若有需要就可以自行取下使用。

8. 讲款

以前的"款"主要用于规范族人的行为，由于侗族自古以来没有自己的文字，为了便于记忆，讲款运用侗语吟咏，传颂优良品德，款词有方位祭祀、族源、物源等，时代变迁下高友村居民对于"款"的意识极为淡薄，村里有一位款师杨昌义先生。

（五）重要节庆活动

1. 节日

高友村的节日多为农历节日。

二月初二，结束新年，开始上山劳动的日子，一般在这天会制作糯米粑粑。

清明节，清明节这天家家户户都必须要到祖先的墓地去祭祀。

四月初八，黑糯米节，感念牛为我们付出，这天村里各家各户的牛都不用外出耕作，村民上山摘取植物性染料，将糯米染黑蒸熟并带到自家附近的土地庙拜祭。也有一说法，因杨文广被关，做黑糯米可帮助他有力气反抗逃出。

五月一日，谷雨节，当地又称韭菜节，主要是在二十四节气谷雨节这天，女孩子可以在白天到自己喜欢的男孩子家割下他家的韭菜，哪个男孩子家的韭菜被割的越多表示他越受欢迎，会非常有面子。到晚上，男孩子就成群结队到女孩家打油茶，油茶里当然少不了必须加点韭菜，年轻的男男女女聚集在一起兴致来了也会唱起多耶。

五月初五，粽粑节，这个节日主要是跟着汉人一样纪念屈原，家家户户在门前挂上艾草吃粽子。

五月十三，关公磨刀，高友村的风雨桥中间有祭拜关公，村民感念关公忠义且善待百姓，因此百姓们祭拜他，作为对他的响应，这一天需要到风雨桥、飞山庙及村里各个土地庙祭拜。

六月六，这天由老人协会组织约中午十二点到村子的雷王庙举行祭拜的仪式，并绕到风雨桥里拜关公烧金纸，约下午两点到鼓楼里，由村里有威望的老人家、风水先生及村里的款首等主持仪式，桌上摆一碗鱼肉及猪肉，中间放一碗生米，上插五炷香，前方摆五杯酒，两打金纸，两串鞭炮，由村里有威望的老人家先起头唱古老的侗语，风水先生唱和，最后由村里的款首进行结尾，有驱除害虫、消灾、送走瘟神等意涵；接着到广场上开始吹奏芦笙，一人居中，手持最高的芦笙，周围的人以他为中心，视活动大小调整人数，此时吹奏芦笙有预祝丰收之意；整个活动的意涵即在六月六这天做仪式消除村里的灾害，并吹奏芦笙预祝丰收，为这个节气的对联有"神农护佑风调雨顺，福星高照国泰民安"，横批"霖雨苍生"；村里的人在这天过后，家家户户会把冬季的棉袄、冬天所用的棉被及织好的布匹找一个好天气拿出来曝晒，这天过后所晒的布料基本上就不长霉不生虫（图九—8）。

图九—8　六月六鼓楼内仪式

六月"苟美"，在侗语里"苟"是米，"美"是新，汉语就是新米节，在农历六月第一个卯日举行；"卯"又与"猫"为谐音，有猫捉老鼠的意思，意及希望这一年的收成不要被老鼠吃掉了。高友村一年之中只收成一季水稻，在四月底进行插秧，约八月收割。收割稻米前有一个新米节，主要的活动有到田里摘新发芽的稻草嫩心并一起到田里抓鱼；住在鼓楼附近的人家会到鼓楼下的土地庙祭拜，较远的就在自家祖先牌位或厨房里祭拜，将所有的饭菜摆到桌上并在糯米饭上放一些稻草嫩心，烧五根香向祖先及神明表示敬意，请他们先用饭，在厨房里准备一个小锅烧金纸，最后将准备好的五杯小酒顺时针绕着小锅倒，倒的人要剩一小口酒喝下去，完成这些仪式后就

图九—9　新米节家中祭祀仪式

可以开饭。这一天对高友村的村民来说是个很重要的节日，远方的亲戚大多会回到村里过节（图九—9）。

七月十四，鬼节，在住家里将饭菜准备好，烧香祭拜祖先，让祖先保佑家里的人平安，家里人聚集在一起吃饭，即完成祭祀。

八月十五，中秋节，将月饼与鸡鸭肉等饭菜摆好烧香祭祖，让祖先保佑家里平安，但村里没有人会做月饼，都要到乡里或村里购买，月饼需要在当天祭祖吃完饭后或隔天分送到比自己年长的亲戚家，一般不会有客人来走亲戚。

九月九，重阳节（老人节），高友村与湖南省通道县梓坛村交界处有一凉亭，两村曾经发生过械斗，后来交好。以前公路不发达，两村人共同修筑联系的石板道路及休息的凉亭，有共同的情感依靠，往来甚是密切，重阳节这天，两村的人将饭菜端到凉亭上吃，若有外地的客人来到村里做客可能会有百家宴，侗戏、多耶等即兴而唱。

十一月十九，太杨日，这天要到村里每一座庙去祭拜，具体准备的食物有：三样肉类，其中一定要含有鱼，及三样水果。到各个庙里祭拜的顺序第一是到村里的飞山宫，第二是到风雨桥里头祭拜关圣帝君，第三是到下寨鼓楼下的土地公庙，接着就到各个村寨入口的小土地庙去祭祀。

过新年，外地打工的年轻男女都会回家过年，高友村村民大部分也都会挑过年期间结婚，有时候一天会同时有三五户人家办喜酒，一片广场分成两三户人家一起办喜事，常常还得摆到外面的马路上去。

2. 文化娱乐活动

（1）斗牛

高友村八月十五是举办斗牛的时间，在村子周围找个空地即可，十多头牛上场一对一斗到后一只决胜，胜出的牛会在牛角上绑红布条，最近几年已较少举行斗牛的竞赛。

（2）斗鸟

村里约有十来户居民会养斗鸟，平时外出会在裤腰带间系上一个跟拳头差不多大的小竹篓，专门帮斗鸟抓虫子，会有固定的时间到乡里斗鸟。

（3）下三棋

老人家聚集在鼓楼里一块下三棋，一桌围着八九个人一起讨论棋术，一步棋可能下了三次还没下好，他们主要是一起切磋棋艺，胜败就不那么重要。

3. 赛芦笙

1958–1960年，全国自然灾害多，民不聊生，没人有心思吹芦笙，过了这段期间后，经济状况好转，才有多余的精力做另外的娱乐活动。近年来由于人口外流情况严重，主要吹奏芦笙的人由青壮年男子转变成年长的男性。高友村近年来被评为十大美丽村寨，为维持重要的非物质文化遗产，县里拨款补助村民购买芦笙，目前小芦笙售价90元，中芦笙150元，大芦笙200元。村里的芦笙队有时候会巡回到邻近的村子去赛芦笙。发张帖子到邻村，如果对方接下帖子那必定会举办百家宴招待，台上两村芦笙队互相竞赛，台下大伙儿看得不亦乐乎（图九—10）。

图九—10　芦笙演奏

4. 唱侗戏

侗戏过年过节时在村子里表演，几个大的曲目有"陈世美""状元与乞丐""换子记"等，由村里的人排练。现在村里的杨昌义曾担任过老人协会会长，是村民中有威望的老人之一，他懂得各种曲目，侗戏、多耶及讲款等，全出自于他的手，且他能将内容转化成汉语，记录侗族文化；村里唱侗戏的团队有时候会巡回到邻近的村子去"月耶"（做客）唱侗戏，发张帖子到邻村如果对方接下帖子那必定会举办百家宴招待，到邻村唱侗戏，可能一村接着一村，一走就是大半个月。

5. 对侗歌

场合多半是由一群年轻男女聚集在一块儿互唱侗歌，或猜或对，相互表达情意。

6. 唱多耶

在多个场合皆会出现，由一位领耶人带着大家唱和，作为开场白、赞颂词或活动结语，在驱邪避煞等场合也会出现。

（六）传统技艺

1. 营造

村里的建筑主要是干栏式建筑，防潮是干栏式建筑的重要特点。依山而建的高友侗寨，底层地基大多前低后高，大雨来临时底层主要供流水行走，建筑结构采用穿斗式。

建筑过程中使用到的工具主要有墨斗、斧头、手锯、刨刀等。由掌墨人负责计算出各个结构的大小，用墨斗将墨线弹为各个构件画上中心线，并写上构件的名称，工人再依造木头上所作的标

图九—11　营造技艺

记进行施工，待各个榫卯构件制作完成后就可以搭建。在山壁不平整的情况下，为保证建筑构架的平整，会先靠着山壁搭一片平整的木框架，再靠着这个木框架搭起建筑主体的木构架，各木构架搭建完成后开始一层一层地上梁（图九—11）。

2. 侗医药

村内有名的侗医有吴永强及罗氏兄弟三位侗医，他们主要擅长医治跌打损伤及胃病。行医时伴有相关仪式，通常需要喷水、念口诀，带有一定神秘色彩。所用草药一般在病人就诊时，

视病情临时去山上采摘。治跌打的草药主要有"白鸟捕落"（音译）、"一根伤"等。据吴永强回忆，原有记载侗医药的医书，在消灭富农的过程中被农会烧掉。由于医书失传、疗效不确定，侗医药后继乏人，面临消亡的威胁。

3. 草编

村里的老人有部分仍然会用水稻的梗编织草鞋，甚至放在村里的风雨桥上，过路的人有需要即可带走。村里的老人家上山采茶可能还会穿，穿起来极为轻便。

4. 侗布

在高友村，80后的儿时回忆是放学后回家帮忙妈妈卷线轴，小女孩特别喜欢学着大人织布的模样，连累大人们每次都必须重新再织一次布，在高友村主要织布的季节是在冬天农闲的时节。

（七）生活变化

以前高友村采用本村优质的杉木作为建材，以穿斗构架修建吊脚楼，三层居多，底层干栏式建筑多是用来存放农耕用具、家畜、柴火、稻米，二层一般是火塘、堂屋及长廊，家庭成员活动空间大多是在这里，三层一般是作房间及放置杂物使用。

2009年政府四改政策，电改、水改、寨改、灶改：电改，由于村内建筑皆为木结构的房屋，因此政府补助每户八百元进行电改，将所有的电线换成绝缘电线，以防止火灾发生；水改，主要是应消防需要，也改善卫生习惯及居民生活用水的不便，政府补助按每户四千五百元，购买水管，村里居民投工投劳协助防灾及引水入家庭；寨改，为防止村寨失火时大面积被烧毁，划定防火隔离带将高友村核心居住区上寨、下寨及务衙区分开来，拆迁的住户补助为每户两万元；灶改，为预防二层火塘发生火灾，政府推行将火塘由二楼地板改成离地砖砌的炉灶，或将炉灶整个搬到一楼，每户补助一千元。为更全面地防止火灾发生也补助每村修建露天水池，按一个一万五千元测算，补助村里购买消防器材，按每屯两万元测算，建置专用的消防器材室，按每屯两万五千元测算。

2009年的四改政策加上时代的变迁，大大地改变高友村村民在房屋内的活动空间、景观及使用状况。因红砖引入村寨，多数底层原本由木板、竹编及树皮等围起的房屋渐渐改成以红砖砌起的砖墙，一方面在功能上防火，另一方面是灶改及经济结构的调整，使底层的空间变成一家人煮饭、吃饭及洗澡的地方。近年来外出打工的人口增加，村里的稻米由一年两季，变成一年一季，到田里工作的时间大大的减少，存放稻米的需求量也减少，曾经家家户户养猪鸡鸭的情景也不一定可以在每家每户见到。

十、宗教、信仰和禁忌

（一）风水先生、鲁班师傅

1.风水先生

高友村的风水先生主要有两位，分别是杨昌培和黄昌荣。风水先生在村内地位尊崇，一方面他们掌握风水术数，通晓阴阳五行，能将传统的风水说法与住宅朝向、墓地选址等相结合，并能联系到村民的运程吉凶，从某种程度上看传统的风水观在人居环境的建构中具有一定的合理性；另一方面，村民科学知识极其有限，又因地处偏远，长期以来迷信风水先生。通常，村民家中遇立房上梁、丧葬仪式、大病大灾等事都要请风水先生过门做法事，事毕，主家都要给风水先生送礼答谢，而风水先生也会在家中火塘边点香三炷，以示回礼。

2.鲁班师傅

高友村的鲁班师傅共有四人：李秀德、杨光智、潘建光及韦世全。由于木构建筑是以墨线做各种记号在木头上，工人按照墨线施工，因此又称为掌墨人。掌墨人须负起整栋建筑营建的进度，房屋的大小是由主家提供建地，掌墨师傅根据建地大小并核对鲁班尺计算出这栋房屋合理的大小，屋内各种尺寸的大小及间距除了需要鲁班尺核算吉利的尺寸外，最重要的是透过掌墨人的经验下达最后执行的命令，2004年高友村在下寨新建那座十三层的鼓楼就是由村里的鲁班师傅计算的。

（二）祖先崇拜情况

关于祖先崇拜，高友侗寨呈现出鲜明的汉文化特征。侗族传统的"萨"崇拜（或称为"萨岁""萨莽"，侗语意为"老祖母"），传说是侗族地区普遍崇拜的始祖女神。但高友村村民对于"萨"的概念很淡薄，村里现在也没有萨坛，转由祭拜飞山大王杨再思，村里共有三座飞山宫庙，村内各个重大节庆主要祭祀地位于上下寨交界的飞山宫。受到汉文化的影响，特别是儒家文化的影响，村内民居堂屋正中供奉祖先神位，一般是将书有"天地君亲师"或"天地国君亲师"的纸贴于墙上以作象征（图十一1）。正堂一般还会

图十一1　祖先神位

书写与主家姓氏相关的堂号，以表明姓氏源流。除清明到墓前祭扫外，村民一般都会在家焚香拜祖。

（三）丧葬礼仪

高友村普遍实行土葬，近年来，丧葬礼仪略有简化，但仍保留了一些独特的风俗习惯。

村内有人过世，家属会放鞭炮三声，以告知全村。对于一般寿终正寝的老人或重症不治者，亲戚友人都有准备，听到鞭炮声会陆续前来帮忙操办"白事"。通常亡者家属会去请风水先生做法事，亡者家属按与死者关系分带不同的"孝"，即丧礼穿着配饰。亡者至亲为其洗身，换上预备好的寿衣。亡者不在家中入殓，一般由女婿或是亡者同辈的女婿，用铺有席子的木板当作简易担架，将亡者置于其上，盖上被子，抬到附近的鼓楼坪。过去各家预制的棺材都会存放在鼓楼一层的空间内，以便在鼓楼坪为亡者入殓。近年来，由于村容改善，棺材都置于家中，但入殓仍在鼓楼坪举行。入殓完毕至下葬的停灵期间，亲戚友人须为亡者守灵。

丧葬仪式中，风水先生是关键人物。从一开始做法事，到根据亡者生辰八字及天象卜算下葬吉日吉时，以至于墓穴空间的大小，都由风水先生操持，他还指导亡者家属相关丧葬礼仪。坟墓选址通常在家族墓地内，或亡者生前选定，或死后由家人选定，但都需听取风水先生的建议。村内坟墓墓穴较浅，工程量较小，建墓一般不需劳师动众，通常在亡者出殡下葬当日清晨开挖，在下葬吉时前完成即可。葬礼当日，主家会摆酒宴客，一般是午饭。从亡者下葬之日算起，一个月内，亡者子、孙早晚两次去墓前上香，到一个月期满，所有亲属集体去墓地拜祭。此后，亡者家属会按照节俗，每年清明节去墓前祭扫、追思。

（四）道教等宗教的影响与传播

道教作为中国本土发生、发展的宗教，与汉民族的发展紧密联系。高友侗寨内道教因素的存在与发展，多与侗族同汉族交流甚至是汉化有关。尽管，侗民没有全盘接受道教庞杂的神仙体系，但仍将道教中的一些天神、地仙，诸如土地、雷王、财神等作为奉祀对象，以求得到护佑。

佛教对于村内影响基本没有。至于西方的基督教、伊斯兰教等宗教元素更是踪影难觅。这在一定程度上也反映了侗族村寨空间和心理上的封闭性。

（五）民间信仰及其变化

1. 飞山崇拜（图十一—2）

"飞山"即"飞山蛮"，主要活动于湖南靖州一带。"飞山"崇拜，是对人称"飞山太公"或"飞山大王"的唐末、五代峒蛮酋长杨再思的民间崇拜。杨再思在乱世之时，在今湘、桂、黔三省交界区域设立"十峒",号"十峒首领",以其族姓散掌州峒,抚驭峒民。杨再思及其领导的款组织有力地促进了区域社会的安定团结和发展进步,宋代先后追封其为"威远侯""英惠侯"。侗族民众感念其德,将其奉为神明,广修飞山宫、庙,散布于湘、桂、黔地区。高友侗寨村民亦对"飞山大王"杨再思尊崇有加,每逢年节,特别是六月初六(杨再思生辰)和十月二十六(杨再思忌辰)都会祭祀"飞山"。村内有飞山宫一座和飞山庙两座,飞山宫位于村内上下寨交接的位置,飞山庙位于村口坡地上。飞山宫、庙自建成以来,香火不绝;村民平日亦会在家中祭祀,特别是杨姓族人,多以杨再思后裔自居。

图十一2a　飞山庙

图十一2b　飞山宫

图十一2c　飞山庙

2. 关圣崇拜

中国民间对关圣,即"武圣"关羽,尊崇备至,遍修关帝庙。侗寨对于关公崇拜受汉民族思想文化影响,亦推崇关公"忠义神勇"的品格,并以武艺高强的关公作为村寨的守护神之一。在高友村仅有的一座风雨桥——杰龙桥内一侧正中供奉着关公及周仓、关平神位。据老者说,在风雨桥奉祀关公,主要是为了宣扬关公的优良品格,教化

图十一3　关公牌位

过往行人,以效法关公"忠义"之举。农历五月十三日,传说是为关公磨刀的日子,家家户户都会祭祀关公(图十一3)。

3. 多神信仰

高友侗寨村民的多神信仰，或泛神崇拜，主要是受汉族文化影响，以及对原始的自然崇拜的传承，通常将一些与日常生产、生活有关的神仙作为奉祀的对象。

（1）土地

在农耕社会，土地是生活之源，财富之源，对于土地的崇拜相当普遍。而汉族的土地庙文化源远流长，许多少数民族通过交流也效仿汉族修建土地庙奉祀土地。高友村内大大小小的土地庙至少有六座，其中香火最旺的一座是在南岳鼓楼下的土地庙。村内婴儿出生后，要摆"三朝酒"宴客，摆酒当日，婴儿家人会去土地庙祈福，以求土地护佑小孩子在这方土地上平安长大。此外，各家如遇灾患，亦会去土地庙敬香（图十—4）。

图十—4　土地庙

（2）雷王

雷王崇拜，类似于土地崇拜，是受汉文化，特别是道教思想影响，对雷神的崇拜。特别是对于高友侗寨这样农耕文明中孕育的村寨而言，雷电之类的自然现象带有一定的象征性，一方面，侗寨木构建筑最怕雷击；另一方面，雷电等天气现象变化直接关系到农业收成，关系到生计。因而，高友村民对"雷王"敬奉有加，立庙供祀（图十—5）。

图十—5　雷王庙

（3）文昌与其他星宿

文昌帝君是道教尊奉的掌管功名禄位的天神，文昌本为星名，即俗称的"文曲星"，民众认为其是主持文运功名的星宿。高友村的风雨桥——杰龙桥上的四座神龛中，有一座供奉着"文昌帝君"，另一座供奉"魁星"，二者齐奉，也反映了高友侗寨崇文尚学的传统（图十—6）。

此外，"紫微星"也是村民生活经常涉及的，如立方上梁，一般都会在正梁上悬挂红绸，上书"紫微高照"或"吉星高照"，以示吉祥。

图十—6　文昌帝君

（4）财神

财神是道教神仙体系中最为群众熟知的天神之一。高友村内对财神的信仰时间并不长久，应是近二三十年来，村内青壮年外出务工受到外地财神信仰的影响。村内部分住户将财神画像贴于正堂，平日奉祀，以求财运。

（5）泰山石敢当

泰山石敢当反映的是石崇拜，渊源久远，"石敢当"有禁压不祥之俗。高友村内"泰山石敢当"遍布，或书写在木牌上悬于房板上，此类居多；或刻于石碑上立于路旁（图十—7）。

（6）古树

村内现有三棵古树，树龄在200—300年之间，其中最大的一棵树，树身粗壮，枝繁叶茂，被村民奉为神灵。每逢年节，特别是正月初二，都有村民前来拜祭，将红布条系于树神，以祈求好运。

图十—7　泰山石敢当

（七）禁忌

1. 若是自家有人过世，头戴白色孝帽的人千万不可进入别人的家，有把晦气带进别人家的意思。

2. 高友村村民认为见到孕妇是不吉利的，因迷信胎儿介于人与鬼魂之间，尚未成为人形，在这里孕妇都会尽量避免出门；若有人出门就看到一位孕妇，觉得不吉利就会马上返回家中，重新准备后（如再吃一次早饭或做些其他事），才再次出门，就可以缓解这个不吉利的预兆；怀孕的妇女也不可以摸小孩子的头，家长会担心小孩的灵魂重新投胎进那位孕妇的肚子里，且小孩子也不能从孕妇洗好的衣服下面穿过去。

3. 看到新鲜的草挂门上，这是家中发生事情才会挂上去的，是要跟外人说我们家里有事没必要就请不要入内，外人看到了也会先询问这家是发生什么事情了，再决定是否要进去；同样，寨门也是如此，邻村的居民若看到我们村寨门上有安置新鲜的草，就表示最近村子里可能有发生事情，请他们不要随意进入。

十一、村寨的保护问题

1. 村落保护管理现状

（1）物质文化遗产

高友侗寨内广布的侗族传统民居以及鼓楼、风雨桥、寨门、井亭、宫庙、石板路等公共建筑作为"村寨居民行为结果的遗产"，是村寨历史的重要见证，是侗族传统文化最为稳定的反映。侗民历来都有爱护公共建筑的传统，并将类似行为视为功德。在2012年公布的柳州市三江侗族自治县第三次全国文物普查成果中，高友飞山宫作为古建筑，高友鼓楼、务坟鼓楼、南岳鼓楼、务衙鼓楼和杰龙桥作为近现代重要史迹及代表性建筑得以确认。

然而，高友侗寨内尚未有被公布为县级及县级以上文物保护单位的建筑群或建筑单体。由于重视不够、保护级别低，致使划定保护范围、作出标志说明、建立记录档案、区别情况分别设立专门机构或专人负责管理等"四有"工作严重缺失。一些次要的公共建筑，特别是有青石板铺成的道路，正面临着来自道路改扩建的威胁，目前部分石板路已被水泥路面所覆盖。

此外，民居等非公共建筑因所有权问题，限制性保护与居民日常生活存在矛盾，而基于侗族传统、适应新的生活要求的民居建筑设计陷入困境。近年来，随着村民经济收入的增加，提高生活质量的诉求越来越大，而在改善生活的过程中，改造或新建住房成为最普遍的选择。因而，一些体量较大、装修怪异的建筑开始出现，这不但给传统的侗族民居的延续带来冲击，也影响到村寨整体景观的真实性和完整性。

（2）非物质文化遗产

高友村内保留了丰富的节庆风俗与民间活动以及在生产生活中形成并发展的传统技艺。这些作为"村寨居民行为过程的遗产"，是侗族传统文化和高友侗寨文化最生动的反映。长期以来，这些非物质文化遗产与村民的生活紧密联系，并在发展中获得创新。

然而，由于村寨内、外部社会变化的加快，一些非物质文化遗产难以适应这种急剧的变化，导致遗产内容逐渐简化，甚至是衰弱。而普遍性的问题是，年轻人关于传统节俗和活动的知识越来越匮乏，许多技艺的爱好者、传承者趋于衰老，而年轻人又不太热衷，导致高友村内诸如讲款、侗戏编演、芦笙吹奏、木构营造等一些传统技艺的传承后继乏人，传统节俗和活动变味淡化。

（3）文化景观整体

高友侗寨遗产不是物质文化遗产与非物质文化遗产的简单相加，而是作为文化景观，"在一定空间范围内的被认为有独特价值、值得有意加以维持以延续其固有价值的、包括人们自身在内的人类行为及其创造物综合体"。目前，对于高友侗寨的普遍认识仍局限于传统意义的文物，仍停留在最易观察的村寨建筑上，而未能以文化景观的视角将因传统风俗或技艺形成的文化空间纳入其中，也未能考虑到与生产相关的农田、山林以及其他纯自然物作为村寨背景甚至是村寨的构成要素。由于对高友侗寨文化景观整体性的认识不足，在村寨发展过程中，诸如道路建设、管线铺设等基础设施改造行为，对村寨整体景观造成了一定的负面影响，特别是在原有石板路上覆盖水泥，损害了村寨质朴的乡土意趣。而近年来出于稻田保水需要，由政府补助对稻田边沿进行的水泥硬化，破坏了"稻田养鱼"生态系统的天人谐趣。

2. 村寨保护问题

（1）文化景观价值认知与村寨遗产保护策略

有关高友侗寨的文献资料相当有限，重要建筑未建档，随着时间推移，原本确切的信息逐渐缺失；同时，由于高友侗寨处于湘、桂交界，距离侗文化核心地带较远，长期未受到关注，因而有关高友侗寨的研究基本空白。由此导致关于高友侗寨的遗产价值认知相当模糊，价值评估较为困难。评估直接关系到村寨遗产保护策略的制定，特别是保护区与缓冲区划定。

（2）村寨文化景观延续与居民生活质量改善

延续性是文化景观的一个重要特征，维持高友侗寨作为"活态遗产"延续下去的生命力是高友侗寨文化景观保护的核心内容；与此同时，当地居民又迫切期望提高生活水平，改善居民生活质量日益成为无法回避的民生、发展问题。目前，由于研究滞后、认识不足、设计不力、推广困难，当地尚未形成一个基于传统又能适应现代社会发展的民居建筑改造方案，如何使文化景观延续与居民生活质量改善协同发展，让居民受益于行进中的传统，是摆在高友侗寨及其他文化村落面前的共同难题。

（3）外部力量强势介入与当地居民文化自觉

随着高友侗寨与外部联系的加强以及高友侗寨自身遗产价值的逐渐显现，外部力量对村寨的影响逐渐加大，致使村内的传统建筑与生活方式加速异化；另一方面，"将自己生活的家园视为文化景观，并将自身也纳入其中"的观念并不是居民自发产生的，而作为村寨遗产直接、首要的继承者，当地居民应当逐渐成为最直接的保护者，这就需要通过保护管理规定的制定调适村寨文化景观变化的速度，为居民的文化自觉争取时间。

十二、村寨的价值评估

高友侗寨是坪坦河流域上游高山侗寨的重要代表，真实、完整地展现了侗族村寨聚落的格局，侗族传统文化在此得到了较好的保存与传承，并在长期的文化交流和有机演进中获得了独特的诠释和发展。

高友侗寨地处桂、湘交界，是桂、湘两地侗文化，汉、侗两族文化交流的产物。区别于典型的侗族村寨，高友侗寨汉文化特征明显，可作为汉化侗寨的代表和侗族社会多元演进的重要例证，以反映侗族村寨文化景观及侗族文化的多样性。

高友侗寨以侗族传统民居、公共建筑和活动其间的人与事为主体，与周边稻田、鱼塘、茶园、山林等人文和自然景观相融合所构成的村寨文化景观反映了侗族居民关于土地利用的智慧和少数民族农耕文明的创造力。

十三、结语

本次调查作为一次综合调查，其内容基本涵盖了广西三江高友侗寨文化景观的各个要素，获取了丰富的遗产信息，积累了关于高友侗寨的基础资料。在此基础上，调查团队成员又在补充调查期间，沿坪坦河流域考察了其他侗寨，对处于湘、桂交界的侗族村寨的共性和高友侗寨的独特性有了更为深刻的认识。然而，也必须看到，由于村寨内涵丰富而调查时间有限，加之团队成员知识及精力有限，本次调查未能对村寨景观背后的人文内涵进行深入的考察；由于无法用侗语直接与村民进行交流，只能依靠翻译，获取的信息质量不高，其准确性无法得到有效验证。

通过本次调查及报告撰写，我们认识到高友侗寨文化景观的价值，也意识到未来深入的专题性调查及相关研究的重要性。我们期待在全面、深入地调查研究的基础上，审慎且富于传承性和创造性地探索侗族村寨文化景观遗产保护与发展的路径，以此维护侗寨文化景观的延续性和中国民居文化的多样性。

最后，感谢高友侗寨村民热情的招待与配合，感谢广西壮族自治区三江侗族自治县县委县政府、林溪乡乡委乡政府、高友村村党支部及村委会的协助。

第 三 篇
广西三江县平岩村调查简报

平岩村地属广西壮族自治区三江侗族自治县林溪乡。林溪乡位于三江县东北端，西与八江乡相接，南与古宜镇毗邻，北边和东边分别与湖南省通道县坪坦乡、平阳乡、甘溪乡相接。平岩村位于林溪乡南部，海拔200米，东经109° 38′ 47.92″，北纬25° 53′ 50.37″[①]，距离林溪乡政府10公里、三江县城约19公里。该村地处林溪河河谷，地理位置东接湖南通道甘溪乡，西临八江乡高迈村，南至古宜镇光辉村，东北为程阳村、平甫村（也称平铺村）。平岩村依山傍水，四季常青，属中亚热带南岭湿润气候；年平均日照数1332.3小时，年平均气温17.7℃，月均温1月最低，为6.8℃，7月最高，为27.0℃，年平均无霜期321天；水资源丰富，年均降水量1323.1毫米[②]。

平岩村下辖平寨、岩寨、马安寨、平坦寨四个自然屯，31个村民小组，土地总面积约5.53平方公里，其中水田面积1551亩，旱田227亩，人均占有田地0.413亩；经济林面积5700亩，其中油茶林面积4600亩，茶叶面积900多亩，水果林面积300多亩；用材林面积1560多亩[③]。据2011年的统计数据，全村共有864户，3755人，除个别近几年新嫁入的媳妇外，全部为侗族，日常交流以侗语为主，村中的年轻人和部分老年男性会讲普通话，老年女性则很少会讲普通话。杨、吴、陈是村中的三大姓，另有张、梁、程姓数户。根据平寨鼓楼的修建历史、村民家中所修订的家谱及现存古墓墓碑推测，平岩村的历史至少应在二百年以上，而据传说，马安寨先民在此落寨居住已有七百多年的历史。建制沿革方面，明万历十九年（1591）以后，属大营峒所辖。清代、民国及解放后，四个寨子历经分合，于1980年正式称林溪公社平岩生产大队，1984年大

---

① 测点为村委会办公楼。本次调查所使用高程与经纬度数据由"GARMIN 佳明 GPSmap 62sc"手持GPS测得。

② 三江侗族自治县志编纂委员会：《三江侗族自治县志》，第82-83页，中央民族学院出版社，1992年。

③ 平岩村委：《平岩村概况》，打印本，2011年8月。

队改设村公所[①]。平寨、岩寨、马安寨集中分布在林溪河两岸，三寨已经基本连接在一起，平寨居河东岸，岩寨位处河西岸，马安寨在二者南部略偏西、林溪河转折所形成的马鞍形坝子上，平坦寨则位于岩寨西部约1.5公里处，与该行政村其他三个寨子相距稍远（图版一）。村落周围为数座小山包围，居住区就位于山间、河谷地势较平坦处，居民住宅依地形、地势呈团状聚居（图版二），以交错纵横的石板路相连接，布局合理又不失灵活。作为生产区的田地、林地主要分布在居住区的外围，也有小块田地、菜园分布在房屋之间。

林溪河自北向南从平岩村中部流过。河发源于林溪乡水团村彭木山，全长42公里，年径流量19776万立方米[②]；出水团村后，"及林溪山仓门均各山溪，合而南流，至林溪街口，再纳各山小溪，过林溪大桥，而南，入程阳乡境，折而东南，旋复南流入光辉乡境，过文村，至黄排村边，合武洛江，东南流，至石眼口入浔江。"[③]清代、民国时期，林溪河上可通行木船，是平岩村对外交通的主要方式之一，"自林溪街以下通船，春夏重可千载余，冬斤可七八百斤，涨涸期与前同"[④]。沿河逆流而上经林溪乡，辗转可到贵州、湖南，最远可及四川；顺流而下经三江县城，进入浔江、溶江流域可达柳州。因平岩村一段是浅滩，水流较慢，交通工具主要是小型船舶和木排，航运以货运为主，客运较少，主要是从柳州运送海盐到湖南，再从湖南运回稻米，林溪河水路在湘桂盐米贸易中有着举足轻重的地位。平寨曾有一个很小的码头，位于现在北侧寨门前的林溪河河边。解放后，由于水量减少及县道X631的建成通车，林溪河水路逐渐废弃。如今，平岩村的对外交通主要依靠县道X631，该路于20世纪60年代开通，路面以砂石铺就，路况不好，1996年改造成柏油路，双车道，沿路向北经过林溪乡可到达湖南省，向南通往三江县城。公路两侧多为稻田，部分路段靠山，山上的植被保持较好，很少发生山体滑坡等自然灾害，往来车辆也不多，道路比较畅通。沿此路从平岩村到三江县城，只需半个小时车程。村民外出的交通工具主要有摩托车、三轮车、小型面包车、中巴车等。

平岩村有着悠久的历史、丰富的民族文化资源，很多侗族的传统文化得到了较完整的保存。全国重点文物保护单位——程阳风雨桥就横跨马安寨头的林溪河上，另在林溪河及村内小溪上还分布着数座风雨桥。每个寨子中至少有一座鼓楼，是村民们聚会议事、老年人乘凉聊天的社交之所，历史最悠久的平寨鼓楼始建于清嘉庆年间，建成于道光元年（1821），为县级文物保护单位。村民的住宅建筑多为传统的木质吊脚楼，年代最早的已有两百多年的历史。以风雨桥、鼓楼、吊脚楼为代表的侗族木构建筑，是侗族传统手工艺的杰出代表，被列入国家级非

---

① 三江侗族自治县志编纂委员会：《三江侗族自治县志》，第35-37页，中央民族学院出版社，1992年。

② 三江侗族自治县志编纂委员会：《三江侗族自治县志》，第98页，中央民族学院出版社，1992年。

③ 魏任重修、姜玉笙纂：《三江县志》，第85页，成文出版社有限公司，1975年。

④ 魏任重修、姜玉笙纂：《三江县志》，第85页，成文出版社有限公司，1975年。

物质文化遗产名录的侗族木构建筑营造技艺代表性传承人杨似玉、自治区木构建筑营造技艺代表性传承人杨求诗都是平岩村人，杨似玉还在家中开设了柳州市侗族非物质文化遗产展示中心。平岩村的民族节日更是精彩纷呈，据老人们介绍，一年中的大小节日共有80多个，比较有特色的有二月二、春社节、四月八、中秋节、吃冬节等；节庆期间常举办盛大的庆祝活动，如吃百家宴、过月也、吹芦笙、唱侗戏、打南瓜仗、斗牛等等。2009年以来，平岩村先后被评为"广西十大魅力乡村""中国景观村落"。2012年，平岩村的马安、平寨和岩寨被列入"中国世界文化遗产预备名单"；2013年，平岩村被列入第二批中国传统村落。

平岩村的平寨、岩寨、马安寨、平坦寨与大寨、懂寨、平甫寨、吉昌寨这些位于林溪河边的侗族村寨，通常合称为"程阳八寨"。自20世纪90年代初期即作为三江县旅游开发的核心景区对外开放。2010年被公布为国家4A级旅游景区。旅游业的发展，既在一定程度上提高了村民的收入，开阔了村民的眼界，也对平岩村传统文化的保护与传承产生了不小的冲击。

本次调查围绕平寨、岩寨、马安寨展开，从2013年7月30日至8月8日进行正常考查，再用10天善后，8月18日结束全部工作。调查组共14人，由北京大学和中央民族大学的师生组成。调查期间得到了三江县文联、申遗办杨尚荣主席、梁同琨老师、杨宁老师的鼎力支持，平岩村大学生吴雪丁、吴玉婷、杨艳里、杨珊娅，中学生陈艳宁、杨娅婷为我们担任翻译和向导，特此表示诚挚的谢意。

平岩村平寨调查简报

一、概述

平寨位于广西壮族自治区三江侗族自治县林溪乡平岩村东部，海拔197米，东经109°38′49.93″，北纬25°54′00.44″。平寨分八个村民小组（10–17组），共235户，988人[①]，杨、吴、陈为寨中三大姓，其中以杨姓最多，吴姓次之，陈姓排第三位，另有一户程姓人家。

平寨东北部靠山，东南临县道X631，西、南面隔林溪河与岩寨、马安寨相望；北部、东北部则分别与大寨、懂寨相接，南边以平岩村委会办公楼为界与马安寨相邻。村民房屋基本围绕在稻田周围，以西北面山坡上最为密集，这里是寨内民居的主要聚集地，也是村寨先民最早落脚的地方。东北面山被村民视为风水山，并在山上划出一块地作为墓地。根据对墓碑的不完全

---

① 平岩村委：《平岩村概况》，2011年8月。另据《三江县林溪乡平岩村马安寨屯、平寨屯、岩寨屯，程阳村大寨屯村寨防火改造规划说明》（2012年2月7日），平寨人口是235户，975人。

统计，最早的墓碑为清同治年间，因此推测这片墓地开始使用的年代不晚于1875年。

平岩村村委会和村中唯一的小学、幼儿园均位于平寨。寨中有一座风雨桥即合龙桥，位于村寨下游，据说有199年的历史，为岩寨和平寨的分界。寨内现存两座鼓楼、两处寨门、三座古井。位于寨子中部的老鼓楼，建于清道光元年（1821），因突出的历史价值、文化价值于1987年被三江县人民政府公布为县级文物保护单位。寨中古井水质清澈，至今仍可直接饮用，是村民生活用水的主要来源。平寨村民有着良好的保护意识，村寨中公共设施齐全，保存完整。根据公共设施中的碑文题刻可知，修建费用多来自村民捐款，说明当地村民富有热爱公益事业的优秀品德。据村民介绍，自建寨以来平寨从未发生过大的火灾，因而村寨的古建筑及自然景观较马安寨和岩寨保存得更好、历史更悠久，寨中近两百户民居中，超过百年历史的就有十多处（图版一、二①）。

平寨作为程阳八寨之一，从1993年起就已经开始进行旅游开发。游客有的来自区内，也有来自其他省（区）甚至法国、捷克、日本等国的外国游人。游客的到来给平寨带来了不小的变化，寨中不仅有村民自己建的小旅馆、小饭店，在综合楼每天都有三场侗歌、侗舞表演。旅游开发虽然使村民们从中有所获益，但是对整个寨子的传统面貌、传统文化以及生活方式也造成了一定破坏。现在村中除了传统的木结构吊脚楼，还新建了不少混凝土建筑。再加上村中部分劳动力外出务工，使得寨中的传统文化遭到了一定的冲击。但总体上，平寨村民的经济状况不是很好，生活水平不很高，思想意识还较封闭，相对还较为保守、传统，民俗民风以及建筑物的改变不大，所以吃、穿、住都基本保留着侗族特色。

平寨调查组共5人，由中央民族大学民族学与社会学学院文博系教师朱萍担任组长，组员有北京大学考古文博学院考古专业本科生刘畅、王云飞和张锐，中央民族大学民族学与社会学学院博物馆学专业本科生王思怡。

二、地理环境和资源

平寨坐落在林溪河东岸，顺着山间平地自西北向东南延伸。靠近河岸部位的地形相对较开阔平坦，平寨也因此得名。平寨东南面紧邻垄康山，海拔218.9米；东面为屋山，海拔约246.2米；东北为新寨山等，海拔248.4米；东北面山村民称之为"百架温"，海拔约236.1米，西南面山名为"刚索乔"，海拔约222.7米，形成的山谷走向为西北—东南，总的来说西北地势低于东南。

---

① 上海同济城市规划设计研究院绘制。

全寨面积4平方公里，其中水田390亩，林地3875亩，建设用地65亩①。林地主要集中在东部、东北部和南部的山上。

平寨的水系由溪流、水塘、泉井共同构成。寨中有一条小溪流，侗语名为"蒿洞"，翻译为汉语即"溪东"，发源于平寨东南的垄康山，东西向穿过寨子中部，最后在寨子西部汇入林溪河，但最近几年已经基本干涸。

古宜河支流林溪河从寨西自东北向西南流过，水质清澈，常有村民在其中捕捉小鱼、小虾、田螺、螃蟹或洗衣，孩童也常在水中戏水洗澡。夏天雨水较多，流量较大，冬天流量减少。但近十年来林溪河水量急剧减少，冬夏差别并不太大。林溪河流经平寨的部分，水面最宽处为蒿洞汇入林溪河的入口附近，在夏天雨水充足时宽三十米左右，水面最窄处仅有两三米宽；水深变化较大，最浅处只有十公分左右，最深处则有一人多深。

平寨及其周边的森林覆盖率较高，村寨周围的山头均被绿植覆盖。村民在山坡上开辟梯田或种植油茶、茶树、杉树以及马铃薯等，玉米、樟树和禾树等也有少量种植。村寨周围的空地上和居住区内常见竹子、果树、蔬菜等，果树有杨梅树、柿子树、桃子树、李子树、柚子树等。田地中主要种植水稻，糯米较少，但能基本满足需要。

据寨中老人回忆，附近山上曾有很多野生动物，如猴子、山羊、野猪、野兔、山鸡、蛇、老虎等，晚上蛇出来活动比较频繁，甚至有咬死人的情况。《三江侗族自治县志》中也有关于老虎伤人、猴群猖獗的记录②，与老人所说基本符合。现在山上的野生动物急剧减少，野猪、猴子等几乎绝迹，但蛇还能偶见。

由于山上的植被覆盖率较高，平寨发生的地质灾害很少。据一位82岁的村民说，在他记忆里平寨从未发生过泥石流；大的火灾也从未发生，只是在1993年时村中有一户民居着火，但很快就被扑灭，未殃及周围邻居，因此村中的鼓楼等都有百年的历史；寨子里曾发过水灾，大概有四次，时间分别是20世纪30年代、1973年、1983年和90年代，林溪河水漫过河岸，岸边房屋多数被淹，水深过膝，90年代那次把平寨的5个寨门冲毁了2个。如果下雨的时间很长的话，寨中还有一个习俗，即让妇女拿瓦片围起来烧烂布，祈求雨停水消。偶尔下雪，最大的一次是1958年，持续下了40多天的大雪，当时天气冷得野山羊都从山上跑到了山下。其他灾害，如病虫灾、地震等，平寨则从未发生过。

---

① 《三江县林溪乡平岩村马安寨屯、平寨屯、岩寨屯，程阳村大寨屯村寨防火改造规划说明》（2012年2月7日）。

② 三江侗族自治县志编纂委员会：《三江侗族自治县志》，第115页，中央民族学院出版社，1992年。

三、传说和村寨历史

（一）传说

1. 迁徙及村名传说

平寨老鼓楼①已有近两百年的历史，可知早在两百多年前即已有人在此居住。最早居住在平寨的是程姓人家，杨、吴、陈三姓稍晚迁来，随着寨中人口的增多，人们便修建了鼓楼。

据陈俊障老人介绍，他小时候听爷爷说，陈姓人家最早居于广东，迁居本地后不久又迁往湖南，从事箩筐生意，后因经营惨淡回到平寨，自此便在这里繁衍生息。至于杨姓，据杨天林老人介绍，是从江西迁过来的，并且至今还保持着一些和老家相同的习俗，如寨中的杨姓人家过十一月初一的节日，江西的兄弟们也过十一月初一的节日。吴姓则是从江西、湖南迁过来的。

林溪乡还有一些苗族村民，在当地居住的历史比侗族还早，侗族从其他地方迁来后，苗、侗之间曾因居住地等各种原因有过冤仇，原来甚至不能通婚。

据陈俊障老人介绍，平寨寨名的侗语发音为"些墓"，因寨子东北侧的山上有很多墓葬而得名。而据杨施良老人的说法，"平寨"因半山腰比较平坦而得名，"岩寨"得名于寨子的位置接近山上的岩石，"马安寨"的地形比较像马鞍而被称为"马鞍寨"（笔者注：后简省为"马安寨"）。

2. 关于合龙桥的传说

据陈俊障老人介绍，关于合龙桥的传说有很多，有些甚至已经失传了，他尚能记起的其中一个是说，有一位当地的侗族男性外出做工，过了十年了老板都没给他放假。突然有一天老板给他结清了工钱并辞退了他，他觉得很奇怪，不明白自己到底做错了什么，便去询问老板。老板说："明天开始你就不要来了，你就要死了。"男子便回到了家中，当时刚好是冬天，天气比较冷，林溪河上没有桥，人们都是趟水过河。男子看到后，便想为村里人做点好事。当时的村里有六位年龄比较大的公老，男子对他们说："以后你们过河时不要脱鞋了，我背你们过河吧。"在家过完年后，他又回到了做工的老板家。老板见到他非常吃惊，问他怎么又回来了，他说家里没有事儿只能出来做工啊。吃饭时老板问他回家后是否做了什么好事，在老板的多番询问下他终于想起自己曾背六位公老过河的事。老板恍然大悟，说："我算到你去年一定会

---

① 平寨有两个鼓楼，本文分别称为老鼓楼和新鼓楼。

死，没想你倒背老人家过河，积德行善，现在我看你最少多了十年的阳寿。"晚上，男子找到老板，想借五百两银子，老板问他借这么多钱干什么，他说要给村里架一座桥。老板说："这笔银子就算是我提前预支给你的工钱吧，以后就从你的工钱里扣除。"但是他打了六十多年的工还是没还上，最后老板说："算了，别还了，这钱也算是我的功德了。"男子所架的桥就是现在的合龙桥。

合龙桥原名新寨桥，后来改名为合龙桥，因为桥的前面是大龙山，侧面是青龙岭，后面是防龙坡，而桥下的溪水叫白龙水，四龙会合，故而叫"合龙桥"。

（二）建制沿革

平寨在清代时的建制隶属尚不明确，据魏任重修、姜玉笙纂《三江县志》，三江县下辖乡一级行政区划中无"平寨"，与平寨相邻的林溪、程阳、马鞍、平铺、平坦都隶属于大营峒（林溪五矿区域）[1]，《三江侗族自治县志》也有相同的记载[2]，平寨亦应隶属大营峒。

民国前期，三江县划甲、乙、丙、丁4区，林溪隶属于丙区，即平江区；民国二十四年（1935）裁区，划乡、村街、甲，平寨隶属于平江区程阳乡，称"平寨村"[3]，其下未分子寨[4]。

新中国成立后，建立三江县人民政府，下辖6个区，林溪乡、程阳乡隶属于林溪区；1951年，调整为9个区，林溪乡、程阳乡隶属于八区；1958年下半年以区改为公社，林溪区改为红旗公社；1980年，全县划为12个公社（镇），142个大队，平岩生产大队隶属于林溪公社；1984年公社改乡，大队改设村公所，在自然村（寨）设村民委员会，生产队为村民小组[5]。

（三）碑刻

平寨的碑刻比较多，但凡寨中有大的工程项目，如修建鼓楼、风雨桥、凉亭、寨门、井亭等，都要立碑记录工程的详细过程及捐款人姓名。比较重要的碑刻有：

平寨老鼓楼碑（附录二），青石质，清道光元年冬季刊立，现立于鼓楼南侧。

古庙修缮碑（附录三），青石质，民国十四年（1925）刊立，此碑现平置于老鼓楼中，作为村民的娱乐设施使用，碑体中间部位被刻上了直棋棋盘，两端还刻"友谊第一""比赛第二"八个大字，所以碑体中间所刻写的捐款人姓名及捐款金额大部分都已无法辨认，仅余左右

---

① 魏任重修、姜玉笙纂：《三江县志》，第210页，成文出版社有限公司，1975年。
② 三江侗族自治县志编纂委员会：《三江侗族自治县志》，第30页，中央民族学院出版社，1992年。
③ 三江侗族自治县志编纂委员会：《三江侗族自治县志》，第31、33页，中央民族学院出版社，1992年。
④ 魏任重修、姜玉笙纂：《三江县志》，第220页，成文出版社有限公司，1975年。
⑤ 三江侗族自治县志编纂委员会：《三江侗族自治县志》，第35–37页，中央民族学院出版社，1992年。

两侧的文字。

"合龙桥再修序"碑（附录四），青石质，2000年6月10日刊立，现位于合龙桥西端。

"重修东井小序"（附录五），木质，1988年5月23日刊立，现位于东井井亭横梁上。

"思源亭记"碑（附录六），青石质，1993年正月刊立，现位于思源亭内。

平岩小学修建碑（附录七），青石质，1995年9月28日刊立，现位于平岩小学校园内的亭子中。

（四）族谱

吴银喜老人家中保存着吴氏家族的一份族谱。族谱用钢笔书写于一张B5大小的白纸上，系几年前吴氏房族的老人们相聚时商议修订的，族谱上先祖的姓名有的源自家族传说，更多的则是根据保存至今的墓碑碑文确定。根据族谱记载，吴氏家族从第一代吴宗楼开始算起，至今已传至第十代，吴银喜老人为第七代。

族谱的背面记录了该家族第三代吴宗成修建平寨鼓楼的事迹。全文如下：

建立平寨村鼓楼为首领：

　第一首领：吴宗成。

　第二首领：吴银钱、杨传县、杨传银、杨仁兴。

　建立于道光元年是1820年。

四、村落外部空间

（一）村落及周边田地

1. 田地

平寨三面环山，一面临河，寨子四周的耕地面积有限，水田主要分布在寨子南部林溪河东岸及东边山梁前的平缓坡地上，旱地位于南、东北及东侧的山前缓坡上（图版三），主要种植旱地作物棉花、玉米等，但面积有限。在程阳桥以南的林溪河岸边，也分布有一部分平寨的水田。寨内民居建筑之间的空地也多辟为小块菜园。寨内只有一片水田（图四—1），更多的田地都在寨子外，距离村民家1–3公里不等。

2. 林地

平寨的林地分布在寨子南北两侧的山丘及东边的山梁上。南侧整个山丘属于平寨，其南坡的山腰及山顶上主要种植茶树，山脚下也有一些杉树；北坡上除茶树外，也有竹子、杉树及桃

图四—1　寨内水田

树、柿子树、板栗树等少量果树。北侧山丘平寨居住区所依的一面山坡为平寨所有，另一面属于程阳大寨。山上主要种植茶树，山脚下分布有竹子、杉树、板栗树等；东边山梁则自山脚下的水田向上分布有茶油树、茶树及蔬菜，继续向上的山腰及山顶上主要为杉树，其间也分布自然生长的松树和竹子等。

3.其他用地

平寨年代较早的墓地集中分布在居住区东北侧的山坡上。据说这座山风水极好，被称为"风水山"，在过去，有三四个姓氏的村民以本家为单位葬在这里，其他寨子的人也会上山建墓。近年来，由于土地紧缺，墓葬多分散在自家的田地里而不再集中埋葬。

（二）与周边村寨的关系及交流

1.本村各寨的关系及交流

平岩村下辖平寨、岩寨、马安寨和平坦寨。四个寨子空间距离较近，相互交流也较为频繁。

平岩村村委会位于平寨，是平岩村的行政中心。平岩小学位于平寨西南侧的林溪河东岸，四个寨子的学龄儿童大部分都在此读小学。平寨还有一个蓝精灵幼儿园，学生来自程阳八寨，其中平寨、岩寨、马安寨及平坦的学生最多。从行政和教育的角度来看，平寨可算是平岩村四个寨子的中心所在。

2. 与外村的关系及交流

村外关系方面，因同属于程阳八寨，平岩村四个寨子与大寨、懂寨、平甫寨、吉昌寨的关系最为密切。在婚姻关系上，平寨村民的主要通婚对象是程阳八寨的侗族村民，近年来虽有来自外地的媳妇或姑爷，但是数量并不多。

八个寨子的村民都以侗族为主，相互间的生活方式、生产方式相似，在节庆活动上也有很多交流。各个寨子都有由村里艺人组成的月也队。"月也"在侗语中为"客人""集体做客"的意思。一般在春节期间，月也队会到其他寨子演出芦笙、侗歌、侗戏等节目，村民则会以百家宴等形式表达感谢。在中秋节前后还有芦笙比赛，八个寨子的人在晚饭过后会换上盛装在程阳大寨的鼓楼坪比赛。期间，本寨的芦笙代表也会去别的寨子进行交流。

经济交流方面，平寨村民一般前往程阳大寨或林溪乡赶集。大寨集市已形成二十多年，阳历每月逢1、6日赶集，集市的主要区域就在县道X631路边，呈带状分布，路旁的商店分布密集。大寨集市规模并不大，一般从早上八点就有商家陆续在路边摆摊，一直到下午三点左右收摊。交易贩卖的商品除一般农贸市场常见的瓜果蔬菜、家禽肉类之外，还有种子、肥料等生产用品及衣服、布料、染料等生活用品。林溪乡有两个农贸市场，每月逢5、10日赶集，比大寨集市的规模要大些，贩卖商品与大寨类似。

平寨与其他寨子现在的关系都较为融洽，在过去曾与程阳大寨因为芦笙比赛而有过矛盾，随着时间的推移也逐渐化解。

五、村落的内部结构

（一）村落布局及功能区（图版四①）

1. 居住区

平寨的建设用地主要集中在两个山坡之间的山谷中，平寨的建成与周围环境相协调，南、北依山，东侧靠路，西侧临河，整体上为从西北到东南的带状布局。寨中地势起伏较大，平地较少。寨子西北部、以老鼓楼为中心的林溪河东岸为平寨村民的主要聚居区，呈扇形分布；东

---

① 上海同济城市规划设计研究院绘制。

南部的民居则基本呈线型沿公路分布。

民居建筑集中分布在南、北两山之间的平地及山脚的缓坡上，尤以林溪河畔的山前平地建筑最为密集。除此之外，南侧山丘的阳坡上也有呈线型分布的建筑，大概建成于20世纪70年代。因为寨中防火带的建设而迁移的建筑，集中分布在寨子东侧、县道X631旁。村寨内部民居旁分布着大大小小的鱼塘，同时也起到储存消防用水的作用。近些年来，随着人口的增加，许多鱼塘被填平，其上新建了房屋。山脚建筑依山而建，顺应山体朝向（图五—1）。

图五—1　山脚建筑

2. 公共区

平岩小学位于平寨西南侧、林溪河东岸，主体由两栋平地起建的楼房组成。东侧建筑为3层混凝土结构，每层有3间教室，朝向西北。建筑上为人字坡悬山顶，两侧山墙、后墙包有木板。西侧建筑主体为2层，每层有3间教室，与东侧建筑相对。建筑为混凝土结构，上为人字坡悬山顶，其南侧有一座一层砖结构建筑，与其相连。东西两侧建筑相距约30米，之间有篮球架、水泥乒乓球台等体育设施。

平寨东侧县道X631旁有一家蓝精灵幼儿园。建筑为混凝土结构的半吊脚楼，朝向西北，2011年建，共4层。建筑前方为一个宽约3米的院子。

村委会位于平寨与马安寨之间的县道X631路旁，建筑为坡地垫平吊脚楼，共3层。一层为砖木合构，木支撑，二、三层为木结构。

（二）寨墙遗迹与寨门

平寨曾经有五个寨门，位于进入寨子的五个路口，日出开门，日落关门，无固定时间。因为自然灾害和人为原因的毁坏现在还剩下两个，地处从林溪河进入平寨的两个路口，分别位于平寨西北部综合楼前广场的南侧和鼓楼西南方向林溪河的东岸。寨子外围曾有石头围墙，高约2米，墙上安装刺以防止攀爬，主要为防土匪，大约在"四清运动"以后逐渐被村民拆除，现在寨子东北侧的山坡上还有部分残墙，但因调研期间为夏季，山坡上长满各种植物，且偶有蛇出没，我们未能找到残墙所在，只能确定其大概位置。

现存北寨门的朝向为正西方向（图五—2），相对位于鼓楼的西北方向。寨门前有石板路通向林溪河，东侧石阶通向寨内，北侧为综合楼。其形制类似一座亭子，单层砖木合构，单开间方形，人字坡顶，上覆瓦片。四角为砖砌的支柱，门内两侧设有木条凳，地面与前后道路相接，为青石板铺就。砖柱上方左、右、后侧挂有三块木牌，上有"迠楼门（一）""迠楼门（二）"字样，为建造大门的捐款、布条及献花名单。寨门内正上方脊木上写有"风调雨顺国泰民安"和"□梁人杨秀□""木匠陈财芳""公元一九八七年二月五日立"的落款。

南寨门朝向为正西方向，相对位于鼓楼的西南方向。门前青石板路通向岩寨，东侧青石板大路通向寨内。寨门两侧为菜园。其形制为木结构重檐四角亭（图版五），单开间方形，分上下两层，二层上原有一个菩萨，"文革"期间被扔弃到河里。寨门西北角立有一座"泰山石敢当"石像（图五—3），每逢节庆寨里有人会拿祭品去祭拜。寨门附近曾经有一座土地庙，现已被毁。

图五—2　北寨门

图五—3　南侧寨门石碑

（三）村内道路体系

平寨内部的道路大致分为四个层次。第一个层次为县道X631；第二个层次为青石板大路；第三层次为水泥或石板的步行小路；第四层次为入户小路。县道X631从平寨东侧以西南–东北向穿过，为柏油路，宽约5米。第二层次的青石板大路系为发展旅游业而铺设，大约在1996到1997年间由政府出资铺就，宽约3–5米，由长约75厘米、宽约40厘米及长约40厘米、宽约30厘米的石板铺就，东接公路，西到南寨门，大致以东南—西北方向贯穿平寨。第三层次的道路为碎石板路，间或混合水泥铺就，宽度在50厘米到2米之间，分布在寨子内部及周边，为沟通寨内交通的主要道路，修建年代不一，最早的纯石板路已有200—300年的历史。第四层次的入户小路与其他道路相连，多以水泥铺就，宽约1米左右。平寨各个层次的道路相互交错，形成整个寨子的道路体系。

（四）给水和排水设施

平寨曾有四口水井，历史比鼓楼还要悠久。现存三口：东侧水井位于寨子东侧的山脚下，幼儿园的东边，水位高，向外自流；中部水井位于青石板大路路边，为双井口构造，井水作为饮用水使用，井水能够自我补充和循环，每天早晨的水位最高，由于白天村民用水较多，天黑时井水水位到达最低，但经过一个晚上的补充到早晨又能恢复到正常水位；西侧水井位于南侧山丘的北侧山脚下，中部水井的西南方向。第四口水井由于水源枯竭而被废弃，大概位于中部水井的南边。20世纪90年代寨中修通自来水，村民多在房屋一楼修建自来水池。自来水的水源为山泉水，在山脚下建有一个净化厂。自来水主要用于洗衣、洗菜等，也有村民直接在河边洗衣。虽然家中已经有了方便的自来水，但是村民们仍然习惯饮用井水，每天傍晚时分，村民们都会带上水壶到井旁取水。

平寨的排水设施较为完善。雨水主要通过道路一侧的排水沟排入林溪河，排水沟在2006–2008年硬化，基本上为敞开式，局部由青石板覆盖。寨内的生活污水主要通过各自家里的污水管道集中于寨子西侧的污水池，经处理后排入林溪河。

寨子中现有两个消防水池，分别位于老鼓楼西侧（图五—4）和寨子的中央（图五—5），同时作为寨中公用的养鱼场所。另外，寨中还分布着一些私人的水塘，可以养鱼、种水生植物等。

图五—4　消防水池之一　　　　　　　　　图五—5　消防水池之二

（五）公共广场

1. 鼓楼坪

鼓楼坪位于老鼓楼东侧（图版六），平寨西北部中心位置，约为方形，长约50米，四周为民居环绕，东北角为思源亭。鼓楼坪地面由青石板铺就，中心有一圆形石磨铺于地面，青石板封闭的下水道以西北-东南方向从广场中间穿过。石板的大小不一，大者长约1米多，小的只有20厘米长。平寨的侗歌、多耶舞表演和百家宴等活动都在鼓楼坪上举行，此外，村民们也常在鼓楼坪的石板路上晾晒家中染的侗布。

2. 综合楼前广场

综合楼前广场位于平寨西北角（图版七），林溪河东岸，与北侧的综合楼一同在1997年修建。形状为约东北-西南方向长方形，长约70米，宽约40米。东侧菜园与民居南北排列，南为北寨门，北侧为综合楼。广场由水泥铺就，西侧与南侧有商贩的摊位。

（六）公共建筑及设施

1. 鼓楼

平寨现有两座鼓楼，分别位于平寨西北部与东南部。

西北侧的老鼓楼坐西朝东，略偏东南（图版八）。东侧为鼓楼坪，西侧为水塘，向西不远为林溪河。鼓楼始建于清嘉庆年间，建成于道光元年（1821），是三江县境内年代最久的鼓楼[1]，后几经修缮。1987年由县人民政府公布为县级文物保护单位，2012年树立保护单位石碑。

---

[1] 《三江侗族自治县概况》编写组、《三江侗族自治县概况》修订版编写组：《三江侗族自治县概况》，第203页，民族出版社，2008年。

石碑的背面刻文：

"楼的主柱、穿枋均为坚硬的禾木建造，悬山顶，二层重檐，两侧有飘檐，三开间，面阔9.2米，深6.2米，高6.7米。楼内有道光元年'世泽绵长'木雕横匾一块。枋条上刻有许多工艺精细的花、草、龙、鱼、鸟的图案，木柱上保留有侗族古代社会组织——款约制度处罚违犯款约人的痕迹。楼四周封板，内设长凳，右置火塘，楼内地面用石板铺平。"

鼓楼门前悬挂有"修建鼓楼募捐词""平寨鼓楼保护规定"的木牌（附录八），右前方立有一块"亘古千秋"石碑，刻于道光元年，碑文记述了当时修建鼓楼的情况。这座鼓楼平时主要为寨中女性老人休憩聊天的场所，寨内遇有重要事情时人们也聚在此商议。

东南部的新鼓楼大概已有20-30年的历史，为二层砖木合构平地半边吊脚楼，人字坡悬山顶，朝向约为正北方向（图五—6）。平时附近的男性老人在这里休闲、娱乐。鼓楼前方为公路，后方为稻田，旁边为幼儿园及民居建筑。鼓楼后侧一部分为后来加建，混凝土结构。一层由木结构支撑，砖墙外包木板。二层四周为木围栏，过去有人在此乘凉休息，现已废弃不用。枋条上有彩绘线条装饰。楼内有自来水管、电视、木材、长凳等，墙壁上张贴侗歌歌词，前壁外张贴有捐款者名单。

图五—6　新鼓楼

2. 思源亭

思源亭位于鼓楼坪东北角，为一座木构重檐六角亭，四边有木围栏（图版九）。方向与老鼓楼大致相对。亭前（西）为一青石板铺就的空地，南侧为从鼓楼坪通向寨内的石板路，路另一侧为民居建筑。亭北侧与东侧为青石板铺就的空地，较亭前空地高出约1米。亭东侧空地之后为一处水塘，水塘两侧均有民居建筑。亭正面悬"思源亭"木匾，亭内中间有一口井，已废弃，用石板覆盖。井后侧立有一块石碑，碑文名为"思源亭记"（碑文见附录六）。碑的正上方悬有奖状，为三江侗族自治县以工代赈领导小组在1993年6月2日颁发给平寨村民，表彰其在以工代赈工作中的突出表现。亭内上方枋木上写有"风调雨顺""国泰民安""民族团结""风光胜昔□□老前辈""物□丰盈""公元一九九三年二月二日建，师付杨天林"。亭内地面由直径约10厘米的圆形石头均匀铺就，石头间隔约5厘米，中间由水泥填充。

3. 合龙桥

合龙桥位于平寨西南侧（图版十），南北向跨在林溪河上，为一座两墩三跨二楼的风雨桥，连接着平寨与岩寨。

合龙桥长约55米，桥道宽约3米，桥下部分为两座青石垒砌的六角船型桥墩，可以减少洪水冲力。桥墩上有圆木相叠，其上为密布或悬臂托间柱支梁木质桥面。桥面之上建有2座木质梁柱凿榫结构的塔阁式桥亭、14间桥廊。岩寨一侧的桥头建有桥门，与桥亭类似，桥门及桥另一端上均悬挂有"合龙桥"匾额。东端的匾额设计巧妙，工匠在匾额的面板上纵向镶嵌一排小木板并书写文字，"合龙桥"三字书写于匾额面板上正向可视，而偏向左侧则为"飞架东西"四字，偏向右侧为"龙骧碧水"四字[①]。根据匾额题字，设计、书写者为杨世奔。

桥上立有30座功德碑，悬有30块功德匾，上镌刻或书写修桥捐款者的名单。另有一座"合龙桥再修序"碑，碑文载"合龙桥修建于青龙、赤龙、双龙戏珠江河之处，故得名为合龙桥（见《程阳永济桥始建记》）。它与上游的普济桥相望，同下游的永济桥毗邻，始建于公元一九一八年，一九三九年一场特大山洪暴发，冲毁了大桥，一九四三年得以复修……"在合龙桥附近曾经有一个寨子叫新寨，所以合龙桥也曾叫"新寨桥"。

桥亭内设有神龛，北侧桥亭供奉判官、魁星；中间桥亭内供奉关羽，旁边为关平与周仓；桥门内供奉关羽。神像均高约1米左右。

合龙桥由平岩村的四个寨子共同修建，由平寨与岩寨牵头，村民捐资捐木。由于木桥需要经常整修，桥头设有功德箱，四个寨子的老人协会各派一位老人负责募捐，四人按月轮换值班，村民们也可自愿报名来桥头值班，所捐款项由大家公选的一位老实人负责管理。平时桥上值班的老人在早晚会给每个神像进香，花炮节时村民也会在合龙桥上祭祀烧香。

合龙桥桥道两侧设有长凳，除用于通行外也是来往行人及村民休憩乘凉的场所。除冬季比较寒冷、游人较少，其他时候都有四五位平寨和岩寨的商贩在桥上摆摊，向游人出售旅游纪念品、水果等。

另，平寨西侧两个寨门中间的林溪河上有一座木桥（图五—7），通向岩寨。桥宽约1.2米，下有7个钢筋网包的碎石桥墩。桥墩上置横

图五—7　木桥

---

① 《三江侗族自治县概况》记其左右两侧分别是"精忠贯日"和"英雄文武"，见《三江侗族自治县概况》编写组、《三江侗族自治县概况》修订版编写组：《三江侗族自治县概况》，第203页，民族出版社，2008年。

木，其上铺设木板。

4. 井亭

平寨现存的3座水井上均有单开间方形的井亭。其中东部水井之上的井亭为木结构，下为四根木柱支撑，上为人字坡顶，上覆瓦片。井口为圆形，直径约70厘米。亭内地面及井口由水泥砌筑，井旁有一木质水瓢。中部水井上的井亭形制与北寨门相似，为四座砖砌支柱支撑，上为人字坡顶（图五—8）。亭下两个井口及四周地面由水泥砌筑，井口均为圆形，直径约50厘米。亭内上方正梁上有"风调雨顺国泰民安""善士吴书林""公元一九八八年正月二十一日立""木匠陈俊云"落款，并悬着一个布袋，为上梁时所置，内装铜钱。亭柱上悬挂着"重修东亭小序"木匾，柱壁上写有"请自觉保持井台内清洁卫生"提醒文字。井亭内设有长凳，井边放有塑料、竹制水瓢。

西部水井上的井亭也为木结构，整体已向南倾斜。原为内外两层八根木柱支撑，现东南角的内柱已缺。上为人字坡顶，上覆瓦片。井口由水泥维护，为长方形，半封闭，上有拱弧形状水泥遮盖。

图五—8　中部井亭

5. 古庙及学堂（老人俱乐部）

古庙及学堂位于老鼓楼西南（图五—9），西为林溪河，东有一个消防水池。南侧为地面垫平单层建筑，面阔5间，进深4间，悬山顶。一层东侧与北侧为木板墙壁，西侧与南侧为砖墙，内有火塘、桌椅等。这里原为一座古庙，与鼓楼差不多同时建成。庙内有由平岩村四个寨子一起供奉的南岳菩萨牌位，"文化大革命"时期被毁。

图五—9　古庙及学堂（老人俱乐部）

北侧建筑为坡地垫平吊脚楼，共二层，面阔二间，进深四间，悬山顶。一层为木支撑砖墙，内有电视机、自来水池、火塘、桌椅等；二层为木结构，侗戏班的戏服存放于此。这里原为学堂，据介绍之前学堂里有两个班，大约四五十个学生，学习数学与国语。学生自愿前来就读，并不需要交纳费用，毕业后再去大寨的学校上学。"文革"之前学堂就已不再开办。

现在两座建筑为老人俱乐部所在，大约成立于20世纪80年代。村内老人闲暇时在这里打牌、看电视、聊天。

6. 综合楼

综合楼（文化展示中心）位于平寨西北侧，林溪河边，朝西南方向，1997年建成。楼前/南为广场及北寨门，北、东侧为菜地，菜地北、楼西为林溪河环绕。综合楼为砖木合构，主体为砖石支撑，分为东西两个部分。东侧四层，一层用混凝土支柱撑起高于地面，可以停车；二层为程阳桥景区管理委员会办公室及图书阅览室所在；三层为美术、书法摄影室，电视室和棋艺室；四层为敞开式结构，并无房间。西侧二层，一层为戏台，下被支柱撑起高于地面，二层也为敞开式结构，并无房间。平寨的老戏台位于鼓楼坪的南侧，木结构，约在1996年被拆除。

7. 鱼塘

鱼塘分布在寨子内民居旁及周边水田中，多数为私人所有，南寨门东边消防带上及鼓楼后有两座消防水池，为村民共有，平时由老人协会管理。池内养的鱼在节庆时会捞出来共享。

（七）村落发展轨迹

前文已述，最早在平寨居住的是程姓人家，之后杨、吴、陈三姓相继迁来。四个姓氏的人家最早居住在现村寨的西北部，围绕着鼓楼坪呈组团式居住：杨姓居西北，程姓居东北，陈、吴两姓混居在南侧（陈姓多偏西部，吴姓多偏东部）。

新中国建立后，随着寨中人口的增多，居住区开始往东、南部扩展。20世纪90年代，因建设防火带的需要，以程姓为主的部分人家开始往南部迁移，其原来的宅基地用作防火带，起到阻截火势和出水灭火的作用（图版十一①，参见图版一）。

六、村落的基本单元

（一）房屋立面结构

平寨房屋的建筑形式有吊脚楼、吊脚半边楼和"落地楼"三类，其中吊脚楼占绝对多数，落地楼仅有一栋砖混结构建筑。楼层以三层为主，纯住宅建筑最高者为四层，部分商用建筑最高可达六层（图版十二②）。

吊脚楼因建筑的最外侧一排立柱不接触一层地面、悬吊于空中而得名。平寨吊脚楼的特点是第二层地面楼板下的"穿"出挑较小，大约为30–70厘米；悬廊面积较小，多为单面悬廊，常

---

① 上海同济城市规划设计研究院绘制。
② 上海同济城市规划设计研究院绘制。

图六—1　吊脚楼

图六—2　吊脚半边楼

位于建筑看面或是一侧山面（图六—1）。

吊脚半边楼房基的前、后两部分位于高、低不同的两个台面上，是充分适应山坡地形的一种特有建筑形式。平寨居住区的地形高低起伏较大，很少见平地，但是人们往往利用石块垫平地基后再行建房，吊脚半边楼的数量并不多。在其他地区，吊脚半边楼的基本形式是前半部低、后半部高，但在平寨还可见到前半部高、后半部低的房子，即一层的半边位于建筑后侧，从建筑的正面看是三层建筑，而从背面看则是四层建筑（图六—2）。

为保证楼体安全，部分年代较久远或是楼层较高的建筑，常在悬廊下用立柱作为斜撑或直撑（图六—3）。

砖构建筑也受到了传统建筑吊脚楼的影响：二层地面的一侧或两侧往往向外出挑，类似于吊脚楼的悬廊（图六—4）。

屋顶形式与建筑结构密切相关，有三种类型，分别为悬山式、歇山式和半悬山半歇山式，以两面坡的悬山式最为常见，屋檐伸出山

图六—3　斜撑

图六—4　砖构建筑

墙部分较大。其实所谓的歇山式屋顶的披檐，仅只是在山墙一侧搭建的偏厦，其出檐并不大，与中国传统建筑中的歇山顶还是有一定的区别。

（二）家庭住宅布局

平寨村民家庭住房主要由生活起居区、仓储区、圈栏等几个部分组成，均位于一栋建筑中，只有个别人家有院坝，面积也很小。

建筑的平面布局以面阔三间、进深二间最为常见。常在主体建筑一侧山墙搭建偏厦，偏厦的宽度小于主体建筑的一个开间。房屋平面多呈横长方形，甚至长条形（图六—5），可称为长排屋。

图六—5　长条形建筑

寨中除唯一的一栋地面楼因家中长期无人、未能明确其住宅布局外，其余纯粹用作住宅的吊脚楼、吊脚半边楼的楼层功能布局基本相同：

一层主要是圈养牲畜的圈栏，农具、柴草、杂物的储藏空间以及厕所、淋浴间也位于该层。圈栏、厕所和淋浴间多用木板、木柱或砖围合，储藏空间则不作分隔。平寨的厕所最早建在鱼塘上方，排泄物用于喂鱼。住宅一层都设有门，内部也有通往二层的楼梯，为减少进入二层的异味，往往在二层的楼梯口设置一块木板遮挡，使用楼梯时再打开。近几年有个别较富裕的人家已不再圈养牲畜，但其新建建筑的一层也很少用作起居室，一般是作为商业用房，或作为储藏间。

二层为生活起居空间，堂屋、厨房、走廊等均位于该层，如家中有老人，其卧室常位于二层，以方便老人行动。

走廊和堂屋的空间布局有两种形式，以建筑的正面为基准，一种是走廊居前、堂屋居后，另一种是走廊和堂屋分别位于左右两侧。

走廊是由楼梯进入二层生活起居空间后的第一个空间，这里既是联通二层各空间的通道，更是家中议事、待客及妇女做手工、孩子写作业的场所，需要较好的采光，往往只设置半墙而做成开敞的空间，也有的人家用木板围合，但都开设面积较大的窗户以保证采光；面阔等同于建筑的面阔（通面宽），也有的人家在走廊的尽头隔出一间作为卧室；进深往往占据一个开间（一个柱距进深），如建筑正面有悬廊也并入走廊的空间。在传统建筑中，走廊是全家人的起居活动中心，其中常排放数条长凳；节庆期间的百家宴主要摆在走廊中，只有当人多、走廊空间不够使用时才会用堂屋议事、待客。还有的人家在走廊的横梁上用绳子穿系孩子的摇篮或秋千。楼高四层的人家，走廊也有设在第三层的。

走廊之后的空间分隔为堂屋、卧室或粮食、酸坛的储藏间。堂屋是祭祀祖先、待客、用餐、看电视的地方，进深、面积往往大于卧室，占据二层最大的空间，凸显出堂屋及其中所设火塘的重要地位。

传统建筑中，堂屋之中一定有一个火塘用于炊煮食物，所以堂屋也具备厨房的功能。火塘是将二层的楼板锯开一个1–1.5米的方形，再在其中安装一个木板箱，箱中填上泥土，居中做成圆形或方形的炉灶，其上架铁质三角支架用于炊煮食物（图版十三），一家人围着火塘吃饭。火塘的上方往往悬挂木架，用于腊干食物。在传统的侗族社会，火塘不仅具备炊煮食物的功能，还是家庭精神活动的中心，是祭祀祖先和神灵的场所，家人坐于火塘的位置也有专门的规定。现在，随着省柴灶的修建，大部分人家的火塘仅只是在冬天天气寒冷时用于取暖，有的人家甚至已彻底废弃不用，新建的建筑中也不再建火塘。用于放置碗筷、炊具的橱柜往往做成突出于墙体之外的木柜（图版十四）。

厨房是在省柴灶修建以后才形成的一个专用空间，所以很多人家的厨房都是在堂屋的后部用砖扩建出来的长条形空间。灶旁设清洗池。烟囱位于室外，或为红砖砌成，或为陶质圆筒套合而成。

三层为卧室和储藏室。卧室的数量视家庭成员的多少而设置，用木板隔开即可。除卧室以外的三层空间多用于储藏粮食，分隔墙体或有或无。近几年来，村民们常用铁皮制作的大圆桶储藏粮食。三层楼梯旁往往会留出一个较窄的走廊。

　　建筑的顶层屋顶之上仍有半层高的空间，用于堆放杂物。

　　平寨住宅多为三层建筑，楼梯是住房中必不可少的设施。除部分人家通往顶层储物空间的楼梯为移动式简易木梯外，均为固定式木梯，每一层的室内均有设置。因大部分建筑的一层主要用作圈栏，二层才是家人的生活起居空间，所以一、二层之间除了室内楼梯外，在室外还有一个主楼梯（图六—6），或位于建筑的正面，或位于一侧山面，为了遮风避雨，其外侧往往用木板封住、顶部搭建披檐形成偏厦；楼梯的门设置在楼梯与二层走廊连接处，有的人家甚至不设门。

图六—6　室外主楼梯

　　如家中开设小商店或卫生室，则将一层作为商业用房；如开设幼儿园、宾馆等用房较多的服务场所，则将最顶部的一或两层作为家人住房，以下商用。

（三）建筑材料与工艺

　　平寨传统住宅多为穿斗式木构架建筑（图版十五①），墙体、楼板均为木料；木材多为杉

---

①　上海同济城市规划设计研究院绘制。

木，有少量禾木。作为立柱使用的木料并不一定要绝对笔直。木料来源，原来都是自家林地种植的树木，如果不够，可以从亲戚朋友家购买或借用，现在都是到县城购买。

　　大概从20世纪90年代开始，很多建筑都用砖围合吊脚楼一层的墙体，并在墙体上留出透气孔（图六—7）。大部分砖墙都沿吊脚楼的第一排落地柱修建，所以从外部仍能清楚地看出建筑的木支撑吊脚楼结构特征，但也有部分砖墙是沿悬吊在空中的吊脚柱修建的，从外部很难看出

建筑原来的结构特征。出于保持村寨传统风貌、开发旅游业的需要，又在砖墙的外面包上木板。21世纪以来，更是出现了不少砖、混凝土建筑，但是这样的建筑往往也将最顶部的一层或两层做成穿斗式木构架。砖、水泥、石块都是到县城购买。部分人家的山尖使用杉树皮、铁皮遮挡。

图六—7　砖构墙体透气孔

　　建筑的屋顶用材，绝大部分为瓦顶，只有部分人家的偏厦使用杉树皮或石棉瓦。所用青瓦无论仰、覆均为板瓦。为防漏雨，正脊等屋顶坡面相交处堆叠多层瓦，正脊最上面两层呈横向"人"字形堆叠，两端稍上翘，居中部位再堆叠三层，呈品字形。屋瓦原来是寨中村民自行烧制，现在都是到县城购买。

　　前文已述，在相邻的几个寨子中，平寨因地形最为开阔平坦而得名，但"平坦"仅只是相对于马安寨、岩寨而言，其居住区的地势并不太平坦：靠近林溪河的西部地势较低，而靠近山体的东部和南部地势较高。因此，平寨的绝大部分建筑都是先用石块垫平地基后再行修建的，直接建在平地上的房屋很少，有的建筑甚至就建在山坡上，前部需要垫高一两米（图版十六）；还有的建在路边的陡坎下，如蓝精灵幼儿园，从正面看是两层建筑，而从后面看则为四层建筑。

（四）房屋装修

　　平寨传统建筑的装修较简单，建材木料为了防虫、防水常在表面刷一层桐油，但是使用桐油的缺点是过不了几年木料即变为黑色，所以近年来多使用清漆。带色彩的油漆一般只见于部分人家的玻璃窗窗框部位。走廊、堂屋的墙壁上常悬挂、粘贴家人照片、奖状、年画、年历、

对联等，也有的人家粘贴带纹饰的塑料布。青年人的卧室墙壁常可见娱乐界明星的宣传画。

为保家人平安，家中或墙体外侧常放置、悬挂或粘贴一些与宗教信仰有关的物件，如菖蒲、红纸条、水瓶和书有"泰山石敢当""钟馗当邪路"等字样的木板（图六—8）。

窗户的形式有木板窗、板棂窗及玻璃窗，前两种开窗面积较小。一层常为木板窗，且面积较小，或是不开窗，只是在墙体上开数个小洞透气。木板窗的开窗方式多为左右推拉式。板棂窗的竖棂排列松散，无横棂。玻璃窗木框外侧常刷红、绿色漆，个别还雕刻花纹。开窗方式为利用合页、铰链的平开式。

走廊的护栏多为封闭木板式，或木板与直棂并用；高度或直达顶部，或为半截，前者多开窗以保证采光并透气，后者常在距走廊地面约0.4米左右开一个小洞，其用途既方便看家狗伸头远眺看家护院，也方便孩子望远。护栏常不设柱头，而是将立柱往上延伸与挑衔接；柱头一般位于走廊/楼梯转角处，多不做装饰，偶见葫芦形柱头（图六—9）。正门上方中槛上饰门簪的情况也不多见。

二层楼梯旁常设栏杆，有木板、槠子、直棂等样式。

吊脚柱下垂柱头装饰简单，一般修削成简单的多边形、亚腰形（图六—10），甚至不做任何装饰，瓜棱状花式垂柱头少见。

室内外的柱础都比较简单，多使用未经特殊装饰的石块或石板。

近几年新建的混凝土、砖构建筑，除了在外面包木板外，也有的人家在外墙贴瓷砖，甚至使用了不锈钢护栏、窗框。

图六—8 "钟馗当邪路"木板

图六—9 葫芦形柱头

图六—10 亚腰形垂柱头

（五）典型人家

1. 陈俊障宅

位于平寨居住区北部偏西，鼓楼南侧。建于100多年前。家中常住一人，户主陈俊障。

建筑坐西北朝东南，地势西低东高。四层吊脚半边楼，前半部高、后半部低。陈俊障宅与另外7户人家的住宅为一栋长排形建筑，面阔八间，进深二间，常住人口共20多人。东北侧墙体的转角内收，二层最北部一间用作小商店。楼梯位于整栋建筑的南北两侧。一层半边楼及二层的正面部分为木支撑砖墙，墙外贴木板外，其余部位均为木结构。紧靠该建筑的南侧为一面阔四间的长排屋。

一、二层为圈栏、沐浴间、厕所和储藏室。三层走廊、堂屋在进深上各占一个空间，并与建筑后侧的悬廊连在一起。走廊占据了三层近一半的空间，面积较大，围栏未封闭，采光较好，其中摆放着数条长凳（图版十七）。据主人家介绍，陈氏家族的百家宴常在这里举办，旅游开发后，也曾在这里办过专门接待游客的百家宴。走廊中专门建有一间小房给老人作为卧室。每户人家的堂屋中均有1个火塘，但已不经常使用；解放前，家中曾摆放祖先牌位，现在无。四层为卧室和粮食储藏间（图六—11、12、13）。

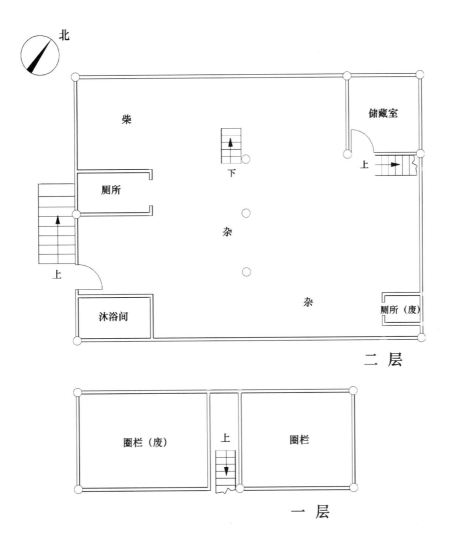

图六—11 陈俊障宅一、二层平面图

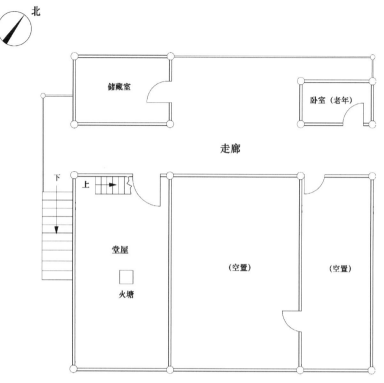

图六—12　陈俊障宅三层平面图

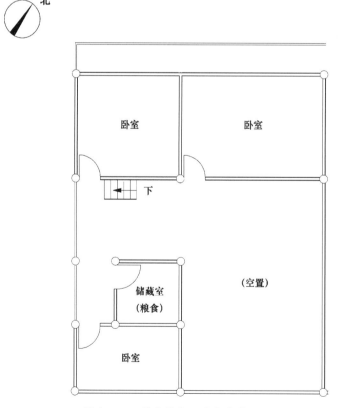

图六—13　陈俊障宅四层平面图

2. 吴运新宅

位于平寨居住区东部，建于100多年前。家中常住5人，户主吴运新。这栋建筑原来住有6户人家，另五户已搬走，有很多房间现空置不用。

建筑坐东南朝西北。吊脚楼，建筑正面悬廊。主体建筑为三层，一层木柱支撑，部分木板墙、部分砖墙，二层以上为木结构。面阔三间，进深四间。屋顶为悬山顶，二层屋檐，均为瓦顶，偏厦使用山树皮。楼梯位于西侧山墙外。悬廊下有木柱直立支撑。门前挂"泰山石敢当"木牌。主人家祖上曾做过官，家中存有一匾，上书"气吐青云"四字，旁边的小字仅能识得"吴府"。但具体年代及官职均已遗忘。

一层为圈栏、厕所、沐浴间和杂物储藏室，圈养1头猪，6只鸡。二层为走廊、堂屋，走廊尽头设一间卧室，堂屋有2个，中部均设火塘，其中1个只用于冬天取暖，火塘正前方设"地君亲师位"；另一个火塘已废弃不用。房中存放房族聚餐时所购买的餐具。三层为家中未成年人的卧室2间，其他三间房空置（图六—14、15、16）。

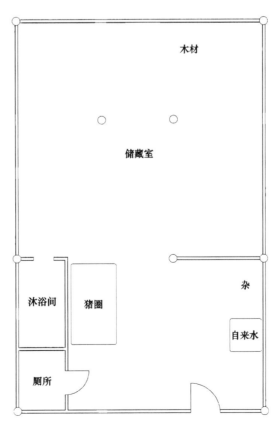

图六—14　吴运新宅一层平面图

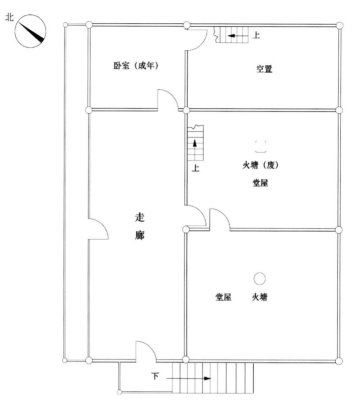

图六—15　吴运新宅二层平面图

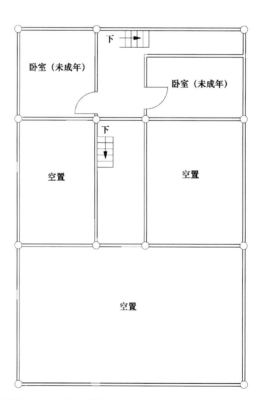

图六—16　吴运新宅三层平面图

3. 吴孝能宅

位于平寨居住区北部，建于80多年前。家中常住6人，外出2人，户主吴孝能。

建筑坐东南朝西北，地基经垫高。吊脚楼，正面、东北侧山墙悬廊。主体建筑为三层，一层木柱支撑砖墙，墙外贴木板；二层以上为木结构。面阔两间，进深两间。10年前，在建筑的东南侧向外扩建1米，扩建部分三层均为砖结构，一二层包木板。楼梯原在室外，位于建筑的西北角，几年前改到一层室内。

除了厕所和沐浴间外，一层主要用于堆放木材、砂石和柴火。家中现在已不再养殖家畜家禽，一层的猪圈空置。二层为走廊和堂屋，火塘在冬天使用。10年前加建的砖结构空间用作厨房。走廊、堂屋分别位于建筑正面的两侧。堂屋的门上有塑料瓶，瓶内装糯米，用于辟邪。三层为卧室（图六—17、18、19）。

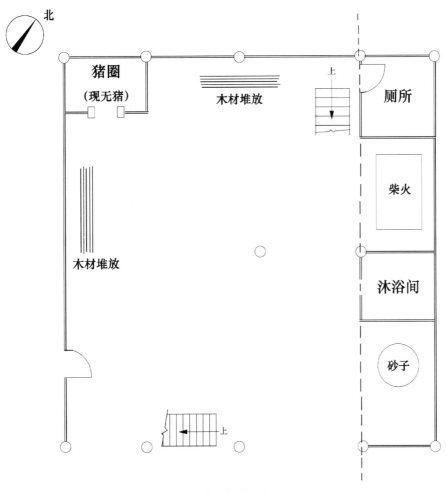

图六—17　吴孝能宅一层平面图

图六—18　吴孝能宅二层平面图

图六—19　吴孝能宅三层平面图

4. 吴孝兰宅

位于平寨居住区北部，鼓楼坪西北侧，建于62年前。家中常住5人，外出2人，户主吴孝兰。

建筑坐东朝西，地基经垫高。吊脚楼，正面、侧面悬廊。面阔三间，进深二间。主体建筑为三层，一层木柱支撑砖墙（四五年前改建），墙外贴木板；二层以上为木结构。楼梯位于南侧山墙外侧，顶部搭建偏厦。建房时曾请风水先生在墙上贴了符纸，保存至今。墙外挂"泰山石敢当"木板。

一层主要用作储藏室，其中放置酸坛的地方做了围合。谷物用大铁桶盛装。并置放两口棺材。以前养过猪，现无；现在养14只鸡。二层为走廊和堂屋，分别位于左右两侧。走廊中放置床兼做客房，夏天天气热时家人也会临时搬到走廊中居住。堂屋东北角隔出一间作为老人卧室；有1个火塘，正常使用。以前堂屋中有祖先牌位，现在已经没有。三层在建筑的看面设走廊，后面是卧室和粮仓（图六—20、21、22）。

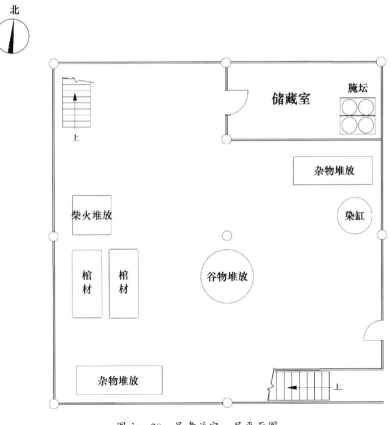

图六—20　吴孝兰宅一层平面图

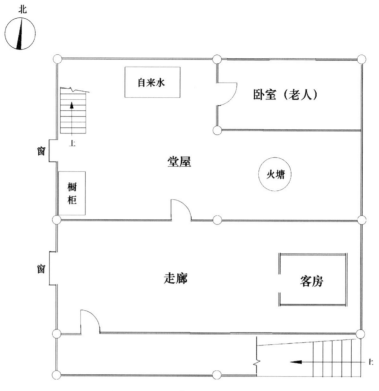

图六—21　吴孝兰宅二层平面图

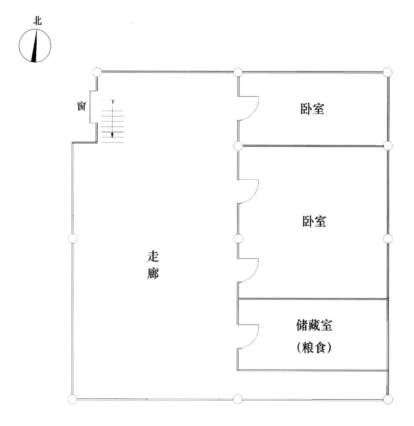

图六—22　吴孝兰宅三层平面图

5. 吴世祥宅

位于平寨居住区东部，县道X631路东侧，建于31年前。家中常住6人，户主吴世祥。

建筑坐西朝东略偏南，地基用石块垫平，吊脚楼。主体建筑为三层，一层木柱支撑砖墙（2年前改建），墙外贴木板；二层以上为木结构。面阔四间，进深三间。楼梯设在南侧山墙东南角，上搭建偏厦。外墙西北侧转角内收。

一层为圈栏、厕所、沐浴间及杂物储藏室，向西侧开有独立的门进出，室内也有楼梯可达二层。圈养3头猪，2只鸡。二层设走廊、卧室（3间）、堂屋、厨房、储藏室（2间），其中1间卧室位于走廊尽头。堂屋有1个火塘，冬天使用，上部有挂篮。厨房的橱柜往外突出。以前有祖先牌位，现无。厨房中既有柴灶，也使用煤气罐做饭。三层隔出1间卧室，2间储藏室，其余空间用于储藏，晾晒食物、杂物（图六—23、24、25）。

图六—23　吴世祥宅一层平面图

图六—24 吴世祥宅二层平面图

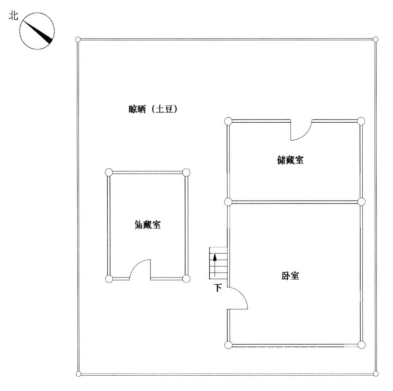

图六—25 吴世祥宅三层平面图

6. 吴运河兄弟宅

位于平寨居住区中部，建于1991年。家中常住6人，外出2人，户主吴运河兄弟。

建筑坐东北朝西南。吊脚楼，正面悬廊。主体建筑为三层，一层木柱支撑砖墙（10年前改建），墙外贴木板；二层以上为木结构，面阔三间，进深三间，东南侧山墙外搭出一间偏厦。两户共用一个楼梯，设在看面东南角，上搭建偏厦。走廊封闭。后墙厨房部分为砖砌，突出于主体建筑。

一层为圈栏、厕所及杂物储藏室，两户人家用墙体分隔，并分别开有独立的门进出，室内也有楼梯可达二层，楼梯顶部有盖板。圈养1头猪，8只鸡。二层为走廊、老人卧室、堂屋、厨房、厕所、沐浴间及储藏间，走廊共用。弟弟家未设火塘。堂屋进深大于卧室、面积也大于卧室，凸显出堂屋及其中所设火塘的重要地位。三层均为卧室，两家有独立的楼梯上下（图六—26、27、28）。

图六—26　吴运河兄弟宅一层平面图

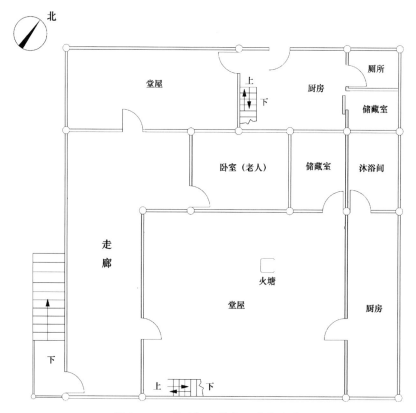

图六—27 吴运河兄弟宅二层平面图

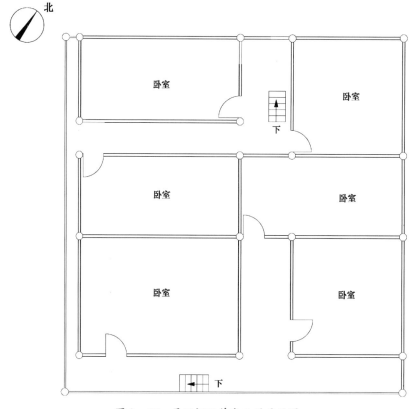

图六—28 吴运河兄弟宅三层平面图

七、人群与社会组织

（一）家庭单元

平寨村民均以家庭为单位在一起生活。现在寨内侗族家庭主要由一对夫妇及其老人和子女构成，还有一部分家庭因为中年夫妇外出务工，家中只留下老人和未成年儿童。在计划生育政策没有实施之前，一般人家都会养育3-6个孩子，从20世纪80年代中期计划生育政策逐步落实以来，一般家庭都是2-3个孩子，其中养育2个孩子的占绝大多数。

家庭内部以父亲为家长，家中的大部分事务由父亲做主。随着父亲年龄的增大，特别是有了孙辈后，家中做主的人便变成了儿子，作为长者的老年人只是在一些传统活动如祭祀、扫墓等仪式中充当主角。

大家庭会在儿子们结婚以后分家，具体时间不定，儿子之间有了矛盾或者在一起居住产生不便时，便以此为契机分家。如果家中只有独子便不会分家。分家时，以父母为主持者对家中所有财产进行分配，包括现金、土地、房产等，并请来族中一位威望较高的长者作为见证，如果儿子认为父母分配不合理，便会请族中长者从中协调。分家以后，父母凭自己意愿选择与一个儿子共同生活，主要由其赡养。出于照顾幼子的想法，很多老人会选择与幼子一起生活。如果家中儿子较多，父母也会选择分居以减轻负担，现在也有很多父母选择按月份轮流居住在儿子家。父母平时的赡养费由负责赡养的儿子承担较大部分，其余儿子会给予补贴，但老人的医药费和丧葬费由所有儿子共同承担。如果家中房屋较大，分家后还可以在一起生活，只是将大宅子分成几户，各家经济独立。如果家中房屋面积较小，便要申请新的宅基地建造新房。

女儿结婚时，母亲会把银饰、嫁衣传给女儿，有两个以上的女儿便均分银饰、嫁衣，数量不够时需要另外购置。女儿婚后和婆家一起生活，户口迁入婆家，不参与、不干涉娘家分家产。父母的遗产由儿子继承，出嫁的女儿没有继承权。

（二）家族姓氏

寨中老人回忆，最早在程阳八寨定居的人为程姓和阳（音同央）姓，平寨有程姓而无阳姓，阳姓主要居住在程阳大寨。后来，陈姓、杨姓和吴姓陆续迁至平寨居住，经过几代人的繁衍逐渐取代程姓成为本地最大的三个姓氏，而最初的程姓人家则逐渐衰落。目前，寨内有四个姓氏，分别为陈姓、杨姓、吴姓和程姓，其中陈姓、杨姓和吴姓最多，程姓只有一户。一百多年前，寨中还有一户熊姓人家，原是挖窑的师傅，后来迁至此处，因其没有子嗣，便入赘到寨中吴氏，将熊姓也改成了吴姓。

侗族聚族结寨而居，以族姓为纽带进行活动[①]。平寨内部的陈、杨、吴三大姓氏，都是各为房族，其中陈姓有一个房族，吴姓和杨姓各有两个大房族。原来，每个房族会公选出一位德高望重的老人作为族长，负责权衡族中事务。新中国成立以来，族长职位逐渐废弃，但每族仍有一位或几位在族中较有威信的长者。现在，房族内的很多公共活动都不存在了，如共同的祭祀、共同的经济活动和公益活动等，能联系族内成员的主要活动就是各个核心家庭或扩大家庭的婚丧嫁娶、建房、长子或长女的生育、农忙时节的互助等。

寨中同姓之间和房族内部不许通婚，虽然没有明文规定，但是迫于舆论压力，村民们恪守此原则，即使法律规定三代以外旁系血亲可以结婚。如果配偶是外寨人，则不受此规定限制。

根据吴银喜老人家中所藏吴氏家族的族谱可知，该房族至少第一至五代族人的名字使用统一的字辈，并且是隔代重复字辈，即第一、三、五代为"宗"字辈，第二、四代为"银"字辈。到第六代时，不再使用房族统一字辈，而改为各家庭统一字辈，当然也有两三个家庭使用统一字辈的情况，如第六代的"明""仁"，第七代的"银""世"等。到了第八代，人们取名字时就不再明确字辈了。

（三）婚姻生育

1. 婚姻

平寨地处平岩村中心地带，人口并不多，而且有寨内同姓不婚和房族内不婚的规定，村民的婚姻多数为与别的寨子通婚，但范围比较集中，一般都在程阳八寨以内，均为侗族人；随着20世纪90年代以来外出务工人员和到外地上学的学生不断增加，村寨与外部世界的联系逐渐加强，与外地人通婚的情况也越来越普遍，平寨内有了更多的远嫁女儿和外来媳妇，也有不少村民与汉族或其他少数民族通婚。

早些时候，青年男女恋爱主要有两种途径：一是通过侗族传统的活动，如"行歌坐夜（月）"或踢毽子等，未婚男女在活动中自由地相识相恋，以歌传情示爱，相互中意后通过媒人说媒结成婚姻；二是通过媒人介绍，由父母包办婚姻。现在，外出读书、务工的年轻人越来越多，他们的恋爱途径则更加自由；父母长辈也更多地选择不再干涉儿女的婚嫁。但是也有少部分家长不同意子女自由恋爱所认识的对象，这时儿女一般会顺从父母的决定。

结婚年龄方面，人们的观念也有很大变化。过去，男孩子16岁左右时家人就要开始忙着说亲，有的人18岁就已经结婚，但自《婚姻法》规定了男子22岁、女子20岁为法定结婚年龄后，

[①]　杨筑慧编著：《侗族风俗志》，第53页，中央民族大学出版社，2006年。

更多家庭选择按照法律规定在适龄期成亲并举行婚礼，父母也不会逼迫孩子过早结婚生子。

夫妻结婚后，都要和婆家一起生活，所以婆媳关系的处理也显得比较重要，但只要媳妇没有特别懒惰或挑剔，婆媳相处都比较融洽。近年来，年轻人的观念在逐渐开放，有的人婚后选择在其他地方定居，但老年人依旧想让子女婚后不要离自己太远，这样儿女回家也方便，不至于让老人过分思念孩子。

2. 生育

20世纪90年代以前，平寨到县城的公路还是砂石路，交通不便，孕妇大多数选择在家生产。自从柏油马路通车之后，几乎所有孕妇都选择前往县卫生院生产。

平岩村的计划生育工作自1985年开展，每对夫妇只能生育两个孩子，若第一胎为双胞胎，则只能生一胎。以前由于农村劳动量较大，人们为追求劳动力数量往往不控制生育或一味追求生男孩，自计划生育政策逐步落实以后，超生现象已极少，只有极少数家庭为追求延续香火，在前两胎都为女孩儿的情况下生育第三胎。超生家庭必须在村委会和乡里登记在册并接受林溪乡计生所一万元的罚金处罚。

平寨的人口和计划生育工作主要由平岩村村委会计划生育主任负责，有较为明确的办事程序，主要有6项工作：流动人口婚育证明的办理、生育证的办理、独生子女父母光荣证的办理、一孩服务手册的申请和办理、独生子女病残儿养老的办理、对于符合条件的扶助对象的奖励扶助。

（四）社会管理

1. 党政组织

平寨受三江县林溪乡平岩村村委会的直接管辖，村委会有支书、主任、妇女主任、计生主任和民兵营长各一名，主要负责处理村中日常事务，同时将政策传达到各寨。每个寨子选出一位主任作为村委会政策的传达者，并协助村委会工作，配合老人协会处理寨内事务，对村委会负责。平岩村村委会在2012年新加入一名大学生村官。

2. 老人协会

老人协会是寨中最重要的民间管理机构，20世纪80年代由寨内较有威望的老人们牵头成立。成立之初有成员60多人，现有成员100多人，多为五六十岁的老人，男女比例大致为3：1，协会定期选出一名会长作为协会领导人。成为老人协会的成员需要完成一些程序，首先要自愿报名，自愿参加寨内日常事务的管理。如果只是想成为普通会员则报请老人协会即可入会，如果想要参加领导班子则需要协会开会评议，一般会选择比较老实勤快并且有一定办事能力的人进入协会领导集体。

老人协会的职责主要有两个：一是寨内日常公共事务的管理；二是喊寨，即每天早晚两次在寨中巡逻。公共事务方面，比如老人协会主持制定本寨村规民约，每隔三年修订一次，并有权对违反规定者处以相应惩罚；利用政府所拨资金，定期邀请其他寨子或外来演出团体在寨子里进行侗戏演出和其他文娱活动；协调村民和村委会的不同意见，协调村民和旅游部门的矛盾，在多方意见不合时，提出最合理、最有利的解决方案；为维修风雨桥组织寨内捐款集资，并派出一位老人在桥上看管功德箱负责管理游客的捐款；兴办寨中公益事业，新修建木板桥代替原来的独木桥方便村民过河；处理家庭纠纷，若遇到不可调和的矛盾，也会参考村委会的意见；主持节庆活动，花炮节等节日在合龙桥的祭祀活动就是由老人协会领导的。巡逻方面，所有老人协会会员统一排班，每天一人负责早晚两次的巡逻喊寨，喊寨均用侗语，边敲锣边喊，内容大致是小心火烛之类，喊寨的同时兼管火灾巡查。如果遇到火灾，老人协会便组织寨子里的青壮年灭火，火情消退后则会根据村规民约对引起火灾的人员、家庭进行相应的处罚。

3. 村规民约

村规民约是村民日常生活的基本准则，人们都会自觉地严格遵守。村规民约由本寨老人协会制订并经由全体村民签字同意，每三年修订一次，现在平寨使用村委会统一制定的村规民约（附录十），另有一份关于卫生环境方面的村规民约悬挂在消防器材室外墙（附录十一）。

如果寨中有人违反规定，便会由老人协会出面解决，一般会对其进行口头教育和处罚，处罚措施不一，视其所犯错误的严重程度而定。例如某户人家不慎引起火灾，全寨人都会帮着灭火。虽然不是有意为之，但因为自家的过失给全寨人增加了负担，又让村民们受了惊吓，老人协会就会出面对其进行惩罚，既可以罚款，也可以选择买一头或杀一头自家养的猪供全寨人分享，给全寨人压惊。如果和全寨有了矛盾，需要在矛盾解除后亲自登门给每家每户道歉，并且在寨门口燃放鞭炮，大摆宴席，象征着本家已和全寨人和好。

早些时候，平寨并没有书面的村规民约，只有普遍存在于村民心中的习惯法。如果有人做了不利于寨子的事情，会由村民大会决议，并在老鼓楼的立柱上钉一个木钉以作警示，待此人与村民的矛盾解除后，木钉才会被拔出。现在老鼓楼的立柱上还清晰可见三个钉痕（图版十八）。据老人们回忆，解放前，曾有一个叫黄占庭的国民党军官，在平寨居住了很长一段时间，后来做了不利于寨子的事情被驱逐出寨，也在立柱上钉了一个木钉。现在钉木钉的习俗虽然一代传一代地被保存下来，但因为村民之间关系都很和谐融洽，很少有矛盾，所以没有新的木钉被钉上去。

由于平寨的房屋多为木结构建筑，故对于消防工作尤为重视，在村委会和老人协会的管理下，平寨未发生过大面积火灾，最近一次火灾发生在1993年，只有一栋房屋被烧毁，寨内为警示村民，便在其房前建立了一个消防器材室，室内存放消防服、高压水枪等消防器材。在寨子东侧、县道旁还立有一块防火公约（附录十二）石碑。

（五）医疗、卫生与教育

平寨现有幼儿园一所，小学一所，无中学；卫生室两个。

1. 幼儿教育

蓝精灵幼儿园为民办幼儿园，位于平寨东侧县道X631边，园长彭春莉来自湖南，土家族，嫁到平寨后也曾外出务工，后发现附近村寨都没有幼儿园，家长忙于农活和外出务工，导致孩子无人照顾，便萌生开幼儿园的念头。经过在县城三江职校的半年幼师培训，于2007年开办蓝精灵幼儿园。

幼儿园最早租用公路旁的房子，后因房子太小经两次搬迁后，最终于2011年在现址上斥资60万元新建了一座四层的教学楼。教学楼一层为儿童活动室和厨房，配有滑梯等游艺设施和儿童玩具；二层为孩子午休的场所；三层为教室，共有三间；四层为园长一家住宅用房。教学楼每层均配备卫生间。幼儿园外墙上张贴入园须知与各种家长通知，明确说明入园手续办理规定、入园费用、教学及用餐午休时间、家长接送及探视等相关规定，宣传栏中更以图文的形式介绍幼儿交通安全常识、卫生常识等；内墙上张贴教育指导纲领、一日生活表、作息时间表、课表、教职人员岗位表、生活制度常规及保教工作人员程序要求等。据村民介绍，蓝精灵幼儿园是周边地区设施最完善、办园形式最正规、环境最好的幼儿园，口碑很好。

幼儿园开办初期，只有20多个孩子，随着设施的不断完善和观念的改变，越来越多的家长把适龄入托的孩子送到幼儿园，现在园中共有孩子120多人，分为大、中、小三个班。虽有寒暑假，但因家长忙于做活没有时间带孩子，幼儿园还是正常开班，因为部分村民家中外出读书的长子、长女回家后可以帮助带弟弟妹妹，所以孩子稍少，大概有100人左右。幼儿园招收2—6岁的适龄儿童入托，如有特殊情况，家长实在无暇照顾孩子，也会招收个别小于2岁的孩子。生源主要是程阳八寨的孩子，但因不久前平铺村也开办了幼儿园，现在的孩子主要来自平岩村下辖的四个寨子。幼儿园共有园长1名（兼任教师），教师4名，保育员4名，后勤、司机、保安各1名。每班配备教师和保育员各1人，教师均为幼师毕业；司机负责每天接送路远的孩子；保安则负责幼儿园日常治安和秩序。幼儿园的收费标准是每人每月200元，包括学费、伙食费、课本费和入托费，如需接送则多交20元；每天提供午餐和下午加餐；孩子日常所用口杯、毛巾等也都由园方配备，只需要自带一套被褥。

由于经济原因和其他因素，平岩村适龄儿童的入托率在60%左右。目前，政府会对家庭困难的孩子直接进行补助，一等每年补助1200元，二等每年补助800元，幼儿园中接受补助的孩子大约有20多个。幼儿园教师的工资不统一，底薪1000元左右，还有提成、年终奖、全勤奖等奖金，最高能达到每月1800元，保育员则为每月1200～1300元。

据园长介绍，幼儿园日常教学以普通话为主，因为小班孩子一开始不掌握普通话，所以在小班实行双语教学，侗语和普通话都会使用。课程以游戏为主，绘画、音乐、手工和游戏时间占了绝大多数，中班开设语言、数学、健康、社会、手工等课程。幼儿园也会定期组织文艺展演，向家长汇报孩子们的学习成果。幼儿园开办至今，在每年六一儿童节时都会轮流到各个寨子演出，演出场所的租借费和所有道具的采购由园方承担，每年还会给参加展演的孩子每人定制一套演出服。家长在看到自己孩子的成绩后有时会给幼儿园红包，这些钱园方也全部用在采购食品和玩具方面。

2. 学校教育

新中国成立前，国民党政府曾在程阳大寨建了一所私塾学堂，教授国学，平寨也有少部分人曾在那里就读。1958年平岩小学建立以前，平寨还有一所学堂，位于鼓楼后侧古庙旁，即现在的老人俱乐部；只有一个老师，由本寨人自己请来。学堂里有两个班，学生人数约为四五十人，只教授国语和数学两门课程。来学堂上学的学生无需交学费，也不强制上课，学成之后自愿选择是否前往大寨继续学习。

现在孩子们都在本村的平岩小学上小学；初中到林溪中学就读，平时住校，周五放学后坐车回家过周末；高中阶段大部分学生仍在林溪中学就读，部分在民族高中，只有极少数在林溪乡中考排名前十的学生可以到县城的实验中学读高中。

3. 医疗卫生

新中国成立前，平寨因地处大山深处，医疗卫生条件差，村民若患病只能找寨中稍懂医药的先生治疗，往往采用民间土方，治疗效果并不好。新中国成立后，村里有个别人接受过卫生局的培训后给村民看病，他们往往用西医治疗，用药少，疗效快，所以村民们便慢慢转向西医治疗疾病。但村民们如果患重病也只能前往县里唯一的卫生院医治，直至20世纪60、70年代，第一批赤脚医生开始工作，医疗条件才有所改善。目前，平寨共有两个卫生室，一为上级卫生局开设，另一个为私人经营。村民如果有小病会就近选择前往卫生室治疗或购买药品，卫生室也提供新生儿的疫苗接种服务。两个卫生室的收入主要依靠药品销售。药品都是县里的医药公司提供，药品短缺时打电话给公司，公司马上会派专人送来。有少部分村民已自愿购买医疗保险，参加新农村合作医疗，每年费用为840元，但在寨中卫生室看病治疗不能联网报销，医疗保险只有在村民前往乡里或县里治疗比较严重的疾病时才能使用，所以村民对此并不十分支持，纷纷表示政府应该增加医疗卫生方面的惠民政策。

由上级卫生局开办的"三江侗族自治县林溪乡平岩村卫生室（新农村试点卫生室）"，同时也是程阳桥景区医疗救护中心，房屋在2006年由卫生局出资建设，木结构吊脚楼，楼高两层，一层为医生办公室和一间治疗室，有两张床位；二层为患者输液的休息室。卫生室配备医生1人，早上七点开门，晚上十点关门，其他时间如有急诊需要拨打医生电话，会随时出诊。据医生陈建介绍，他是本寨人，年轻时在乡里林场工作，林场场长是卫校出身，认为陈建勤奋肯干，便让他跟随自己学习医术，后来又送他到公社卫生院培训，1978年开始在寨子里做赤脚医生，2006年卫生室建成后便来此工作。每年都会去乡里接受乡村医生的培训，主要是疾病防控之类。

私营卫生室位于县道X631路边，就开设在医生程梁智家住宅的一层。据程梁智介绍，这个私人诊所已经开办十多年了，自己是卫校毕业生，毕业后决定回家开办诊所，旨在提升寨内的医疗水平。自己的收入完全靠诊所，每月收入1000~2000元不等；现在寨子里的大学生有很多都是学医的，有的学成以后就在学校所在地工作，也有的回到县城或乡里的卫生局和卫生院工作，没有回到寨子里的。

如果两个卫生室都无法治愈村民所患疾病，很多村民便会选择传统医药，寨中也有不少人懂得简单的中草药，但只有少部分人比较精通，在西医没有效果时他们会给来求助的患者看病开药，如果还是不行就需要到县里的医院进行诊治。

平寨依山傍水，环境优美，卫生条件较好。几乎每家每户都有自己的厕所，生活污水经过管道统一收集到过滤净化池，经三次净化才排向林溪河。寨中也有不少村民建造了沼气池，既保护环境又节约资源，但由于建造沼气池费用较昂贵，所以并没有普及开来。在垃圾回收方面，提倡分类回收和净化处理，并严格规定建筑垃圾和生活垃圾不能统一处理。

由于平寨位于程阳八寨景区的核心部位，为了营造干净卫生的旅游环境，村委会实施了卫生责任分区，分区入户，严格保持寨内卫生。为了让村民充分理解自己的卫生责任，村委会和寨内老人协会还制定了专门的卫生方面的村规民约。

八、生产方式和经济结构

（一）经济形态

1. 产业结构

平寨的产业结构主要由第一产业的种植业、林业、畜牧业，第二产业的工业，第三产业的商业、旅游业和运输业构成。虽然三种产业并存，但由于地处山区，各产业所占比例并不协调，其中以农业和林业为主的第一产业占了最大比例。

村民种植的茶叶等经济作物主要用于出售，水稻、糯稻、蔬菜和养殖的鸡、鸭、鱼、猪主要是自家食用，工业和手工业也主要是满足村民自身需求，部分手工业制品作为旅游纪念品出售，商业在自我满足的基础上有部分涉及旅游业等服务行业。

2. 收入及其来源

平寨村民的人均收入较低。据统计，2008年全寨无集体经济收入，人均收入1750元[①]。家中开设了私营工厂，或是从事旅游业和运输业的人家收入较其他家庭要高，但是这样的家庭在寨中所占比例较小。对于绝大部分村民来说，收入的主要来源是农产品销售与加工，特别是自家茶园种植的茶叶是大部分村民的重要收入来源，在家中无人外出务工的情况下，至少要种植一亩茶园才能基本维持一家人一年的开销。

改革开放以后，越来越多的农民选择外出务工，平寨也不例外。目前全寨外出务工人员大约占到30%，对于其家庭收入贡献很大。

（二）农业

1. 农事活动安排

月份（农历）	农事活动安排
一月	堆柴火
二月	挖田、运肥
三月	耙田、挖田、繁殖鱼苗、育秧
四月	耙田、繁殖鱼苗、种辣椒
五月	耙田、插秧、放鱼苗、种红薯、种土豆
六月	补插秧、褥秧
七月	捉鱼、割田埂
八月	收稻谷、摘糯禾、捉鱼
九月	收稻谷、摘糯禾
十月	种白菜、萝卜、藠头等蔬菜
十一月	挑柴
十二月	维修田埂、挑柴火、割牛草

2. 农作物

平寨地处丘陵山区，耕地面积小且大部分位于山间平地，适宜种植的农作物不多，居民多种植水稻（以籼稻为主，粳（糯）稻次）、南瓜、马铃薯、芋头、莴笋、豆角、黄瓜、红薯、油茶、茶树、棉花，除茶树所产茶叶外，主要用于满足自家需求，很少出售。

---

① 《三江县林溪乡平岩村马安寨屯、平寨屯、岩寨屯，程阳村大寨屯村寨防火改造规划说明》（2012年2月7日）。

水稻是最重要的农产品，也是居民日常食用的主食，当地人称水稻为坚米，即籼稻；糯稻为糯米（水稻的一种），近年来种植得越来越少，几近消失。水稻一般公历5月插秧，当年10月收获；糯稻也是5月插秧，但收获稍晚，要到11月。南瓜等副食的种植没有普遍性，各家所种品种也不尽相同。

寨中主要的油料作物是油茶，种植面积较大，几乎每家每户都有种植。油茶是我国特有的木本食用油料树种，以其籽榨取的茶油富含油酸等不饱和脂肪酸，是营养丰富的食用保健油，被誉为"东方橄榄油"；油茶生产是三江县的主要经济优势，至少已有310年的历史，产品品质优良[①]。

寨中的经济作物主要是茶树，绿茶占很大比重。茶叶采摘后由村中的炒茶厂收购，加工完成后有专人会来收购。

3. 农业工具

牛耕在20世纪90年代以后逐渐被淘汰，因为耕牛难以喂养，且在犁地过程中腿部易受伤而失去劳动力。但精耕细作依然是水稻种植业的主要方法，全寨有几台拖拉机经改装后用于犁地，村民如有需要可以相互借用。在水稻脱粒方面，人工插稻已经很少，自动脱粒机的使用比较广泛，机器有的是独立购买，有的是几户人家合资购买。人们日常使用的农具主要有锄、镰和镐，其他如犁、碓等传统大型农具多闲置在家中，有部分已被拆除散置于路边。此外，在水泵使用前，水车是当地最具特色的汲水工具，现在也已几近消失。

（三）林业

平寨林地面积广大，林业资源丰富，出于对环境的保护，随意砍伐森林是被严格禁止的。村民自家建房时如果要使用木材，需要到林管所开具批条才可上山伐木，数量也有严格限制，伐木后还要按所伐数量进行补种。

林地中主要为人工种植的杉树，此外还有自然生长的松树和竹子等。杉木由于材质轻韧、强度适中、质量系数高等优点被广泛用做建材。果林分布很少，只有少数人家在寨内种植柿子树、桃树、板栗树等，山上还有少部分村民种植柚木，但面积很小。

（四）养殖业

平寨目前只有部分家庭养猪，一般都是养一头，黑猪、白猪均有。猪圈就在自家住宅的一层。以前牛的养殖也比较普遍，黄牛、水牛均有，20世纪90年代以来牛耕逐渐消失，养牛的村

---

① 《三江侗族自治县概况》编写组、《三江侗族自治县概况》修订版编写组：《三江侗族自治县概况》，第132页，民族出版社，2008年。

民越来越少，现在已经没有。

基本上每户人家都会养数只鸡，主要供自家食用，鸡蛋有部分人家出售。鸭和鹅的数量均较少。鸡、鸭、鹅均为散养，鸡一般养在住宅附近，晚上回到住宅一层的鸡窝，鸭、鹅一般养在稻田旁，并就近搭窝。

当地最具特色的养殖业要数稻田养鱼。很久以来，程阳侗族就有稻田养鱼的传统。鱼在侗乡既是美的象征、富的标志，又是佳肴和珍贵礼物。可以说稻田养鱼孕育了他们独特的鱼文化，而鱼文化的形成又促成了侗族人民的饮食生活习俗。人们逢年过节、婚丧嫁娶、修房造屋、祭祀祖先等都离不开酸鱼；鼓楼、风雨桥、民居等建筑上都有鱼的图案；侗族服饰、饰品上都能找到鱼的影子[1]。在平寨，几乎家家都养鱼，以草鱼和鲤鱼为主。侗族传统的稻田养鱼是从放鱼苗到收获，鱼一直养在稻田中，但是这需要稻田中的水源充足，田埂坚实能保住水源。而平寨的稻田水源不够充足，并不能满足这样的要求，所以采用的是稻田和鱼塘相结合的养殖方式。每年春季栽秧后，村民们便把买来的鱼苗放入稻田，任其自然生长，由于稻田肥沃，鱼苗生长较快，待鱼长到一两斤重时，因稻田水量有限，超过两斤重的鱼已不易在稻田中生长，便要移入鱼塘中喂养，鱼食主要是自家种植的莴苣叶。干旱季节稻田缺水时则直接在鱼塘中喂养。部分人家的鱼塘就位于住宅附近，更多的则在山里，需步行较远路程才能到达。鱼塘面积均不大，一般在30平方米左右。待到秋季稻谷成熟时，鱼苗长大到七八斤重，即可捕捉食用或馈赠亲友。

（五）工业

平岩村内没有村办企业，均为私人企业。平寨的工业仅有木材加工和食品加工两项，分别是一家木材加工厂、两家炒茶厂和一家酿酒厂，规模都较小，类似于家庭作坊。木材、茶叶等原材料都是从本寨村民手中收购。

（六）手工业

平寨的老人很多都掌握竹编技艺，所编草帽、筲箩和竹筐等用具全部供自家使用。寨中有一家裁缝店，可为村民们制作传统服装。

杨群春是寨内唯一一位掌握芦笙制作工艺的人，据他介绍，目前制作一把芦笙需时半天到两天不等，纯手工制作的芦笙售价100-500元不等。自2012年起，杨群春已不再从事芦笙制作工作，虽然芦笙在当地的需求量很大，但手工制作的芦笙耗时长且产量小，售价太低，工匠所

---

[1] 刘芝凤：《中国侗族民族与稻作文化》，第61页，人民出版社，1999年。

得利益太少，若售价太高又很少有人购买。现在，因为年轻人多外出学习或务工，技艺缺少传承，这种传统手工业濒临失传。

还有一些手工业制品作为旅游纪念品出售，如传统服饰、布包、香包和吉祥花等，但从事相关生产的人家比较少。

（七）商业

新中国成立前，平寨没有固定的商业场所，人们日常所需商品均由货郎挑担定期到寨中售卖。解放后，程阳大寨开办了一家供销社，平寨村民一般有需求时都会前往购买。大概在20多年前，平寨内有人家开设了小商店，目前寨内共有9家小商店，主要销售日常生活用品和烟酒糖茶等，只有1家肉类销售点。商品价格各家基本一致，销售对象主要是本寨村民，部分面向游客。小商店如果销售烟草需要得到烟草局的批准，审查合格授权之后才可销售，有的小商店还为一些厂家代销电器。所销售的货物有些会有专人送到寨中，有些则由店主自行到县城进货，香烟由烟草公司每星期送一次。由于国家对西部开发有扶持政策，所以商户无需上缴营业税。

在综合楼前的广场上有五六家商贩，摊主除平寨村民外也有岩寨、马安寨的村民。表演队于2013年5月从马安寨迁至平寨后，这些商贩也一并迁到此。主要售卖茶叶、凉粉、油茶等特色饮食及本地特产，主要服务对象是游客。一般上午八点摆摊，下午五点收摊，与综合楼中的民族表演结束时间一样。凉粉每碗2元，油茶每碗3元，茶叶每斤15、28、60元不等，罗汉果50元一斤，每个摊位月收入在1000-1500元左右。

（八）旅游业

平寨自20世纪90年代初期就已开始发展旅游业，至今已有20多年的历史，虽然地处程阳八寨景区的核心区域，又有丰富的民族民俗文化旅游资源，但由于地理位置并非位于进入景区的必经之路，所以旅游业的发展速度较慢，旅游开发和服务设施总体还不够完善。

目前，寨内共有2家旅馆，1座旅游公厕，1座用于民俗表演的综合楼，从硬件接待设施来看明显不如相邻的岩寨和马安寨。2家宾馆都能满足住宿、餐饮需求：杨梅宾馆位于寨子东部，六层楼，一层为餐厅，二层以上为客房，共有20间客房，都安装了空调，因目前主要接待学生游客，基本不接其他游客，所以床位都是上下铺，总接待量为80人左右；盘金客栈位于程阳桥以南的新开发区内，因所处位置较偏远，很少有人知道，客源以喜欢清静的外国人为主。除了住宿、餐饮外，平寨的旅游收入来源还有工艺品和民族服装销售。此外，旅游部门和景区管委会每年会给平岩村1/10的分红，村委会再在四个寨子中均分，分到每位村民手中的钱往往只是个位数。

2013年5月以前，因为民俗表演的场地在马安寨的鼓楼坪，由景区安排的旅游团游览路线很少经过平寨，寨内的游客主要是散客，且数量较少。民俗表演迁到平寨综合楼以后，团队游客才逐渐增多，但由于表演是免费观看，所以并没有为平寨带来多大的经济收入。

民俗表演队成立于1990年，现在平寨综合楼每天表演三场，节目均由表演队自编自演，主要是侗族大歌、琵琶歌和多耶舞等侗族传统民间文艺。演员均是程阳八寨的村民，但来自马安寨、平寨和岩寨的并不多，由旅游部门统一编制，每年都有业务考核。据表演队队长梁能光介绍，每场表演游客都能坐满，暑期和黄金周游客更多。

绝大部分村民对于村寨开展旅游业是支持的，认为目前的旅游开发并未对自己的生活造成负面影响，甚至有很多老人觉得游客多了，以后寨子会变得更加热闹。同时，更多的村民认为旅游部门应该加强对村民的扶持，提高每年给村民的补助金额，否则人们无法体会到旅游开发为自己生活带来的利益。

目前，平寨正作为程阳八寨景区的一部分申报国家5A级景区，申报成功后将会对旅游业的发展起到更大的推动作用。

（九）运输业

平寨内有客运汽车数十辆，以小型中巴车为主，主要为私人运营，线路主要是从林溪到三江。从平寨到县城有30分钟的车程，票价5元，村民表示车辆比较充裕，一般在路边等5分钟便可上车。货运主要也为私人经营，很大部分为自家商铺进货所用。

摩托车在寨中比较普及，机动车少见。

（十）外出务工

平寨村民最早外出务工是在20世纪80年代末、90年代初，后来人数逐年增加，至2003、2004年达到高峰，外出人员比例接近50%，而后又呈现回落趋势。目前，外出务工人数占青壮年的30%，特别是近几年，很多青年人初中毕业若考不上高中就会外出务工。男女比例相当，但近几年很多家庭都是男性外出，女性在家料理家务、务农并负责照顾老人和孩子。务工地点在区（省）内主要是南宁，区（省）外则主要是广东、浙江等东南沿海经济发达地区。外出务工人员年薪在30000元左右。村内并未对外出务工人员进行相关培训。

九、生活方式与风俗

（一）发式

平寨男性均不蓄长发，节庆时要戴侗布包头。包头用长一丈二、宽一尺的黑色或是黑紫色的侗布制成，最外端有简单的绣花装饰。包头时先将布叠成两寸宽的长条形，然后一圈一圈从内到外包在头上，每一圈都要在额头部位叠一个三角，整个包头缠好后就在额头上形成一个尖角朝上、层层叠加的三角形，绣花装饰露在最外面。在重大节庆活动时，还会在包头中间或旁边插羽毛。

女性日常盘发于脑后，并用银梳或木梳从上至下插入发髻。银梳、木梳的形制相同，与日常梳发用的梳齿较多的长方形梳不同，近似于方形，梳齿较少。老年妇女还会用一条侗布包在额头上。节庆或结婚时，女性的发饰则较复杂（详见下文）。

（二）服饰

侗族传统服装由棉质侗布制作而成，经染色、捶打后为亮丽的深褐色。

1. 男性服饰

男性的上衣，夏季多为白色，冬季多为深褐色。其款式特点是：长袖、立领、对襟、7-9粒盘扣、4个贴口袋，衣服下摆两侧开衩，衣长至臀。下装搭配白色或黑色的长筒裤，裤腿较宽。绑腿是平寨传统服饰的一大特色，绑腿布多为黑蓝色侗布，男性的绑腿上有花纹，长一尺，在前面绑出一个三角形状或层叠的三角形状，三角形上还有绣花，在两边镶上花边和流苏等装饰。搭配绣花绑腿时穿白色裤子，脚穿白色袜子，黑色布鞋。

男性盛装与日常服装相同，只是需要戴上侗布包头。

2. 女性服饰

女性日常服饰以素衣为主，大多为黑、蓝色系，绣花装饰较少。胸前系黑色菱形肚兜，侗语称为"shēn"，多数仅在胸前绣一条花边，纹样多采用喜鹊、谷穗、鲜花等花鸟纹样，或以蓝色布带装饰。肚兜上端以银链系于颈部，腰部再以棉线编织的带子系住。外穿黑色或蓝色交襟左衽衣，无领无扣，仅在交襟左侧用一根棉带系扎。衣袖较宽，并向上挽袖至手臂中部，衣长至臀。冬季时在外面套一件对襟棉外套，款式与其他季节所穿交襟左衽衣相同，颜色为深褐色亮侗布，内衬棉夹层。下装穿黑色百褶裙，长至膝盖，腿裹布套或刺绣拼接绣花绑腿。脚穿圆头绣花鞋，袜子均为白色。鞋子都是手工缝制的布鞋，鞋底为麻线纳成的布底，工艺十分讲究。但是现在平寨人已很少自家做布鞋了。

女性日常所佩戴的首饰较简单，主要有头簪、银梳、木梳、耳环、手镯等。

节庆或婚礼时女性所穿盛装与常服并无较大区别，仅在颜色及头饰、颈饰方面有别——较日常更加鲜艳、华丽、繁复。盛装需佩戴银质花形头饰，分为五个大枝，象征着五谷丰登，顶端饰以银质或各色绒球花朵，下端固定在银梳上以插于盘发中。额头也要包上一圈侗布带。

项圈有内外两层甚至四层，最内层是数个圆圈连成的圆盘形大项圈，一般是三个为一组，用象征太阳光芒的银线将三个圆盘连接起来，象征着太阳和月亮；其外一层由粗、细两种规格的圆环间错串联而成，项圈中部系太阳花、三角形链状垂饰，花瓣涂红、黄、蓝、绿色。在盛大的节日里，女性所佩戴的银饰品可重达七八斤。

3. 儿童服饰

儿童服饰无论男女，一般都是穿着用深褐色侗布制成的无领右衽衣裳，左襟往右延伸至腋下盖住右襟，以盘扣系穿，左襟胸部以上的边缘部位和袖口装饰刺绣花边（图版十九）。

三岁以下的儿童常在衣服外面套上一件侗布套头围裙（图版二十、二十一）。围裙的前身长至膝盖以下，腰部系带；后身较短，用盘扣固定。上身前后均刺绣花纹，纹饰有菱形纹、柿子叶、母龙龙骨、小龙、手拉手跳多耶舞的人、骑马的人等。后身下端用彩色绳穿坠铜钱。如不穿围裙，则在颈部系上口水围，以防口水弄脏衣服。口水围有圆形（图九—1）、长方形两种形制，中间开圆孔，两端用盘扣穿系，常以蓝色布料制成，其上刺绣红、白等颜色的几何形花纹。圆形的口水围可随意转动，方便调换被口水沾湿的部分而更加方便使用。

图九—1　口水围

儿童的帽子称为"尾帽"，以深蓝色、湖蓝色为主色调，并饰以各类银饰和铜钱。正面银质花形饰上写有"日月恒升"等吉祥字样，中间为一银质菩萨，周围饰以圆泡形、花形银饰。背面装饰花形银饰，最下方一层上还以银链系以铃铛等银饰。尾帽后部的最下端系以铜钱。孩子头部摆动或走动时，银光闪闪，并发出清脆的响铃声。

传统服装的制作耗时耗力，而且质地较厚、密，不适合夏季穿着。现在，平寨的儿童、成年男性、青年女性的日常穿着多为现代服装，一般上身是衬衫、T恤，下身是长、短裤，只在节庆或演出时才穿上传统服饰；老年妇女仍在穿着传统肚兜、交襟左衽衣。但是每户人家的妇女也都还会为每一位家人准备至少一套传统服装，在节庆时穿着。

4. 传统服装制作

侗布是侗族传统服装的主要制作材料，织侗布、做侗衣是妇女生活中的一项重要工作。过去家家都有纺车和脚踏木制织机，姑娘们从小就学习纺织和染布等技巧，并为家人制作服装。侗布的纺织和印染工序极其繁复，一般有如下几道工序：用轧花机将棉花脱籽，然后把棉花纺成纱线，再用浆好的纱线织成宽一尺二的白布，白布经过多次印染才成侗布。光染布这一项就需要一个多月，其基本步骤是：先将蓝靛的叶子放在太阳下晒，然后放入水中浸泡，同时加入牛皮膏，上下搅动，牛皮膏要隔三天放一次。当染料变黄后，取出蓝靛的叶子并加入碱，数天后即可取出沉淀凝固的蓝靛用于染布。需要染布时将蓝靛放入染缸中，一般一桶水要放三斤蓝靛。然后还要放入重阳酒和三两碱。布料浸泡一天后即可拿出洗净，再涂上牛皮膏，之后晒干。晒干后要在锅上蒸三天，一天蒸三次，然后再泡三天。这个过程要反复三四次。每次染色之后，妇女们都会用木槌在平坦的石头上反复捶打侗布以提高光泽度（表面越亮的侗布越好）（图九—2），并使布质硬挺不褪色。

图九—2　捶打侗布

制作过程最费功夫的是女孩子穿的百褶裙。百褶裙是由手工叠成数百个细细的褶，经长时间的挤压定型后制成。一件百褶裙，从制作布料开始到完成，需要差不多3个月的时间和数十道工序。

由于复杂的工艺和漫长的制作时间，现在平寨的姑娘们自己织布、染布做侗衣的逐渐减少，很多家庭的织布机都已拆卸后收起来，只是偶尔会再装配使用；大部分中老年妇女仍在继续染布，多使用集市上购买来的棉布，但也仅能保证让家人在节庆等重要场合有传统侗布做的侗衣穿，平时穿的衣服多用买的布料制成，或是购买成衣。为了满足村民们的需要，有村民开设了专门制作衣服的裁缝店，但是新娘穿的婚服则是自家制作的。

平寨姑娘也刺绣，但服饰刺绣较少，只有儿童的服饰上有刺绣，其他服饰上均无刺绣。

（三）作息及饮食

1. 作息

平寨人一般早上五六点起床，洗漱后便吃早饭，早饭一般吃得较少，为稀饭类，早饭后便上山劳作。如果田地离家较远，出发时便带上中午饭在山上吃，如果离家近下午1点左右回家，2点左右吃午饭，午饭后休息一小时左右，下午继续劳作。男性老人会在早上10点、下午3点左右聚集在老人俱乐部或新鼓楼里看电视、聊天，女性老人则聚在老鼓楼里乘凉聊天。晚饭八九点开始，饭后一般料理家务、看电视、聊天等，10点左右休息。

2. 主副食

平寨人以大米为主食，尤喜糯食，过去均以糯食为主，直到20世纪70年代后，一方面由于人口增加，另一方面主要是国家提倡种植杂交稻，其产量高于糯稻，日常主食便改糯米为籼米，但仍保留部分田地种糯米，以保证老人日常所需和家人过节所用。但至今当地村民仍认为只有糯米才是真正的好米，村里的部分老人仍以糯米为主食，节庆、婚丧嫁娶时的主食，送礼的礼品更是不能缺少糯米。食用时用手把蒸熟的糯米揉成饭团握在手中吃，不用碗，也可做成糯米糍粑。除此之外，他们也以玉米、红薯、洋芋等杂粮作为主食。

副食中的肉食主要是猪、鸡、鸭、鱼等，蔬菜有莴笋、茄子、南瓜、空心菜、黄瓜、白菜、芋头、白玉苗、红薯、茭白等。冬天主要吃白菜、南瓜等。

冬天进餐时为了取暖，一般都围绕火塘摆低桌矮凳，合家围桌而食。

3. 特色饮食

在食味上，平寨人尤喜酸，所谓"侗不离酸"。家家有腌桶、酸坛，招待客人也必有三酸，即酸鱼、酸肉（猪肉）、酸鸭。除了肉食外，萝卜等蔬菜也可腌制成酸菜食用。喜酸是因为他们需要酸来帮助消食，同时腌制的食物保存时间更久。

鱼在侗族的生活中起着举足轻重的作用，在侗族社会中有"无鱼不成礼""无鱼不成祭"的说法，平寨人也不例外。不管是逢年过节还是红白喜事、人情往来、祭祀祖先都离不开鱼。酸鱼是他们招待客人最常见的菜肴。酸鱼的腌制方法是：将活鱼放在净水中养半天，让鱼把泥水吐净后剖开去内脏，将大量的食盐抹到整条鱼的内外部，之后挂在火塘上腊干，接下来将糯米饭均匀撒在鱼腹内外，再放入腌桶、酸坛内，腌桶需加盖板、放大石头压紧封口，酸坛用的是子母口的坛子，口部可积水，只需盖上盖子即可。腌制一年后即可取食，其味酸香可口，既可直接生食也可炒或烤着吃。酸鱼还有另一种耗时较短的制作方法：把鱼处理洗净后，用大量食盐抹到整条鱼上，直接在火塘上腊干后即可食用。酸肉、酸鸭也是用同样的方法腌制。

烧鱼也是平寨人最喜欢的一种食鱼方法，用火烤熟的鱼，味道特别鲜美。其制作的方法是先把鱼洗净，取出苦胆，置于暗火上烘烤，以鱼内部烤透、鱼表皮色黄不糊为佳。或是将鱼放在茅草中烧炙，待鱼烧熟后，放入青辣椒、韭菜、生姜、大蒜、花椒等佐料即可食用。

宴席上比较常见的还有鱼生，即腌制的生鱼片。制法是将草鱼切成薄片，用醋、盐以及香菜、葱、鱼腥草、辣椒粉等香料凉拌着吃。

猪肉除了做酸肉外，还可以做成"红肉"。红肉因其颜色而得名，通常是在杀猪当天，将新鲜的里脊、心、肝、肚等烹熟或烤熟后切片，再和猪胸腔内的余血（俗称生猪血）以及辣椒、花椒、生姜等佐料放在一起充分搅拌，直到每片肉都变得红红的，加上食盐就可食用了。

酥是吃冬节时会必备的一道菜。其做法是：将碾碎的糯米粉加水和成小团子后放入油锅里炸，糯米粉中还可以放入南瓜、红薯、糖等食材。这道菜在过节时几乎家家都做，十分受欢迎。

打糍粑是平寨侗族过春节时的传统习俗。糍粑用纯糯米或小米做成，也有糯米与小米或是糯米与玉米拌和做的。米需要在前一天晚上用水浸泡，第二天将米蒸熟后放在石质舂中用木杵捶打成黏稠的膏状，取出后用手团成小圆饼状，外面再沾上一层黄豆面、芝麻粉、白糖混合而成的糖粉即可食用，糍粑里面也可包入糖粉做的馅。手工打糍粑很费力，但是做出来的糍粑柔软细腻，味道极佳。

紫饭俗称"牛粪饭"，是农历四月八日过牛节时吃的一种食物，因颜色呈紫色而得名。做法是将枫叶捣碎，放在水中浸泡，将水染成紫色的汁液，然后将糯米放入紫色汁液中浸泡、蒸煮即可。

平寨人喜食油茶。客人来访，主人将架锅打油茶视为礼节。而且吃油茶不算碗，主客之间边吃油茶边聊天，往往在主人的盛情下，客人十几碗油茶下肚而不知。油茶的制作过程称为"打油茶"，得名于煮茶水过程中用茶滤或铁瓢捶打茶叶而使之出味的动作。油茶的佐料有炸糯米花、炸花生、饭豆、糍粑、汤圆、糯饭、香料、青菜、猪肝、粉肠等等。所有配料均讲究少而精，每次每样只放一点，连茶水在内，只装小半碗，慢慢品尝。油茶分为苦、咸、甜三种口味，平寨人都爱喝咸味油茶，而苦味油茶其实是加入较多的油茶叶而成的，甜味油茶一般很少做。逢年过节，侗家人边品尝油茶边唱歌。

凉粉是消暑纳凉的好食品。制作凉粉的材料是一种叫"bang"的果子，将其中的籽取出，放在布袋中浸水揉搓，挤出籽里的汁液，再放在锅中煮20分钟左右，最后取出冷却即成凉粉。吃凉粉时，先将凉粉切成小块，再加上红糖和水即可。一般凉粉分为透明和黑色两种，口感相似，清凉可口。

重阳酒在侗家饮食中占有重要地位。侗族人民平常多以饮酒的方式消除疲劳，大部分男性在晚餐时都要饮少量酒，在各种节庆及社交场合中也都会喝酒，所以家家都自酿重阳酒，基本是一斤米酿一斤酒。重阳酒的度数不高，喝的时候醇香可口，可不知不觉中很容易喝醉。客人来时，主人必定劝客人痛饮，还要唱助酒歌，客人喝醉了才罢。

（四）人生礼俗

1. 婚姻

一般来说，传统的婚姻大致要经历自由恋爱、媒婆提亲、动大媒、迎亲、回娘家五个阶段。自由恋爱是平寨青年男女间普遍的恋爱方式。农闲时节每当夜幕降临后，七八个姑娘、小伙在一起行歌坐月，三五成群对唱情歌，在唱情歌的过程中如果找到合意的姑娘，就把她"偷来"。除了行歌坐月，还有一种恋爱方式是在鼓楼坪踢鸡毛毽子，年轻女子和年轻男子一对一踢，踢得最多的男女晚上就可以一起去打油茶喝。如果男女双方觉得可以继续发展，就找个媒人去女方家说媒，父母同意就开始正式交往，准备结婚。而后男方请媒婆上门提亲，得到女方家肯定的答复后，男方选一吉日，带上酒肉、糖果、银饰等作为聘礼到女方家定亲，商议迎娶事宜。

一般婚礼都在正月春节里办。三十晚上新郎要去迎新娘回家、拜酒，当地称为"偷新娘"，即悄悄地将新娘接来家中。之所以要悄悄地，是因为当地人认为迎亲的时候忌讳遇到有孕之人，所以要在夜晚不为人知地迎娶新娘。也有的人说是因为恋爱时，只有男女双方自己知情，家人们均不知晓。初一一大早，新娘要到井边给婆家挑水，通过此种方式告知寨中的村民自己已经嫁过来成为这家人家的媳妇了。初二，要嫁的姑娘盛装打扮好，由好姐妹、嫂子做伴娘，在家中等候迎亲队伍的到来。当迎亲队伍到女方家大门时，新娘在嫂子和姐妹们的陪同下，走出家门，随身带着陪嫁的衣服、布匹、银饰等，一路都要放鞭炮，新郎的亲朋好友都来观看，吃喜糖，一直闹到天亮。

初三是回门日，送新娘回娘家。此时，新娘要象征性地在杯子中倒上水，待新娘离开婆家后，婆婆就会用新娘倒的水做油茶给婆家的亲朋好友喝；婆家还要送数额不等的礼钱、肉给她们带回去。新娘离开婆家时，要先在火塘前祭祀祖先。祭祀前，公公会在火塘的主位上放好桌子，桌子上放好祭品，更关键的是要摆上六或八杯酒，其中的一杯单独成一行摆在左侧，即朝向火塘恭老的位置，剩下的五或七杯成一行。祭祀完后新娘要到厨房炒一锅茶，炒好后倒上水，然后出门，之后就不能再回头望向婆家。

初四，婆家的人再去把新娘接回家，这次则要大吹大打、风风光光地迎娶新娘。到婆家后要再一次祭祀祖先，这次单独成一行的那个酒杯要摆在右侧，即朝向火塘恭老位置相反的地方。但是也有新娘不想离开娘家的情况，这时，新娘会一直在娘家住到三月插秧时才回到婆家。到初五整个婚礼过程才结束。

以前夫家送的彩礼不多，生猪是必备的，起码要三头，但不是送整只而是切一半，也就是半边猪，并且要把猪头染红，称为"红猪"，由两个年轻汉子用竹竿扛着送到新娘家。此外还要送米，一般送两担米，大概一担可以放二十斤左右；还有的会送"三酸"和侗布。现在结婚礼节更大了，米就要送五六百斤，送亲的队伍有上百人。新娘的嫁妆是分两次送到婆家的，结婚时只有四十双鞋和数套衣服，用箩筐挑到新郎家；待孩子出生后办三朝礼时，娘家人会带着各式嫁妆来参加，主要有木质家具、铺盖等等。

　　一般新娘都会准备三套婚服，分别在夫家、娘家以及回夫家的路上穿。村民会通过衣服制作的好坏和数量来评价新娘。

2. 生育

　　以前，平寨的孩子出生两三天后，家中长辈要将纸剪成一朵花，卷在竹竿上，并把竹竿绑在一棵大树的树根部位，这意味着孩子能够健健康康地长大成人。但是这一习俗现在已经被人们淡忘了，孩子诞生后主要是办三朝礼和满月酒。

　　在平寨，三朝礼过得较为隆重，每个刚出生的孩子都要过，如果孩子身体健康、强壮，三朝礼就在其出生五天之后过，如果孩子身体不太好，就等十几天以后再过。所谓"三朝"就是三天，第一天买酒、菜准备宴席，第二、三天请亲朋好友来家中吃饭，孩子外婆家的人及其亲戚是最尊贵的客人，第二天正餐（即下午两点的午饭）由他们先开始吃。来吃饭的宾客都会去看一眼刚出生的孩子，并说一些称赞、夸奖的话。饭菜一般是"百家宴"的形式，以酸鱼、酸肉、酸鸭和鱼为主，主食为糯米饭，一人还有一个煮鸡蛋，有时鸡蛋还会被染成红色。参加三朝礼的宾客一般都会送礼，传统是用扁担挑一担米，大概十斗一筐，一边是糯米，一边是籼米，一共二十斗左右，米上要放五个鸡蛋；所送的米主人家不能全收，要剩一些在筐中让客人吃完饭后带回家。外婆家除了送来孩子妈妈的嫁妆外，还要送酸鱼和酒等，还有一些大礼，如洗衣机、冰箱、衣柜等，小孩的衣服更是不可缺少。

　　满月酒是在孩子满一个月时喝的庆功酒。由于刚出生的婴儿抵抗力极弱，只有健康度过一个月，家里人才认可该婴儿，才为他摆庆功宴，欢迎他的到来。但在平寨，三朝礼比满月酒要隆重得多。过满月酒时，外婆家要送酸鱼、酸鸭和米饭，有时也送糍粑和纺纱机。家中也要请本房族家的人吃饭，但是招待的范围不大。现在有的人家甚至已经不摆满月酒。

3. 丧葬

　　平寨人通常实行土葬，只有意外死亡或肢体不全或得怪病死亡的凶死者才火化而葬，甚至连骨灰也不要了，更不能葬到房族的墓地里。在外地去世的年轻人和老人的遗体不可以回到家中，即不进家门。

　　平寨人对死亡的态度很平淡，葬礼也较为简单。人去世之后，要尽快上山埋葬。一般先通知亲戚回家，要请风水先生来看下葬的日子和时辰，多数是第二天就可以埋葬。下午两点左右上山埋葬逝者，逝者的棺材由孙子、姑爷和表兄弟来抬，儿子或者孙子带路走在最前面，女儿也可以上山；如果逝者为男性，其配偶不能上山，以前还要用渔网网住其配偶，以保护她。

　　现在老人过世后就穿平常穿的传统衣服，不穿寿衣了。以前的寿衣是清朝时的长袍马褂。下葬之后要连续七天到墓地扫墓，一个月之后也要去扫墓，再到1年之后去。扫墓时家人要带上祭品摆放在墓前，然后烧香、烧纸，还要放鞭炮。

（五）建房

平寨人对风水很讲究，认为风水的好坏与一家人的兴衰有着密切的关系。在建新房时总会请本寨的风水先生写符保佑，我们在调查过程中发现，几乎每家每户的门框上都会贴有一张长条形的红色符，以保佑家人平安。

上梁仪式是建房过程中最热闹也是最重要的仪式。仪式开始前，新房的房柱上要贴上写有吉祥话的对联。仪式开始，首先由木匠师傅祭祀木匠祖师鲁班和姜子牙，请祖师爷保佑家宅平安。木匠师傅嘴中念念有词，祝福主人家万事吉利、身体健康、有男有女，然后焚香化纸，再将一圈侗布包裹在房屋大梁的中间，并在侗布里塞上铜钱（图版二十二）。接下来用绳子将梁拉上去，随后将盛满糖果和糍粑的箩筐也拉上去。拉梁的时候要点燃挂在梁上的鞭炮，一时间热闹非凡。木匠师傅腰上系上红布，并换一双主人准备的新布鞋，边爬边说着吉祥话，一步步爬上房顶，将梁固定在相应的位置。之后便要踩梁，即用脚在梁上踩踏，边踩边吉祥话和唱上梁歌。之后，木匠师傅向东、南、西、北、中五个方向撒糍粑、糖果和利钱等给小孩和前来看热闹的人。仪式结束当天，主人家还要请所有帮忙的亲戚朋友吃饭。

上梁的报酬，木匠师傅不会跟主人要价，由主人主动给。必须要给双数，一般是36.66元。以前是给3.66元，因为3、6、9是观音菩萨修道的日子。现在给的钱也不讲究了。除了钱以外，还会送一些侗布和布鞋，食物会送酸鱼、酸肉等，还有送烟的。这些东西要先用来祭祀鲁班和姜子牙，祭祀完了之后就送给师傅带走。

（六）节庆

平寨的节日繁多，既过侗族传统节日也过一些汉族节日。汉族节日主要有春节、清明、端午、中秋、重阳等；侗族节日主要有偷新娘、花炮节、二月二、牛节、六月六、吃冬节等。

平寨人都在春节期间举行婚礼，所以过春节实际上就是在喝喜酒中度过的。

正月里还有花炮节，时间在初五或初七。花炮节原来是在初三举办，解放后变为初五，因为初三婚礼还未办完，近几年因为旅游开发又改到初七、初八举办，因为此时游客最多。一般花炮节是隔一年办一次。花炮节当天，程阳八寨的每一个寨子都要买一头猪，猪要用猪血染红，先抬到合龙桥神像处祭祀，祭祀结束后男性穿着清朝时的长袍马褂瓜皮帽、女性穿戏班的戏服游行，路程大概要绕半个程阳。村民们自愿报名参加游行，一般男性去得多一些。游行结束之后，将猪抬回，全寨人一起在鼓楼的大锅里煮来吃。近年来游客也可以参加游行。因为游行的队伍由上一次抢到炮头的人带队，哪个寨子的人抢到了下一次就在哪个寨子办，抢炮头的都是年轻的小伙子。游行一般从早上十点钟开始，敲锣打鼓一直到下午一两点才结束。同时还要送给抢到炮头的人一面镜子。镜子是矩形的，上面写着第X炮，这面镜子象征神位，如果炮头第二年被别人抢走，那花炮节的第二天就要把镜子送给抢到炮头的人。送镜子时年轻的小伙子要拿着猎枪助兴，虽然有杀伤力但现在主要是起助兴的作用。现在猎枪都不在寨子里，由公安部门收上去保管，但如果用的时候还是可以拿回来。

二月二被称为"初二"，即吃初二。一般是同姓房族一起小聚吃饭的日子，二月二这一天，嫁出去的女儿一般也要回娘家一起吃饭。但有时也要看情况，嫁过去的第一年要回娘家，婆家也会来一部分人吃饭交流感情，第二年开始就不来了，因为婆家不是一个姓，有的不吃初二，所以女儿就不回来了。

清明节时村民们会以房族为单位扫墓上坟，祭祀祖先。各家先按照辈分由小及大的顺序祭祀各家的祖先，最后整个房族的人集中到所知辈分最高的先祖的墓葬前祭祀。祭祀时由长者将肉、糯米、酒、鸡、鸭等备好献给祖先，烧香、纸，并放鞭炮。回家后还需在火塘处祭拜。祭品都带回家食用，而且必须当天吃，不能留着。

农历四月八是牛节。这个节日的来源还有一个传说故事：牛比较辛苦，成天帮人类耕田，牛神（相当于牛的祖先）很生气，觉得为什么我们整天给你们干活，你们却不来帮助我们。它放出一句话说，如果人把牛的屎吃了，牛就给人干活，否则就不再给人干活了。人当然很聪明，不会真的吃牛屎，他们把糯米饭用枫叶染成紫色，以冒充牛屎骗过了牛神。每年四月八，平寨人都不会让牛下地干活儿，让它休息一天，并且要吃被染成紫色的糯米饭。

五月初五端午节的过法与汉族地区大致相同。节日期间，家家包粽子、杀鸡、杀鸭，门上挂艾叶、菖蒲，并将粽子水洒在屋外，避免毒蛇、毒虫入内。有的老人还用菖蒲做食物给孩子吃，这样既可以防止粽子中的碱吃多了拉肚子也可以辟邪。菖蒲的茎叶还可以挂在小孩子的脖子上，细根可以挂在妇女的耳环上，还有的人家会用布包住草药缝制成香包，挂在小孩子的脖子上，祈求孩子平安。端午节只是自己家里人过，不请客，出嫁的女儿也不回娘家。

六月六是平寨的老人节，顾名思义只有老人家过，每位老人出一些钱集资购买食物后聚在鼓楼聊天、吃饭。如果年轻人想参加也可以。

中秋节除了和汉族地区一样赏月、吃月饼外，还会捉鱼、杀鸭吃，八月十四有鱼塘的人家就会放水捞鱼。也可以叫亲戚来家中一起过节。酸鱼、酸鸭也多在这一天制作。过中秋节时，在外的亲人不管多远都要回家，出嫁的女儿十五在婆家过，十六要回娘家过节。节日当天还有芦笙比赛，程阳八寨的人吃完晚饭换上盛装集中在大寨的鼓楼坪比赛，但这几年已很少开展了。

传统意义上的九月九重阳节，即老人节，平寨老人也过，和六月六相似，老人们相聚在鼓楼聊天、吃饭。

吃冬节是平寨非常隆重的节日，寨子中不同姓氏的房族过节的时间不一样，杨姓人家是十一月初一过，吴姓、陈姓人家是十一月初二过，程姓人家是二月初二过。过节这天，同一房族的人聚在一起吃"百家宴"，一般会持续两天，有时会一直到第四天。通过这种方式不断巩固和强化家族意识和血缘亲情。

（七）文化娱乐活动

1. 桂戏

平寨有自己的本土戏剧——桂戏，戏班英明班由平寨老人陈俊障和平寨风水先生吴世培发起成立，成员大概有四十人左右，均来自平寨、岩寨和马安寨三个寨子，以未婚女性居多。戏班由戏师、演员和乐队组成，戏师既是戏班的主持和领导者，也是戏班的导演。最早的戏师由陈俊障担任。

和侗戏用侗话演唱不同的是，桂戏是用普通话演唱的，主要剧目有《红泥关》《樊梨花》等，剧本由吴世培撰写。戏服、乐器、道具等都是成员自己筹钱购买的。当时桂戏在周围侗寨很受欢迎，正月里会有人请戏班前去唱戏，并安排盛宴，最远还到过湖南。寨内节庆时，也都会表演桂戏。因此相比之下，在平寨，桂戏比侗戏更受村民欢迎。

桂戏主要由女性表演，她们出嫁后由于各种原因而不再唱戏，所以很难传承下去。现在，英明班的成员大多已经去世，仅有五位尚在世，其中两位已九十多岁，三位八十多岁。戏服存放在老人俱乐部的二层。

2. 侗戏

侗戏是用侗语道白和演唱的民族戏剧，大约产生于清朝嘉庆至道光年间，由贵州黎平县侗族歌师吴文彩始创，有"大过门""小过门"和"普通腔""哭腔""尾腔"等传统唱腔，表演形式较为简单，演员在舞台上走横八字[1]。平寨在20世纪80年代曾有过一个侗戏班，表演传统剧目《珠郎娘美》《李旦风姣》《梅良玉》等，戏班师傅还经常被邀请到其他侗寨教戏传歌。

3. 侗族大歌

侗族大歌在侗语中俗称"嘎老"，"嘎"就是歌，"老"就是宏大和古老之意，为多声部、无伴奏、无指挥歌曲合唱，是一种"众低独高"的音乐，必须由三位以上的歌者演唱。大歌喜模拟鸟叫、虫鸣、高山流水等大自然之音，主要内容是歌唱大自然、生产劳动、纯真爱情以及人间友谊等[2]。在平寨民俗表演综合楼，每天10：30、15：00和16：20有固定三场演出，其中就有侗族大歌的表演。该表演队于1990年成立，现在有18名演员，9男9女。其中年龄最大的

---

① 王胜先：《侗族文化与习俗》，第128-129页，贵州民族出版社，1989年。
② 张中笑：《侗族大歌研究50年（上）》，《贵州大学学报（艺术版）》，2003年第2期。

50岁，最小的18岁。侗族大歌的编排均是表演队内部用侗语自编自唱。

4. 多耶舞

又称作"踩堂歌"，是一种无伴奏群体歌舞。表演时大家手牵手或两手搭肩围成圆圈状，用整齐的步伐边走边唱，甩手作拍。一般一人领唱，其他人应和，也可齐声歌唱。平寨的妇女闲暇时常聚集在鼓楼坪上跳多耶，行歌坐月时也常跳多耶。在民俗表演综合楼每天也有定时的多耶舞表演，供游客观赏。

5. 行歌坐月

又称为"行歌坐夜""走姑娘""走寨""坐夜歌"等。平寨的男女青年社交兴行歌坐夜。农闲时，每当夜幕降临，吃完晚饭，姑娘们就聚在歌堂做针线活，学歌练歌；小伙子们便拿着芦笙、琵琶唱情歌，与女生对唱，谈情说爱，唱歌对歌。常来常往，有情人终成眷属。这种习俗保留至今。

6. 月也

"月也"，侗语"客人""集体做客"之意，是侗族村寨之间加强交流的一种形式。"月也"队主要是由村里的艺人组成，人数不一，时间不定，一般在春节期间进行表演。"月也"队在演出之前要发通知告诉对方，对方接受后才安排访问。"月也"队每到一个村子一般待1~3天，"月也"活动从正月初六一直延续到二月中旬，一般表演芦笙、侗歌、侗戏等节目，深受村民喜爱。演出结束前一天，村民举行"百家宴"以送行，次日鸣锣送行表示感谢。

7. 芦笙大赛

芦笙大赛一般在中秋节前后举行，选手们先在本寨比赛，然后选出优胜者代表平寨到程阳大寨比赛。比赛用的芦笙都要当年制作，共有大小四种尺寸，还有一种称为地筒，只有一个音，用于打节奏。参加比赛的大部分都是年轻人，男性吹奏，女性拿油灯在外围照明，因此芦笙大赛也是青年男女认识、交流的一种方式。比赛时，大家一起吹一首曲子，吹得最响的即为第一。芦笙比赛没有奖励，只是村民们沟通感情、娱乐休闲的一种方式。

除了芦笙大赛以外，村民们平时也可吹芦笙，但绝对不能在六月六之前吹，因为吹芦笙代表丰收，如果提前吹就会影响当年庄稼的产量。但是现在由于旅游开发，平寨每天都有芦笙表演，所以就没有这样的讲究了。

以前平寨也曾组织过自己的芦笙队，当时有四十多人。1991年，第四届全国少数民族传统体育运动会在南宁召开时，还去表演过。2001年芦笙队就解散了。

8. 斗牛

斗牛原是程阳侗族喜爱的娱乐活动之一，常常在农历八月十五时举办。各寨以水牛或黄牛参赛。比赛前，附近几个结款的村寨都要在鼓楼商议斗牛的地点及规模。每个寨都会出很多头斗牛，能打数天。斗牛时往往都是全寨出动，斗牛场人山人海，热闹非凡。每头斗牛轮番上阵，输者下场，胜者继续，直至决出最后的冠军。新中国建立后斗牛活动就慢慢减少了。

9. 打南瓜仗

打南瓜仗原是中秋节时举行的民俗活动，近几年来由于旅游开发，打南瓜仗的活动便在十一黄金周期间举行，这样可以吸引更多的游客前来参与。事先男方要到女方那边提前预定时间和地点。打南瓜仗十分热闹，男女各组成一队，用煮熟的南瓜互相扔，一边打，一边唱"一斤南瓜两斤油"的歌，之后男方要送女方油灯，女方要送梳子给男方，相互交换。打南瓜仗也是男女认识恋爱的一种方式。

南瓜仗的由来还有一个传说：男方去女方家吃饭，吃到最后剩了南瓜，然后女方就用南瓜砸向男方，就衍生出打南瓜仗这一民俗活动。

10. 字牌

字牌是一种长条形的纸牌，上面印有大写的数字，共60张，玩法和麻将相似。平寨的中老年人经常4人聚在一起打字牌。据说字牌在解放前就开始流行了。

11. 直棋（棋三）

平寨村民们经常玩的棋类游戏还有一种"直棋"。平寨老鼓楼附近常见刻、画在地上的四四方方的直棋棋盘，不管男女老少都会玩。直棋用两种不同颜色的石子当棋子，玩法和围棋相似，三颗棋子连成一条线即可吃掉对方一颗棋子。

12. 看电影

三江县电影公司每个月会到村里来放一次电影，每次放两三部，并在村委会前张贴《三江县农村电影公益性放映公示栏》广而告之，调研期间放映的电影有《西风烈》《叶问2》等商业片，也有《农村防诈骗》《预防艾滋病》《节能新民居》等科教片。但村民反映，电影的放映时间较早，很多村民都还在山上干活未归。

（八）传统技艺

平寨世代都出工匠，尤以木构建筑见长，吊脚楼、鼓楼、风雨桥，皆不费一钉一铆，全靠凿卯榫衔接；也不用绘一张图纸，仅凭几丈长的竹竿，只见工匠在竹竿上比比画画，便是把数百个数千个构件准确无误地衔接一体，竖立起既美观又牢固的建筑物。此外，还有其他传统工艺，譬如藤编、竹编、草编、石刻、银饰制作；民族乐器如琵琶、芦笙、侗笛等，以及纺车、织布机、榨棉机、造型独特的各种家具都出自工匠之手。女人的手艺更被人称道，纺纱、织布、染布、缝衣、打鞋、绣花等，总之，全家人身上穿的、头上戴的、床上盖的，都是她们那双巧手包揽[①]。

　　但是现在传统技艺的保存情况却令人堪忧，木匠仅有三四人，其中两人都称自己已经退休，而寨中建房均会请木匠师傅，说明木匠技艺并非各家都会，其传承情况不容乐观。同时由于工业的发展，芦笙等侗族乐器均有批量制作的工厂进行流水线生产，与工厂相比，手工制作既耗时耗力，又比工厂制作的芦笙价格高出几倍（手工制作一把小芦笙需要一百元左右，大芦笙要500元以上），所以现在表演队中的芦笙都是从林溪乡工厂购买的。而平寨中唯一会做芦笙的师傅也在前几年停手不干，转为开起商铺。竹编、草编技艺仅有老人会，产品仅为满足个人所需，不会大量编制售卖，所以竹编品的数量很少，而现在寨中年轻人大多外出打工、求学，不想学同时也不用竹编或草编制品。制衣纺织也面临着同样的问题，由于现在寨中很少人穿传统服饰，所以大多数传统服饰均是让寨内裁缝制作或是直接购买成衣。

十、宗教与信仰

　　在历史发展的进程中，侗族先民产生了"万物有灵"的观念，认为天地间的一切都由鬼神主宰，因此尊重、崇拜自然，并由于相对封闭的环境，这种观念得以传承至今。

（一）祖先崇拜

1. 萨崇拜

　　在程阳侗族的宗教信仰中，最重要的便是"萨崇拜"。"萨"在侗语里意为祖母（奶奶），"萨"又称"萨岁""萨玛"，侗语就是"老祖母"的意思。传说萨是战乱时的民族英雄，是寨子最大的保护神，人们都认为她神通广大，能主宰人间一切，能影响风雨雷电，能保境安民、镇宅驱鬼。程阳侗族把"萨"作为村寨的共同祖先崇拜，建寨子的时候就要考虑萨坛的位置，萨坛建成后，要举行安殿仪式。萨坛在程阳侗族人民心里非常神圣，要求萨坛附近保持干净、庄严、肃穆，村内小孩甚至害怕靠近萨坛[②]。

　　但现在平寨已没有萨坛，原来的萨坛均在"文革"时期被毁；很多人甚至都不知道萨是什么，也几乎没有任何与萨崇拜有关的仪式或活动。这说明平寨人对萨的崇拜随着时间的流逝已慢慢变淡。

---

① 《平寨申遗文本》，内部资料。
② 刘芝凤：《中国侗族民族与稻作文化》，第37页，人民出版社，1999年。

2. 祭祀祖先

程阳八寨有一座飞山庙，该庙是为了纪念唐末五代时的少数民族首领杨再思而建的。在贵州、湖南、广西三省（区）毗连的乡村，解放前一般都建有"飞山庙"（有些地区名"飞山宫"）祭祀杨再思，特别是侗族村寨极为普遍，侗族中的杨姓多半自称是他的裔孙，每到节庆之日便举行祭拜[①]。

平寨的杨姓人家会给程阳八寨的飞山庙捐钱，每户大概捐几十元至几百元不等，同时飞山庙会向每个捐款人颁发"执照"，祝福其益寿延年、子孙荣昌。

此外，在春节、中秋节、端午节等传统团圆节庆时，各家各户都会祭祀祖先。祭祀时，家中的长者要在火塘的主位上摆一个桌子，桌上放五个酒杯，里面倒上米酒，还有"三酸"和各种小菜，一边祭拜一边烧纸钱。

（二）自然物与人造物崇拜

受"万物有灵论"的影响，平寨人还崇拜自然物和人造物。自然崇拜主要表现在对古树、水井等自然物的崇拜上，认为这些自然物都有灵感和某种无形的力量。侗族有"老树护村，老人护寨"之说，寨子里树龄长的枫树被看作保佑寨子的风水树，不让砍伐损坏。若家中有孩子久病不愈就要去祭拜自然物，事前要请风水先生根据祭拜者的生辰八字、五行生肖确定祭拜对象，缺木者拜古树，缺水者拜水井等。据老人说寨子中的风水树曾有很多棵，如在平寨公路边的水井旁有一棵风水树，但是这些树基本都在1958年被砍了。

人造物崇拜主要表现为对桥、古井的崇拜，修桥、补路、挖井是侗家人做善事的一种主要体现，寨中很多桥、路、水井都是由大家自愿捐钱修的。婚后不生育或生女不生男的人，自认阴功欠缺而去铺路搭桥、立碑指路，积功修德，神灵就会保佑多生儿女。

（三）鬼神崇拜

侗族所信奉的神灵可分为保护神（善神）与邪神（恶神）两大类。祖先神、土地神、山神、水神等为保护神；妖、魔、鬼、怪等为邪神。

土地神是平寨信仰的保护神之一，土地神又叫土地公、土地婆。平寨原来共有五个土地庙，多位于寨门附近。其中有一个较大的在老人俱乐部旁，其他几个也有一米多高。以前到了中秋节和大年三十、正月初一的时候，村民们就会去土地庙祭拜。主要是家里的老人去祭拜，往往是一个人单独去，并带上鸡、鸭、酒等去供奉，还要放炮、烧香、烧纸。祭拜结束后祭品

① 廖耀南：《杨再思的史实及其族别初探》，《贵州民族学院》1983年第1期。

还要带回家与家里人一起分享，象征着家中所有人沾了神气，可以得到保佑。现在这些土地庙已全部被毁，无一留存。但是，村民们心中对土地神仍是有所畏惧的，建房时一定要避让开原来土地庙所在的位置，"人是不能住在神住的地方的"。

关公即关羽，作为武圣、财神，也是平寨的保护神之一。合龙桥上便供奉着关公像，来来往往的村民均会到关公面前祭拜，以祈求平安。

平寨南寨门的第二层曾放置黄飞虎的塑像，黄飞虎是《封神演义》中的人物，由于英勇善战为村民所敬仰，他与"泰山石敢当"石像一起保佑村寨、辟邪驱魔。该塑像在"文革"时被毁。

平寨人对神和鬼怪并没有明显的区分。凡是能保佑、降福于人、除难消灾的即视为神而敬供，凡是会给人畜带来疾病和灾难的则视为鬼而驱逐。对于自家已经过世亲人的鬼魂，既当成祈求保佑的对象，同时也是惧怕的对象，他们认为寿终正寝的亲人的灵魂是好的，能暗中护佑子孙后代，而非正常死者的灵魂则要想办法驱逐，表现出一种敬而远之的态度。

（四）行业神崇拜

鲁班（工匠神）是木匠的先祖，只要与木匠有关的事情，都要烧香请示鲁班师傅。所以，在平寨，起居造屋、修桥建鼓楼等都必须事先祭拜鲁班师傅。

（五）儒释道信仰

平寨的佛教、道教信众并不多，影响力也不广，现寨内也没有专门的庙宇或道场。

寨中原有一座古庙，相传于道光元年（1820）与平寨鼓楼同时建成。庙内供有南岳菩萨的牌位。南岳菩萨又称南岳大帝，为道教祖师之一，其圣诞为农历十二月十六日。该庙为平寨、岩寨、马安寨和程阳大寨四寨共享，当时祭拜之人络绎不绝。南岳菩萨牌位在"文革"时被毁，古庙的建筑经过重建后现在成为寨中老年男性的休闲娱乐场所。

佛教信徒较少，而佛教与民间信仰掺杂的情况也不少，如家门口书写"佛令邪路敢当"等木牌来辟邪，便是佛教的一种间接体现，从中也可以看出平寨的民间信仰融入了些许佛教因素。

基督教于五年前曾在平寨流行过，当时还有传道者在寨中宣传，但是现在信基督教的村民越来越少。

（六）风水及巫觋信仰

平寨有一位九十岁高龄的风水先生吴世培，村民很相信风水，一般建房选址、上梁仪式和红白喜事都要请风水先生帮忙。除看风水外，他还可以选定良辰吉日、掐算姻缘、撰写符咒等。风水先生的传承通过收徒方式进行，但现在寨里的年轻人并不相信风水命理，不愿意学习，加上吴世培的儿子又是教师，所以至今仍未找到接班人。

传统风水理论认为正对道路的房屋转角或墙壁处，需要用"泰山石敢当"震慑妖魔、辟邪驱鬼。平寨南寨门处便有一"泰山石敢当"石像。寨门前原有一座小木板桥，老人们说这座桥像蜈蚣一样，影响平寨的风水，所以在此立"泰山石敢当"石像以挡住霉运和邪气。20世纪90年代马安寨修建水库时，该石像曾被挪去做基石，后又挪回。

除了南寨门前的石质"石敢当"外，寨中更为常见的是长条形木板"石敢当"，文字均为墨书，有"泰山石敢当（挡）""泰山当邪路""钟馗当邪路""佛令邪路敢当""邢路石敢当""姜公在此泰山石敢当"等。

新屋建成时，要在房屋中贴各种纸质符咒，一般是把黄纸裁成长条状，用朱砂画上符咒，贴在门窗、走廊等处，祈求平安，称为"驱邪符"。还有一种红色的长条形符咒，一般贴在门框中间，称为"平安符"，功能与"驱邪符"相当。有的人家还在大门上悬挂八卦镜，或是在瓶子中装一些小米，然后悬挂在门框上，也起到镇宅辟邪的作用。

（七）禁忌

平寨的禁忌较少，现今主要有以下几条：

染布时不能说染料臭，否则会带来霉运。

灌井水时，不能把勺中剩下的水给长辈喝，剩下的水只能给晚辈。

忌跨过家中火塘，只能绕过去。

女性不能坐在火塘的恭老位置，即放柴火的相对处，家中女性只能坐在火塘放酸水的一侧。

祭拜祖先后不能将祭品留到第二天，祭品必须当天吃完。

忌六月之前吹芦笙，因为吹芦笙代表丰收，如果提前吹就会干扰产量，所以农历六月六以后才能吹芦笙。

十一、保护与管理现状

（一）保护现状

平寨村民对共有财产有着很好的保护意识，投身公益事业的热情也很高，因此寨中的公共建筑保存较好且历史悠久。平寨中心的老鼓楼已有近两百年的历史，是平岩村四个寨子中历史最为悠久的鼓楼，于1987年被公布为县级文物保护单位。此外，平寨风雨桥合龙桥、井亭、私塾等均保存完好。目前，寨中由老人协会承担管理寨中治安、公共卫生、防火、公共建筑的职责。

虽然平寨进行旅游开发较早，在一定程度上受到了外来文化的冲击，但总体上仍保留着传统的风俗习惯与建筑，村民仍然过着具有侗族特色的传统生活。

（二）变迁

1. 生活、生产变迁

生活中最明显的变化莫过于服饰。之前平寨村民均以侗族传统服装为主，而改革开放后只有中老年妇女仍穿侗族传统服装，平时年轻人都是穿现代服装。当然，在逢年过节的时候男女老少都会穿上民族服装。表演时，男女演员都会穿上节日盛装，这时的侗族服饰已经不再作为日常服饰，它既是旅游资源，更是侗族的一种身份象征与认同符号。

随着时代的发展，平寨的民居建筑体现出一定的时代性。但总的说来，平寨的吊脚楼变化不大，传统性和民族味依旧很浓，主要是因为当地还是采用杉木作为建筑的主要原料，而原有的木质房子保存完好，仅在内部空间布局及结构方面有些调整。但是也出现了混凝土房屋，影响平寨的整体视觉审美。

2. 民俗民风的变迁

由于人口的增长和土地面积有限，一些农村劳动力外出打工从事其他各种非农业生产，打工的收入已成为大部分人的主要经济来源。他们在外出工作时不可避免地受当地文化的影响，回到家乡后就会不自觉地表现出异文化来，从而使得一些原有的文化发生改变。很多现代化的商品如彩电、冰箱、电脑等进入村寨，除此之外还出现了汽车、农用卡车和摩托车等现代交通工具。村里有了专门跑三江县城的小巴，每天来回运货；相继出现了六七家商店，村民可以在寨子内买到基本的生活用品，像牙刷、牙膏、洗发水、洗衣粉等日用品，村民从以前未见过到现在习惯使用，其生活方式已经发生了改变。

外出打工或是求学的年轻人，他们的婚姻及生育观念开始发生转变，青年男女有了自由恋爱自由选择伴侣的权力。如今村里不少女性远嫁外地甚至嫁给其他民族，也有汉族女孩嫁来侗寨，婚姻越来越来自由。现在年轻人谈恋爱，很少经历传统的"行歌坐月"的恋爱过程，唱歌好坏已不再是评价一个人的重要标准。平寨人结婚的习俗基本完整地传承下来，只是因经济水平的提高，礼物增加了不少。

虽然逢年过节仍旧举行各种活动，但很明显的是，部分活动的仪式简化了不少，也没有以前热闹和隆重了。随着经济社会的发展，平寨中因年轻人外出打工、求学等因素的影响，致使村寨出现了老人小孩多、青壮年少的状况，芦笙、桂戏等传统技艺的传承面临着前所未有的危机。平寨自办的桂戏在平寨人的心目中淡化的趋势已是不争的事实。首先是原来的桂戏戏班——英明班的解散；其次是随着会唱桂戏的老年人相继去世，现在已经很少有人会唱桂戏了；最后是人们对桂戏的热衷程度锐减，人们觉得有其他的娱乐项目，桂戏可有可无，年轻人更是不愿意学习。

3. 宗教信仰的变迁

新中国成立后，尤其是在"文化大革命"期间，由于对少数民族的宗教信仰存在偏见和持否定的态度，一些人认为少数民族宗教是迷信，应该革除。为了迫使平寨人放弃宗教信仰，当时政府做了很多工作，包括挖毁村寨的保护神萨玛所在地萨坛；破坏古庙，烧毁庙内菩萨牌位等。在这些措施的打击下，平寨的传统宗教和民间信仰遭到重大打击，民间信仰出现某种程度的断裂，一些延续多年的信仰和民俗活动逐渐退出了村民的日常生活。现在虽然各种信仰仍有部分保留，但人们对各类神灵的重视程度已大为减弱，而且民间信仰经过意识形态的规范之后，一些村民在谈起这些信仰和活动时态度谨慎，内心也在某种程度上认为这些是迷信活动，羞于向外人透露他们的信仰，因而在外人面前有意回避。

风水意识在平寨人的生活中仍占有一定的地位，无论是墓地的勘定、红白喜事日期的选择、起房上梁等均需寻求风水先生的帮助。随着现代科学进入村寨生活，风水的权威面临极大的挑战，而风水先生后继无人是最突出的问题。但平寨人的风水情结仍是根深蒂固的。

总之，宗教信仰变迁的总体趋势是宗教神圣性的减弱和世俗性、功利性的增强，民族民间信仰仪式的神秘性、禁忌的约束性、传统权威的威望等逐渐弱化。

（三）影响保护原因探讨

1. 保护认识不清

民族村寨的保护绝不是单纯的物质文化保存行为，而是针对民族村寨文化景观进行维护和延续的系统工程。由于对民族村寨文化景观的本质特征认识不清，对最重要的保护主体——人的思考不足，导致保护实践者在景观保护中没能对一些关键性的问题建立起清晰的认识，以至于在如何发展民族村寨文化景观的决策拟定上摇摆不定。这些问题包括如何认识村寨文化景观的重要性、村寨文化景观保护与发展之间的关系、村寨文化景观保护主体的思考等，而保护与发展的关系在平寨表现得尤为突出：近年来村民的收入增多，生活水平提高，加上受到外来文化的影响，出于居住舒适及防盗、美观等目的，逐渐开始在寨子中兴建砖房。砖房在木房之中尤其碍眼，破坏了村寨的整体风貌；旅游开发后游客的到来给村民们带来了新的收入方式，不少村民开始经营旅馆、饭店、小卖铺，改变了村民原来的劳动方式、生活方式，游客的行为也对传统文化产生了一定的影响。

2. 保护制度不全

首先是律法的缺失。在民族村寨的保护过程中几乎没有明确的要求与规范，导致村寨文化景观的建设缺乏系统性，同时在处理矛盾与冲突时缺乏立法机制，导致在保护过程中效率低下。进而导致实际指导意义的法规存在空缺，操作上无法可依。各种法律法规之间的"间隙"过大，难以覆盖保护过程出现的各种问题。

其次是管理低效。我国没有专门独立的遗产保护机构，遗产管理长期存在多主体现象：分属于建设、国土、林业、文物、旅游、宗教等众多部门，所以落实到村寨的管理部门也面临着如此问题，同时又由于村寨管理部门自身体系不健全，很多部门无法建立起来，导致很多工作积压在部门，效率低下。

最后是资金匮乏，平寨的主要公共建筑维护费用均需募捐，修缮并无专项资金。靠募捐获得的资金获取量少而周期长，严重阻碍村寨保护的进度。

十二、结语

（一）资源价值

1. 历史性

据不完全统计，平寨一百余栋三百多间吊脚楼中，至少有一半即五十多栋一百五十余间吊脚楼具有一百多年的历史，又有二三十栋近一百间吊脚楼有两百多年的历史。平寨从单个民居到整体风貌，从私人空间到公共生活空间，从朴实的吊脚楼到极尽装饰之美的合龙桥，以及水井、鼓楼坪、鱼塘等，都较为完整地展现了当时历史时期的物质生产、生活方式、思想观念、风俗习惯和社会风尚，广泛而真实地展现了以侗族传统民居吊脚楼为主的综合文化体系和生活体系，连续反映与折射出当地侗族的发展与变迁，生动地体现了杨、陈、吴三大姓氏之间的聚居模式。

2. 科学性

平寨村民的防火意识极强，民居建设体现较高的科学性。一年中天天都安排人员打铜锣喊寨防火。村中的几处防火水池、村边的鱼塘都蓄满了防火水，并且定时挨家挨户进行防火安全检查，及时消除隐患。同时，在房屋之间建立防火带，严禁在防火带内搭盖房屋、堆放杂物及其他占用防火带的行为，防止由于房屋过于密集而扩大火势与损失。由于防范严密，自先祖进村居住以来，从未发生过较大规模的火灾。因此，无论是公共设施鼓楼、风雨桥、井亭、寺庙、寨门，还是民居的吊脚楼都保存得较为完整，古老侗寨之风貌依旧存在。相对易发生火灾的侗寨来说，平寨无疑是防火安全的典范。

3. 艺术性

平寨在布局构思方面的独特性、合理性及各种意象景观，如成片的吊脚楼、传统井亭及鼓楼聊天的生动丰富。传统的建筑装饰艺术丰富精美，如建造精美的合龙桥，在视觉效果上造成了强烈的震撼和感染，艺术价值高。

（二）现状条件

1. 真实性

平寨的村落格局百年来几乎不曾改变，经济结构仍以自给自足的农业经济为主，在风俗方面也保有传统的侗族风貌：村民们保留了大部分传统节日；日常饮食并没有太大改变；各家各户保留有传统的侗族服饰及纺织机等传统工具。部分节日虽然融入现代化因素，但其内涵与情感一直不变；难能可贵的是村民们保持着淳朴善良的民风，说明作为平寨侗寨文化景观核心内容之一的意识形态并未发生根本改变。

2. 环境性

平寨的布局构思与环境和谐统一，表现出强烈的风水意识和良好的生态意识；周边环境保存基本完好，共同构成一幅完整的人与自然和谐统一的"诗意"画面。

3. 居民意向

平寨村民为自己是平寨人倍感自豪，对游客持较欢迎的态度，只是对现状不甚满意。

（三）旅游开发条件

1. 市场条件

平寨是程阳八寨中的一个自然村寨，亦处在其他村寨之中心，距世界四大历史名寨之一、国家重点文物保护单位——程阳永济桥仅一里多地，是国家公布的4A级景区——程阳景区八个村寨其中之一。具有一定的旅游知名度，市场条件好且开发前景开阔。

2. 区位条件

平寨东临公路，交通顺畅，与外界联系快捷密切，区位条件较好。

附录一：主要访问对象

1. 陈俊障，男，82岁。桂戏创始人之一，组织桂戏戏班英明班，年轻时做过船工。访问内容为桂戏、侗戏、传说、地理、建筑、文化教育、经济、家族姓氏、婚姻、丧葬、节日、文化娱乐、宗教等。

2. 陈俊华，男，86岁。陈俊障的哥哥。访问内容为灾害、婚姻、节日、葬礼、宗教。

3. 陈俊军，男，75岁。陈俊障的弟弟。访问内容为灾害、婚姻、节日、葬礼、宗教。

4. 陈炳妹，女，75岁。访问内容为酸鱼、酸肉的制作方法。

5. 陈还校，女，57岁。家庭主妇，务农，吴雪丁的母亲。曾参加过侗歌、多耶舞的表演。访问内容为服饰及制作方法、婚姻、饮食、家族姓氏、侗戏、侗族大歌等。

6. 陈建，男，55岁。卫生所医生，曾为村中赤脚医生，读过卫校、接受过相关医疗培训。访问内容为医疗卫生情况。

7. 陈艳宁，女，19岁。三江中学高三毕业生。访问内容为节日、饮食。

8. 陈群树，男，38岁。村支书，曾外出打工，从事多种行业。访问内容为人口、水利、经济、行政管理、教育、家族等。

9. 程梁智，男，35岁。私人诊所医生，为平寨唯一一户程姓人家，卫校毕业。访问内容为医疗卫生情况。

10. 程章，男，60岁。私人医生程梁智的父亲。访问内容为家族迁移情况等。

11. 梁能光，男，47岁。程阳八寨表演队队长，马安寨人。访问内容为表演队演出情况及相关政策。

12. 彭春莉，女，41岁。大专文化程度，土家族，湖南人，蓝精灵幼儿园园长。访问内容为幼儿园开办情况及相关政策。

13. 吴银喜，男，81岁。家中保存有吴姓家谱。访问内容为村寨布局及发展轨迹、家谱等。

14. 吴天荣，男，79岁。现为小卖店老板的父亲，曾任平岩小学教师。访问内容为地理、商业发展情况、教育等。

15. 吴敬荣，男，78岁。前老人协会管理员。访问内容为老人协会管理情况等。

16. 吴群练，男，68岁。曾于1996—1999年任村委会支书，从事木匠行业。访问内容为建筑、文化教育、行政管理、经济、家族姓氏、婚姻、丧葬、节日、文化娱乐、宗教等。

17. 吴世祥，男，65岁。典型人家户主。访问内容为姓氏迁移及分布情况，村寨发展情况及防火线、婚姻、葬礼等。

18. 吴孝能，男，37岁。典型人家户主。访问内容为服饰制作及购买情况。

19. 吴雪丁，男，22岁。现为广西水利电力职业技术学院大二学生。访问内容为建筑、文化教育、家族姓氏、婚姻、节日、文化娱乐等。

20. 杨施良，男，83岁。合龙桥功德箱管理者，岩寨人。访问内容为合龙桥传说、合龙桥管理情况、生活作息等。

21. 杨天林，男，77岁。从事木匠工作，木匠世家。访问内容为上梁仪式、村中木匠数量及构成。

22. 杨坤妹，女，50岁。初中文化程度，正在建房开旅馆。访问内容为建筑材料及价格、旅游政策等。

23. 杨彰瑞，男，43岁。幼儿园园长彭春莉的丈夫，幼儿园司机，程阳八寨表演队演员，大专文化程度。访问内容为表演队成立及演出情况、传统乐器及服饰等。

24. 杨立生，男，43岁。商贩，曾外出打过工，从事过货运司机、建筑业等行业。访问内容为商业经营情况等。

25. 杨群春，男，37岁。曾制作过芦笙，是平寨中唯一能做芦笙的人，现改行从商。访问内容为芦笙制作方法、节日、经济等。

26. 杨群永，女，32岁。商贩，杨群春的妹妹。访问内容为商业经营情况、饮食制作方法等。

27. 杨珊娅，女，19岁。三江中学高三毕业生。访问内容为节日、饮食。

附录二：平寨老鼓楼碑碑文

亘　古　千　秋

切□铭□□□□□□□□□□□□□□□市□□而有会

启之□□□□□□□□□□□□□□□相聚之短古记之全良

有以也今我平寨□□无处戏游芦笙并无吹处

专着老子弟会议平解金囊取买中寨鱼塘填砌成基

通滑雨之天宝往来而不便于是庚辰年有吴宗成杨传□

瞳因□古楼胜有里边人行大路值漕哃之日犹□足而能

同修善念共结良缘各捐金囊请匠斫削石板以修砌

卒无不甚幸功程圆满勒石标名以垂不朽

石匠王安义

吴宗成　砌中间通内外一间

杨傅成　砌外古楼左手一间

杨傅县

吴银钱　三人共砌外古楼右手一间

杨仁兴

皇清道光元年冬季谷旦立

附录三：古庙修缮碑碑文

共结善缘

盖闻始祖因其地利创立庙宇迎神镇殿于是此方人赖以安物籍以阜□圣德宏宽□神恩广大然先人之立建庙宇由来旧□至民国十一年是以本境众姓人□洁为思之而同心协力共结善缘募化□□信女各捐金囊修整庙宇改旧换新今为功□□□□以□□□保一方而清泰庇佑四村以平安至若五谷丰登文人□起无非□手神力也□寿聊表寸□□助捐资计开芳名于□□□杨尚桂撰

中华民国十四年岁次乙丑十二月吉日刊立

附录四："合龙桥再修序"碑碑文

合龙桥再修序

合龙桥，修建于青龙赤龙双龙戏珠汇合之处，故得名为合龙桥（见《程阳永济桥始建记》）。它与上游的普济桥相望，同下游的永济桥毗邻。始建于公元1918年，1939年一场特大山洪暴发冲毁了大桥，1943年得以复修。

半个多世纪来，或因自然或因人为，大桥失修——桥墩损坏、瓦片脱落，平桥、亭柱、桥板、长凳、栏杆等多处腐烂，急待维修。

再修合龙桥，是广大村民的心声：合龙桥是勾通东西的要道，人们乘凉避雨小憩之场所，它是程阳桥旅游区的景点之一（当年红军长征过此地曾在桥上露宿，1996年中央电视台曾专程到此拍摄影片），修桥铺路是中华民族的美德。于是广大村民捐资献料，出工献策，使维修工作有个好开头：瓦面作了整体翻修，桥墩桥栏桥凳也做了修整。但平桥、亭柱、桥板等主体工程因资金短缺无以维修。为此，领导小组曾于1999年12月发出了《同心协力维修合龙桥》的倡议书："……因无专项维修经费，特请广大村民、旅客、各界仁人志士，捐资捐物，出工献料，共同维修合龙桥。哪怕是捐献一砖一瓦，一厘一分，皆流芳千古。凡捐献拾元以上者刻姓名于石碑，不足十元者书姓名于木牌。"为能尽快全面维修，敬请广大民众，各界仁人，中外宾客慷慨施舍，解囊相助。

解囊乐施旺财运　　信步合龙壮精神

涓涓细流汇大海　　区区义举流芳名

是以为序。

维修领导小组成员：杨炳能　杨志春　吴钦能　吴炳业　陈永业　陈基民　吴敬荣
陈能学　杨进集　陈基永

　　刻石工匠：陈杨神善

林溪乡平岩村马安屯陈能军撰且书

公元二〇〇〇年六月十日

附录五："重修'东井'小序"

　　义务架桥铺路、建亭修井，历（来）是我侗族人民千百年来的传统美德，在建设社会主义精神文明的今天，此种美德得（到）了进一步发扬光大，从"东井"的重修可见一斑。

　　我们寨的祖先，勤劳善良，他们不仅开田造地，还在寨边修了"盘烂井"和"东井"，造福于后代，为后（人）所称颂。他们名扬千古，流芳百世。

　　社会在发展，人们在前进，在共产党领导下，我寨人民生活水平不断提高，人口亦随着不断地增长。

　　加之"盘烂井"发生了变化：水的流量和水味都具有季节性，大部分时间无水或水味不好。因此，"东井"就成为全寨一百六十多户人家饮水的唯一水井。而它的流量也不大，满足不了人们饮用的需要。饮水难的问题已成为全寨人民的一件大事，解决饮水问题迫在眉睫。对此，大家都极为关心。寨上老人更看在眼里，急在心上。言谈中经常提到。为此，他们曾于前年将此井挖深。将已断裂的石桶按（安）好放下。在石桶（外）加一节水泥桶。还疏通了井旁水沟，使沟水不至于渗到井内污染水质。井里的水也不至于流出桶外。同时增加了蓄量。但夏天饮水问题仍得不到解决，早晚打水的人们仍得排队等候。有的趁晚有水半夜十一二点钟去打水。有的则于早上天未亮去打水，既影响生产又影响休息。

　　饮水问题不解决，村民委和老人们不甘罢休。他们提出一定要再修一口井。在何处修，有人说前年重修"东井"时看见井旁另有一股泉？我们就在那里挖吧。经过充分商讨。这一建议得到大家一致赞同。于是在村民委和老人协会的带领下，发动群众，群策群力，号召大家有钱出钱，有物出物，有力出力。这样，一场轰轰烈烈的修井活动于戊辰（龙）年正月十四日开始动工，全寨不分男女，也不分青壮老年，大家都迈（卖）力干。又献计献策，捐钱献料，都很踊跃。经过七天奋战，新井终于在旧井旁修成了。这口新井与那口旧井一样，水又清又甜。其造型和规模也与旧井相同。他们可谓"姐妹井"，现在人们可随到随打水了。

　　由于原井亭年久，已损坏不堪。此次将其摘掉。另建一座砖柱的。规模比原来大的新井亭。将两口井同时覆盖。更便利人们歇息和避雨避暑。这样，就成了旧中建新，新中有旧，新旧结合，融为一体的井了。此种（一）亭两井为大家所罕见。可谓是我寨人民创造的一大奇迹。此外，这次还将流经井旁，积满泥沙全长四十丈的水沟彻底疏通。

　　在这次重修"东井"活动中，还得到村外群众的支持（详见碑上所刻）。

总出工天数　叁佰陆拾壹天

总捐现金　伍佰壹拾肆元玖角

杉木　壹拾条

瓦片　伍佰块

布料　贰佰捌拾陆条

酸草鱼　叁拾肆条

酸肉　捌斤

糯米饭　叁佰肆拾叁斤

糍粑　肆拾捌斤

米酒　贰拾伍斤

衣服　肆件

裤子　壹条

吉祥花　壹拾陆块

糖果　壹拾捌斤

施炮火陆元

杨秀桶撰

杨明元择日

一九八八年五月廿叁日

农历四月初八日立

附录六："思源亭记"碑碑文

苏轼以喜雨名亭，志天之功也。平寨饮水，幸党恩泽。饮水思源，建亭以志之，名曰思源亭，志党之功也。

予少小离家，幼时井旁排队汲水之情景，未曾忘怀。尤当夏秋之日，骄阳如焚，男妇老幼，望水如甘露，实堪悯怜。辛未年农历三月初五，区水电厅、地区水电局、县水电局等有关人员一行到平寨视察民情苦疾，沥陈上书。辛未冬，承蒙区以工代赈办下文资助平寨饮水工程。壬申年秋动工，村民捐资献力，昼夜兼工，不及五月，大功告成，引泉入村，福临农户，沐浴防火，老少皆庆。诚为政通人和百废俱兴之象也。

古之官吏，吸民膏脂，犹树碑立庙，以障人耳目，偶有为民作主，亦为数甚少。今之政府，急民之所急，虑民之所虑，"先天下之忧而忧，后天下之乐而乐"。古之名胜楼阁，耸翠流丹。工精艺绝，然多供骚人墨客，官僚大夫驰目骋怀，艳游逸兴，而衣不蔽体食不果腹之农夫，能有凡人叩扁？平寨思源亭，虽无朱帘画栋凤舞龙飞之饰彩，然独具南国民族建筑之风韵，侗族民风，纯朴敦厚，热爱公益，尤善笙歌。劳作暇余，聚会楼亭，不亦乐在其中乎？兹今以往，人民愈加珍惜幸福来之不易，顺其时而乐其业，岁物丰成，民安国泰，遐迩共乐。是为记。县文物管理所吴世华撰于癸酉年（1993）正月。

附录七：平岩小学修建碑碑文

凡贤哲之人，无不入学受业，继而发奋进取，方成大器。当今兴学办校。诚为普及义务教育，慰励俾青少年苦读钻研，为振兴当地经济，输送人才，培育国家之栋梁。平岩村干部、教师、群众弘扬重教兴学的优良传统。多次聚会论谈新建教学大楼事宜，惟工程浩大，耗费巨资，独木难支，务求同心同德，集腋成裘，才能完成此举。经全村干部群众酝酿，各表心愿。众声一致，傲然应诺，致力建校。承蒙党的关怀，县政府教育局拨款七万元，暨社会仁人解囊相助一万元，村民捐资一万五千元，施木壹拾柒立方米。雇匠大兴土木，由一九八六年十一月至一九八七年五月时不许久，工程告竣，筑成砖混教学楼房一栋三层九间教室。平岩村干部，群众珍惜业绩善果，一九九四年又多渠道筹措资金四万元，砌成校园围墙壹佰柒拾贰米，增设一座民族风格的集资亭，其形多姿，其美多赞，以供师生休憩，磋商学业，旅客观光。该校初具规模。功在众志成城，缕丝成绸，乃为子孙后世千秋大业也。是以为序。

三江县教育局局长　杨通光

一九九五年九月二十八日

附录八：修建鼓楼募捐词

平寨鼓楼，始建于道光元年（1820）。至今将近200年的历史了。然则因经历多年的风风雨雨，瓦角桁条破旧霉烂，墙壁千疮百孔。楼已失去昔日的雄姿，为使侗乡人民尽快地脱贫致富奔小康，一个良好优美的旅游环境就是侗乡人民与外界沟通的桥梁。因此，村民们决定集资维修旧楼，在后背新建一座六角形状独柱十五层高的鼓楼，成为内外高矮连通的双层楼。计划约需经费三十万余元。

然而，封闭多年的侗乡百姓，无力承担这一巨额费用，只能在捐工献料的同时，向各界人士、港澳台同胞、海外侨胞、国际友人发出呼吁，诚求解囊捐助，为我村民分忧排难。

为弘扬捐资助困之民族美德，我们决定将各位善士芳名刻碑以志，使之与侗乡永存，与程阳桥共誉！

平寨全体村民

2010年4月

附录九：县级重点文物保护单位平寨鼓楼保护规定

一、鼓楼前面防火道，鼓楼后面鱼塘各四千米内和鼓楼左、右两边的戏台、村委房屋范围内，均属保护范围。在保护范围内，不准兴建影响鼓楼安全和观瞻的建筑□□□□，戏台、村委房屋□□，由村委报县□□后进行。

二、鼓楼内禁止堆放木头、柴草、肥料、谷物以及其他易燃物品，禁止利用鼓楼做加工场。严禁□□损鼓楼木板、瓦面、碑刻等。

三、拍摄鼓楼内部结构作研究、出版图册，利用鼓楼作拍摄电影、电视片场景者，需按规定交纳文物保养费。

四、违犯以上规定者视情节□□给予罚款处分直至追究法律责任。

三江侗族自治县人民政府

一九八七年七月一日

附录十：平岩村村规民约

为了维护社会稳定，创造良好社会风气，促进经济发展，保护集体及人民群众财产不受害，维护人民群众正当合法权利，结合本村实际（情）况，特制定本村规民约。

一、安全防火方面

1. 巡寨喊寨员要认真负责当天的责任，当天在本村屯四周巡回走动检查，不能随便离（开）本屯或上山劳动、或赶圩走亲戚，如出现问题而自已不在家，则处罚100元。

2. 安全防火不良的农户、谁家出火警或火灾、惊动四周处罚500至2000元，惊动全寨及上下村屯处罚2000至10000元，严重的交司法部门。

3. 野外出现火警、面积在1-3亩范围内处罚500-1000元，财物损失由失火者与受损失者协商赔偿。发生火警时要立即汇报上级，并组织人员进行疏散群众和灭火，火警电话：119。

4. 各屯老人协会要定期或不定期组织本屯骨干进屯进户检查防火，对存在有火情隐患的农户限期整改，在期限内不整改则处罚100元、再次督促整改并加倍处罚，且村民有权强行拆除火情隐患处。

5. 各屯要组建义务消防队，定期或不定期起动消防机（检查）是否工作正常，检查水带、水枪用具是否完好，消防栓内是否有水对损坏消防用具设施的照价赔偿，并处罚200元。

6. 要保持露天水池时时水满，也要注意水池周围的防护安全。

二、偷盗方面

1. 偷鸡、鸭、鱼者被抓一次处罚500元，物退返给失者，严重者上报司法部门。

2. 偷盗生猪、耕牛者被抓一次处罚1000-2000元，物退返给失者，严重者上报司法部门。

3. 偷盗蔬菜、水果、柴火、茶仔、谷物等农作物类被抓一次处罚200元。

4. 偷放鱼塘、水田盗鱼者、电鱼者彼抓一次处罚1000元、没收电鱼机。

5. 在保护河段内（从平岩村平寨屯的综合楼河边下至程阳桥景区寨门的河边，总长度3公里）禁止一切电、炸、毒鱼的违法行为，如有违者一次处罚500元，并没收电鱼机，严重者送司法机关处理。

6. 进屋行盗一次处罚1000元，所盗的钱物退返给失者，严重者上报司法部门。

7. 盗伐杉（松）木者被抓按条木中围尺寸处罚即10公分以下50元，11-14公分200元，15-20公分300元，21公分以上1000元，盗砍油茶树一兜罚50-200元，物退返给失者。

8. 收留或收买盗窃物资者，按被盗窃品实价的十倍进行处罚，并将被盗物资退还失主，严重者送司法机关处理。

三、公共设施管理方面

1. 不得在公共场所（鼓楼内、鼓楼坪、戏台、风雨桥）聚众赌博，违反者处罚200元。

2. 在公共场所活动要爱护公物，如有损坏失大小论罚，轻者罚200元，重者罚500元，并维修好损坏处。

3. 不得在石板路及鼓楼坪石板上乱打乱挖，护路栏杆不得乱砍乱锯，更不能打断石栏柱，违者罚100-300元。

4. 不得在井水亭内洗衣服、洗头，更不能大小便，违者处罚200元。

5. 消防栓是维护村寨防火的主要设施，除有组织检查或防火应急使用外，任何个人不得随便乱开乱用，违者罚50-200元。

6. 凡是公共财物的，任何人不得以任何借口拿走、贪污、挪用、占有，如发现有违反者，除追回财物外，轻者处罚300元，重者移送司法机关处理。

7. 管水员要经常到水源头检查，发现无水、水质不干净或有死蛇、死老鼠等，要即时处理干净；高压水池半年或一年清洗一次，否则因此造成危害人体健康，处罚500元，并赔偿受害者医药费。

8. 不得随便放浪耕牛、生猪吃或践踏农作物、如发现被抓者按乡耕牛管理办法处罚。

以上条约、希望全村人民群众共同遵守

平岩村村民委

2011年9月20日

附录十一：环境卫生村规民约

为整治环境，建设美丽乡村，促进生态文明，特制订环境卫生村规民约：

（一）六个不准

1. 不准乱扔垃圾，保持河边、路边、村边、屋边、田边清洁。

2. 不准乱堆乱放，保护村寨巷道整洁、畅通。

3. 不准乱贴乱挂，保持村容村貌美丽、整洁。

4. 不准乱搭乱建，保持村寨整洁、文明、有序。

5. 不准占道经营，保持道路安全、畅通。

6. 不准放养禽畜，保持村寨环境整洁卫生。

违法（反）以上规定的，责令限期整改；逾期不整改的，处50元以上200元以下罚款；情节严重的，处200元以上500元以下罚款。

（二）六个自觉

1. 自觉清洁家园。每家每户各负其责，保持房前屋后的整洁卫生，自觉清扫垃圾，清理杂物，清洁房屋。

2. 自觉清洁水源。每家每户必须建有卫生厕所和化粪池，处理好自家的生活污水，严禁乱排乱放生活污水。保持水井、水塘、排水沟、下水道、小河流干净整洁。

3. 自觉清洁田园。各家各户处理好各种农业生产废弃物，严防农药、化肥的过量使用，防止农业生产方面的污染。

4. 自觉分类处理垃圾。可自行处理的垃圾要尽量自行焚烧或填埋处理，有垃圾分类桶的，自觉按要求将垃圾进行分类处理。严禁将建筑垃圾倒入垃圾桶内。

5. 自觉爱护环卫设施。爱护环卫设施人人有责，无意损坏环卫设施的，要自觉维修，无法维修的，要自觉照价赔偿；严禁恶意破坏环卫设施。

6. 自觉按时缴纳保洁费，不缴纳保洁费的农户在"美丽三江·清洁乡村"宣传栏内进行通报。

违反以上规定的，责令限期整改，逾期不整改的，处50元以上200以下罚款；情节严重的，处200元以上500以下罚款。

（本村规民约经村民代表大会讨论通过，自2013年6月1日起实施）

村民签字：

附录十二：防火公约

一、安全防火是大事，护林护寨都有责，村村寨寨落实防火员，家家户户接受监督。

二、村寨防火线不准占用和堆放易燃物，油榨、酒坊、砖瓦烘烤等行业要设在安全处。

三、火堂炉灶要安全，不得拿油灯上床看书、烧蚊子，不准拿火盆火笼取暖睡觉，不准把炭火放近易燃物，不准乱丢烟头。生产用火坚持"五不烧"，做到人离火灭。

四、教育小孩莫玩火，燃放爆竹要小心。

五、电器线路要安全，不准私拉乱接和超负荷用电。

六、发现火警火灾要及时呼救，不误时机。

七、违反公约者，视情况轻重，按防火有关规定处罚。

望全乡人民共同遵守。

调查组成员：朱萍、刘畅、王云飞、张锐、王思怡
访谈：朱萍、刘畅、王云飞、张锐、王思怡
制图：刘畅、王云飞、张锐、王思怡
摄影：朱萍、张锐
初稿执笔：朱萍、刘畅、王云飞、张锐、王思怡

平岩村岩寨调查简报

一、概述

岩寨，也称"岩寨屯"，因寨中地势起伏且多岩石而得名，位于广西壮族自治区三江侗族自治县林溪乡平岩村，由八坳、王相和岩寨三个自然屯组成。其坐标北纬25° 53′ 59.08″，东经109° 38′ 41.41″①。岩寨地处林溪河河谷，东以林溪河为界与平寨相依，南以通村路为界与马安寨相邻，西隔水田与平坦寨相望，东北临程阳大寨。林溪河自北往南绕寨而过，周围丘陵起伏，岩寨以两片紧邻的小山为依托，两山之间的小溪将整个村落分为南北两片，屋舍均顺山势

---

① 测点为新鼓楼。本次调查所使用高程与经纬度数据由调查组成员使用手持GPS测得，机器型号为"GARMIN佳明GPSmap 62sc"。

由高而低分布在山腰至河边台地间，背山面水，坐北朝南，采光佳，视野好（图版一）。

岩寨全寨223户，人口1035人，分9个村民小组[①]，均为侗族。目前村中以杨姓最多，吴、陈姓次之，张、梁姓仅数户。据村民的记忆，岩寨村民从最早定居于此至今已繁衍生息七代人，而寨中现存最早的房屋始建于近200年前，与之相符。

岩寨调查组成员共4人，由北京大学硕士研究生张林担任组长，组员为中央民族大学本科生张高扬、北京大学本科生冯玥、陈时羽。本次调查还得到当地大学生杨艳里、杨珊娅的鼎力相助。

二、地理环境和资源

岩寨位于林溪河西岸，自河谷眺望，"所见皆岗阜，目穷不过数里"，但若凭高远眺，则"数十百里，山岭连线，虽溪谷界划其间，时呈一线平阔，仍浑然似一连续之块状高地也"[②]（图版二）。

岩寨共有水田三百余亩，旱地两百余亩，林地近千亩。岩寨的田地主要沿着寨中小溪两岸分布，溯流而上直到平坦寨脚下；林溪河自程阳桥以下河段西岸的水田也有部分属于岩寨。寨中水田人均0.3亩，旱地户均1亩，林地户均3-6亩。由于1981年分林地时按照当时小队分配，现在各队人口增长不一，导致各户间林地不均。

流经岩寨的河流有两条。较大者为林溪河，较小者为一条自西向东从岩寨穿过的无名小溪，发源于平坦寨上游，至岩寨段水道宽约10米，但径流量甚小，水流最窄处不足1米。溪水用于农业灌溉，村民日常也在溪中洗衣洗菜，夏季时寨中孩童常在其中戏水。

此外，由于降水充沛，地下水位较高，寨中有多个水井，常年冒水不断，水清且甘，是村民的饮用水源。

岩寨周边山林环绕，植被保持较好，野生动植物资源较为丰富。曾有虎、豹、野猪等大型野生动物出没，甚至发生过猛虎伤人事件[③]；改革开放后，山上开荒使得树木减少，动物随之也减少，老虎等大型野生动物已基本不见踪迹，目前仅见野鸡等小型野生动物，偶见野猪。靠近寨子的山头以人工栽种的次生林为主，多为杉树；较远的山林则多为原始森林，生物多样性保持较好。

在村民的记忆中，岩寨所处地域多年来风调雨顺，基本没有遇到过重大自然灾害或疾病瘟

---

① 据平岩村村委会提供的材料，数据统计截至2011年。据老人协会会长吴凡秀先生提供的信息则是224户，1170人；村委会副主任杨军责提供的则是"约230户，1100人左右"。
② 魏任重修、姜玉笙纂：《三江县志》，第77页，成文出版社有限公司，1975年。
③ 三江侗族自治县志编纂委员会：《三江侗族自治县志》，第115页，中央民族学院出版社，1992年。

疫，只在1957年和1983年分别发生过一场火灾和水灾。1957年，在八坳发生一起火灾，烧毁附近多幢房屋，所幸并未殃及全寨。1983年农历五月十一日，天降大雨，溪水暴涨，漫过桥面，最终将频安桥冲毁；此外还淹没大量田地，致使部分房屋受损。

另据县志记载，岩寨曾经历过干旱、风雹等其他自然灾害。民国十四年（1925）林溪一带从三月底旱到八月中，粮食几近绝收，粮价上涨十余倍[①]。1986年4月10日18时30分左右，程阳村、平岩村风雷交加，7人受伤，数十间房屋损毁，秧苗、茶桐林也损失惨重[②]。1986年8月10日19时40分前后，平岩、程阳等村遭大风袭击，掀倒房屋10座25间，另有若干房屋受损[③]。

三、传说和村寨历史

（一）传说

1. 建寨传说

传说程阳八寨地区原本是苗族的居住地，侗族先民很想来这里居住，无奈苗王非常强悍，许多想要靠近她的人都被她杀死了。侗族中的一个勇士想到苗王是女性，有很长的头发，就在她洗头的时候利用她眼睛被挡住的机会用箭射死了苗王。苗王一死，苗族人也就纷纷离开了这个地方，侗族人得以在此居住，勇士也得到了很丰厚的钱财奖励。据说以前在苗族地区，侗族人不可以说自己是程阳人，否则会被报复，当然现在已经没有这些忌讳了。

2. 人类起源传说

《后汉书》卷八十六《南蛮西南夷列传》记载，广西壮族先民乌浒人"生首子辄解而食之，谓之宜弟"[④]。而与乌浒人有着相近的生活环境、生活习俗的侗族先民中也产生了与之相似的传说。

寨中老人版本：很久以前发大水，许多人都死了，只剩下了一对兄妹，哥哥叫藏良，妹妹叫藏妹。兄妹俩种了一个巨大的葫芦，发大水时他们将葫芦掏空钻了进去，才躲过一劫。洪水退去后，兄妹俩生了许多小孩，他们将长子剁碎，把肉扔到平原上变成了侗族人，骨头变作苗族人，五脏六腑变成汉族人。从此人类得以继续繁衍生息。

一位名叫陈会娜的高中生也给我们讲述了这个故事。故事是小时候家中大人讲给她听的，

---

① 三江侗族自治县志编纂委员会：《三江侗族自治县志》，第112页，中央民族学院出版社，1992年。
② 三江侗族自治县志编纂委员会：《三江侗族自治县志》，第113页，中央民族学院出版社，1992年。
③ 三江侗族自治县志编纂委员会：《三江侗族自治县志》，第113页，中央民族学院出版社，1992年。
④ （南朝宋）范晔撰，（唐）李贤等注：《后汉书》，第2834页，中华书局，1965年。

时隔久远，一些细节已经模糊，部分内容也与老人讲述的版本有了出入，特记录于此，以资对比。在陈的版本中：女主人公的名字已被她遗忘；兄妹俩借以躲避洪水的不是葫芦而是南瓜；孩子的瘦肉扔到平原变成富人，肥肉扔到山里变成穷人，骨头扔到山区变成了其他人和动物，具体已经记不清。

3. 轶闻传说

（1）娱乐故事：蝗虫和猴子的故事

蝗虫和猴子打架，猴子拿了锤子当武器。蝗虫就飞到猴子的头上，猴子用锤子去砸蝗虫，结果蝗虫及时飞跑了，而猴子却自己把自己砸死了。

（2）历史故事：土匪与政府兵

清末民初，三江这一片地区的人都很团结，但在外人看来这里就是一群土匪；清政府派兵过来清剿，整个三江地区的人民都与之斗争。有一次三江地区的土匪被打得全部溃败后四散奔逃，政府兵进到村子里存放集体粮食的老鼓楼，看到许多粮食就以为找到了大本营。因为找不到被打散的土匪，便把村子的房屋、粮食给烧了，这也是村子唯一一次被烧。

民国时候，村子里聚集了一些人被当作土匪，政府准备来清剿。周围地方例如大寨的听说了，以为这里挺富有，就在政府兵来之前打着政府的旗号，先行清剿，想把村里值钱的东西先拿走。无奈装备不好，便又叫了附近几个寨子的人一起过来清剿。经过战斗，村子里的土匪虽死伤不多但都被打跑了，前来清剿的人就把村子里养的猪、牛等牲畜牵走了。后来有几位从三江县城来的人来到村子里，因为本是想到村子里买牛的，所以都带了绳子，却正好碰上之前逃跑的土匪回来，土匪看见绳子以为是这几个三江县城来的人把牛偷走了。可惜这些人本是几兄弟一起来买牛，却无辜被土匪全部杀掉了。后来，真正的政府兵来清剿土匪，他们打着正义的旗号询问当地村民哪里有土匪，让村民给他们带路，被询问的村民里有些本来就是土匪，肯定不会把政府兵引到自己寨子里打自己，便把政府兵引到贵州那边去打当地的土匪。因为土匪遭到之前的清剿后已经形同难民，政府兵以为他们就是普通的村民，没有疑心，便将贵州的土匪剿灭，将抢回的物资发给这些沦落成难民的土匪后就离开了。

（3）寓言故事：两兄弟的故事——朋友同行不同心

从前有两个兄弟，弟弟得到什么好东西从不叫哥哥，只叫好朋友前来分享。有一天弟弟上山打猎，无意中开了一枪，好像打到了什么东西，他以为打到了外地人（即苗族人），就急匆匆跑回家向他的朋友们求助。朋友们听说他打死人了，都害怕的跑走了，不愿意帮他一起掩埋尸体。哥哥在隔壁房间听到了，很担心弟弟，便主动提出要去帮忙。兄弟俩来到开枪的地方，发现打死的不是人而是野猪，于是两人兴高采烈地把野猪抬回家一起分享，而弟弟的朋友们再也不好意思来了。

（二）地方史志

岩寨在清代时属"大营峒"[①]，民国时期属平江区程阳乡，辖岩寨、八凹两个寨子，公所驻岩寨[②]。

同治二年（1863）十月初八，石达开部左宰辅李幅猷被官军追剿，退至林溪一带[③]。

民国三十八年（1949）四月下旬至五月初，民主人士莫虚光、荣成礼、欧文光曾在林溪乡组织民变武装起义[④]。

（三）碑刻、题记

岩寨的风雨桥桥头都有大量的功德碑，以木质的为主，仅频安桥头有一块石碑。这些功德碑的形制基本相同，碑首写四个表示吉祥歌功颂德含义的大字，如"万古千秋""名扬四海"等，下方小字列出捐款人姓名及捐款钱数（详见各公共建筑部分）。此外仅见一块非功德碑类型的石碑，另有两块木制牌匾。

1. 碑刻

石碑（图三—1）位于双茶冲口，水泥桥头处，斜靠在一堵石墙边，已非原位。碑身长方形，长约1米、宽约0.5米、厚约0.05米，刻于道光十七年（1837）。碑首从右至左刻写"万古千秋"四个大字，字体朴拙；正文共11行，每行30字左右，由于年代久远，刻字也较浅，侵蚀已经比较严重；加之石碑表面未经打磨，凹凸不平，更是增加了辨认难度，只有部分文字勉强能够辨识。从可辨识部分推测，碑文记载的似乎是对一场苗民杨老田与侗民杨尚文之间关于双茶山土地归属权的争夺的判定。可识别内容如下：

图三—1　石碑

---

① 三江侗族自治县志编纂委员会：《三江侗族自治县志》，第30页，中央民族学院出版社，1992年；魏任重修、姜玉笙纂：《三江县志》，第210页，成文出版社有限公司，1975年。

② 三江侗族自治县志编纂委员会：《三江侗族自治县志》，第32页，中央民族学院出版社，1992年；魏任重修、姜玉笙纂：《三江县志》，第220页，成文出版社有限公司，1975年。

③ 三江侗族自治县志编纂委员会：《三江侗族自治县志》，第5页，中央民族学院出版社，1992年。

④ 三江侗族自治县志编纂委员会：《三江侗族自治县志》，第12页，中央民族学院出版社，1992年。

			秋	千		古		万		
										□
	道							等		调
	光					人	杨	在	禁	怀
	十				梁	杨		全	事	远
	七	进			进	尚	村	善		悬
	年			扬		文	后	杨		正
	十		谕		尚	杨	谋	唐	程	堂
	月				文	年	占	录	阳	卓
	初					三	耀	等		正
	八							因		
	日	许				月			村	陆
	告					行			苗	
	示	目				岩			民	
						寨			杨	
						村				
						杨				
						尚				
						文	有			
						土	四		岩	
					杨	双	造	毁	寨	七
					进	尚	山	并	村	
					文	封	山	杨	老	
程					岩	等	一	杨	陆	曰
阳					寨		座	老	杨	
岩					村		并	日	十	
寨					贴		契	杨		
村		册		木			买	老	等	
宝						老	之			
诏		一		杨		田		平	诉	
谕					茶			该	控	
			茶		山	村		杨	尚	
			山	封		雨		尚		
			封	封	封		于	明	文	

2. 牌匾

杨云生家中保存有两块木制匾额：

一块（图三—2）黑底，正中从右向左刻写"江夏耆英"四个红色大字，右侧有两列字：

图三—2　"江夏耆英"匾额

> 钦命吏科□事赏戴花（？）武（？）四□行□□院殿（？）吉从（？）督广西/□省学院□带加十一级次录十纪（？）□为准给匾额四字

左侧有一列字：

> 赐九品顶戴寿员杨宗高

图三—3　"松柏长春"篆书印章

其上方装饰树叶状纹饰一枚，下方有方形"松柏长春"四字篆书印章一枚（图三—3）。

据杨云生称，杨宗高是他的三位太爷爷当中最小的一位，如果活到现在该有150岁了，因为读书考取了"乡公"（音译）而得到了这块匾。

另一块亦是黑底，从右往左刻写"直上青云"四个褐色大字，此外没有其他文字；四周饰有卷草状花纹。这块匾被作为木板竖向镶嵌在杨云生家堂屋的西侧墙壁上（图三—4）。

图三—4　"直上青云"匾额

四、村落外部空间

（一）村落及周边田地

岩寨坐落于林溪河西岸，充分利用了河岸阶地以及山间空地，并顺山势在山坡上相对平缓的区域修建房屋。岩寨内有一条穿寨而过并在寨内有90度转向的小溪，两岸分布着四座相对高度40-70米的小山：北岸自西向东分别为"美烧""无边""衙萨"，南岸为"崎岭"。四山一溪将岩寨天然分为三个约定俗成的小区域：小溪南岸与林溪西岸之间的区域为"王相"，小溪以北两座较矮山峰所在的区域为"八凹"，小溪转角以东与林溪河以西的区域为"岩寨"（图版三）。

1. 田地

岩寨由于地势起伏变化大且多岩石而少土壤，可利用的田地面积较小，主要的田地一部分在林溪河西岸，由"衙萨"山脚向南一直延伸到程阳桥下游四公里左右的茶厂为止；另一部分沿着寨中小溪两岸分布，逆流而上向西直到平坦寨脚下，由于处于山坳内，面积比林溪河边的田地要小。水田主要种粳米与糯米，旱地主要用来种植玉米、棉花、辣椒、西红柿、莴苣以及芋头等，村民们还利用民居建筑旁的空地种南瓜、红薯、紫苏等。经济作物类多见竹子、茶树、油茶树，由于这些作物对日常看护和水分要求并不太高，因而多种植在寨内及周围的山地上或者房前屋后。

2. 林地

岩寨的林地依照山势分布，呈环绕型分布在寨内居住区周边的四座山上，北部山区的林地多种植竹子、茶树、油茶树等，靠南的山区多种植杉木（图四—1）。

图四—1　水田、旱地与林地

3. 其他用地

岩寨的墓葬区分为两大主要区域，一处与居住区重叠，位于"衙萨"的西侧山坡至山顶之间；另一处分布在距离居住区较远的位置，主要位于岩寨西侧接近平坦寨的山地上。墓葬区与农田相混杂，多见有玉米、棉花等栽种在墓葬周围。在每个墓葬区内，不同家族、不同姓氏、不同年代的墓葬杂处，没有明确的分布规律。墓葬多用碎石垒成长方形，正面安放墓碑，墓碑四周搭石板作为装饰与加固，墓葬顶部覆土，上多插有以竹枝穿好的纸钱（图四—2）。墓葬朝向多由山势决定，背靠山坡面朝村寨，视野良好。

图四—2　墓葬及纸钱

（二）村外道路和水路

岩寨的陆路交通情况，向东可经由林溪河上的合龙桥或岩寨与平寨间的小木桥前往平寨进而到达程阳大寨；亦可从老鼓楼出发沿林溪河向北延伸的石板路直达程阳大寨。在程阳可经由国道209向北到达湖南或者向南到达柳州。南面受山势阻挡，需要沿林溪河西岸南行通过程阳桥到达X631号公路，可前往三江县城。西面沿寨内小溪边修的水泥路可以行车，寨内小溪北侧还有一条土路沿山脚延伸，两条路均能到达平坦寨；北面受到三座山的阻挡，因而没有形成较为通畅和固定的规模化道路前往寨外。

（三）村外特殊的活动位置及情况

岩寨的村民一般是到距离较近的程阳大寨赶集，从岩寨向东北穿过平寨即可到达程阳大寨的集市。此处每月逢一、六日赶集，附近的居民往往会去买一些小电器、衣服和其他日用品、水果、肉等，此外还可见到鲜活禽类、鱼苗、狗仔和烤制的烟叶等平时不易买到的货物。较远的集市在林溪乡，每月逢零、五日有规模比程阳大寨更大的集市，岩寨的村民经由X631公路可以前往林溪乡赶集。林溪乡集市自早上六点就有卖家聚集，至八点基本所有摊位都已开始交易，持续至下午。这两处集市上多有当地特色的货物售卖，如加工好的蓝靛、织好以及染好的侗布，还有从山上采来的各种侗族传统草药。

年轻人多趁此机会去集市与同伴玩闹一番，或者吃些平时在寨里不常吃到的食品。

（四）村落与村落的往来关系

岩寨位于程阳八寨的核心位置，与其他几个寨子之间距离较近，便于日常往来交流，并且其在X631号县道通向林溪乡以及三江县城的必经位置上，与附近的其他村落都有着密切往来。日常生活中，如本寨失火，周围寨子都会来救，之后还会送来粮食救济受灾群众；如要修建鼓楼、风雨桥，则会有各寨的村民自愿上山帮忙扛木头，有些富裕人家还会准备糯米饭给来帮忙的人食用。

寨内自20年前开始就有一支由本寨中年妇女组成的约二十人的表演队，表演项目包括侗戏、芦笙吹奏、舞蹈、侗族大歌、多耶等，逢年过节和一些大的宴请时会前去表演，并且时常去乡里表演或参加比赛。

婚嫁活动也促进了岩寨与其他村落的往来交流，因为岩寨中并没有规定本寨的居民必须找同寨人为婚姻对象，这就使得岩寨的婚嫁情况较为自由。但大部分婚姻关系仍保持在程阳八寨的范围内。

宗教活动也会促进寨间交流。寨中信仰佛教的人家会到外村去请佛像供奉；寨中各家各户墙上挂的"泰山石敢当"木牌，也需要请外村的风水先生来制作。

（五）中心与边缘

岩寨分布在林溪河与四座山峰之间的地域内，相对平缓且面积较大的区域就成为了寨子的中心区域，加之戏台和2006年修建完工的"岩寨鼓楼"就在林溪河西岸的空地处，此处的小广场就成为了寨子的中心，是公布重大事项和集会的场所。在鼓楼这一中心区的西南部主要是小卖部、旅店、餐馆等商业活动聚集的场所，鼓楼北侧的广大区域都是传统的居民区以及大多数人家的田地和林地所在处，其中沿寨内小溪岸边以及山腰上分布的主要是民居，西侧平坦地域大多为距离居住区较偏远的水田。寨内靠近山顶的位置，由于地势升高而使得住户减少，形成一个近似于环形的区域构成了居住区的边缘，岩寨整体的边缘为寨中田地和林地的外沿位置。

五、村落的内部结构

（一）村落布局及功能区

岩寨为沿河、山脚自然扩展而成，居民区分布较为散乱，条状与块状分布兼具，大致可以分为四个片区（图版四）。一是以岩寨鼓楼为中心的平坦块状区域，即寨内小溪转角以南、林溪河以西、"崎岭"以东的区域，此区地势平坦交通便利，居住区与农田混杂。二是合龙桥以南，顺"崎岭"南麓分布的居住区，此区域与马安寨联系紧密，沿石板路与山势而成带状分布；因受旅游开发的影响，此区域地势低的沿街位置多为旅店和餐馆，高处则多为民居。三是频安桥以西，沿寨内小溪北岸分布的条带状居住区，此区域与鼓楼中心区隔河相对，房屋分布在河岸与"美烧""无边"两座山的山坡上，西侧房屋数量明显减少而稻田面积增大，东侧全部为居住区，房屋分布密集。四是寨内小溪转角以东与林溪河西岸之间的区域，这一区域与当地传统俗称的"岩寨"范围近似，是岩寨的最早发源地，此处兼有平坦地势与山地，房屋所在的地势越高，其建造时间相应越早，并且岩寨两大墓葬区中的一个就在这一区域的"衙萨"山坡上。此外，由于近十年来三江侗寨旅游业发展较快，岩寨的部分地区也被开发出来兴建客栈旅店，如岩寨西南侧"崎岭"山脚下，程阳桥下游的西岸地区等，本为岩寨田地、林地，但目前已有岩寨和平寨的四家旅店在此营业。

岩寨的整体环境与周边山水具有良好的协调性，寨内小溪自岩寨西侧流入，流向东北侧山地后折向东南汇入寨子东侧的林溪河，使得寨中的山间平坦地带和沿河地带得到便利的灌溉进而成为农田区域。除河流之外，寨内在山脚下和房屋之间的平坦处修有鱼塘水池，养殖与防火兼顾（图五—1）。

图五—1　房屋与鱼塘

（二）寨门

岩寨现有两座寨门，均在"衙萨"西南侧。一座位于频安桥与万寿桥之间、寨内小溪东岸，牌匾名为"冲边寨门"（图五—2），海拔215米，坐标北纬25°54′00.95″，东经109°38′43.66″。穿斗式木结构，三层檐歇山顶，上盖灰瓦，檐角皆有弯月起翘，正脊中间用灰瓦拼成铜钱状装饰，檐边均涂成白色。建筑体量为单开间，平面呈长方形，长5米、宽4米，共两层，内有一块功德牌悬挂在一层梁架上，二层四周有围栏。寨门东南有一座土地庙，西南角有一座井亭。

图五—2　冲边寨门

另一座寨门位于"冲边寨门"东北侧半山腰处（图五—3），海拔219米，坐标北纬25°54′02.45″，东经109°38′43.83″。穿斗式木结构，三层檐歇山顶上盖灰瓦，正脊两角起翘，正脊中间摞有三叠瓦片，呈"品"字形，檐边均涂成白色。灯笼形垂花柱头，横梁正中包有侗布，布外绑

图五—3　半山腰寨门

有筷子，并在梁上钉入铜钱，其上挂有香包和吉祥花，祈求吉祥保平安。建筑体量为单开间，平面呈长方形，长3.5米、宽3米，共一层，梁架上悬挂六块功德牌，两侧有坐靠。寨门西南角下有一座土地庙。

岩寨最初形成时，其房屋的建造范围即在寨内小溪东北方的"衙萨"山坡上，由于其年代较早且分布范围较小，就在当时的边界处设立寨门，即上文中提到的第二处寨门；之后随着岩寨的发展，房屋日益增多并扩展至小溪边，从而修建了第二道寨门即"冲边寨门"，用于保护寨门东南区域内的居住区。之后又增建两座寨门。20世纪40年代时还有寨墙，解放后拆除。现在剩余的两座寨门，半山腰处的一座于十年前整修过，"冲边寨门"于解放前夕和2009年整修过，但这两座寨门的始建年代已不可考。

（三）村内道路体系

岩寨内的道路系统大致可以分为三个层次。第一层次为穿越村寨的车行道路，主要由向西通往平坦寨的水泥路和寨内南北向的宽石板路组成：水泥路原是一条仅供一人行走的山间小路，2008年拓宽为四五米的大路，2012年进行水泥硬化；宽石板路从程阳桥头开始自西向东贯通马安寨、岩寨，并转向北行，该路原是一条较窄的石板路，2005年新农村建设时拓宽为两三米宽的石板路（图五—4）。第二层次为村寨内的5条步行窄石板路，不能行驶机动车，主要为频安桥以西沿小溪的居住区道路、万寿桥到频安桥一线的沿河路以及鼓楼南面的东西向小路。这几条路原为土路，同样于2005年新农村建设时改为石板路并拓宽（图五—5）。第三层次为房屋之间的入户道路和田间地头交错联通的小道，较为狭窄，主要为各家门前及两侧的水泥路、石板路或日积月累踩出来的土路；居住在山上的村民房屋前的水泥台阶是2005年新农村建设时由村里出资、村民自家出力修建的。三个层次的道路呈树枝状连接，由粗到细层层分布，构成从村寨外到寨内再到各栋房屋，沟通中心区域、居住区、田地林地的道路网（图五—6）。

图五—4　通村宽石板路及排水沟

图五—5　窄石板路

图五—6　入户小路

（四）给水和排水设施

平岩村在20世纪90年代始通自来水，当时在山上建了两座蓄水池，每座蓄水量200吨，通过专门的管道将山泉水抽送进蓄水池，岩寨、平寨、马安寨均从中取水。村民家中的自来水，有的为使用管道直接取自山上的蓄水池，有的为自家购置大型水箱储藏蓄水池中的水后使用。

岩寨东侧的林溪河以及穿寨而过的小溪构成了寨内居民日常生活用水的主要来源，洗衣洗菜均用溪流中的水。寨内还有6口水井，均为自流井，海拔高度在198米～205米之间，井口上建有井亭，其中西侧一口井位于农田集中的区域，另外5口井分布在居住区内，是寨内居民的主要饮用水来源。

村寨排水系统较为完善，使用开放式的沟渠排水，部分沟渠上覆盖石板，最初的沟渠为泥质，2006-2008年进行了水泥硬化。沟渠建于道路一侧，与路网相似，由各家房屋底部的细小水渠开始汇集至较宽的沟渠。由于受到四座山峰的影响，村寨内地势起伏较大，故而形成了两个排水区域，一是寨内小溪以北的区域，污水由高到低流入河流或农田；二是小溪以南的区域，污水汇集流入山脚处的一座净水厂，净化后最终排入林溪河（参见图五—4）。

岩寨内的小溪和林溪河、分布在各家房前屋后的鱼塘，共同构成了岩寨的消防用水体系，此外，寨内还分布有十余处消防水龙头，并在附近配有消防水带。

（五）公共建筑及设施

1. 鼓楼

侗寨的公共建筑内以及周围，大多安放有石质功德碑和横长条式木质功德牌，其上写明此建筑在筹建或历次维修时，捐款人的姓名以及出资金额，用以颂扬捐款者的善行并且表彰后世。

（1）老鼓楼

岩寨的老鼓楼（图五—7）位于传统意义上"岩寨"范围的最东侧，背向林溪河，坐东朝西，海拔210米，坐标北纬25° 54′ 00.74″，东经109° 38′ 46.77″。老鼓楼为穿斗式木结构，面阔三间进深四间，长10.5米、宽5.7米，正门上有两枚装饰"乾坤"卦象的门簪（图五—

图五—7　老鼓楼背面

图五—8　老鼓楼门簪

8）。楼内通高一层，歇山顶，三层檐瓴，上盖灰瓦，正脊中间呈"品"字形摞有三叠瓦片。鼓楼东侧为素直棂窗，其余三面通透，石板铺地，中央有一块圆形方孔磨盘嵌入地面，南侧有一火塘，为天冷时取暖所用。鼓楼内目前杂乱摆放木料若干。主体建筑以南有一偏厦，面阔一间进深两间，为储藏室，放置桌椅板凳和鼓等物品。整座鼓楼修建在以石块垒砌的陡坎上，紧邻河岸，利于远眺，支撑柱落在高于地面的石质覆盆柱础之上。鼓楼正门口外摆放一功德碑，碑额楷书"万古千秋"，上刻鼓楼修建时捐款人的姓名和捐款金额，落款时间为"宣统贰年岁次庚戌吉月吉日立"。鼓楼北侧有一座土地庙。

老鼓楼建于清宣统二年（1910）[①]，于1937年经过重建，1973年、1983年各经历一次大洪水的冲击，被淹没毁坏之后都进行过修缮。但由于2006年新的岩寨鼓楼建成，老鼓楼已被废弃不用，2006年再次遭受洪水浸泡已经导致建筑倾斜，未进行修缮。

（2）岩寨鼓楼（新鼓楼）

岩寨鼓楼（图版四）是岩寨的标志性建筑，始建于2005年，建成于2006年，为寨内各家各户捐钱捐工共同修建而成。鼓楼正门处海拔207米，坐标北纬25°53′59.08″，东经109°38′41.41″，坐南朝北，面阔三间进深三间，长13米、宽13米。正门上有两枚刻有"乾坤"

① 广西三江侗族自治县志编纂委员会编纂：《三江侗族自治县志》，第718页，中央民族学院出版社，1992年，718页。

卦象的门簪。平面呈正方形，楼高近三十米，十五层檐瓴，上盖灰瓦，每层均为四边形，为多层密檐四角攒尖顶；檐角弯月起翘，各层檐角均装饰有燕形陶塑，但不少已脱落；每层檐在每一边的两侧均绘有三朵彩色卷云图案，鼓楼顶部为宝塔形刹顶，内部为直通顶一层，中央近顶部放置用红布包裹的横梁，布外绑有筷

图五—9　岩寨鼓楼内的布置

子、毛笔、墨、万年历等，梁上钉铜钱，其上挂有香包和吉祥花，祈求吉祥保平安。整座鼓楼为穿斗式木结构，由四根主柱和十二根衬柱组成（图版五），柱础为覆盆式，上有乳钉纹和锯齿纹。鼓楼内以石板铺地，东南角与西南角各有一火塘，南侧为封闭的木墙，上挂村规民约等公示板，东、西、北三面为雕刻的直棂窗，花瓣形垂花柱头，内侧的平台可供人躺卧休息。鼓楼内放置长短芦笙若干，长条凳若干，象棋三（即直棋）和象棋各一副，募捐箱一个，电视机两台，电风扇一台，一面大鼓与一面小鼓（图五—9）。鼓楼外东侧堆放有石板和瓦片以供维修时替换，鼓楼东南侧有一座土地庙和一座井亭。

岩寨鼓楼除了具有聚集寨民商议大事的功能外，还是寨内男性老人们最钟意的休憩聊天场所，老人们按照排班表轮流值日打扫卫生。

按照岩寨的传统，每逢修建鼓楼时，村里都会摆百家宴，一起商讨每家每户出多少钱、人力和木工，选定时间建起基本的框架，再一起募捐筹建后续工程。募捐一般是先本村后邻村，有时甚至会远到其他乡里。寨里一般会请两三位德高望重同时很会讲话的老人，带一些烟酒和鸡鸭鱼肉到邻近的村寨，请当地有威望的老人家吃一顿饭，送上"缘簿"（相当于倡议书），讲明要做的工程，写好募捐款的作用、需要的钱数、开工的时间地点等信息。在开工当天邻村会把募捐款送来，一次来三四十人，大多是中老年男性，其他想要观看的人也可自由参与。资金方面，向周邻村寨募捐所得的钱款在过去是筹建鼓楼时最主要的经济来源，近年来随着政府对此类活动的支持力度加大，最初的一笔钱往往是由政府补贴的，但集体募捐的方式仍然保留了下来，捐钱人的姓名都会刻在功德碑/牌上以彰后世。目前岩寨鼓楼内放有7块木制功德牌、2块石质功德碑，外有26块石质功德碑，记录了自鼓楼筹建以来所有捐款数额大于等于10元（现已提高至20元）的捐款人的姓名及捐款数额。

2. 萨坛

岩寨最初的萨坛是侗族先民赶走在此地居住的苗族后修筑的，呈圆形，规模很大，十一二岁的孩子都爬不上去。"文革"时期，村里的一位大队长为了破除封建迷信而拆除萨坛，但是还在萨坛里面发现了一套餐具，当天晚上他在家中听到了沉重的脚步声，看到披着长发的"萨"（即侗族的老祖母）在四处游荡，心里十分害怕，后来就请村里的老人重新建起萨坛，让"萨"有安居的地方。现在岩寨还有一部分人家每逢初一、十五会烧香祭萨，但没有特殊仪式，过程非常简单。

岩寨的萨坛目前保留有两个，均为"文革"后重建。其中一个（图五—10）位于寨内东北部林溪河西岸，北距岩寨老鼓楼十余米，海拔203米，坐标北纬25°53′59.49″，东经109°38′46.49″，使用石块堆砌成近圆形的矮柱状，直径约1米，高约0.5米，上部有一青石板平台，平台上可以放置物品用于上香祭拜，石板后部插有一块无字木板面向南方。在萨坛西侧1米处有一座土地庙。

另一个萨坛（图五—11）位于寨内东北方山峰的顶部，沿"冲边寨门"后的小路向东北方向上山可至，海拔234米，坐标北纬25°54′04.18″，东经109°38′45.83″。萨坛建在玉米地中，用石块堆砌成馒头状，石缝间已长满杂草，萨坛直径约1.5米，高约1米，其西南面有一内凹的平台，台上可见之前来此祭拜的人所上的香；平台下萨坛的正前方可见烧纸痕迹，地上还插有若干根竹筷；萨坛上方插有挂满纸钱的树枝。这座萨坛所在的山峰名为"衙萨"，即萨坛峰之意，被认为是岩寨的"风水山"。

图五—10　河边萨坛

图五—11　山顶萨坛

3. 风雨桥及其他桥梁

岩寨共有五座桥梁，其中四座为传统的风雨桥，一座较小的为水泥桥。五座桥梁均跨在寨内小溪之上，自下游往上依次是：万寿桥、频安桥、水泥桥、双烧平坦桥（美烧桥）和凹屎桥。风雨桥的作用不仅是为了行人过河方便，沟通两岸人家，还可将此地的风水和福气都拦截保留住，不让其流失，以保护村寨平安。此外，岩寨还分别与马安寨和平寨共享程阳桥和合龙桥这两座大型风雨桥。

每座风雨桥的主梁都要用侗布包裹，过去家家户户都会争抢，希望自己家里的布能够包在风雨桥主梁上，后来这块布大多是由多户人家一起完成或者使用数块侗布以解决纷争。上梁之后会在侗布外绑上筷子、毛笔、墨、万年历等，并会在主梁上钉入铜钱，其上挂一些香包和吉祥花，用以祈求吉祥保平安（图五—12）。

图五—12　横梁上的侗布、铜钱、吉祥花等

（1）万寿桥

万寿桥（图五—13）海拔206米，坐标北纬25° 53′ 58.82″，东经109° 38′ 44.46″，位于小溪汇入林溪河的交汇处，建成于一百余年前，之后于20世纪30年代和1984年各进行过一次翻修，现今的万寿桥为1996年重修建成，在保持了传统木构建筑为主体的情况下，桥身使用了钢筋水泥结构，造价比传统的纯木结构风雨桥更高一些，但也更加坚固耐用。桥身呈东西向，长21米、宽4米，桥下有一横截面为菱形的混凝土质桥墩，桥面上铺水泥，桥栏与整体框架为混凝

图五—13　万寿桥

土质；框架之外修建木质桥栏和桥顶并盖有灰瓦，木质桥栏于两侧各设7根吊脚柱，其上接水泥横梁，水泥横梁之上为木质重檐式桥顶，穿斗结构，檐角皆有藤状弯月起翘并在正脊中间立有葫芦形脊饰；桥身两侧皆为木质素直棂窗，为左右对称的造型；桥身南侧悬廊正中供奉有关公像（图五—14），两侧贴有楹联，关公像东侧与西侧还分别供奉有土地公与观音。东侧桥头梁架上悬挂有一块木质功德牌。由于万寿桥沟通了西侧鼓楼区域与东侧年代较早的居住区，使其成为岩寨中使用率较高的一座桥，平日里也是老人们纳凉和聚会休憩的主要场所。

图五—14　万寿桥上供奉关公

（2）频安桥

频安桥（图五—15）位于寨内小溪自西南向东南的转角之上，海拔209米，东北侧桥头坐标北纬25°54′04.92″，东经109°38′43.20″，沟通寨内南北向的宽石板路交通要道和北部居住区。其始建年代已难考证，现存桥身为1983年洪水之后重建而成，桥身呈东北—西南向，长18米，宽2.5米，桥身下无桥墩，桥面下并列四排共八根平条原木，两端搭在河岸上。桥身为全木质结构，重檐式桥顶，穿斗结构，梁架雀替与瓜柱底端绘有红绿彩，横梁之间架有木板，其上堆放桥面备用木板以便损坏后及时替换；檐角皆有弯月起翘，正脊中间用灰瓦拼成铜钱状脊饰；桥身两侧各有八根支撑柱，其中又有七根支撑柱外分别对应一根吊脚柱从而构成桥身两侧的悬廊，垂花柱头为花瓣状，悬廊上为木质素直棂窗，为左右对称的造型。桥面两侧在桥栏之外各

图五—15　频安桥

有一排瓦面用于遮挡和保护桥面下的平条原木，悬廊处的平台可供人躺卧休息，其上刻画有象棋三和象棋棋盘。东北侧桥头挂有一块木制三向牌匾，从正面看为"频安桥"（图五—16），向左侧倾斜45°看为"古道康复"，向右侧倾斜45°看为"彩虹平映"。桥头外有一块石质功德碑，西南侧桥头挂有一块"万古千秋"牌匾，桥身两侧梁架上悬挂有十五块木制功德牌用以表彰寨民

图五—16　频安桥头三向牌匾

捐款修桥，并有一块1984年的牌匾记述了频安桥重建前后的情况（附录三）。

频安桥平日里是寨内儿童们嬉戏玩耍所喜爱选择的地点；由于桥身为木质而不能供机动车行驶，从而使得此桥在最近几年的通达重要性日渐降低。

（3）水泥桥

位于岩寨内小溪之上，"美烧"山与"无边"山之间的"双茶坳"口，建于十年前，海拔211米，北侧桥头坐标北纬25°54′01.64″，东经109°38′37.24″，长7.5米，宽2米。水泥桥身与护栏，无桥墩，两侧架在河岸上。

（4）双烧平坦桥（美烧桥）

双烧平坦桥（图五—17）位于岩寨西侧的山间田地之中，海拔198米，坐标北纬25°54′00.39″，东经109°38′31.99″，为沟通寨内小溪两侧田地间的交通要道。始建年代不明，现存桥身为1983年洪水后重建而成，桥身呈东北—西南向，长约8米，宽约2.3米，桥身下无桥墩，桥面下并列五排共十根平条原木，两端搭在河岸上，桥身为全木质穿斗结构，悬山顶式桥

图五—17　双烧平坦桥

顶，正脊两角起翘，中间呈"品"字形摞有三叠瓦片，桥身两侧各有六排两行共十二根支撑柱，支撑柱间为木质直棂桥栏及木板坐靠，梁架上悬挂有两块木质功德牌，桥面两侧在桥栏之外各有一排瓦面用于遮挡和保护桥面下的平条原木。桥下河边有一座井亭，桥的西北向五米处有一座土地庙。

双烧平坦桥又名"美烧桥"，源于其北面名为"美烧"的小山，"美烧"即为"烧焦"之意。

（5）凹屎桥

凹屎桥（图五—18）为岩寨最西端的一座风雨桥，海拔196米，坐标北纬25°54′01.45″，东经109°38′26.00″。始建年代不明，现存桥身于1983年洪水冲毁后重建，桥身呈东北—西南向，长约10米，宽约2米，桥身为全木质结构，两侧各有六根支撑柱，其中每侧靠近中间的四个支撑柱外各有一根吊脚柱，构成了桥身两侧的悬廊，桥栏与悬廊上的窗均为木质素直棂式（图五—19）。桥面两侧在桥栏之外各有一排瓦面用于遮挡和保护桥面下的平条原木。桥面下有四排共八根平条原木；采用悬山顶式桥顶，穿斗结构，正脊两角起翘，正脊中间呈"品"字形摞有三叠瓦片。梁架上悬挂有三块木质功德牌，根据桥内的功德碑记载可知，此桥在1983年重建之后，于1997年和2004年也进行了修缮。

凹屎桥作为岩寨与平坦寨的分界标志，位于岩寨最偏远的位置，其作为边界的标志性作用以及在人们心中发挥为岩寨拦截保留福气的作用要高于其交通作用。

图五—18　凹屎桥

4. 土地庙

岩寨共有7座土地庙，分布范围较为分散，形制并不统一，有的复杂精细，有的则较为简单。自西向东分别是：双烧平坦桥边的土地庙（海拔198米；坐标北纬25°54′00.39″，

图五—19　凹屎桥内部结构

东经109°38′31.99″）、山脚下井亭边的土地庙（海拔203米；坐标北纬25°53′57.03″，东经109°38′38.75″）、岩寨鼓楼脚下的土地庙（海拔205米；坐标北纬25°53′59.00″，东经109°38′41.56″）、冲边寨门处土地庙（海拔207米；坐标北纬25°54′01.24″，东经109°38′43.64″）、半山腰老寨门旁土地庙（海拔215米；坐标北纬25°54′02.45″，东经109°38′43.83″）、林溪河边萨坛旁土地庙（海拔203米；坐标北纬25°53′59.49″，东经109°38′46.49″）、岩寨老鼓楼北边土地庙（海拔206米；坐标北纬25°54′02.01″，东经109°38′47.34″）。

岩寨的土地庙并没有固定的形制，也没有规定不变的朝向，但大都选择在背面有山体或是较高土坎的位置修建。有的使用不规则砖或石块搭成一间三面有封挡的简陋小空间，留有上香和敬酒的位置，如双烧平坦桥边土地庙（图五—20）、岩寨鼓楼脚下土地庙、半山腰处老寨门旁土地庙等；有的则专门用砖整齐垒砌并且上加青石制作的小房顶，或者整体均用青石细致地凿刻而成，这类土地庙较为精细并且体量也较大，如林溪河边萨坛旁土地庙（参见图五—10）和岩寨老鼓楼北边土地庙（图五—21）。当地人对土地庙的祭拜较为简单，大多为上香和插红竹筷。

图五—20　双烧平坦桥边土地庙　　　　图五—21　岩寨老鼓楼北边土地庙

5. 戏台

岩寨有新、老两个戏台。老戏台分为上下两层，下层悬空四根支柱，只安枋不装板。上层用于演出，又分前后两个部分，前台中间供演员表演用，乐队和戏师坐于两侧的长凳，舞台两侧有两个门，供演员上下场用；后台为演员化妆和候场休息的地方。以戏台为中心的"月也"（村寨间民俗文化交流的一种形式）曾盛行一时。但随着百姓对物质生活追求的日益强烈，农

图五—22　新戏台及鼓楼坪

村青壮年男女外出务工，留守的多是老人和孩子，闲暇时间的娱乐消遣方式也就简单化。20世纪80年代中期以后戏台日渐荒废。直到2012年3月，岩寨得到了"一事一议"财政资金项目的支持，并通过向社会募集资金、本寨人投工投劳的方式，用两个月时间重新修建起戏台，并命名为"林溪乡平岩村岩寨社区文化综合楼"（图五—22）。

　　新戏台占地面积200多平方米，坐北朝南，与岩寨鼓楼相对而立，海拔207米，坐标北纬25°53′59.66″，东经109°38′41.25″。戏台基部用水泥砖石垫高约1.5米，主体为木质穿斗结构，面阔三间进深三间，分为前后两个部分，前台中间供演员表演用，两侧各有一个偏厦，为演员化妆和候场休息的地方，也是演员上下场必经之路。戏台内部通高一层，中央近顶部放有一段用红布包裹的横梁，布外绑有筷子、毛笔、墨、万年历等，并在梁上钉入铜钱，其上挂有香包和吉祥花，祈求吉祥保平安。戏台顶部采用重檐歇山顶，上盖灰瓦，檐角呈弯月状起翘并装饰有燕形陶塑，正脊中间使用瓦片拼出铜钱与花卉形装饰，戏台北侧四根支撑柱外各有一根吊脚柱从而构成戏台北侧悬廊，悬廊上采用木质素直棂窗。戏台东侧为岩寨社区办公室，西侧为板凳、乐器等表演用具的储存室，均为单开间。

6. 水井及井亭

　　岩寨内共有六口水井，自西向东分别为：

　　（1）双烧平坦桥下水井（海拔198米，坐标北纬25°54′00.39″，东经109°38′31.99″）：

位于桥下方河边，井口外围有水泥浇筑的平台，井口上方搭建有简单的砖石井亭用以围护（图五—23）。

（2）南北向宽石板路西侧水井（海拔204米，坐标北纬25°53′57.03″，东经109°38′38.75″）：位于石板路西侧山崖下，井口前方使用水泥砖石修砌台阶，井口上方以石板和水泥搭建井栏和简单井亭围护。

（3）南北向宽石板路东侧水井（海拔200米，坐标北纬25°53′56.98″，东经109°38′39.21″）：位于石板路路面之下。此井的井亭规模较大，井前有砖石水泥台阶与路面相连，井口前用水泥浇筑平台与导流槽。井亭为三面砖墙一面敞开的小屋，水泥悬山顶，一侧开窗，井亭内壁贴瓷砖。

（4）寨内北侧水井（海拔212米，坐标北纬25°54′04.98″，东经109°38′40.56″）：位于岩寨内北侧的半山腰处，海拔较高。井亭为单开间穿斗式全木结构，悬山顶，上盖灰瓦，梁架处挂有捐款修建井亭的功德牌匾，井口前以石板铺地，四周有导流槽，井口上搭有三块石板用以围护（图五—24）。

图五—23　双烧平坦桥下水井

图五—24　寨内北侧水井

（5）岩寨鼓楼东南角下水井（海拔203米，坐标北纬25°53′58.65″，东经109°38′42.04″）：此处水井在非物质文化遗产传承展示中心门前。井亭为单开间穿斗式木结构，悬山顶，上盖灰瓦，正脊两角起翘，中间呈"品"字形摞有三叠瓦片，井亭东侧两根支撑柱上贴有对联，现已残破，井口前以石板铺地，井口上搭有三块石板用以围护。

（6）冲边寨门下水井（海拔205米，坐标北纬25°54′01.30″，东经109°38′43.55″）：位于冲边寨门西南角下，设立在寨内小溪边，使用砖石水泥修砌井口前的平台和井口上的三面挡板，较为简陋。

六口水井均为自流井，且都可作为饮用水，只是当地人习惯性将南北向宽石板路西侧水井的水作为生活用水，而其他水井的水则作为饮用水。

7. 侗族非物质文化遗产传承展示中心

岩寨的"柳州市侗族非物质文化遗产传承展示中心"（图版六）于2008年7月开放，为广西第一家市级非物质文化遗产传承展示中心，该展示中心设立在国家级非物质文化遗产代表性传承人杨似玉的家中，海拔204米，坐标北纬25° 53′ 58.65″，东经109° 38′ 42.04″。

展示中心所在的房屋为四层穿斗式木结构建筑，一层围砖外贴木板，坐北朝南，其中一层和二层为展厅，三层和四层为杨似玉一家人居住所用。建筑屋顶采用悬山顶和歇山顶混合的样式，正脊两角起翘，正脊中间呈"品"字形摞有三叠瓦片，檐边均涂为白色，明快简洁。悬廊的护栏采用直棂式木条拼接，下部装饰有莲花形和灯笼形垂花柱头，窗户为木格玻璃窗。

展厅总面积200多平方米，陈列有数十幅图文展板，详细介绍了侗族的各种节日与风俗，另有大量实物陈列，包括侗家生活中不可缺少的纺织、耕作、木工、饮食等各方面所需之器具，共150多件。这些展品大部分为杨似玉的自家收藏，也有少部分来自县文体局。一层主要展示纺车、织布机、鱼篓、捶打糍粑的石臼等生产工具，墙上的展板介绍侗族的传统节日和侗族大歌、木构建筑营造技术等非遗项目概况；二层摆放有各种传统服饰和风雨桥、鼓楼等木建筑模型，以及全套的木工工具。此外，二层还出售杨似玉自制的鼓楼、风雨桥纪念品模型，以及各种样式的侗布手工背包、侗族相关书籍等。制作模型的工作台（图五—25）也设在二楼展厅的一角。

图五—25　展示中心内的工作台

据杨似玉介绍，展示中心每年的参观人次可达四至五万人，门票每人10元，但因为景区门票已经包含了展示中心的门票，所以实际每年门票收入约几千元；观众以外地游客居多，居住在附近的村民很少参观。展示中心内的陈列设计由柳州博物馆的工作人员协助完成，自开展后没有进行过变动，平日的打扫和维护工作主要是由杨似玉一家负责。

8. 晾房

"晾房"即专门用于晾晒谷物的房屋，原有数处，均属集体所有，现均已废弃或改建，部分被私人收购。位于"衙萨"山半山腰处的晾房（图五—26）现属杨永浩所有，已建成三十年，废弃后未经改动，海拔222米，坐标北纬25°54′03.16″，东经109°38′44.21″。房屋为基部用石块垫高取平的吊脚楼，木质穿斗式结构，面阔三间进深两间，通高三

图五—26　晾房

层。屋顶采用悬山顶，上盖灰瓦，正脊两角起翘，正脊中间呈"品"字形摆有三叠瓦片。房屋内的柱子上凿有孔洞，可穿木棍，在上面可以悬挂糯稻晾晒。在独立房屋内晾晒糯米的方式称为"楼晾"，在室外的木质晾架上进行晾晒的方式称为"半晾"或"禾晾"。过去在林溪河边曾有很多木质晾架，但在1957年的一次暴风中被吹毁，之后未重建。

（六）公共广场

1. 老鼓楼坪

老鼓楼坪为岩寨老鼓楼前的一片空地，长约八米，宽约十米，地面铺有石板。此广场原为人们聚集讨论重大事项的地点，后来由于新的"岩寨鼓楼"在2006年建成，加之老鼓楼位于岩寨的最东侧而非中心区域，所以日渐荒废。

2. 岩寨鼓楼（新鼓楼）坪

新鼓楼位于寨内小溪的西边，立于寨内地势较平坦区域的中心位置，其北面一块延伸的鼓楼坪面积三百余平方米，现在是岩寨村民的活动中心。岩寨鼓楼成为当地主要旅游景点后，鼓楼坪也就成为了众多游客拍照留念的必选之地，同时也有很多当地的老人家来此售卖手工艺品，平日里鼓楼坪依旧保留了其论事议事以及向村民通告重要事项的功能（参见图五—22）。

（七）村落发展轨迹

岩寨最初的居住区约在现今岩寨的东北部，即寨内小溪以东、林溪河以西、"衙萨"以南的区域。萨坛、老鼓楼及最早的寨门即分布在此区域中。后来，随着人口增长，寨子开始向南、向西扩展，在"崎岭"东麓北部形成一个新的聚居点，进而在原来寨门之下又增建了冲边寨门用以保护更大的范围。在之后的发展过程中，岩寨以这两个聚居点为中心，不断向北扩

展，在小溪北岸形成第三个聚居点；最初两个聚居点之间的平地也开始出现戏台等公共建筑，并逐渐有民居在周围出现。由此传统意义上的"岩寨""王相""八凹"三个小区域基本形成。20世纪80年代以后，岩寨村民开始在崎岭南麓定居，形成第四个聚居点，并逐渐扩大而与马安寨相接。与此同时，在原有格局的基础上，由于人口增长，房屋密度不断加大，村落中间的空地被压缩，基本形成了如今的格局（图版七，参见平岩村平寨图版一）。

六、村落的基本单元

（一）建筑布局特征

岩寨的房屋建筑传统上均为穿斗式木结构，多为吊脚楼或吊脚半边楼，自2007年开始较多的建筑开始在一层加砌一层砖墙用以防火防盗，对整体房屋格局的影响不大。

寨内占绝大部分的木结构建筑，大多通高三层（参见平岩村平寨图版十二、十五），每层的层高多在2.2—2.4米之间，正立面的开间方向柱距在4米左右，进深方向的柱距为3米左右，山面一榀梁架多为三柱五瓜或五柱七瓜的结构（图六—1），根据整体建筑面积的实际情况而有所不同，建筑内部的几榀梁架可根据室内空间需求而适当减少落地柱。由于每家每户的家庭成员数量不同以及财力不同，房屋的面积大小并没有规律，但每层的功能区划分大致是相同的：

图六—1　山面结构

一层设有独立的门进出，用作圈房和储藏间，主要养鸡、鸭、猪以及存放木材、粮食、农具、染缸等，其内有楼梯可上至二层。一层之外可搭建偏厦，部分新加盖的偏厦使用水泥红砖建造，用作卫生间。如果家中老人为自己准备了寿材，也会放于一层。

二层通常由房屋一侧的楼梯连接地面，也设有单独的门，进门位置是悬廊的一端。悬廊进深多为两间，宽敞明亮，光线充足，是全家人休憩或从事手工劳动的场所（图六—2）。堂屋连通悬廊，是家中主要的起居空间，大多放置电视等家用电器，并且按照侗寨传统会于此处设置火塘，既是"祖宗"安坐之位，又是全家取暖、煮饭炒菜的地方。现在也有很多房屋在二层另设一灶用作厨房，吃饭也都在二层，火塘则仅作为冬天烤火取暖之用。与堂屋同在二层后半部的为内屋，多有一到两间卧室，为一家之主或家中年迈老人居住。二层的空闲位置则多放有侗家每户必备的腌制着酸鱼酸鸭酸肉的酸坛（图六—3）。侗族民居一般为一户一栋，但有的房屋本身建筑体量较大，可以容纳多户，所以普遍存在兄弟分家后仍住在同一栋大屋内的情况，二层与三层之间分隔而共用外侧悬廊，楼板互通。

经由二层堂屋的楼梯可到达三层，且每家的楼梯均遵循惯例，脚踏的数量须为单数，而且楼梯位置的确定须按照岩寨的传统，即从二层厨房门口走向二层至三层楼梯时方向必须向着太阳升起的地方，但现在已较少遵循。三层通常是年轻人的卧室，大多为单开间或是面阔一间进深两间，房间设置的数量和大小没有明确规定，但必须要保证各个房间之间不能有两门相对的情况，且不可将床脚对着门的方向。

三层与屋顶之间有一个半层楼高的空间，类似阁楼，用于存放杂物等。

传统的民居除悬廊处用于通风外，室内开窗较小，窗户多采用直棂窗或木板推拉窗，窗外悬挂有等大的木板（图六—4），既不影响通风又能防止外人看到屋内。现在的房屋多经过翻修，开窗面积加大并且改为玻璃木格窗并配有纱窗，加挡板的做法则已完全消失。

房屋建筑除了顶部的歇山顶外，大多还在二层与三层之间加盖一圈单面坡的屋檐，用来为二层的窗户和悬廊遮风挡雨（图六—5）。

图六—2 悬廊

图六—3 酸坛

图六—4 窗前挡板

图六—5 民居二层上加盖单面坡屋檐

（二）典型空间

1.厨房

岩寨内的民居建筑相当一部分是在近二三十年内修建或经过翻修，大都建有专门的灶台，这就使得住房内的厨房空间有了两种主要变化。一是将加盖在一层或是二层的水泥砖房作为专门的厨房使用；二是在原来二层房屋的基础上单辟出一块空间加设灶台作为厨房，使用红砖砌筑或陶管拼接的烟囱。灶台使用的燃料也分为两类：一是柴灶，使用柴火烧饭，此类为绝大多数；二是燃气灶，使用液化石油气瓶，但这类灶台也保留了投柴孔，可以作为柴灶使用。

另外，岩寨内大多数民居建筑的厨房多带有起居室的功能，为建筑的二层中面积最大的房间，多为面阔两间进深两间或三间，与房屋的悬廊相连，传统民居在此房内设有火塘。随着人们生活水平的提高，厨房中的火塘已不再是必须设施，其最基础的生火做饭功能已被灶台取代，只在冬天时生火取暖，最近几年修建的房屋甚至已经不在堂屋中安置火塘。大多数人家将电视放于此间屋内，因而使其带有起居室的功能，是一家人起居休憩、相互增进感情的重要空间（图六—6）。

2.圈房

圈房均设在民居建筑的一层，主要功能为养鸡、鸭或猪。圈房最初使用木质栅栏在一层的空间内单独围出，近二三十年逐渐变为砖砌的猪圈结合木质围栏的鸡鸭舍。同时，圈房旁边多

图六—6　厨房

用木板围出卫生间。由于近年来岩寨内的两家便民商店都开始售卖猪肉，并且有商贩定期到寨内卖猪肉，所以有部分人家已不再养猪。现在各家主要养鸡、鸭，平日散养，夜晚关在一层的圈房栏舍内过夜。

3. 悬廊

岩寨的传统民居建筑中，悬廊占有相当的面积，也具有与堂屋相近的重要功能，是家庭成员休憩和相互交流的另一个重要场所。悬廊位于房屋正面朝向的二层，与正脊方向相同，其面阔同于房屋，进深多为两间甚至三间，加之其为开放式结构，使其成为建筑中最宽敞明亮的空间。悬廊之外用来晾晒衣物和染色后的侗布，悬廊内多摆放有板凳和竹榻等设施以供家人休息乘凉，很多人家还会在悬廊中利用二层房梁制作秋千供孩子玩耍，妇女会在悬廊中做一些针线活。

部分人家悬廊的围栏上还设有直径十余厘米的圆形孔洞，村民称之为"狗洞"（图六—7），原为供家中的狗看家护院、观察情况所用。由于寨中基本不再养狗，目前新建的房屋中已不见这一设置。

图六—7　狗洞

4. 卧室

岩寨的民居建筑中，卧室均位于二层和三层。其中二层的卧室大多为年迈老人所用，以照顾其行动不便；二层卧室的门大多开在堂屋一侧，在与悬廊相接一侧的墙壁上开有较小的素直棂窗，且多被封挡。房屋的三层基本上全部被分隔为卧室，每间卧室或为单开间或为面阔一间进深两间，主要为户主夫妇及其子女居住。由于近几年越来越多的年轻人去外地务工，使得卧室空闲较久，因而有些人家的卧室被改为储藏室或换至三层较偏僻的位置。

（三）建筑材料与工艺

岩寨的传统建筑均为榫卯结构，不使用铁钉等金属部件。建筑的主体梁柱部分大多使用杉木制成，少部分使用禾木，木材来源主要是自家所种，或者购买其他人家的杉树以及商品林产出的杉树，一棵树的主干约需要一千多元。往往使用树龄达三四十年以上的杉木，这样的木材结构致密，不需要做过多的处理就可以使用。由于岩寨内多山，地势起伏较大，所以房屋基部往往需要堆砌石块或者是凿山下挖进行取平（图六—8），在整理好的平面之上使用较为平整的石块作为柱础；部分吊脚半边楼则基本不需堆砌石块进行取平，而是借用地形，将一层建在下

图六—8　建筑下方用石块垫高取平

图六—9　杉木皮顶

图六—10　瓦头陶制挡板

凹处，利用建筑本身进行垫高，使二层与相对平整的地面相接，方便进行之后的修建。

建筑内部使用宽木板分隔楼层和各个房间，采用木板开槽密镶的方式拼接，隔音效果较差。建筑的外立面维护部分，传统民居的一层使用原木进行竖向叠压形成维护墙，二层和三层则以木板竖条拼接的方式构成，近些年开始在木板上刷清漆以延长其使用寿命，或者使用杉树皮拼接为挡板加盖在屋顶和外立面之外以加强防护。屋顶基本都使用从县城购买的灰瓦，偏厦等位置还有个别人家使用杉树皮铺顶（图六—9）。岩寨的侗族木构建筑屋顶多使用叠瓦覆盖，并且每排覆扣的瓦均为双层，但每一排瓦的最下方檐边瓦头处并不使用瓦当进行装饰与固定。近年来开始流行在瓦头的两层覆瓦之间竖向撑入一块扇面形的陶制挡板，上下均涂有白灰泥与瓦片相粘接，起到类似于瓦当的作用（图六—10）。

2000年前后，相当一部分居民出于防火防盗的考虑，将房屋一层的木板外墙重修为砖墙，但支撑结构依然为木柱。2007年，当地为了配合旅游开发，需要营造传统环境，开始在砖墙外加贴木板，以使整体视觉效果更加接近传统。最近几年随着人们生活水平的提高，有部分家庭在自家屋后扩建水泥砖房作为卫生间或者厨房；纯水泥砖石和钢筋混凝土结构的房屋也逐渐增多，楼层数量也达到了四层甚至六层（图版八）。

（四）装饰装修做法

岩寨的传统木质房屋，在建筑外侧的木头上都涂有桐油用以增强防水效果，但时间久了之后会使木头颜色变暗，近些年翻修后使用的木材，多在表面喷涂清漆，可以使木头保持其原有的色泽（图版九）。房顶采用悬山顶、歇山顶或两者的混合样式，正脊两角起翘，正脊中间呈"品"字形摞有三叠瓦片，檐边多涂为白色，明快简洁。建筑的正门和室内各房间的门楣上多贴有一张或三张甚至五张、七张"贴门红"以示平安吉祥，大门上贴的数量必定大于屋内小门和窗上的数量（图六—11）；门框上贴有楹联，门板上贴有门神，年代较早的人家还在正门上保留有两枚花形门簪。建筑的悬廊上下多有简单的木雕装饰，如瓜棱状和葫芦状的悬廊柱头以及花瓣状的垂花柱头，有些房屋悬廊下的枋头简单雕刻为猪头形，少部分人家的枋头上有彩绘。

房屋内部装饰较少，部分家庭在悬廊与堂屋分隔的墙上挂有亲戚赠送的镜子，大多数人家在墙壁上贴有明星招贴画、日历、照片、捐款修桥等获得的阳牒、执照和家中孩子的奖状等。

图六—11　门上装饰贴门红、楹联与菖蒲

（五）典型人家

1. 杨志瑜宅及相连两户

以杨志瑜宅、杨云生宅、杨媱仙宅为代表的一栋[①]长排式木质穿斗结构吊脚半边楼，位于岩寨东侧区域，在"衙萨"的西南侧半山腰位置，已建成约200年，且自建成以来家中六代人均居住于其中（附录二），是岩寨目前保存年代最久远的房屋之一。整栋房屋通高三层，坐东北朝西南，面阔十二间进深四间，其中悬廊进深一间，内部自西北向东南分为五户人家。由于房屋建造在地势陡峭的半山腰上，因而基部使用石块垒叠进行垫高取平，虽使用此方法将房屋西南侧的支撑柱落地位置进行了升高，但仍与房屋东北侧与山体接触位置有较大的高度差，为适应这种情况而将房屋的一层进行半边式处理，即一层内的西南侧位于石块垒叠的平面之上，东北侧受到山体影响而不完整。

整栋房屋的外立面使用木板拼接而成，仅有一个开间的外墙改为砖砌，窗户均为木质素直棂窗。支撑柱的柱础为较平坦的石板或为单独一段较短的原木。屋顶采用悬山顶与歇山顶混合样式，正脊两角起翘，正脊中间呈"品"字形摞有三叠瓦片。房屋的山面一榀梁架采用五柱八瓜的结构，并且在最外侧落地柱外增加两根倾斜的支撑柱，用以加固房屋。

整栋房屋均为传统装饰风格，每户在二层的正门上贴有三张或五张"贴门红"，每个窗

---

① 　此房实由两栋建筑组成，但因两者紧密相连，住户间又是亲戚关系，故而我们将其作为一整栋房屋来记录。

口上也都贴有一张红纸，与"贴门红"祈福保平安的功能相同，其中杨志瑜宅正门上贴有七张"贴门红"；每户门楣上均有两枚花形门簪，其上挂有艾叶和菖蒲，门框上贴有楹联，门板上贴有门神。

（1）杨志瑜宅

杨志瑜宅位于整栋长排式建筑的最西侧（图六—12），杨志瑜现年80岁，在其父亲那一代时，整栋建筑中五户人家的户主都是亲兄弟。杨志瑜宅于1990年向西扩建了一部分，使得其房屋体量增加为面阔四间进深四间，扩建的部分为二层与三层，二层地面在山坡与石块垒叠基础上铺设为水泥地面。目前这间老房只有杨志瑜一人居住，子女等都住在县城新房中，在清明节、中秋节、春节和本家姓的吃冬节时会回来。

图六—12　杨志瑜宅外观

杨志瑜宅内一层作为农具等物品的储藏间使用（图六—13）。二层东侧有一单开间堂屋（图六—14），内有牌位，辟专门的位置给祖先上香。堂屋之北是面阔一间进深两间的厨房，木板楼面，中间为火塘，但现在已较少使用，火塘正上方的三层楼板被撤掉一块，并且相应位置的屋顶瓦片也抽掉数块，改用玻璃封盖。新扩建的二层为起居室，面阔两间进深两间，水泥铺地，北侧为砖砌灶台，墙外以红砖加盖一间卫生间；房间南侧为卧室，供其家人从县城回来时居住。三层正中间的卧室为杨志瑜自己使用（图六—15），南侧两间并排的卧室为其子女回家时居住，其余空间放置粮食与农具等。

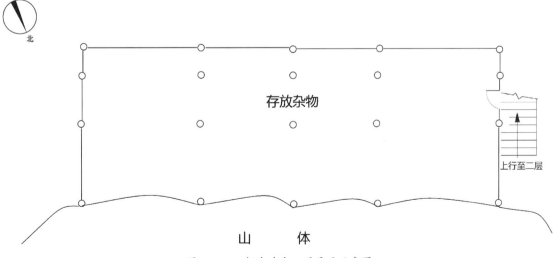

图六—13　杨志瑜宅一层平面示意图

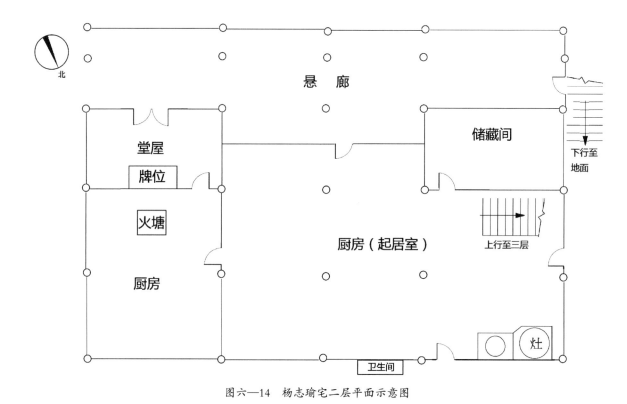

图六—14　杨志瑜宅二层平面示意图

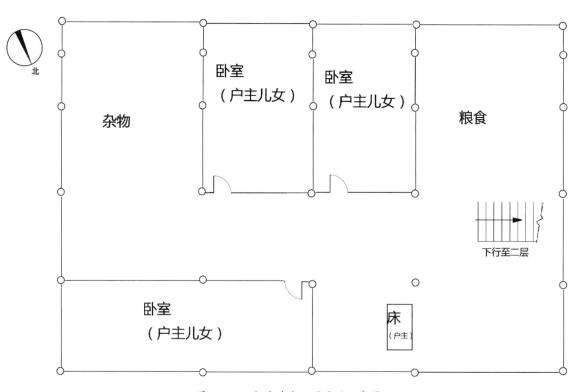

图六—15　杨志瑜宅三层平面示意图

（2）杨云生宅

位于整栋建筑的中段，面阔两间进深四间，家中现有杨云生和老母亲杨连妹以及自己的小儿子居住。房屋的一层靠原木支撑悬空在垫高的石块平台之上（图六—16），离地面有一层楼的高度，并在一层楼板之下建有楼梯通向地面。房屋一层为储藏间与圈房，受山地影响而为"半边"结构，面阔两间进深两间，西南侧开有窗户，为木质素直棂窗，窗边放有竹榻以供休憩乘凉。一层为储藏间与圈房，西北侧用于存放农具、木制鸡笼；东南侧单开间内为砖砌猪圈与卫生间，其中猪圈已废弃。一层东北侧为楼梯可到达二层。二层西南侧为面阔一间进深两间的堂屋（图六—17），堂屋大门正对的悬廊栏杆上设有木板遮挡（参见图六—2）；堂屋正中央

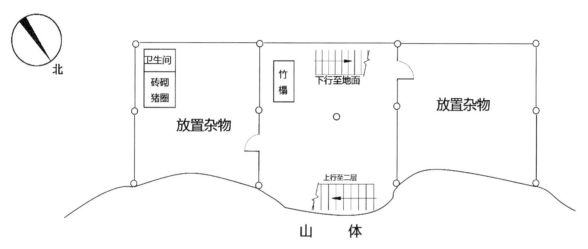

图六—16　杨云生宅一层平面示意图

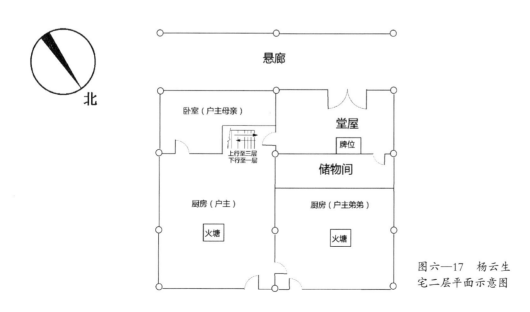

图六—17　杨云生宅二层平面示意图

摆有条案以便给祖先上香，但并无祖先牌位（图六—18）；堂屋北侧开有门通向储藏间；堂屋东侧开有门通向厨房，内设火塘，水泥地面，面阔一间进深两间；此厨房西侧为杨云生弟弟家的厨房，同样设有火塘，为木板楼面，面阔一间进深两间，由于弟弟搬走，此间房屋已废弃；二层东北侧墙外为砖砌灶台，但不常用。通过二层西南侧的楼梯可到达三层。三层分隔有四间卧室（图六—19），其中西南侧与东南侧卧室为面阔一间进深两间，东侧与西北侧的卧室为单开间；西南侧、东南侧、东侧卧室为杨云生的三个儿子与其家人居住，西北侧卧室为杨云生夫妇居住；三层的其余空间用于存放杂物，西侧与南侧用于晾晒衣物。

图六—18　杨云生宅堂屋

北

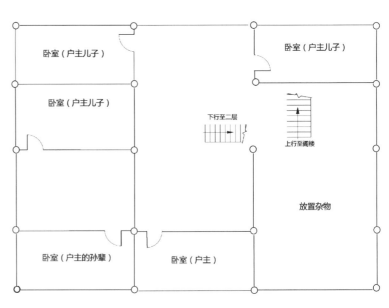

图六—19　杨云生宅三层平面示意图

（3）杨媂仙宅

位于整栋建筑的最东侧，面阔两间进深四间，东侧为楼梯由地面到达二层。一层用作储藏室存放农具等物品并设有卫生间（图六—20）。二层东侧为堂屋（图六—21、图六—22），面阔一间进深两间，内有火塘，北侧为砖砌灶台；西北侧为杨媂仙的卧室，面阔一间进深两间，西南侧为储藏室，面阔一间进深两间；二层并无窗户，仅在东侧加开一扇门用于采光和交通。

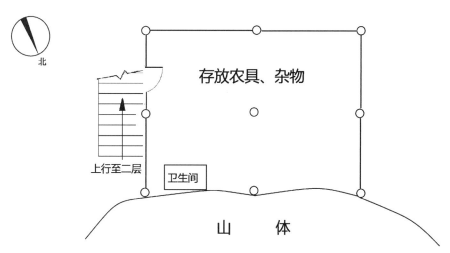

图六—20　杨媂仙宅一层平面示意图

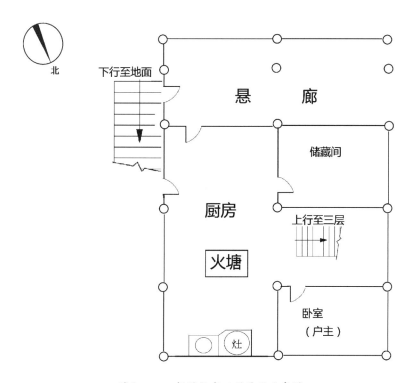

图六—21　杨媂仙宅二层平面示意图

三层分隔有两间卧室（图六—23），东北侧卧室为杨婄仙之前居住，后由于摔下楼梯受伤而改住二层的卧室，单开间，南侧卧室面阔两间进深一间，为其女儿回家时居住；三层的其他空间用于存放杂物，东侧与南侧用于晾晒衣物。

图六—22　杨婄仙宅山面

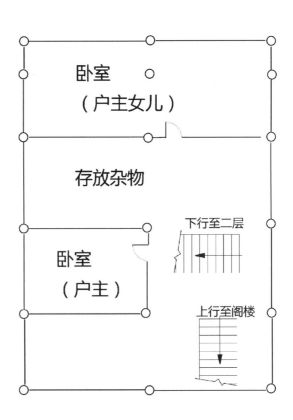

图六—23　杨婄仙宅三层平面示意图

2.陈才新宅

陈才新宅位于岩寨内南北向通村石板路西侧的"崎岭"山脚下，在鼓楼西南。房屋建成已有百余年，坐西朝东，通高三层，面阔四间进深五间，为穿斗式木结构吊脚楼。

房屋的一层为储藏室和圈房（图六—24），放置有脚踏式脱粒机等农具和木材等，圈房为砖砌，约于十年前废弃，一层北侧开门，内有楼梯可到达二层。二层正门由房屋北侧的楼梯到达（图六—25），进门后为东侧悬廊，面阔四间进深两间，为全家休憩以及陈才新子女学习的空间。悬廊西北角有门通向西侧的堂屋，堂屋面阔四间进深三间，居中设火塘，无牌位，西侧为砖石修砌的灶台与卫生间。堂屋东南侧分隔有两间卧室，均为面阔两间进深一间，其中西

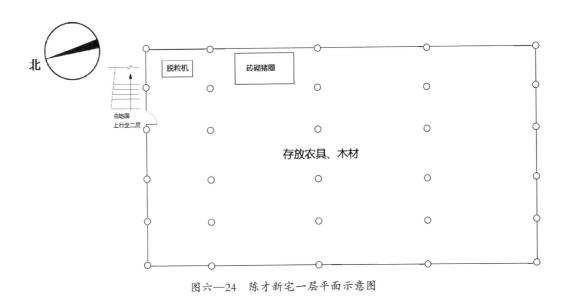

图六—24　陈才新宅一层平面示意图

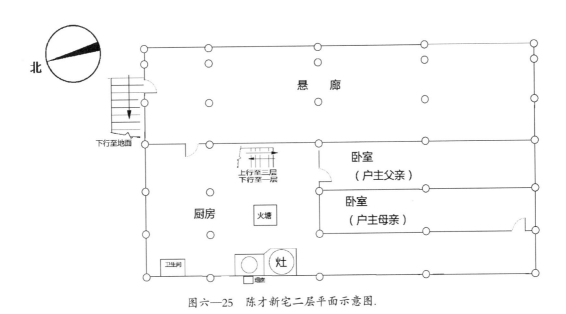

图六—25　陈才新宅二层平面示意图.

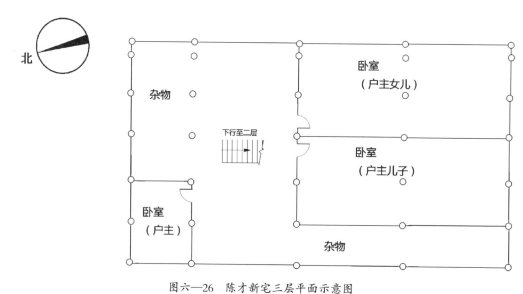

图六—26　陈才新宅三层平面示意图

侧卧室为陈才新的母亲居住，西侧开门；东侧卧室为陈才新的父亲居住，北侧开门。经由堂屋内东北侧的楼梯可到达三层（图六—26）。三层目前共分隔有三间卧室，其中西北侧卧室为陈才新夫妇居住，面阔一间进深两间，东侧开门；东南侧为二女儿的卧室，西南侧为小儿子的卧室，均为面阔两间进深两间；以前陈才新夫妇只有大女儿时，三层只有一间大卧室由其夫妇二人居住，大女儿则与陈才新的母亲同屋，在有了二女儿和小儿子之后，将三层的大卧室分隔为现在的姐弟二人两间卧室并且在西北侧单独分隔出陈才新夫妇现在居住的卧室。三层的其他空间用来放置酸坛与杂物，东侧与北侧用来晾晒衣物。

　　房屋的基部采用石块垫高取平，外立面使用木板拼接而成，窗户为木质素直棂窗。支撑柱的柱础为较平坦的近圆形石板，柱身下端包有塑料布用以防潮。屋顶采用悬山顶与歇山顶混合样式，正脊两角起翘，正脊中间呈"品"字形摆有三叠瓦片。

　　房屋装饰方面，陈才新宅内在悬廊与堂屋分隔的墙上贴满了女儿所获得的奖状，正门和室内各房间的门楣上都贴有三张"贴门红"并且挂有艾叶和菖蒲，门框上贴有楹联。悬廊的垂花柱为花瓣状柱头。

3. 吴平松、吴平西宅

　　吴平松、吴平西兄弟二人虽已于1985年分家，但两家人仍然同住在一栋房屋中。此栋建筑（图六—27）位于岩寨内南北向通村石板路与东

图六—27　吴平松、吴平西宅外观

西向水泥路交叉处的西北角，在鼓楼西北侧。建筑通高三层，坐东北朝西南，面阔五间进深五间，为穿斗式木结构吊脚楼。于八十余年前建成，1985年进行过翻修，将堂屋最外侧的一个开间改为悬廊，悬廊的面积变大，堂屋中的火塘撤掉，两家厨房里各设一个火塘。一层加砌砖质围墙，外面加贴木板，二层西北角于十年前改为砖石结构。整栋建筑的西南角与东南角支撑柱向南后撤，使房屋在西南与东南方向出现倒角现象。

建筑一层西侧与南侧均开有门（图六—28），内部用于存放木材、农具、染缸等，并有楼梯通向二层。二层与三层为吴平松、吴平西兄弟两家共同居住，在房屋中的南北向以木板分隔，其中哥哥吴平松家面阔三间，弟弟吴平西家面阔两间。二层南侧为东西向的悬廊（图六—29），面阔四间进深二间，为兄弟两家共用，悬廊西侧的单开间卧室为母亲居住。悬廊东北侧

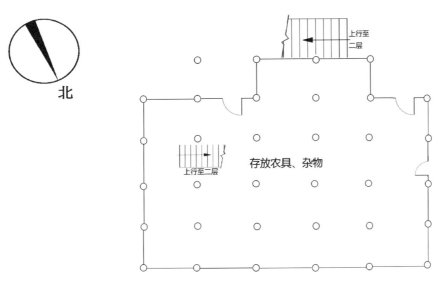

图六—28　吴平松、吴平西宅一层平面示意图

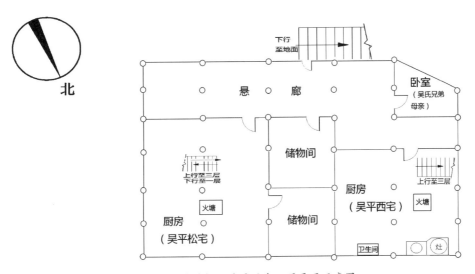

图六—29　吴平松、吴平西宅二层平面示意图

为哥哥家的厨房，房门正对的悬廊栏杆处装有木板遮挡；厨房面阔两间进深四间，内有火塘但无牌位，内设楼梯到达三层，此厨房的西北侧为哥哥家的储藏间，门开向厨房，单开间，厨房西南侧则为两家共用的储藏间，门开向悬廊，同样为单开间。二层南北向隔断的西侧为弟弟家的厨房，面阔两间进深三间，内有火塘但无牌位，北侧有砖砌灶台和淋浴间，西侧有楼梯可达三层。三层西南侧向内收一间（图六—30），使得三层进深为五间；中隔断的东侧为哥哥家的卧室，其中东南角面阔两间进深两间的卧室为吴平松夫妇所居住，西北侧与西南侧的单开间卧室为其子女居住。三层中隔断的西侧为弟弟家的卧室，其中西南角的单开间卧室为吴平西夫妇居住，东北角与东南角的单开间卧室为其子女居住。二层西侧楼梯处放有酸坛，三层卧室之外的空闲位置用来放置杂物，东侧与北侧用来晾晒衣物。

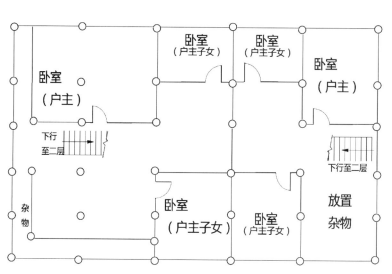

图六—30 吴平松、吴平西宅三层平面示意图

建筑的屋顶采用悬山顶与歇山顶混合样式，正脊两角起翘，正脊中间呈"品"字形摞有三叠瓦片，檐边涂为白色，二层西北侧之外的单面坡屋檐使用杉树皮拼搭而成。

建筑的整体外立面使用直棂式木板拼接，内部各房间的门楣上都贴有一张或三张"贴门红"，门框上贴有楹联，正门的门楣之上挂有艾草和菖蒲。为避免从外面直接看到屋内的门和火塘，二层正门的南侧有木板遮挡。悬廊的垂花柱为花瓣状或灯笼状柱头（图六—31）。窗户为木格玻璃窗和木质素直棂窗混用。

图六—31 灯笼状垂花柱头

4. 吴德义宅

吴德义宅（图六—32）位于岩寨内小溪上水泥桥的东北侧，"无边"山脚下，于1957年建成，穿斗式木结构，坐东北朝西南，房屋通高三层，面阔四间进深四间，2010年时一层增建砖围墙，外贴木板，2012年开始进行部分翻新且目前仍在继续。家中共有12口人，没有分家。

建筑式样为侗寨中较为少见的落地楼形式，没有出挑的悬廊，房屋最外围均为支撑柱，整栋建筑坐落在用石块垫高取平的山脚下，房屋山面一榀梁架为五柱七瓜结构。

住房的一层作为储物间和圈房使用（图六—33），东北侧为木板搭建的卫生间和砖砌的猪圈，猪圈现已废弃不用，猪圈下方建有沼气池，于2005年时修建完成。一层内的其他空间用于放置染缸、

图六—32　吴德义宅外观

农具等，并有楼梯可通向二层。一层之外加盖有一间四柱木构偏厦，内有一砖灶，为煮猪食所用，已废弃。二层东南侧为连廊（图六—34），不出挑，面阔四间进深一间，连廊的西北侧为堂屋，面阔一间进深两间；厨房内有火塘，无牌位，大门正对的悬廊扶栏上设有木板遮挡；厨

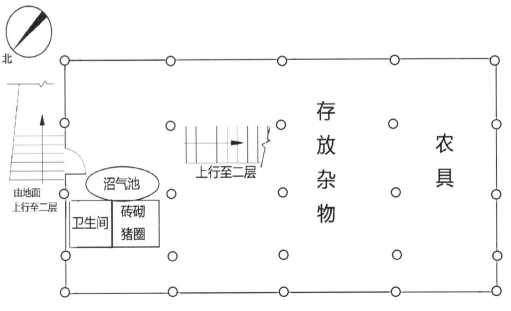

图六—33　吴德义宅一层平面示意图

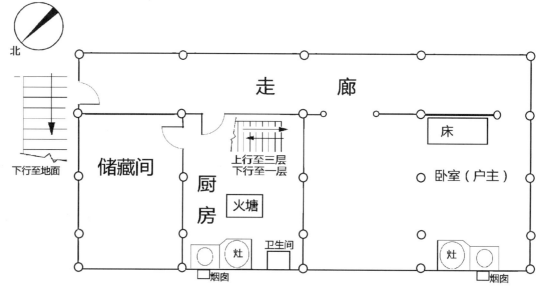

图六—34　吴德义宅二层平面示意图

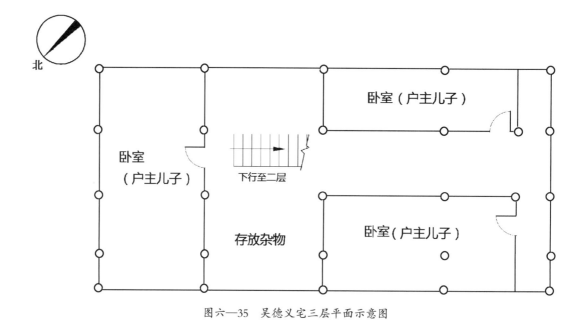

图六—35　吴德义宅三层平面示意图

房内西北侧为砖砌柴灶和卫生间，并有储藏室。厨房的西南侧为卧室，面阔两间进深两间，东北侧与西南侧各开一扇门，为户主夫妇二人居住，此卧室内有一砖灶可用于生火做饭，这是由于家中人口多使得堂屋内灶台不够用而另建的。通过二层堂屋内的楼梯可以上至三层（图六—35）。三层为卧室与杂物间，其中东北侧卧室面阔一间进深三间，为吴德义四儿子的卧室，门开向西南侧，对应为杂物间和通向二层的楼梯口；三层西南侧并列两间卧室，均为面阔两间进深一间，其中靠北侧的为吴德义大儿子的卧室，门开向西南侧，靠南侧的为吴德义二儿子的卧室，门开向北侧；两卧室之间有一走廊，西南端为连廊，用于晾晒衣物。

建筑的屋顶采用悬山顶与歇山顶混合样式，正脊两角起翘，正脊中间呈"品"字形摞有三叠瓦片，檐边涂为白色，二层之外的单面坡屋檐使用杉树皮拼搭而成。

房屋装饰方面，吴德义宅内各房间的门楣上都贴有一张或三张"贴门红"，门框上贴有楹联，正门的门楣之上挂有菖蒲。窗户为开放式木窗与推拉式木格玻璃窗混用。

5.杨莲指宅

杨莲指宅（图版十）位于岩寨内通村石板路东侧，鼓楼西南边，紧靠井亭。房子建成已有二十余年，坐西朝东，高三层，面阔四间进深四间，穿斗式木结构吊脚楼，一层围以砖墙，外贴木板，房屋北侧为楼梯上至二层，二层门外正对楼梯的方向上设有木板遮挡。由于杨莲指与其弟杨莲伟已经分家但同住在一栋房子内，因而房屋内从中间平均分隔成南北两户。杨莲指宅内功能分区为：一层作为储藏室使用（图六—36），放置农具及杂物、酸坛、鸡笼等，且设有卫生间。二层为悬廊及堂屋（图六—37），悬廊内放有板凳等供人休憩，堂屋内无火塘无牌位，在北侧设有砖灶，砖灶于十年前建成，外侧有砖砌烟囱。三层为户主杨莲指一家的卧室（图六—39），面阔两间进深两间，卧室外的空闲处安放有铁质谷仓（图六—38）。弟弟杨莲伟的宅内布局与杨莲指宅基本相同，仅在三层卧室内的南侧单独分隔出一间卧室给母亲居住。屋顶采用悬山顶与歇山顶混合样式，正脊两角起翘，正脊中间呈"品"字形摞有三叠瓦片。

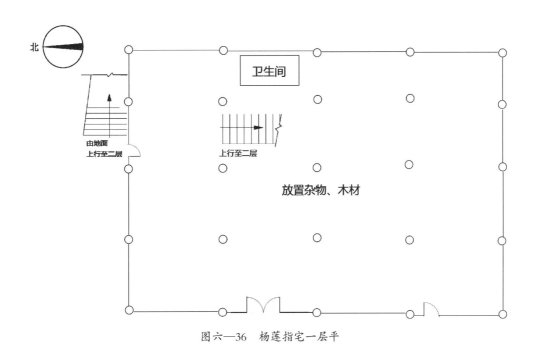

图六—36　杨莲指宅一层平

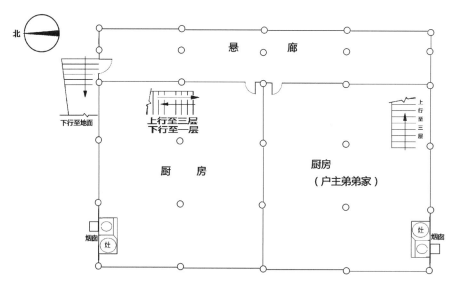

图六—37　杨莲指宅二层平面示意图

图六—38　铁质谷仓

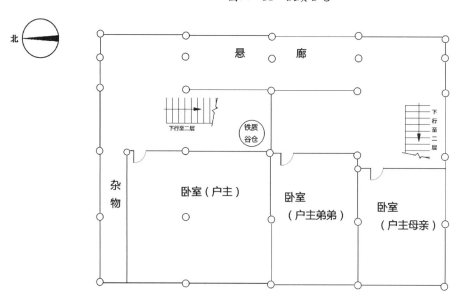

图六—39　杨莲指宅三层平面示意图

房屋装饰方面，杨莲指宅内在悬廊与堂屋分隔的墙上挂有亲戚赠送的镜子，正门和室内各房间的门楣上都贴有三张"贴门红"，门框上贴有楹联，堂屋的门楣上挂有菖蒲。悬廊的垂花柱上为葫芦状柱头（图六—40），下为花瓣状或灯笼状柱头。窗户为木格式推拉玻璃窗和铝合金框玻璃窗混用。

图六—40　葫芦状柱头

6. 杨军责宅

杨军责为岩寨的村委会副主任，其宅位于岩寨内通村石板路东侧，合龙桥西侧桥头的北边，房屋建成于2007年，坐西朝东，通高三层，面阔三间进深三间，为穿斗式木结构吊脚楼，一层围有砖墙，外贴木板，内部为水泥铺地，石板柱础高于水泥地面（图六—41）。房屋一层作为商店售卖侗族特色衣饰等纪念品（图六—42），西侧与北侧均开有门，南侧为卫生间，屋内一层内北侧有楼梯通向二层悬廊。二层悬廊面阔三间进深一间（图六—43），悬廊西侧为堂屋，面阔两间进深两间，堂屋内无火塘无牌位，在西北角用砖砌有灶台与烟囱，西侧与北侧开窗，东侧为楼梯上达三层。堂屋内西南侧有门，通入一单开间的卧室，为杨军责妻子居住；此卧室东侧为杨军责母亲的卧室，也为单开间，于悬廊一侧开门。三层全部为单开间的卧室（图六—44），共有五间，分布在东西两侧，其中西北角的为杨军责自己居住，其余卧室提供给游客租住，但因其精力有限，目前并不接待客人入住；东北角悬廊处用来晾晒衣物。屋顶采用悬山顶与歇山顶混合样式，正脊两角起翘，正脊中间呈"品"字形摞有三叠瓦片，檐边均涂成白色。

房屋装饰方面，杨军责宅内一层北侧的门楣上有两枚六边形门簪，其他门楣下有一张或三张"贴门红"，门框上贴有楹联，天花板上钉有蓝色方格花布。悬廊边为直棂式木条拼接护栏，素垂花柱。窗户为铝合金框推拉玻璃窗。

图六—41　杨军责宅外观

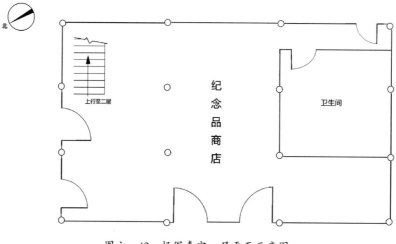

图六—42　杨军责宅一层平面示意图

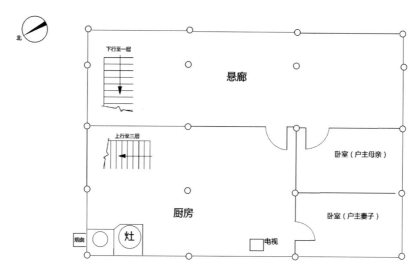

图六—43　杨军责宅二层平面示意图

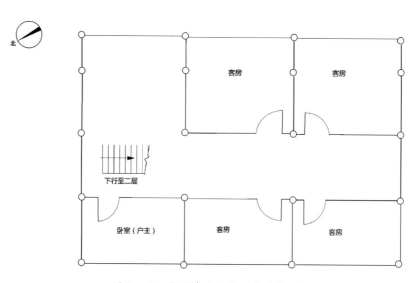

图六—44　杨军责宅三层平面示意图.

七、人群与社会组织

（一）个体与家庭

岩寨的家庭多为兄弟成年后分家，各自娶妻抚养子女，老人固定住在一个儿子家，一般是不放心的小儿子家，但是也会在所有儿子家中轮流居住。也存在兄弟成年不分家的情况，例如吴德义的家里有12口人，吴德义2013年66岁，他和妻子有四个儿子，老大和老三未婚，老二和妻子有一子一女，老四和妻子也有一子一女。老大在家务农，老二在广东务工，老三在当地的旅游局做保安，老四从前外出务工，现在在家务农。家里的主要收入来源是外出务工，农作物有稻谷和蔬菜，有鱼塘，有林地、茶园，还种有竹子，家里养了一头猪和几只鸡。

岩寨的家庭分工一般为中老年人在家料理田地，媳妇务农的同时也要做家务，外出务工的往往是二三十岁的年轻男性，大部分仅具有小学学历，外出时往往年龄很小，甚至有的只有十六岁左右就外出了。务工地点大多集中在广东，有人在月工资一千多元的玩具厂务工，还有的在月工资两千元左右的纸盒厂务工，一般家里农忙或过年时会回来。岩寨的老人们生活大多很悠闲，早上和晚上凉快的时候去照料一下田地，平时阿公多呆在鼓楼乘凉，阿萨多集中在街边闲坐。

（二）家族与姓氏

岩寨一共有五个姓氏，分别是杨、吴、陈、张、梁。其中杨姓最多，吴姓、陈姓次之，张姓两户，梁姓一户。另有一户冼姓特例：一位冼姓姑娘嫁入寨中，离婚后房屋归女方，于是她成为村中唯一的冼姓户主。村民习惯同姓聚集而居（参见平岩村平寨图版十一），一定区域内的住户都会是同一个姓氏，而一整幢房屋里的几户人家必定同姓，且多为兄弟分家的结果。杨姓有三个集中分布区（图版十一），其一是"岩寨"，即衙萨南麓至林溪河畔间的区域，其二是"王相"的西部，其三是崎岭东麓至南麓沿线；吴姓主要集中在"八凹"，即村内小溪的南北两岸；陈姓与其他姓氏的分布较为散乱而无规律。

传统中有"同姓不婚"这一说法，但如今条件放宽，不同家族的同姓也可婚配，但即便同姓结婚，吃的本家节也不会在同一天。从前家族中表兄妹有优先婚配权，近几十年没有了，提倡"近亲不婚"。

对于做了父母的中老年人，为表尊重都不直接称呼其姓名，而是以其长子之名称呼之。例如长子名叫"XX"，则称其父为"甫XX"、其母为"尼XX"、其祖父为"公XX"、其祖母为

"萨XX"。书面语中的称谓稍有不同，笔者通过对风雨桥功德碑的观察发现，中老年女性在捐钱后所登记的名字都是"奶XX"，"XX"是其儿孙辈的名字，"奶XX"就表示这笔钱是XX的奶奶所捐。

（三）语言与文字

《侗族语言简志》将侗语划分为南、北两种方言，按其划分标准，三江侗语属南部方言[①]。县内各乡的侗语在口音上不完全相同，根据各个"点"用词的异同和语音差异的大小，把全县侗语分为五个土语片，其中以林溪为主的土语片分布在三江东北部的林溪乡、八江乡和北部的独峒乡一带，林溪片的声调差别表现在一、五、七调分两个调值，除此之外林溪片的鼻音、边音、擦音、半元音声母还无送气成分[②]。

由于有些侗语无法用汉字形象地表达出，1982-1983年时政府推广教授侗字。岩寨的负责老师为杨军责，他先去县里接受培训，然后在平寨的夜校教村民侗字。但因为如今村民会普通话者较多，侗字在日常生活中的用处并不大，教学只进行了一期，大约两个月的时间就停止了。目前桂林仍有专门的侗族学者研究侗文化、传承侗字。

岩寨如今上过学的小孩、青年人、中年人都会说普通话，一些老人也会说普通话，但更多的是桂林话。当地村民在家中均用侗话交流，与外地人交谈时使用普通话。学校用普通话教学。

（四）医疗、卫生与教育

1. 医疗

岩寨有一个卫生室，1989年建立，由冼劲红医生一人管理。据她介绍，卫生室每天早上八点开门，晚上关门时间视情况而定，有时半夜还会被电话叫醒。卫生室每天都开，没有休息日，每天来看病的大概十多人，伤风感冒、摔伤者居多，有的老人患有心脏病、高血压，行动不便，她还会上门输液打针。来这里检查身体、量体温、测血压都是免费的，卫生室的收入只能靠卖药和打针。

冼劲红最常开的药有阿莫西林、小柴胡、白加黑等，患者无慢性病的话多开西药，西药每次最多开两三天的用量，有慢性病者多开中成药。药是从县城批发来的。现在岩寨人基本都有医保，人们的就医意识也好了，身体不舒服就会去求医看病开药，普通人家每年花在看病上的

---

① 三江侗族自治县志编纂委员会编：《三江侗族自治县志》，第188页，中央民族学院出版社，1992年。
② 三江侗族自治县志编纂委员会编：《三江侗族自治县志》，第190页，中央民族学院出版社，1992年。

药钱大约四五百元（不计大病）。这里的人普遍长寿，耄耋老人不少，尤其女性长寿者居多。

冼劲红1970年出生，1988年还在林溪中学念高中时通过考试，去县里参加培训学医，老师是县里医院的。学习一年半后就在岩寨这个卫生室实习一年。岩寨以前也有医生，是从大队里抽出去学习的，而现在学医的年轻女孩也不少，但因嫌这里条件不好，学成后都不回来了，对此政府并无优惠政策鼓励。

据冼劲红介绍，岩寨现在已经没有专门的侗医了，但人人基本上都会一些，偶尔会自己上山采些草药备用。

2. 卫生

岩寨的卫生平日雇佣一人专门负责，但在领导来视察前，村委会的干部甚至会亲自打扫卫生。岩寨无公共厕所。在程阳桥的下面有一个垃圾焚烧站，供包括岩寨在内的程阳景区八个寨子共同使用。村民家中的污水排放有专门的管道，集中在合龙桥上游溪边的污水处理池处理。

3. 教育

附近有一所私立幼儿园、一所公立小学，均在平寨。

幼儿园

村内在平寨有一座私人办的幼儿园，费用为每人每月二百元，有车接送，管一日两餐，周日放假，周围寨子到年龄的小孩基本上都会去。幼儿园里也会放寒暑假，但是由于小孩子在大人农忙时无人照顾，暑假往往只是象征性地放六天左右就又回到学校了。

小学

（1）平岩小学

平岩小学就在平寨，学校有十几个老师，一个年级2个班。学校有篮球场、乒乓球台，女孩们平时喜欢跳绳。每天上午9点上学，12点50分放学；下午2点30分上学，4点30分放学。杨利婷是平岩小学六年级学生，2013年12岁。她早上从家里去学校，午饭在学校食堂吃免费的"阳光午餐"，两三个菜，其中有肉，据她说要比家里吃的还丰富些；晚上回家和家人一起吃晚饭，之后大约要用半个小时写作业。一学期需缴纳30元保险费，30多元书本费，无学费、伙食费。

此前程阳大寨还有一所程阳小学，但2012年程阳小学要改成公立幼儿园，师生就都迁到了平岩小学。

（2）匡里小学

匡里小学离岩寨较远，很少有学生在那里读书，杨宇豪因为父母都在匡里小学教书，于是他也跟着父母去了匡里小学，平时和父母住在学校的教工宿舍。杨宇豪是岩寨人，2013年8岁，二年级，而其他孩子则是八岁才上小学。杨宇豪的班里有31人，其中男生17人，女生14人，平时的课程有综合课、体育课、美术课等。学校的体育课会跳绳、跑步、打篮球等，女生喜欢在教室画画。作业一般是写生字，杨宇豪还会背诗，学期末有期末考试。学校存在一位老师教多门课程的情况，例如杨宇豪的父亲教六年级数学和四年级语文，母亲教四年级英语和三年级语文。学校暑假放假四十多天，杨宇豪会回到岩寨老家，他在学校讲普通话，在家里说侗语。

初中

杨群2013年13岁，是程阳大寨人，程阳小学毕业，现在在林溪中学读初一。据她介绍林溪中学一个年级五个班，每班40多人，女生比较多。平时住校，在学校食堂吃饭，周五自己坐车回家。在学校时上午8点上学，12点多放学；下午14点多上学，17点多放学；中午能午睡一小时，一周五天课，暑假放假一个多月，寒假一个月。平时的课程有英语、语文、数学、地理、生物、历史、思想品德，物理和化学从初二开始学，学校有实验室。上高中要看的成绩有语文、数学、思想品德、历史、物理、化学，地理和生物在初二就结业了。

高中

据杨珊娅介绍，目前林溪乡中考的前十名可以进入县里的实验中学念高中，几年前则只有每个学校的前两名有此机会。大部分学生都在林溪中学或民族高中就读，由于离家较远，学校每个月月末会放两三天假让学生回家取生活费和其他用品；平时周末不放假，只有周日下午是自由活动。暑假28天，寒假比较短，只有十多天，大年初八开学。平常在学校上午7点10分上学，12点放学；下午14点50分上学，17点50分放学，之后自习到晚上22点左右，宿舍22点40分熄灯。高一结束后分文理科，文科只有2个班，理科有5个班，每班50多人。理科平常上课的科目有语文、数学、英语、物理、化学、生物，文科有语文、数学、英语、历史、地理、政治。学校还设有机房和实验室，配合计算机和实验课程。

大学

岩寨每年有四五人考上大学本科，多就读于区（省）内。目前岩寨仅有一名研究生，为观景宾馆老板杨右林的女儿，曾就读于三江县高中，本科毕业于南京信息工业大学，研究生期间就读于中科院，现在在中国气象局工作，准备进一步深造读博。

地方史志记载

县志中记载岩寨曾出过庠生[①]4人，分别为杨家堂、杨恒清、杨枝秀、吴荫培；武庠[②]1人，名为陈启龙[③]；在"全县各级学校分乡一览表"中列有"程阳乡岩寨村国民基础学校"[④]。

[①] 旧谓县学曰邑庠，府学曰郡庠，凡府县学之生员曰庠生。

[②] 武生员称武庠，亦称武秀才。

[③] （民国）魏任重修，姜玉笙纂：《三江县志》，第337—348页，成交出版社有限公司印行，民国三十五年铅印本，1975年重印。

[④] （民国）魏任重修，姜玉笙纂：《三江县志》，第533页，成交出版社有限公司印行，民国三十五年铅印本，1975年重印。

平岩村历史上出了许多革命烈士，可确定到屯的有马安寨的杨通元、杨银亥两名，另有三名只能核对到平岩村这一级，不能确定是否为岩寨，分别为：杨发、杨干善、陈一少[①]。

（五）社会管理

岩寨日常的管理主要靠老人协会和社区理事会，当遇到解决不了的事情时才上报村委会。

据老人协会会长、社区理事长吴凡秀介绍，老人协会共有167位成员，全部为60岁以上的老人。协会有1位会长，2位副会长，1位会计，1位出纳。老人协会的性质相当于顾问，一般负责"喊寨"、防火和处理一些纠纷，例如山火、寨火扑灭后的事后处理，主要是通过村规民约认定是谁的责任，罚款数额是村民开大会确定下来的。村规民约中规定社区理事会要定期或不定期组织骨干进屯进户检查防火，对存在火情隐患的农户限期整改，期限内不整改则处罚100元。据村民陈会娜称，每年都会有人上门检查防火情况。寨子里的男性组成义务消防队，村委会有名单记录，但由于外出务工情况不定，一旦失火，留在寨子里的男性都会去救火。平岩村岩寨社区村规民约"防火方面"第2条规定："谁家出现火警，惊动四周处罚100元，惊动全寨及上下村处罚500元。"第3条规定："野外出现火警，面积在1-3亩范围内处罚100-200元，财务损失由失火者与受损者协商赔偿。发生火警时要立即逐级上报，并组织人员进行疏散群众和灭火，火警电话：119。"2013年8月7日岩寨野外失火，由村委会干部发动义务消防员去救火；之后据村委会副主任杨军责介绍，岩寨老人协会根据村规民约判罚了肇事者100元。

很早以前每个侗族寨子就都有老人协会，去年县里才认可了林溪乡中三个寨子的老人协会，其中就有岩寨，并给每个协会拨款三万元作为活动经费。岩寨老人协会用这笔拨款为鼓楼购置了电视机等物品。老人协会会长等职位由村民投票产生，16岁以上就有投票权，每三年选举一次，吴凡秀2005年当选会长一直连任至今。岩寨鼓楼和戏台是吴凡秀发动建立的，建鼓楼时，每户固定要出100元，不算在捐款里，其余有能力者可多捐钱，也可多出力。捐款由老人协会保管，鼓楼的老人值班也是老人协会安排的。老人协会开会时间不固定，有事就开会，没事就不开。五月十三、六月初六、七月立秋，协会会在鼓楼组织百家宴形式的聚餐。老人协会是无工资的。

岩寨社区理事会是经社区全体选民大会选举产生的，工作以社区为主，性质和老人协会类似，但更偏重于一些实质性的工作。理事会设理事长1位，副理事长2位，执行理事4位。社区理事会也无工资，年终民政局会发些慰问金。

平岩村村委会解决一些寨子里解决不了的问题，例如两个人打架闹纠纷寨子里解决不了

---

① 三江侗族自治县志编纂委员会编：《三江侗族自治县志》，第843—850页，中央民族学院出版社，1992年。

的，就去村委会。村委会解决不了的再上报到林溪乡。

（六）阶层分化与贫富差异

由于旅游开发多年，岩寨村民的收入存在一定的贫富差异。个别家中经营宾馆、饭店，或大面积种植茶叶、杉木者收入相对多一些；大部分普通人家靠种地自给自足，并无什么收入，挣钱一般需要外出务工。也有极少数家中困难的，访谈中遇到了一位独自居住的阿萨，耳聋身体也不好，房屋的顶层漏水，只能住在一间房间里，儿子去世后儿媳带着孩子改嫁；老人是村中的五保户，有一定补助，但平时仍会沿路捡垃圾补贴生计。岩寨并未出现阶层分化，村干部也常在鼓楼聊天乘凉，官民相处融洽。

八、生产方式和经济结构

（一）种植业

岩寨常见的作物有稻子，其中糯米、坚米（当地对普通水稻的称呼，即粳米）都有，还有白菜、红薯、南瓜、芋头等。山上交通不便，以种糯米为主，因为糯米收获的时候是一捆捆的，扛下来方便，而且产量不多。平地路边的田地交通方便，所以以高产的粳米为多。稻子一年可熟两季，现在大部分都只种一季，其他时间可以种些别的庄稼。农家肥和化肥都会使用。

岩寨村民为了增加收入，许多人家都种有茶树，有些妇女专门以采茶为主要工作，寨内则将采好的茶进行初步加工，除了自己饮用外还出售给外地的收购者。

岩寨茶商吴先生[①]家的茶山上种的是红茶。茶园五六年前开始种植，刚开始种的时候小苗也就一掌半的高度，小苗长两三年就可以采了。茶园的采茶妇女们（图版十二）早上七八点就开始工作，中午就在茶山上的草棚中用餐休息，晚上七八点才回家，茶商老板用车接送。采茶妇女一般都不休息，因为采得越多挣钱越多。这些采茶的妇女一般都是茶商的亲戚，她们的主要收入就是采茶，熟练工一个人一天能采七八斤，采一斤得十多元钱。采茶的时候要捏"一心一叶"，即茶树最顶端最嫩的茶尖及旁边的一片嫩叶。采的茶加工后三斤多才能得到一斤干的成品。有的人家茶叶种得比较多会卖给福建来收茶叶的老板，由他们再加工包装后作为品牌名茶销售。

部分村民还会种植竹子，可以用来做引水管、竹编器皿等，一般仅供自用。

---

① 因其本人不愿透露姓名，我们以"吴先生"称之。

（二）林业、畜牧业和渔业

岩寨村民每户都有林地，往往用来种杉木和油茶树（茶籽）。杉木一棵售价一千余元，有的用于支撑鼓楼屋架的大型杉木售价可达一万多元。油茶树结的油茶籽可以制成平时做饭用的茶油。

一般家中都会养猪和鸡鸭，有的还会养鹅，多只供自家食用。此外家中一般还会有鱼塘，养草鱼、鲤鱼等；养鲤鱼需要先将鱼苗放养在稻田里，长到一斤左右时再放进鱼塘。

（三）商业

1. 茶叶店

杨新刚是三江县福桥侗族文化传播有限公司/三江县意达茶叶专业合作社经理，经营着寨主茶馆，一同合作的还有岩寨的吴先生。他们有一个活动的茶摊，茶摊位置是跟着民族风情表演走的，原来在马安寨，2013年搬到了平寨。茶摊的具体位置是自己随便找的，因为是寨子自己的地，旅游管理部门无权限制。据吴先生介绍，茶摊营业时间是早上九点到傍晚六点，中午人走但不收摊，因为周围几个寨子里的村民说起来差不多都有亲戚关系，没有人会偷茶叶。茶摊为游客提供茶水，最主要的收入则是卖茶叶，每月收入两三千元。主要经营的茶叶是山上种的高山茶，包括红茶和绿茶，只用农家肥。寨子中许多人家都把茶叶送到他家统一加工处理，包括老树茶、福云六号、藤茶和罗汉果等等。老树茶是山上百年老树的茶叶，数量很少，价格也相对比较昂贵，60元一两；福云六号是未添加香精的金骏眉原型，18元一两，品质好的28元一两；藤茶是树藤上的叶子，是用来打油茶的，性凉去火，15元一两；罗汉果是野生的，数量每年都在减少，50元一斤。

2. 商铺

岩寨旅游开放促使许多村民开起了商铺，有些是卖日常生活用品，有些则卖当地的手工工艺品，一般都把自家房屋的一楼作为经营场所。岩寨一共有10家商铺。

陈景能开的商店主要经营糖、饮料、酒等食物和日用品，过节时会卖一些水果。商品从县城进货，大概每半个月一次。平时商店是他和妻子在料理，早上七点开门，晚上九点关门。由于商店开在相对偏僻的地方，买东西的顾客以本寨村民为主。在开业之前首先要去政府部门申请烟证、食品证等。商店一个月的收入为五六百元。

杨军责家中一楼是个工艺品商铺，主要是从桂林进货，也有当地人做的手工。由于家中只有他一人，商铺只能在他有时间的时候营业，收入不固定。

3. 小吃摊

秦女士[①]在合龙桥桥头有一个小吃摊，每天早上九点开始营业，晚上七点左右收摊。小吃主要有凉粉、糍粑、泡菜、粽子、玉米等，一天营业收入约一百多元钱，但除去成本仅几十元钱的利润。

（四）手工业

岩寨村民家中的妇女会制作一些当地的手工艺品，或自己用，或拿出来卖。这些手工艺品形制丰富，艺术价值高，体现了侗族人民的智慧和审美。

铜铃脚链手链：铜铃是当地做首饰的师傅打的，商贩自己把他们穿起来，有黑绳也有红绳，侗族以黑为主，用黑绳的多；红绳多为迎合外来游客的喜好。

吉祥花（图八—1）：是一种由七种颜色的彩绳编成的吉祥挂饰。制作时首先将硬纸壳做成六面体模型，然后每种颜色的彩绳依次按一定规律缠绕其上。彩绳颜色有：橘黄、淡黄、黑色、绿色、粉色、白色和蓝色。最后在棱锥体每个顶点处（除顶端的，要穿挂绳）都缀上几片羽毛，羽毛和锥体连接的部位还有一颗咖啡色的珠子，是一种当地人称为"zhū mǐ"的植物种子。

图八—1　吉祥花

手工绣品：在绣图案时，会用硬纸片或者几层硬布垫着绣布，其中绒线因为比较柔软选择垫硬纸片，而数线相对硬，则垫几层硬布。硬布的制作是将坚米打成粉，兑水煮成糊，放凉后涂在布上，每涂一面后再叠上一块布，直到硬度、厚度都合适为止。绣图案的线都是贵州出产的，从县城买来。制作一副垫子快则二十多天，慢则月余，速度跟花纹的多少以及制作者的技法熟练程度有关。绣垫是结婚、建新房时常送的礼物（图八—2）。背包有大有小，是当地人背着回外婆家用的，大的一般为

图八—2　手工绣垫

---

① 因其本人不愿透露姓名，我们以"秦女士"称之。

已婚妇女背的，抱孩子时包里需要装一些尿布；小的是年轻女孩背的，装些小东西。背包的绣法分两种，一种是全手工用针缝的，另一种是用一种固定的工具压出来的，外观像机器绣，但受访者坚称不是机器所绣。绣品还分新绣和老绣，新绣指新做成的；老绣是绣后存放很久的，有的甚至有上百年的历史（图版十三）。

（五）旅游业

岩寨的旅游开发始于20世纪90年代，初始时并不具规模，2008年开始有宾馆，同年荣获4A级景区称号。2005-2008年承包给了和平乡人廖娟，2008年7月-9月承包给柳州市三江开发有限公司，2012年9月以后是由县旅游局管理。旅游业开发以来，吸引了大批游客前来观光，也带动了当地许多村民发家致富。

1. 餐饮服务业

岩寨目前有10家宾馆，另有1家在建，饭店4家。饭店老板经常会把自己的客人介绍到亲戚家开的宾馆住宿。

1）观景宾馆

陈景能是观景宾馆老板的父亲，据他介绍，开办宾馆的想法是儿子提出的。建宾馆前，一个儿子在开车，一个儿子在部队，女婿是木匠。宾馆建好后儿子女婿都回来在宾馆帮忙，全家人一同经营。陈景能老人早晚饭在老家吃，中午饭去宾馆吃。

观景宾馆是目前程阳八寨中最大、最新、设施最先进的宾馆，位于合龙桥头，凿山而建，建成于2012年12月，目前能容纳游客60余人，五六层仍在装修中，预计建成后容纳人数将增加到75人。宾馆主人一家过去在外务工，因为看到了家乡旅游业的发展并考虑到即将通高铁、高速公路和建设国家5A级景区将会带来的商机而回家建了宾馆。宾馆总投资两百多万元，一半是家中兄弟共同凑的，一半依靠贷款。现在宾馆的日常运营除了自己家人之外，还雇佣了四五个人负责打扫、洗菜等杂活。日常营业时间从早上六点左右开始，晚上则随客人晚饭的时间而定，有时会持续到凌晨一两点。宾馆内的床上用品等均购于县城，日常的蔬菜、肉类和大米则以本地生产的为主，有固定的供货商会送货上门，有时也去大寨的集市购买。大多数客人一般只在宾馆住一天左右，一些国外客人住的时间会长一点。现在宾馆已经有了自己的网页并接受网上预订和电话预定，通常情况下以旅行社团体预订为主，并与周边的餐馆等存在合作关系，月收入2万元左右。目前宾馆仍在进一步的装修扩建中，正招聘懂网络会英语的人才。

2）爱仙农家宴

该饭店是2009年创办的，主要是接待朋友、导游介绍的旅游团队，平均一天能有四五十人。游客来吃午饭的比较多，吃晚饭的较少，无早饭；每桌配餐不少于八道。"侗不离酸"是定有酸鱼、酸鸭等当地特色菜，食物都出自本寨，做菜的油是用当地特色的茶油。饭店一共四层，一二层是餐厅，三四层是老板家人自己的住房。饭店有一辆面包车，在运输公司登记过，每年要交一万多元钱。面包车主要是吴爱仙老板的丈夫和儿子使用，多用来拉货，偶尔也载客。

2. 导游

当地导游分为计调导游和村寨内的景区导游两种。计调导游是旅游公司派来的，持有导游证，每年还会去柳州培训一次。粟萍导游是2008年开始在此做计调导游的，三十多岁，住在离三江四十多公里的苗江河，其主要任务是安排游客的行程，包括住宿、伙食和交通等等，在车上也会做一些景区的介绍，进入景区之后负责跟着游客防止他们走失。一般工作的高峰时间是在每年的五月到十月，三八妇女节时可能会遇上单位组织女性员工集体出游，也会相对忙一些。平时主要接受旅游公司的安排，兼管计调，带团的时候收入基本上是每天100-150元，月工资大约1200-1500元，还有一定的提成。游客大都来自三江本地，基本上以单位组织的团队为主，没有散拼的。游客一般早上九点到十点左右开始来到程阳八寨，在此停留三到五个小时，参观鼓楼、风雨桥、吊脚楼和民族歌舞表演；有时会在这里吃饭，一般都安排在岩寨的爱仙农家宴，因为可以排开比较长的桌子，容纳很多人。据粟导游介绍，游客们反映最多的就是这里的空气很好，但也经常听到抱怨寨子里的砖房越来越多，显得很不协调。

景区导游是由县旅游局统一管理的，有固定工资，每月1050元。服装都是自己家的，都是统一的民族服装，包括每天穿裤子还是穿裙子都协商制定，头上的银饰则是统一发的。吴奕莹是2009年开始在此做景区导游的，二十九岁，住在平寨，她平常的主要工作就是在程阳桥头停车场的游客接待中心等待，随时准备带领游客在寨子内参观并提供讲解，时长一个半到两个小时左右，最后仍然会把游客送回停车场。一般周六下午和周日上午游客多一些，能接三四个团，节假日黄金周则多达五六个团，但接团数量和工资多否没有关系。平常的工作时间是早上九点到下午五点，中午一般没有时间休息，如果晚上游客来的比较晚也会加班。寨子内一共只有四个导游，岩寨两个，平寨和马鞍各一个，平常工作非常忙碌。相较于计调导游，景区导游则很少有参加培训的机会。吴导游从2009年回家担任景区导游以来的四年中只参加过一次培训，前几个月刚刚在县里举行，请老师来培训一些旅游观念、礼仪等相关内容，为考取县城的导游证以方便从外面接旅游团做准备。无论是计调导游还是景区导游，大多是桂林等地的旅游学校等中专毕业的当地或附近村寨的年轻女性，有的还有在桂林等地做导游的经验，因为结婚等原因回到三江做导游。

3. 表演队

表演队是由岩寨中年妇女们组成的一支20人的队伍，年龄多为三四十岁，不经过选拔，全靠业余爱好者们自愿参加。表演队二十年前就有，但那时只表演侗戏，到了七八年前现在这只表演队成立，表演项目更加丰富，有芦笙表演、舞蹈表演、侗族大歌、多耶等。逢年过节、百家宴、比赛前期队长会组织队员们于每天晚饭后在鼓楼排练两小时，表演的节目都是自编自演的。表演时队员们会穿上自己的节日盛装。这支表演队曾代表林溪乡参加"侗族大歌展演赛"，并取得优异成绩。表演队在寨子里过节时的演出多为自愿免费，外出表演时的报酬分按场次算和按天算两种，按场次算从前一个队伍能得到三百元，现在约五百左右，队员平分；按天算则每人每天可得五六十元。外出表演的往返车费是邀请方报销。有时旅游团也会请表演队来为游客表演，价格依演出内容而定。

（六）交通运输业

岩寨村民外出时多在程阳桥头等候面包车或小巴，那里没有固定的站牌，但却是长久以来约定俗成的乘车地点。路线多为去县城，每人5元；也有去其他寨子的，随叫随停。

有的村民家中也有车，外出则主要是乘自家的车。

（七）副业

1. 木材加工

现在岩寨内共有两家木材加工厂，建房所使用的木材切割大部分在此依靠电动机械完成，比传统的手工刨切更加高效。

2. 榨油

岩寨本地居民的食用油是用自己种的油茶树籽炼成，每年十月份采收油茶籽之后送到村里的榨油坊，待其完全烘干崩裂开后再榨油。榨油坊的设备是寨内公用的，在榨油期间会请本寨内懂技术的榨油师傅负责榨油，村民们会给其一定的报酬。油茶籽榨油后剩余的残渣可压成饼用于肥田。

岩寨的榨油坊有两处，一处位于寨内南北宽石板路西侧山坡上，海拔204米，坐标北纬25° 53′ 57.38″，东经109° 38′ 38.21″。建筑下部用石块垫高取平，全木质结构，坐西朝东，面阔三间进深两间，在非榨油时节用木板拼成的挡板将其封闭。另一处位于岩寨内北侧的半山腰处，海拔209米，坐标北纬25° 54′ 04.54″，东经109° 38′ 40.89″，分为北侧的榨油间和南侧的烘干间，下部均用石块垫高取平，榨油间为全木质结构，坐东北朝西南，屋顶使用石棉瓦，烘干间内使用砖砌的烘干灶，为烧柴空腔，外为木质框架，顶部为一面坡的灰瓦屋顶，在非榨油时节均使用夯土进行封闭。

3. 烤烟

20世纪90年代初，政府在岩寨推广烟叶种植。1992年时岩寨有三座烤烟房，但因为烟叶收购价格低，效益不好，村民不愿种植；烤烟房也日渐废弃不用，有两座被拆除，仅余现今一座，目前被用来堆放杂物。烤烟房位于频安桥东北侧，"衙萨"山脚下，海拔214米，坐标北纬25° 54′ 04.15″，东经109° 38′ 42.18″，建于1987年，属杨勇所有。

（八）经济结构

综合来看岩寨的经济基本为自给自足的经济形态，主要的收入来源为外出务工，家中若种有杉木、茶树和油茶树也可增加收入，稻谷、蔬菜等则仅供自家使用。寨子中也有人掌握木工活、碑刻、医疗、看风水等技艺，通过自身的技艺也可获得不等的收入。由于岩寨的旅游开发已近二十年，旅游业在经济中所占的比重亦很大。面向游客的宾馆、饭店、工艺品商店等日渐齐全，这些项目往往是全家人共同经营，能够直接提高全家的生活水平。不少妇女会将自己制作的手工艺品拿到风雨桥上出售，或者做些小吃，这类无店铺买卖成本低，可使一些家底不丰厚者从旅游业中受益。

九、生活方式与风俗

（一）民族服饰

1. 传统服饰

（1）女性服饰

女性的上衣一般由内外两件组成（图版十四）。外衣一般是蓝色的，左衽，素面无花纹，衽口边缘有一道白边。腰部有用来系衣服的绳子，一般是彩色的。下摆处开衩到腰线位置。内里的衣服依季节不同而有所变化。夏季多为一个简单的黑色肚兜，领口处有一圈与外衣颜色相近的装饰，有些在胸口处绣有花纹。年轻女性的纹饰往往使用多种颜色的彩线，有一主题花纹，往往为花果草叶等，色泽明丽；而老年妇女的纹饰往往是蓝白两色组成的，纹样重复，没有明确的主题，端庄大方。肚兜在腰间两侧用带子在后背穿系。有些肚兜用银链子代替布带进行穿戴（图九—1）。其他季节的内里衬衣与外衣形制基本相同，为白色棉布制成。下装穿白色裤子，裤脚翻上去，下面绑腿用的是三角形的侗布，其中一角的里面绣有花纹，绑到腿上后有花纹处翻下来露在外面。各年龄的女子都可穿，但中老年者居多。下衣也常穿黑色百褶裙，配绣有花纹的绑腿。制作衣服的布料大多是直接买的而并不是自己纺、染的绛紫色侗布。

图九—1　银挂钩

图九—2　发饰

老年女性的头发前面用一根布带束起来保持整齐，后面扎成一个圆球状发髻，上面插一把柚子木制作的梳子（图九—2），据说可以止痒；有的也用银制的梳子。年轻女性的发型与此类似，但很多情况下并不束起来。

首饰绝大部分为银制。女性从四五岁开始就佩戴耳环，年轻女性会戴比较大的耳环，有时候甚至会戴三对，耳洞因此显得很大。银首饰大多都是从自己的母亲手中代代相传下来，如果家中不止一个女儿还需要再打制；只有成年女性在节日盛装打扮时才会穿戴。现在新制银饰往往是找周围寨子的侗族银匠师傅定制。

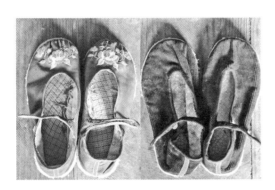

图九—3　鞋

图九—4　男性上衣

平时穿的鞋是蓝色灯芯绒面料制成的，内侧衬有棉布，脚踝处有搭扣，表面无装饰，仅在脚背的缝合处有一道橘红色或黑色的边，鞋底为千层底（图九—3右）。节日穿的鞋是紫色化纤布料制成的，鞋口有一道湖蓝色的边，内侧衬有棉布，脚踝处有搭扣，脚背的缝合处同样有一道橘红色的边，表面多用红、绿、黄、粉等各色丝线绣出花叶等有吉祥寓意的图案，鞋底为千层底（图九—3左）。

（2）男性服饰

男性服饰（图九—4）左右对称，素面无花纹，共六个对襟扣，方领，下部有两个方形的口袋，下摆处左右开衩。颜色有蓝白两种，白色的多为夏天穿，蓝色的多在内里加一件衬衣，春秋穿着。到了冬天，这种侗衣里面还可加棉，起到保暖的作用。结婚时，新郎的朋友和兄弟会全身穿一套侗布衣，腰上系一条腰带，在后腰打结，下面拖下两条长带至地面。

（3）婴儿围嘴用侗布制成（图九—5），外方内圆，一侧开口带盘扣，用来套在小孩的脖子上。两边有系带，用来系

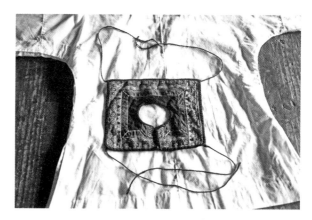

图九—5　幼儿围嘴

在身上防止掉落。正面绣有有多重花纹：最内为侗布本身的黑紫色；外面有一圈较宽的湖蓝色边；再向外一圈为主要纹饰，大多为表示吉祥寓意的花果图案或者是一群人手拉手跳多耶的形象，色彩丰富明丽，图案纹饰生动活泼；最外围仍是侗布本身的黑紫色边，但较窄。

2. 装饰特点

平常服饰色调以白色、湖蓝色和黑色为主，装饰较少，朴素大方。节日盛装整体上也以色调偏深的蓝色、紫色或黑色为主，同时采用局部使用彩线绣花的方式进行装饰，还会用一些银饰、鸭毛等材料点缀。局部装饰使用的色彩非常丰富，有红、黄、绿、浅蓝、粉等多种鲜亮的颜色。较大面积的花纹以几何形纹饰为主，儿童的服饰或鞋、包、坐垫上会使用一些植物的草叶、花朵、果实或者一群人手拉手挑多耶舞的形象。

3. 服饰现状

现在除了年老的妇女会在平时常穿侗布衣服外，其他人都不常穿了。寨中的年轻男性和妇女的日常穿着与汉族地区无明显差异，一般上身是衬衫、T恤，下身是深色长短裤，基本不见短裙、短裤、背心等相对暴露的服装。尽管平时不经常穿，但每家每户基本上都保留有几套传统服饰和至少一套节日盛装、完整的首饰，婚丧嫁娶和重要节日的着装仍然以本民族传统服饰为主。

（二）饮食

1. 日常饮食

日常吃的主食主要有"坚米"（即普通水稻）和糯米，一日三餐均是如此，很少吃面条、馒头。吃糯米时不用碗筷，直接利用糯米的黏性用手团成团后抓着吃。常吃的蔬菜夏天主要有茄子、南瓜、黄瓜、空心菜、瓜苗、白芋苗等，有时还吃一些茭白，冬天则多吃白菜、南瓜、土豆、腌萝卜、藠头、菖蒲（当地人称"水六十"）等等。小吃有切粉、凉粉、米粉等。早上

时间充裕的时候会喝油茶，但晚上不喝，据说晚上喝油茶第二天眼皮会肿。日常的蔬菜和米主要都是自己种的，肉食需要买，牛羊肉很少吃，主要是鸡、鸭和猪肉，在小卖铺里早上有定点销售，也可以到赶集的时候买。赶集的时候除了菜、肉和水果外，还买一些日用品。食用油都用自家种的油茶树的油茶籽所榨，十月份捡了油茶籽之后送到村里的固定地点，烘干后榨油。榨油的棚子是寨子内公用的，请榨油师傅（往往也是本寨人）的费用也是由寨子里公共的钱出。稻谷脱粒也往往会在寨子中私人营业的作坊中集中进行，也有家中自购打谷机的。水果也基本上都是自己家中种植的，常见的有桃子、李子、杨梅、西瓜、枣等，冬天有柚子和柑橘，偶尔还有一些外地运来的水果。

2. 节日饮食

节日必不可少的食物是"侗家三酸"，即酸鱼、酸肉和酸鸭，往往也要喝自家酿制的重阳酒或杨梅酒，主食以糯米为主，有些节日如春节、小孩周岁等会吃糍粑。鱼生也是当地重要的特色食物，经常出现在节日的酒席上。

3. 制作方法

（1）茶叶

绿茶：茶叶采摘后首先阴干脱水，直至茶叶抓起来有点软，天气潮湿时间会久些。然后杀青，把茶叶放在锅里慢慢炒干，现在一般用电炒，可以保持恒温。因为采下的茶叶都是"一心一叶"，经炒制后能让嫩叶抱住嫩芽并卷成细长条形。之后把炒好的茶叶放到一边回潮，让其再吸收些水分，使茶叶不碎，易保持原型，一般放在洗手间等比较潮湿的地方。待茶叶慢慢变软后，就放到机器里揉制成形。之后再烘干，烘干以机器为主，同时需要人工用一个盆子把茶叶放进去并不断翻滚均匀。至此已经做出了可以喝的成品茶叶，但是福建等地的老板在收购成品茶后会在其中添加香精，使其成为自己的品牌。茶叶一旦做好可以放很久，可以用来打油茶，也可以煮水喝。

红茶的制作过程与此相似，唯其脱水后不用杀青，但在揉制茶叶之后多一步发酵的过程：在茶叶上泼水，使其在40℃以上的环境中发酵六小时左右。

（2）酿酒

重阳酒：因一般是重阳节当天开始酿造而得名，口味偏甜，酒液略显黏稠。原材料一般是糯米，普通大米也可以，但味道没有糯米香醇。酿造的时间一般是一年，今年做，明年喝，有时还会再放半年以上，放的时间越久质量越好。做法是把糯米蒸熟，待其冷却后放入酒曲，盖好，至少半年之后再打开，经过简单的处理把杂质去掉就是重阳酒了，有时为了提高酒精浓度还会进行进一步的蒸馏。酿酒的缸口不能太大，口小、身子大的才好密封。一般用石灰和黄土和成泥浆封口，防止酒气溢出。之所以选在重阳节这一天，是因为这时气候不冷不热，刚好适合酿酒。

杨梅酒：把整颗的杨梅放进壶里，然后倒入米酒泡四五个月即可；因为有杨梅的味道，整体比较甜。酒与杨梅均可食用。

（3）小吃

切粉：把坚米磨成粉，拿一个盆，舀进去两瓢，然后蒸熟。蒸完后就可以拿来切成很细的条，吃的时候放进锅里煮一下，放些猪油，凉拌着吃。

米粉：把坚米磨成粉，拿一个盆，舀进去两瓢，然后蒸。蒸完后用下方有眼的工具（类似饸烙）压成横截面为圆形的条，晒干后可以保存很长时间。吃的时候煮熟即可。

凉粉：把茶叶磨碎煮成胶状物，放凉后放进冰箱，一夜即可结成凉粉。把白糖炒黄，放入水中煮开后放凉，再放进冰箱冰镇，即为糖水。吃的时候先盛一碗凉粉，然后再倒入糖水即可。

泡菜：有萝卜、藠头和蒜等。萝卜加的是自己种的酸辣椒，放盐，泡一晚上就会变酸，为保持脆感泡的时间也不能太长。蒜头一般是配菜炒的，而藠头是专门做成酸味的，可以多泡一段时间，不会变软，可直接食用，不与其他菜一起炒。

糍粑：将糯米蒸熟后趁热放在石臼里舂，木杵是用油茶树做的，因为油茶树木质好，不容易崩损、开裂。舂完拿出来做成饼状，吃的时候上面再撒上花生粒和芝麻即可。

（4）特色食物

鱼生：即生鱼片，用自己养的草鱼，肉切成片，用茶油拌一下，加酸菜腌制，再放些紫苏等香料以及香菜、花生粉，不放酱油、醋，直接生吃。

油茶：将蒸熟的糯米晒干，用油炸成爆米花状，加入用米粉或面粉加糖炸制的花生大小的油果、花生备用。茶叶用油爆炒，再加水煮，倒在碗里，再加入糯米炸的小爆米花、油果、花生。

酸鱼：八月十五那天收鱼之后清理干净内脏，用盐腌制一个月以上，有人喜欢更入味的就更久些，可以腌制半年。之后将鱼取出放入做酸鱼的缸底，其上放置一层竹篾，再放一层糯米将其完全盖住；再压上木板、石块；倒入腌制时渗出的盐水，以防止空气进入；最后密封缸口，放置两三年后方可食用，最长可达数十年。期间每年需要把水倒出来，换一次糯米，再将盐水倒回去，这样鱼的味道会更好，有糯米的香气。腌制的缸以前使用的是木桶，现在多使用陶瓷或塑料桶。

酸鸭、酸肉制法与酸鱼相似，唯其腌制过程中无需重物压实，密封即可。

（三）日常生活

1. 日常作息

家中的作息时间一般以中年劳动力的时间为准，通常早上六点左右起床，吃完早饭上山做农活，田地离家比较远的会带午饭上山去吃，离得近的则在中午一两点钟回家吃饭，下午继续干活，晚上八九点钟回家吃饭。天气热时会很早就起床干活，上午十点左右回家。

许多家庭的中青年人大多出去务工了，只在农忙的时候回家帮忙，平常家中只留下老人照顾小孩、料理田地、打理家务。老人一般早上六点左右下地割草、喂鱼，七点左右回家，九点左右到鼓楼里聊天、下棋、看电视，晚上太阳快下山时的一个多小时去田里再料理一下，顺便摘一些菜回家做晚饭。

2. 日常娱乐

（1）象棋三（图九—6）

鼓楼、风雨桥上都有简易的刻在木板或石板上的棋盘，棋子往往由捡来的黑白两色石子充当。游戏规则是每人一子，在棋盘上全部摆满，然后一人一动，移动棋子使同色棋子尽量连成一条线。三颗同色棋子连在一条线上时就可以拿掉对方任意一个棋子，一方再也没有一颗棋子可以移动时算失败。鼓楼的老人尤其喜爱这种游戏。

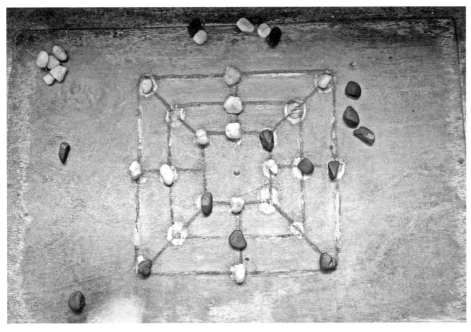

图九—6　象棋三

（2）芦笙（图九—7）

侗族的儿童不论男女，大多在七八岁时开始学习吹芦笙。过去往往是跟家中的老人学，现在在学校就有专门的课程，外面还有培训班。芦笙有大有小，共有四种，按体型大小依次称为"美镂""楞喽""冷檽""冷嘞"（均为音译）。四种芦笙吹奏的基本原理是相同的，音调也相近，但是难度和音量不同。越大的吹起来越响，同时对肺活量的要求也越高，吹奏的难度也越大。芦笙是用竹子做的，岩寨没有人会做，要专门从外面请师父来做，十多年前做一把要30元钱。岩寨鼓楼里有很多芦笙，是老人协会用乡政府拨的钱买的，每当有游客参观、领导视察，老人们会拿出来吹。现在寨子里的年轻人会吹芦笙的仍有很多，每年的八月十五都会举办芦笙比赛。

图九—7　芦笙

（3）现代娱乐方式

岩寨鼓楼中有台电视机供老人娱乐，几乎所有人家中都有电视机。上网也是非常受年轻人喜爱的娱乐方式，村中不少人家，尤其是宾馆、旅社已经购置了电脑开通了网络。

（四）社会风俗

1. 月也习俗

月也是侗族村寨之间进行联欢的节日，一般是一个寨子的人到别的寨子去表演节目庆祝。开场和结束的时候都要跳多耶舞。开场舞的意思多是赞美别人的寨子好，结束舞的意思多是邀请他们来自己的寨子；中间会穿插侗戏、小品等节目。表演的日期不定，都是选在农闲的时候，尤其以春节和本家姓吃冬节期间比较多。表演的时间都在晚上八点到十二点之间，全寨都会被邀请参加，是否出席则完全自愿，一般人数多的时候达到四五十人，少时二三十人。月也时穿节日盛装参加，女性要带全套的银饰。各家各户都会带菜一起去鼓楼吃百家宴。月也这样的节日岩寨一年最多过三到五次，有时跳多耶是以游客为中心的，是手拉手、心连心的民族团结舞。

2. 建房仪式

侗族传统木构房屋的营建有很复杂的讲究，房屋的位置、朝向、层高和盖房时间、奠基时埋第一块石头、下第一根柱子的时间和人选、最基础的框架结构要在几天之内搭好等等，都需要风水先生结合地形和主人的生辰八字来计算。盖房子最重要的环节是"上梁"，即为房屋装上主梁。主梁须是从山上"偷"来的，要按照风水先生指点的方位，去山上别人家的杉树林里选一棵一个根上长出两个主枝的大树，带一些纸、米和钱，烧香拜一下，砍倒其中一个主枝作为房屋的主梁，一口气扛到河边，中间不能换肩膀，木头不能落地。砍来的主梁要在河边直接加工，砍下的木屑、枝丫不能用作其他用途，而要放到河水中随水流飘走。上梁时有唱"上梁歌""踩梁"等仪式，由设计建造房屋的师傅和村里的风水先生一起来完成，院内会摆两张桌子，上面放煮好的猪头、草鱼和大红公鸡，称为"三牲"。建房子的师傅会作法请鲁班和当地已经过世的老师傅，说一些吉祥的话，而风水先生主要负责驱赶土地上的凶神恶煞，时间一般为半小时左右，仪式结束后桌上的祭品归二人所有。上梁当天来的客人很多，且往往到得很早，早上三四点钟就会到主人家，等到了风水先生算准的时间，将木板拉起来。传统的"踩梁"是指负责营建的师傅一人将主梁扛上房顶，走一步唱一句歌，一定要正好十步走上去，并要在各个方位烧香祭拜，祈求平安吉祥。由于这种工作难度很大，讲究也比较多，现在已经基本上见不到了，大多换做用红布包喜糖和糍粑从房顶上往下撒给现场村民，而主梁则由所有来参加仪式的亲朋好友一起拉上去。当天建房的工匠和师傅、风水先生和户主人都需要在腰间系一条红腰带，来帮忙的亲朋好友，每人会发一枚甜酒鸡蛋。第二天在房子的地基处生火打油茶，见者有份。

房子盖好后，会择日再举行一次入住生火仪式，选择一人先进屋给房子生火，风水先生会提前告诉主人举行仪式的日期和生火人选的条件。生火人不一定是本族或者本地亲戚，而一般尽量选富裕、地位高有威望、子孙又多的老人，希望户主家将来能够和他家一样兴旺发达。新房入住仪式当天一般不需要风水先生承担特殊的任务，但往往会请来一起吃酒席。

鼓楼建成后的仪式与此有些相似，也要选择条件优秀的长者第一个推开鼓楼的门。人选不一定是本寨人，如此前独峒的一座鼓楼第一个开门的就是马安寨的一位老人。而新修好的风雨桥则略有区别，以前要找一个36岁就已经当爷爷的人领着孙子一起过桥，现在由于人们结婚越来越晚，往往就选择能找得到的最年轻的爷爷第一个过桥。人选同样不一定是本寨人，以前有过湖南某地建风雨桥来程阳找到一个36岁的爷爷首先过桥的事。

3. 恋爱婚礼

"行歌坐月"是侗族人最常见的恋爱方式，往往在冬天的夜晚举行。女孩子在家里纺纱织布，男孩在中意的女孩门外唱歌，如果女孩有意就跟男孩对歌，唱一两回就会开门让男孩进屋聊天，遇到不喜欢的人就不理会，既不接歌也不开门，如此两三天男孩也就不再来了。男孩子一般带一把琵琶，一头拎一只灯笼，从晚上十点钟左右开始唱歌，如果女孩中意，十二点、一点左右就可以进屋了，待到两三点钟回家，第二天再约女孩上山游玩或是到县城买东西。一般从冬天唱到过年的时候就可以结婚了。

吹芦笙也是男女青年相互认识接触的方法之一。男孩去其他寨子中吹芦笙的时候，女孩往往会盛装打扮，提一盏小灯笼，如果遇到中意的人就用灯笼照亮他。

"打毽"也是一种让男女青年互相认识的方式。过去的侗家青年从十四岁左右就开始寻找合适的对象，初一到十五的晚上，男孩会去村寨中找女孩，青年男女用手互打鸡毛毽调情，同时观察对方。打毽结束之后男孩会去女孩家吃饭聊天，女孩的父母可以借此机会看看男孩是否中意，中意的双方婚事就可以定下来了，男方就可以约女方出去或经常去女方家，到过年时就可以上门提亲了。

此外，过去结婚也有靠媒婆介绍的，往往会讲对方的性格、家境等等方面的优点，并交换两人的联系方式，如果最终能够成婚，媒婆会收到谢媒钱。

按照传统风俗，新娘新郎结婚之后，要过三年才能住在一起，即"不落夫家"；现在则基本上没有人再遵循这样的习俗。婚礼一般都集中在正月初的几天，过去经济困难时期，婚礼往往比较简单，如20世纪60年代的困难时期，男方家里往往无力准备彩礼，也无法宴请亲朋好友，只是在新娘回门时送一只兔子、一只鸡。生活条件好了之后，宴请亲朋就非常普遍了，每一家结婚时都要宴请所有的亲戚和朋友，人数多达四五十户甚至一百一十多户，专门杀猪、杀鸡鸭招待。通常大年三十去新娘家娶亲，迎接新娘。初一的时候新娘会去寨子的井亭里挑水，目的是为了让寨子里的人都看到这是哪家的新娘。初二的时候新郎家中会举办酒席宴请亲朋。正月初三送新娘回门，往往整个寨子的人都会参加，有的是去帮送新娘，有的是去看送亲队伍。送亲的一般都是挑聘礼的，包括米、猪肉、烟酒、鱼、鸡鸭、水果等。因为米是一担一担地挑，所以会显得送亲队伍很长。还会专门准备一头"红猪"，即剥了皮的整猪，利用猪血的黏性在上面粘贴一个红色的双喜字。因为有许多人家都是那天娶亲，相互之间往往还会攀比谁家的礼多。新娘走在送亲队伍的最后面，装扮得很隆重。这一天往往是寨子里最热闹的一天，游客也格外多。最亲近的亲戚多送新人镜子，关系越近镜子尺寸越大，并且会在镜子左右两侧写上祝福语和赠送者、被赠送者的信息。每户人家都要包红包，以前最多50-100元，现在最远的亲戚也要50元。富裕人家有时会请人来寨里唱戏。

4. 丧葬

若家中有人过世，传统的做法是从逝者去世就开始吹唢呐，一直到下葬结束。首先需要请风水先生来给逝者换衣，往往是黑色的、丝质的、质量较好的新衣服。家中的红色对联要用白色的挽联盖住。老人用黑色的杉木棺材，清理后摆在路边，请风水先生算好日期下葬，一般是去世后2-3天。遗体由女婿一方的亲戚抬入棺材，头要由女婿来抬，抬棺木也是如此；自家的兄弟、儿女并不动手，而是拿着灵位走在前面。葬礼当天逝者本家人人头上都包有长长的白布（图九—8），男性的白布往往会长至脚踝，女性的长度到脖颈为止。其他人或缠在腰间，或在头上绑一个白圈。墓坑也是由女婿家挖的，入土前棺材用布包裹，风水先生穿一双新鞋踩在棺材上，作为百福

图九—8　丧事系白布

仙人的替身，唱祝福的歌，坟墓前撒有米，逝者的子女跪在坟前叩头，亲戚在周围应和。歌词的内容大多是庇荫子孙有美好的生活，如大吉大利、金银万担、学业有成等等，风水先生唱一句亲戚喊一句，表示赞同。埋葬后，风水先生作法召唤逝者的父母回家将其带走。

　　入葬后的第二天称"三日"，早上去新坟祭祀，中午回家摆宴请亲戚吃饭，负责主持仪式的风水先生会拿一个背篓，来参加宴席的人都需要放几块钱，寓意帮扶逝者一家人渡过难关。收完后将背篓放在仓库的东方，不能动，一个月之后才能拿出来数，由逝者的子女将其分掉。埋葬当时不立墓碑，往往要等三年，寓意指有孙子之后再立墓碑；在家中并不立牌位。墓碑上有逝者和儿孙的姓名，传统上只有男性子孙，且男性的墓碑不写妻子的姓名，女性的墓碑有时会写丈夫的姓氏。但据我们观察，从20世纪90年代开始，墓碑中已经出现女性子孙的名字。

　　墓地安排上一个姓的人往往埋在一起，不能相互杂处，墓地主要分布在附近的山上，嫁过来的媳妇要葬在夫家的墓地里，男女不区分。据杨艳里介绍，家族墓地往往是最老一辈人的墓葬靠近山顶，辈分越低越靠近山脚。但据笔者观察，就现存有纪年的墓葬而言，位置较低的多为清朝和民国时期的早期墓葬，靠近山顶的多为20世纪80年代以后的晚期墓葬。现在逝者多直接葬在自家的地里，具体选址需要找风水先生看，需要和逝者的生辰八字相合。四十岁以下、没有孩子的年轻人夭折后不能埋在家族墓地中，用不上颜色的棺材，仪式也要简易得多。

　　葬礼之后亲近的家属需要戴孝一年，系白色的孝布，不能成亲。逝者年龄在八十岁以下的家庭过年不能贴红对联，而需要用黄色或绿色的对联，内容在风水先生在传下来的书中挑选。

逝者年龄在八十岁以上的可以贴红对联。

5. 其他

（1）升学酒

最近一些年来，每当家中有人收到大学录取通知书，都会举办升学酒。过程比较简单，即召集亲朋好友一起聚餐，此外还要特别邀请孩子从小学到高中的所有学校，由学校选派老师来参加，还要宴请同学；宴席上会对辛苦教育自己的老师表示感谢。亲朋和学校的老师一般都会送红包，同学由于没有收入，只要带一点水果即可。有些人家考上高职或中专的也会举办。

（2）生日相关

新生儿出生：办的喜酒称"打三朝"，传统习俗会在新生儿出生后三天办酒席庆祝，现在也选择出生后七天、九天、十一天等单数天来庆祝，往往是在孩子的父亲家中，亲戚会挑一担米，放上五个鸡蛋作为礼物。往往第一个孩子（不分男女）的喜酒比较隆重，家家都办，第二个以后的孩子规模会小一点。有钱的人家也会请人来唱戏。

办酒席的前一天主人家会采购食材，本族的人当天早上四点左右就会来帮忙准备，男性杀猪，用大锅大铲做饭，女性洗菜。七点左右在家门口起灶，将前一天淘洗好的糯米分批蒸好，先给来帮忙的本族亲戚炒菜吃早饭，并到亲戚家借桌椅板凳，有的还有族内共同购买的专门用于节庆的碗筷。亲戚朋友早晨九点左右就开始陆续携带礼品上门，往往是担来两筐米，一筐十斗，一边坚米一边糯米，其中一个筐内会放五个鸡蛋。新生儿父亲的外婆家会多送一点礼物，如一条酸鱼、一坛酒等等。来宾或穿传统服饰或现代服饰，并无统一规定。从早上开始入席，十人一桌，人满一桌就开始吃，男女往往分桌坐。主要的菜肴多达二十多个，酸鱼、酸鸭、酸肉在宴席上一定会有；小孩子会一人有一个被染成红色的煮鸡蛋；宴席的主食是糯米饭，可以直接团在手里吃，方便且能够保温。主宾是新生儿外婆家的亲戚，往往在中午一两点到达，本家的妇女会等在门口接过娘家人挑礼物的担子，同时会燃放鞭炮。外婆家往往会携带许多生活化的大礼，传统者如被子、小孩衣服、绣花背带等，现代者如冰箱、洗衣机、衣柜、婴儿车等。中午的宴席要等外婆家的客人吃完饭本族人才会吃，往往会延续到晚上，外婆会留在家中过夜。宾客来看到小孩子会夸奖一下。

由于登记户口的需要，小孩子的名字往往在出生前就已经想好了，以前则只需要在满一周岁以前取好即可，取名者也并不固定。

小孩满月：父亲一方的亲戚会带鸡、鸭送到母亲的娘家庆祝。

小孩周岁：较近的亲戚会来办生日酒，规模相对比较小。家人会专门锤打糍粑送给附近的村民和鼓楼里的老人吃，寓意是让大家都认识孩子，以后孩子就不会走丢了。

庆生与过寿：近年来生活条件改善，家境比较殷实的人家也会给五岁之前的小孩办较小范围的庆生活动，买一些鸡、鸭请母亲一方的亲戚来庆祝，等到小孩上幼儿园时也会专门买一些糖果发给小朋友吃。老人到六十、七十、八十岁时，如果家庭条件比较好且儿女也支持的，也会办寿宴，亲戚朋友也会送红包。

（3）换酒习俗

在宴席上，亲朋好友会相互"换酒"，其做法是：二人各持酒杯，双手相握，彼此推让几次，以表敬意，待酒杯至嘴唇附近，稍稍用力使其倾斜，一饮而尽[①]。

（五）节庆活动

据老人们说岩寨一年中的大小节日共有84个，一般为农历，绝大部分都只是很小的节日，并没有特殊的庆祝活动。从1983年开始节日庆祝才渐渐盛行起来，之前由于战乱、土匪、"文革"等原因并没有能够好好地过。比较重要的节庆有以下八个：

1. 春节

侗家人春节习惯在家中过大年三十，过年的时候会吃糍粑，年轻人往往会守岁，而老人则没有这样的习惯。午夜十二点时所有人会起来放炮。放炮并没有固定的地点，一般找块空地就可以。婚礼一般也都集中在正月初的几天。过年之后，从初三初五开始走亲戚，但具体的时间往往并不确定，挑选有空的时候即可。一般春节会持续到正月十五，吃完元宵之后就算结束了，开始做农活，回归正常的生活工作。

2. 花炮节

花炮节在正月初三，程阳八寨中每个寨子都会派出一队参加，由村里的男性青壮年组成队伍抢花炮。抢花炮的场地一般会选在宽阔的河边，以前是在程阳大寨的河边举行。花炮外形似饼，用铁丝做成骨架后外编竹子成形，用鸟枪像迫击炮一样将其打到天上，掉下来就开始抢了。比赛场地有一个界线，界线内人们都可以抢，抢到后跑出界线就算赢。因为一般是在河边举行，所以界线内有河也有岸；抢花炮往往会跑到河里，所以虽然是正月初三，参加的人往往不穿上衣光着膀子，抢兴奋起来就不觉得冷了。负责放花炮的人有专门的服饰（图

图九—9　放花炮者的服饰

① 魏仁重修，姜玉笙纂：《三江县志》，第160页，民国三十五年铅印本，成文出版社有限公司影印。

九—9），上衣领口、袖口和下摆处都用多种彩线绣出几何纹样的花纹，最下方缀有前后各六条绣有彩线的布条，围成一圈，下方再缀鸭毛。围观的村民也大都会穿着传统的民族服饰。活动时间一般在早上十点到中午一点左右。最早的时候一次只抢三个花炮，后来由于人多，花炮的数量逐渐增加到四五个，每次抢完一个再放下一个。花炮节一般全村人都会参加，青壮年去抢，老人小孩观战。每个寨子参加比赛的人数不固定，人数越多越沾光，有时甚至会出现某个寨子上百人争抢另一个寨子一两个人手中花炮的现象。抢完花炮村民便各回各寨子，获胜的队伍会得到一笔奖金和一个奖杯，奖金往往用来请全寨的人一起聚餐，形式与百家宴一致，奖杯一般放在鼓楼里面。

花炮节是岩寨最隆重的节日，因为参加的人很多，往往间隔三到五年才会举办一次，没有严格的规定，往往是由乡镇的领导决定的。这两年随着旅游业的发展，花炮节举办的次数也越来越多。岩寨在比赛中经常获胜，但是因为是隔几年才举办的，机会不多，过几年再比就只是去参加而不是真正地抢了，要把机会让给其他的村寨。

3. 清明节

清明节一般活动就是扫墓，通常是以一个家族为单位，因为祖先大部分都是一个家族的埋在一起，但近几年来分散埋葬的渐渐多了起来。扫墓有清明前一天的，有清明当天的，也有清明后一天的，具体的日期因家和墓地的相对距离决定，离得远的中午回不来，有的离得近中午就回来了。一般只需要准备香和纸钱，有的人家也会带酒肉等祭品。

不到一年的新坟（指尚未经历过清明的坟），在"春社"这天也要去扫墓。"春社"是农历二月初二到三月初三之间的一个节日，具体时间根据黄历确定。去扫墓的一般都是一个小家庭的人，亲戚关系往往很近。春社扫过的新坟，清明还需和整个大家族一起再次祭扫。

扫墓先除草，把坟墓周围打扫干净，然后挂纸钱，再烧香。烧香每个小家庭是先烧给自己关系最近的亲属，上香时烧香者的先后顺序则没有太多的讲究。

4. 吃黑糯米节

四月初八吃黑糯米。所谓黑糯米，就是利用山上的一些植物把糯米染色。岩寨一般只染黑色和黄色，做法也很简单：把糯米用枫树叶的汁水泡一段时间，再拿来蒸就会变成黑色；还有一种花叫"华书"（音译），能使糯米变成黄色。染色完蒸好就可以直接吃了。一般都是家里自己做了吃，不过现在也有小家族聚在一起吃的。黄色、黑色的糯米像牛粪，寓意是纪念牛帮助人们进行劳作。这个节日往往只是小家庭范围内自己庆祝，规模不大，并不介绍给游客。

5. 端午节

五月初五是端午节，习俗基本和其他地区相同，有吃粽子、挂艾蒿、戴香包等，但是没有赛龙舟。粽子用粽叶或一种比较大的竹叶包，馅料十分丰富，有肉、花生、豆子、板栗等，还有无馅的（可保存时间久一些）。粽子一般都是每家每户的妇女来包。端午节还用艾蒿挂在门上，也会做香包给小孩子戴，挂身上起到挡妖气、驱邪辟邪的作用。有时还会从附近山上采来草药煮水洗澡，起驱邪的作用。

6. 中秋节

八月十五中秋节，习俗有吃月饼、打南瓜仗、收鱼和芦笙比赛。前三者是这一天特有的活动，而芦笙比赛重要的节日都会有。

月饼是从县城里买的，当地人自己并不会做，馅料也无特殊之处。

南瓜仗是庆祝秋季丰收而举办的活动。其方式是将煮熟的南瓜切开来砸，男女皆可参加，小孩居多，也有中年人。小孩子会故意穿白色的新衣服好显示出南瓜染黄的印记，开打之前还会有一位老人作为队长带领小孩子们喊口号。每个寨子都会准备几百斤的南瓜，一般会到平寨鼓楼附近举行。从前是哪寨小伙子和哪寨姑娘关系好就去哪个寨子打，现在这种习俗淡化了。打南瓜仗前参加的两队会被分为"南瓜队"和"油茶队"，岩寨一般是"南瓜队"，在开打之前会先在鼓楼喝一碗油茶，还会先抢南瓜花。时间一般为下午四点半五点开始，直到南瓜用完为止。游客一般都是在旁边观战，但是有时候被砸到了，也就加入了打南瓜的行列；还会有人故意往游客那里丢，好让他们参加。

收鱼指去自家鱼塘放水收获一年的鱼。往往需要提前逐渐放水，仅留一点水供鱼呼吸，中秋节当天下到塘里抓鱼。

芦笙比赛时每个寨子都出一队，都是男性，而女性会盛装围观。这个比赛是没有奖励的，仅仅作为一项节日活动来热闹一下，顺便为男女青年提供相互认识的机会。人数一般在30人左右，多时有50人。有些人会去别的村里比赛芦笙，比赛完了就在这个村子里找女孩聊天谈恋爱。裁判两个寨子都会出，比赛时两队都会努力吹响，哪边的芦笙声音压过另一边，周围人听得舒服就算哪边赢。

7. 重阳节

九月初九重阳节，六十岁以上的老人会来鼓楼聚餐吃午饭，小菜由各家各户准备，是百家宴性质的，肉、酒等则由寨子统一拿钱去买。聚餐过后会吹芦笙、跳多耶。重阳酒在这一天酿口感最好。

8. 本家姓节

本家姓节是侗族的一种传统节日，即同姓家族在同一天举办宴席，邀请亲朋好友聚餐，在十月份以后的冬季举行的叫"吃冬节"（音译）。由于不同姓氏吃宴席的日期不同，这种节日在一年当中是很多的。一个姓不一定是一个家族的，不同姓氏的家族也可以在同一天举办宴席。女方嫁到男方会跟男方的姓，男方入赘到女方也会跟女方的姓，吃同一天。这一天举办宴席的家庭会自己准备饭菜，不论是本寨的、本村的还是更远地方的亲朋好友都可以来，有的人脉广的人家客人能达几十桌，像办喜事一样。一天中宴席举办的时间也没有固定，对于参加宴席的人来说，可能有许多不同家族的朋友集中在一天宴请，便会中午在这家吃一顿，晚上再去另一家吃，第二天可能还要轮着。具体哪一个姓氏在那一天吃，则是传统留下来的规定，日期是农历的，有二月初二（吴、陈）、春社、三月初三、六月初六、七月十四（较少）、十月十二、十月二十六（吴姓为主，少量杨姓）、十月三十、十一月初一、初五和初七等等。

（六）传统技艺

1. 木构建筑营造

受自然条件和资源环境状况的影响，岩寨地区的山上多种植杉木，木构建筑是这里最为常见的建筑形式，鼓楼、风雨桥、吊脚楼等颇具特色的建筑都是以木构为主的，木构建筑营造技艺也就成为了岩寨最为重要的传统技艺之一。寨中还有一位专门从事木构建筑营造的国家级非物质文化遗产代表性传承人杨似玉和一位区级传承人杨求诗。随着时代的发展，村里的房屋也发生了很大的变化：建筑体量向高大发展，以往多为两层半，使用的木材往往也不上漆，现在大多高四层左右，外面还要刷漆；钢筋混凝土和砖房的比例不断增加，传统木构建筑技艺虽然依旧很兴盛，但也面临着不小的挑战。

（1）建造过程

侗族传统的木构建筑营造技术第一步就是木材的选择，往往使用树龄较长、达三四十年以上的杉木，这样的木材结构致密，不需要做过多的处理就可以使用；有时也使用材质更为坚硬的禾木，比如平寨的鼓楼。砍第一根木头的日子要专门选择，人选要求家中三代或四世同堂。选好木材之后就可以开工了，首先挖地基，然后树立主柱，之后要在两三天之内搭起房屋的主要结构，房子往往从一边开始建起，而风雨桥则往往从中间向两边建造。侗族工匠在建造房屋的时候是没有图纸的，全凭主事的师傅在头脑中先行架构，用竹子制的"香干"作为标准尺寸进行丈量设计和制作。每块榫头上面还有特定的一根竹签用来标识方向，也用来丈量，一旦有一根位置错误，整栋房子的结构就对不上号了。竹签上有特殊的符号表示相对的前后上下左右天地等位置信息。这些符号一共有十三个（图九—10），据杨善仁介绍，应是从繁体

图九—10　木工的十三个符号

汉字的草书形式演化而来的，不同的木工师傅使用的并不相同，现在则相对统一一点。最后就是上梁仪式，主梁安放好之后的铺楼板、上瓦等等工作，难度不大，往往是主人家自己或亲朋好友来完成。建造一栋房屋需要的时间视主家的经济情况和其他要求而定，做工人数不等时间不同，从七八个月到三十个月不等，以三江鼓楼为例，十三个人共花了十个月左右完成全部工作。之后一般每年会检查一次房屋状况，更换瓦片。

（2）国家级非物质文化遗产"侗族木构建筑营造技艺"项目代表性传承人——杨似玉

杨似玉2013年50岁，家中世代传承侗族传统的木构建筑营造技艺，他的父亲和祖父都是当地的木构建筑师，祖父是修建程阳桥的主要倡议者，家中现在还保留着当年的一个禾木车轮和一块香椿木。在程阳桥历时十三年的修建过程中，杨似玉家中贡献很大，除了出木材、出工之外，还总共捐了437块大洋。杨似玉的父亲兼师傅杨善仁已经94岁高龄，曾经主持设计建造了长达368米的三江风雨桥，在南京、厦门、无锡、上海、辽宁、山东、湖南等省市也都有他的作品。杨似玉本人负责设计建造过香港回归时赠送的"同心桥"模型、目前国内最大最高的鼓楼——三江鼓楼等等。到现在为止，整个程阳八寨中有六十多栋房屋、鼓楼、风雨桥、凉亭等，都是由他来设计建造的。除了在寨子里和附近的村子中给人盖房之外，杨似玉在南宁等地的工作也特别多。

杨似玉从十二三岁开始学做木工活，最早做的是简单的木板鞋，后来依据自己的兴趣逐渐学做其他东西。从2002年开始，杨似玉的两个儿子也开始和他一起做工，把古老的侗族木构建筑营建工艺传承下去。据杨似玉回忆，儿子还上小学的时候正逢县里五十周年县庆，每个乡镇都要出一份礼物参加游行，他要负责做一座风雨桥的模型，可得两万元，儿子对此很感兴趣，便第一次跟他学习，参与了模型制作。但由于最后并没有拿去参加游行，也没有给报酬，儿子对建筑手艺的兴趣一落千丈，杨似玉拿自己的钱给儿子才没有让其放弃学习。除了自己的儿子外，杨似玉还带了十多个徒弟，平时有活儿会联系他们做，自己主要负责比较关键的放模、打线等工作。学徒出师很容易，用心血的只需要半年左右就能掌握，但要做到精细则非常困难，做一个能带徒弟的师傅更不容易。杨似玉曾经教过的学生中最年轻的只有十四岁，但仅仅学了一阵子就离开去广东务工了。

传统的习俗认为，只有师傅传给的东西才是灵验的，要有专门的拜师送师活动。传统拜师只需要拿些鸡、酒，准备一个红包，师徒二人摆一桌酒席，师傅会舀给徒弟一碗水，不论多少只舀一次，也不能倒回去，徒弟接过来后要拿回家中，直到自己满36岁了才可以用。现在有些时候杨似玉会在政府部门的安排下办一场"拜师大会"，和徒弟签订拜师协议。徒弟学成出师之后，也要送给师傅一些礼物，即"送师"，之后才能自己接活儿。过去学徒要三年才能出师，帮人建房得到的"三牲"要与师傅分享，以表感谢，但现在这种传统几乎消失了。

除拜师之外，上梁仪式也是房屋建筑师要参加的重要仪式，但由于"文革"时期对传统习俗的破坏非常严重，没有人敢请风水先生，上梁这些较大的仪式便无法举行，许多过去讲究的房屋设计原则如里屋的门和火塘不能直接对着大门或窗户等等也渐渐被人们忘记，连杨似玉自己知道的也不太多，也不再传给徒弟了。如今杨似玉大多是在家里加工建筑构件，做好了送到要盖房的地方组装起来，建造工具也都机械化了，电锯、电钻等使用得非常普遍。

2. 碑刻

岩寨目前只有一位刻碑的师傅，是74岁的杨善刚。他从2006年开始学碑刻，初衷就是觉得村里需要有人来刻碑，想给大家帮帮忙。开始时用铺路剩下的石料自己练习，并没有拜师学过，几个月后就可以往石碑上刻字了。现在刻一个字能得到2角钱。杨善刚只刻捐钱的功德碑，不刻墓碑，墓碑往往是在买石料的地方直接刻好的，而这些地方也不刻功德碑。杨善刚刻字没有固定的时间，一般每天刻两三个小时，一块碑需要刻2个月。一般都是早上有空的时间刻，从家里把刻字的锤子和锥子带到鼓楼工作。刻字前需要将名字先写在石碑上，这样就可以不刻错字。一般来捐款的人都会把名字先写在纸上，达到一定数目后由他誊写到石碑上，有时则是边写边刻，有时捐款者直接就将自己的名字写到石碑上了，就照着捐款者的字刻。岩寨鼓楼一共有28块已完工并陈列的石碑，其中有七八块是杨善刚刻的，合龙桥上的石碑也有一部分出自他手。岩寨没有人再会刻字了，周围寨子还有几位老人会，但没有年轻人愿意学，杨善刚也没有收过徒弟。

石碑是从贵州买来的，比以前高，大约四尺。每个碑上大约刻252个字。石碑的形制基本统一，开头是四个表示吉祥祝福意义的大字，下面则是相同大小的人名，有时为了美观，中外游客会分开刻，也有刻在一起的。

3. 侗布

侗布是当地人制作传统服装的布料，往往由自己纺织、染成。侗布使用的原材料是自家种植的棉花，收回来之后打散纺线，分成不同的线轴辘绑好，在织布机上分经纬线织布。织布机是木制的，可以拆卸，使用非常方便。染布的染料也是自己制作的，将一种叫做"蓝"的植物（即板蓝根）泡到染缸里使其自然腐烂，往里面加石灰，使其沤成泥膏状，过滤掉渣子，取出其中的沉淀物，就是染布的原料"蓝靛"（图九—11）。染布的

图九—11　蓝靛

时候要先把糯稻的秸秆烧成灰浸泡，制作出一种有咸味的溶液，将其倒进染缸，往里面加一碗甜酒，用盖子盖住使其发酵变黄之后就可以拿来染布了。把布料放进去之后加入蓝靛，待其变

图九—12 捶布

图九—13 扎染纹饰

图九—14 百褶裙

黄后拿出来搭在一边晾干，再洗去多余的染料，一天重复十几次，有事出去干农活次数则会少至五六次。等到沉淀物大部分集中在布料上而水变清了，第一次就差不多染好了。之后再次制作溶液，重复以上步骤，一般重复两三次即可，重复的次数越多染出来的布料就越好看。等到颜色达到要求时把布料拿出来放在屋外晒干，晒好之后把布料放在平整的石板上用木锤锤打一小时左右（图九—12），等到布面变亮就可以了。由于制作工艺复杂，往往要一两个月才能完成，一般人家一年只染一次，近年来染布的人家越来越少了。

4.扎染

在侗布上用扎染的方式挑白花也是一种常见的装饰方式（图九—13）。在染布时拿针把花的位置挑起来堆在一起扎紧，浸泡在染缸当中，花的部分由于扎紧包裹在内所以接触不到染料，就形成了蓝白相间的装饰纹样。

5.服饰制作

（1）百褶裙

百褶裙（图九—14）是侗族女子喜爱的服饰，三尺侗布可以做一条。裙摆上布满细褶，是用针一针针堆起来的。制作百褶裙首先需要把布料铺在一张向上拱起、具有一定弧度的桌子上，撒一些水使其固定。用针在布料上划出褶子，堆起来缝好，然后放进染缸染色，染好之后拿出来晒，晒好后蒸一下，如此反复三次后就可以做成裙子的形状了。做好后再蒸一次，然后用鸡蛋、黄豆、牛皮膏兑水搅拌，放在锅里加热炒成糊，晾干后刷在裙子的褶皱处固定。一共需要刷三次，每次间隔的时间依牛皮膏的量来定，量少间隔三天，量大间隔五天。因工序复杂，百褶裙一年只能做两条，价格也很昂贵，从200元～500元不等。

（2）嫁衣

女子出嫁时的衣服是由母亲做的，往往在出嫁前一年布料就准备好了，年底开始制作，衣服在不做农活的情况下三天就可以做好一件，但绣花鞋往往是晚上做活回来后才有时间做，要花三个月以上的时间。

（3）鞋

做鞋首先需要纳鞋底。把纸剪成鞋底的形状做模子，将多层布料和竹笋的外皮剪成同样的形状。把竹笋的外皮用一块布料包裹好，放在上面，下面垫布料，从最外一圈开始纳鞋底、打褶子。纳好鞋底之后做鞋帮，里外一共三层，最外一层为灯芯绒或化纤布，中间一层为棉布，上面刷了一层米粉使布料更坚硬，内里为普通棉布。做好之后缝在鞋底上即可。

十、宗教与信仰

（一）萨与萨文化

萨坛是侗族人民祭祀"萨"的露天祭坛。"萨"是"祖母"的意思，"萨坛"即祖母的神坛。这里敬奉的是侗族人民的祖先女神。传说她是三国时期七十二洞之王孟获的第九个妻子"孟婆"。孟获降了诸葛亮，而孟婆却率领父老姐妹东迁来到龙胜山区。她为侗族人创立了"侗书"，侗书原是世代口传，后来用汉字的音记下来，才正式成了"侗书"。侗书的内容有择居、择日、择地、侗款、侗歌以及耕作、喂养畜禽的知识。所以，侗族人民世代崇拜纪念她。每到"祖母"孟婆生日时，全村寨的妇女都要到"萨坛"来祭祀，并规定成年妇女才可入坛。祭祀的形式由个人从家里带黄豆、米花、糯米糍粑、茶叶、茶油来坛中打油茶，并日夜多耶（唱耶歌）和唱"双歌"。唱的内容是歌颂"祖母"的大恩大德，祈求"祖母"保佑侗乡安宁、丰收[①]。

程阳八寨中目前只有岩寨保留了萨坛，但对萨的信仰已基本消失。现在在岩寨已无祭萨的习俗，只是有一部分人家每逢初一、十五会到萨坛烧香祭萨，但过程非常简单，没有其他特殊的仪式。

（二）风水

1. 风水先生

岩寨一共有两位风水先生，其中一位经常会随子女到县城居住，仍然常住岩寨的只剩下84岁的吴原惠老先生。

过去，人们把一年当中的吉日都用侗语编成了歌，代代相传，年轻人用来对歌、猜谜。吴

---

① 《文化旅游路线一：程阳景区》，发稿时间：2009年4月13日，新华网：http://www.gx.xinhuanet.com/dtzx/2009—04/13/content_16237426.htm.

图十一—1　手抄风水书籍

原惠从十五六岁开始学习看风水，最初的目的就是为了和女孩子对歌、计算她们的生辰八字等等。现在他的主要工作是帮人选择结婚、入葬、盖新房、开张的日期以及墓地、房屋的选址，也会计算生辰八字、做符水等等，但没有专门的宗教活动。主要使用的工具有罗盘和一些书籍。书籍中最古老的一本是从师父手中传下来的繁体竖排本（图十一—1），书名已佚，

书中记录了各种凶吉日期、每天适宜做的事情、不适宜做的事情等等，并用"开""成"等具有特殊意义的文字来表示，是计算日期时首先要看的大纲。还有一本这一年的黄历，用来计算当年的日期并和老书本相互对照，可以在几个相对比较好的日期当中选出最合适的一个。此外还有一本比较古老的手抄本，是老人自己抄下来的，内容主要为用干支推算每天适合做的事情，如办丧事、建房子等，内容比较详细。最为详细的是一本红皮的书籍，是三十多年前从村子里的商贩手中买到的，据称是从台湾运来的（但据调查者观察内容为简体字），因为当时风水作为封建迷信活动在内地已经被禁止。这本书很厚，一共有二十多章，不同的事件所适合的时间在书中都有非常详细的介绍，而且纸质非常好，到现在还没有破损或者变黄。这些书籍吴原惠家中的年轻人都已经不会阅读了。罗盘是1983年时一个从外地来给人看风水的老先生留下来的，用来给房屋和墓葬选址，使用方法也是这位老先生传授的。

"文革"时期，风水作为封建迷信的代表首当其冲地成为了被铲除的对象，老人原有的一些书也被烧掉了，但本人并没有受到太大牵连，还有一些人偷偷地找他看风水。在那段时期，由于把大量的精力都投入到了生产建设中，原有的节庆娱乐和文化活动大幅减少，几乎没有人家建新房，结婚年龄也从十多岁增加到了三十多岁。由于长期"荒废"，寨中现在基本已无他人会看风水，而年轻人大多外出读书，也不愿意学，吴原惠也从未收过徒弟。平岩村中还有其他的风水先生，但相互之间交流很少，因为经常会看得不太一样，往往都以自己的方法为准，风水之术的交流和传承出现了不少的问题。

2. 主要工作

目前风水先生的主要工作涉及婚庆、房屋建筑、丧葬和符水制作等方面。

婚事是风水先生的一大要务，主要是在婚礼前看男女双方的生辰八字是否相合、选定接亲日期等。直到现在还有不少村民相信，八字相合的男女结合生活才会幸福美满，生的子女也

更聪明，而八字不合的则不适合结婚，否则会天天吵架，家中的生意也做不好。根据男女双方的生辰八字可以推算出适合结婚的时间，往往会精确到具体的钟点，包括几点去新娘家接亲、新娘几点进门等。前来询问者多是双方的父母，会带一个红包，具体的钱数不限，现在已经从五六十元上升到一百元，并且人们相信给风水先生的钱越多得到的福气越多。

建房是风水先生的另一项重要任务，包括房屋的选址、朝向、动工和上梁的时间等都需要请风水先生来看。过去房屋的选址有一些讲究，但现在每家每户的土地都比较有限，已经很少有人请风水先生专门看了，房屋的朝向则还需要看罗盘测量，结合书上标注出来的星象等内容选择。在房屋动土之前，因为害怕冒犯土地，需要风水先生首先进行祭祀。主人家往往会准备"三牲"，请风水先生作法让土地上的凶神恶煞都离开。开工的日期也是风水先生选定的，同样会精确到具体的钟点。过去动第一根木头的人也是需要风水先生指定的，现在则不是太讲究，往往由风水先生自己随意找一个，也可以由修建房屋的师傅来担任。上梁仪式、生火仪式风水先生也会参加（详见"社会风俗"部分）。

葬礼也是风水先生的一项主要工作，需要选定墓穴位置和下葬日期，并在下葬当天作法，召唤逝者的父母将其带走，同时为子孙祈福（详见"社会风俗"部分）。

人们在建新房、出远门务工、感冒发烧或是小孩子半夜哭得睡不着觉时都会请风水先生做符水。符水的制作方法比较简单，只要对着水念不同的咒语即可，咒语的内容大多是师傅当年传下来的，没有文字稿全凭记忆。对于晚上哭睡不着的小孩子则会用香在水面上画一个"佛"字，然后把水喝掉就可以了，而外出务工的人则会把水喷在他们的衣服上。由于比较简单，收取的费用也少，一般只有五到十元。

此外，房子在正对道路的位置都会有"泰山石敢当"（图十—2），其内容以"泰山石敢当"为主，也见"忠（钟）道当邪路""卯路石敢当""天福来朝"等其他意思相近的内容；多用毛笔写于木板并挂在房屋正对道路处，也有直接墨书于房屋上或刻于石头上的；有的画有符号，有的写有

图十—2　泰山石敢当

"佛"字,也见加挂八卦的。据称悬挂木牌的数量和位置都是由风水先生确定的,但并不是本寨的风水先生,而是从外面请来的,故而未能得知具体情况。

(三)祖先崇拜

许多当地村民会在初一、十五给祖先烧纸祭奠,极少数人家会在家中设一个方桌和蒲团每天按时上香,但是没有发现牌位。

(四)自然崇拜

燕子在侗族人心目中有比较高的地位,风雨桥的飞檐四角往往都是燕子的造型,在平常家中有燕子筑巢也被看作是非常吉利的事情,意味着家里一年都会过得很顺利,燕子窝不管建在哪里都是不能弄掉的。

(五)其他信仰

风雨桥上多见关公像、文昌和魁星,普通人家旁边、路口等处也常有土地庙(亦称"土地公"),据称只要是有功劳的忠义之士,当地都会祭拜。风雨桥上的神仙像前,多设有石质或水泥的简易香炉,可供村民在初一、十五时祭拜上香、烧纸。有的村民会于初一、十五在房子的楼顶给各路神仙烧纸祭拜。

一些村民家中信佛,房梁上会竖着贴一条条的"佛条",即用红色、绿色、白色的纸写上有关于佛教的内容。有的房屋后还修建有用于祭拜的佛龛,每逢初一、十五烧纸上香,除此之外并没有更进一步的宗教活动。

(六)禁忌

床尾不能对门。

里屋的门和火塘不能直接对着大门或窗户,需要用木板遮挡。堂屋大门也会用在悬廊上装木板的方式进行遮挡(参见图六—2);这类做法目前仍十分常见,即便是新建的房屋也是如此。有时窗户前也会用木板遮挡以阻断视线(参见图六—4),但岩寨仅存一户。

有丧事的人家不能贴红对联,一年之内不能办婚事。

十一、保护与管理现状

（一）保护现状

1. 木构建筑及其营造技艺

木构建筑是侗族村寨的重要特色之一，岩寨目前共有鼓楼两座，寨门两座，风雨桥四座，民居近二百座，大多保存完好，不少都有上百年的历史，充分展现了侗族传统木构建筑的营建技艺和发展演变过程，是研究侗族建筑技艺的实物史料。对研究侗族建筑的成因、特色、技术、功能作用有很高的研究价值和实用价值[1]。2006年，《侗族木构建筑营造技艺》被列入首批国家级非物质文化遗产保护名录。而岩寨恰恰是木构建筑技艺传承人最多、级别最高的村寨。全寨共有80名木匠师，"程阳永济桥""三江鼓楼""三江风雨桥""龙胜风雨桥"等均来自岩寨木匠师参与和传建[2]，国家级非物质文化遗产——侗族木构建筑营造技艺代表性传承人、中国工艺美术大师杨似玉、自治区木构建筑营造技艺代表性传承人杨求诗都是岩寨人。

木构建筑营建技艺的实物展现和工艺传承在岩寨得到了较好的保护，但仍然存在一些问题，最严重的问题之一就是砖构建筑，尤其是纯钢筋混凝土构架的建筑对木构建筑景观的破坏。村内目前已有砖房十余栋，与周围的景观显得很不协调，特别是在鼓楼、风雨桥、寨门等重要建筑物周边的砖构建筑，对于保护文化遗产周边环境的整体性有很大影响，但相关部门对此尚没有出台明确的政策。村民有建房需求时，土地需要经过审批，但审批通过后将房屋建成什么样则没有任何限制。由于木构建筑需要及时维护，经过数十年后需要大修，这一过程中会有新的材料、新的工具、新的布局需求加入，实现在改善居住条件的同时传承传统木作技艺面临着不小的挑战。另一方面，部分上百年的老屋由于家庭经济状况不佳或已有新居不再居住于此等原因处于比较严重的残破状态，亟须专业的维修保护工作。此外，防火也是木构建筑保护所面临的一项重要任务，在房屋分布如此密集的岩寨更须注意。近年来，岩寨已经制定并逐步落实了消防规划，但据调查者观察仍然存在一些火灾隐患，比如随处可见、距地面很近的高压电线等，有时为了防火不得不采取人为断电的方式，相关线路的改造是今后可以进一步努力的方向。在传承人问题上，虽然目前拜师学艺的人不少，但据多位师傅反映，尽管现在待遇已经高了很多，但多数学徒都不坚持学完全部手艺，中途就外出务工挣钱的人相当多。这与侗族传

---

[1] 《岩寨侗寨〈中国世界文化遗产预备名单〉申报材料》，第5页。
[2] 《岩寨侗寨〈中国世界文化遗产预备名单〉申报材料》，第2页。

统木构建筑营造技艺工序复杂、学习周期较长有一定关系，但更主要的是受市场经济带来的浮躁风气影响，追求立竿见影的经济回报，不愿意从事投入多、回报慢的工作。如何对年轻人加以正确的引导，是保护传承传统木构建筑营造技艺必须面对的问题。

2. 萨与风水文化

岩寨的"萨坛"是程阳八寨硕果仅存的，虽然至今寨内有些人家还保留有每月初一、十五到萨坛烧香祭拜的习俗，但大规模的"祭萨"活动在岩寨已经基本消失，人们对萨的认知在逐渐减退。每月到萨坛上香祭拜的也大多数都是老年人，青年一代缺少对萨文化的认同感，萨文化的保护与传承面临着后继无人的尴尬。

在整个程阳八寨地区内的萨文化都面临着较为严重的传承危机，然而紧邻的湖南省怀化市通道侗族自治县坪坦乡却建起了三江地区最大的萨坛，并且在2012年举行了盛大的安萨大典。在如此小的地理空间内却有如此巨大的反差，原因为何？

风水文化在岩寨的境况也不容乐观。岩寨目前还有两位风水先生，在婚丧嫁娶、新房建筑、墓葬选择等现实活动中仍然扮演着非常重要的角色；但其中一位目前常年居住在县城，已基本与村中的事务脱离。看风水的书籍、罗盘，"泰山石敢当"木牌等特殊物品作为风水文化外在体现的重要物质遗存虽能在岩寨得见，但因为风水先生的"业务范围"有限，有些事项需要找其他村子的风水先生来代理，比如"泰山石敢当"的设置。此外还应注意，尽管人们在日常生活中仍然普遍对风水文化有着强烈的认同，各项大事都要请风水先生择日举行，但是风水文化的传承却异常艰难。岩寨的风水先生都是年逾古稀的老人，没有年轻人愿意向他们学习或者钻研风水书籍。一旦传承中断，风水文化对人们生活的影响必然大大削弱，甚至可能在一定程度上改变传统的生活方式和仪式习俗，对文化景观的整体性造成破坏。

3. 传统服饰及其制作技艺

岩寨较好地保存了侗族传统的纺织、染布、扎染、绣花等服饰加工装饰技艺，虽然日常生活中穿着传统服饰的往往仅剩下老年妇女，但基本上每家每户都会保留有几套适应不同场合的民族服饰，大型节庆活动的着装仍然以民族服饰为主。染侗布、绣花、制作百褶裙等传统技艺虽然工序极其复杂费时，但仍然普遍存在于人们的日常生活中，且在母女之间得到了很好的传承，不少年轻女性均已经熟练掌握。随着旅游开发的加强，传统服饰制作装饰技艺也开始被运用于纪念品的制作且取得了不错的回报。不过，侗族传统服饰制作工序繁琐、费时费力的问题依然比较突出，无法进行大规模的批量化生产。受旅游纪念品需求量日增的影响，在不少摊位已经出现了机器制造代替手工绣花的产品，只是目前尚不见用于当地人服饰的例子，但机器制造可能带来的影响须给予充分重视。

4. 侗族生活方式与节庆活动

岩寨居民较好地保持了"日出而作，日入而息"的作息方式、"侗不离酸"的饮食风格、"聚族而食"的吃冬传统和婚丧嫁娶的特殊仪式，并保留了"花炮节""四月初八"等特有的节日和"南瓜仗""黑糯米""月也""芦笙赛"等独特的节日庆祝方式，凸显了侗族人民独特的智慧与情趣。特别是不少仪式活动的发展脉络清晰，为探讨侗族文化的发展演变过程提供了难得的资料。同时，柳州市侗族非物质文化遗产传承展示中心就坐落在岩寨杨似玉家，其中陈列有大量反映侗族人民传统生活方式和节庆活动的实物资料与图片文字，为其集中展示与保护提供了良好的条件。

尽管生活方式与节庆活动的保护和传承目前尚无太大问题，但两个潜在的趋势应当引起重视：一是传统方式的改变与流失。随着外出务工、求学人数的增加，"城市化"的生活作息习惯被越来越多的年轻人所接受，而大量中青年人外出离乡必然会对节日庆祝活动的参加人数和庆祝方式造成影响。二是节庆活动的夸张与变异。受旅游开发活动的影响，不少节庆活动规模不断扩大、频率日益提升，含有明显的刻意吸引游客而非服务本地居民的意味，如街头时常出现的专门为游客举办的"百家宴"等。这种现象目前在岩寨尚不算严重，但本民族节庆活动偏离本民族群体可能带来的后果需要给予特殊的重视。

5. 人地和谐的村寨布局结构

岩寨依山傍水聚族而局，寨里的吊脚楼袭干栏建筑之遗风、依地理环境而建成。风雨桥是护佑村寨的"龙脉""风水"。把山梁的"龙脉"对接起来，形成龙盘之地，不仅可以护卫村寨，而且可以把上游的财气、福气一起拦（留）住，从而使村寨成为聚宝、集福之地。吊脚楼相对集中，体现出该村居民的群体凝聚意识和集体意识，既方便了几户之间的相互联系和相互呼应，又使人们有一种依托感和安全感。整体布局合理，长条青石板的巷间通道，纵横交错的排水沟，简洁干净。宽大的鱼塘，水塘和溪边的水车构成了自然的景物。寨内外竹树成林，果花飘香，一座座吊脚木楼，掩映在绿荫之中，使人们获得一个气候凉爽，空气清新，景色秀美的生活环境，并且与周围的青山碧水相呼应形成了与大自然和谐统一的整体[①]。整个村寨的结构基本上遵循了"居住区—稻田—林地"依次布局的方式，呈现出布局整齐、氛围宁静的乡村景观。稻田养鱼、林木建屋等传统的经营方式也充分展现了侗族人民的智慧与和谐的人地关系。

岩寨的整体布局结构保存基本完整，但近年来随着人口的不断增长和旅游开发的持续推进，挖山建房、占用鱼塘林地等现象较为普遍，给当地的地表形态、村落景观造成了不小影响，目前针对这一问题尚没有见到明确的管理措施，有待于今后进一步的管理引导工作。

---

① 《岩寨侗寨〈中国世界文化遗产预备名单〉申报材料》，第6页。

（二）影响保护原因探讨

1. 环境压力

环境压力对岩寨保护的影响最突出地体现在日益尖锐的人地矛盾上。一方面，随着旅游开发的深入和外出务工人员的增加，从事传统农业活动的居民处于逐步减少的状态，耕地的作用被削弱；另一方面，一些富裕起来的村民有改善居住条件的愿望，也有不少因旅游开发新建宾馆的情况，建筑用地的需求大大增加。在这些因素的影响下，占用农田鱼塘、挖山建房等现象时有发生，不仅严重威胁到了当地原有的生态结构，对村落景观本身也造成了严重破坏，还增加了自然灾害发生的可能性。

此外，生活垃圾和污水的不当处理也对岩寨的保护造成了一定的破坏，但目前寨中正在实施"清洁乡村"整治活动，设立了多处公共垃圾桶并有专人负责寨内的日常清扫，还与周围其他村寨一起共用垃圾处理设施与污水处理设施，收到了比较好的效果。但岩寨目前尚没有一处公共厕所，垃圾桶设置也主要集中在风雨桥头和鼓楼附近，在未来游客可能不断增多的情况下，目前措施恐怕还难以应对，需要进一步加强公共卫生等基础设施的建设。

2. 旅游压力

旅游开发给岩寨带来了非常显著的变化。一方面极大地增加了居民的收入，减少了青壮年劳动力和具有一定文化知识水平的人才的流失，为村寨的发展作出了积极的贡献；但从另一方面看，旅游开发也给当地原有的风土民情带来了不可逆转的变化。由于旅游活动不可避免地会以游客的需求为导向，当地居民自身的文化诉求很可能得不到足够的重视甚至被忽略，对于传统习俗和技艺的传承会造成一定的干扰。例如寨中随处可见的纪念品商店，大量商品都与侗族的生活与文化无关，比如唐装、东巴文、藏族风格的手镯以及大量机器批量生产的服饰和装饰品等。节庆活动方面体现得更为明显，一些适于游客参加的活动如南瓜仗、百家宴等被作为重点开发的对象，其内涵也发生了很大的变异，不少节日最初的起源和背后的思想内涵已经开始被人们淡忘，对于传统生活方式的传承带来了不利影响。如何应对旅游开发给岩寨传统的生活方式带来的改变、如何在逐步提高居民生活水平的情况下保留民族文化风貌，是岩寨保护和管理所面临的最大挑战。

3. 文化压力

随着外出务工、求学的人数不断增加和旅游开发的逐步深入，岩寨与外界联系日益密切，受到现代文明的冲击也日益严重。以房屋为例，虽然大部分人家坚持传统的以木结构为主体的建筑形式，但是砖房的数量仍在不断增加，且房屋的形制结构和室内布局规划也开始发生变化。此外，市场经济观念下的效率、收益等观念也对整个村寨居民的价值观产生了一些影响，许多过去并不涉及经济往来、只是亲戚朋友之间相互帮助的活动如今都需要给钱才能做，这对当地的传统人际关系造成了不好的影响。年轻人追求尽快发家致富的愿望也在无形中影响了传统技艺的传承。如何树立起村民对本民族文化的信心、加强对自身特色的认同感，是岩寨保护管理需要面对的又一难题。

4. 自然灾害

由于开挖公路，加之人们常年把垃圾倒于河渠两岸，河道堵塞，河床变窄，如连降大雨，易发生洪灾[①]。临河而建的木构建筑数量颇多，风雨桥、老鼓楼和寨门等重要建筑又都在河边，一旦发生洪水将对居民的生命财产安全和重要文化遗产造成不可估量的损失，需要加以特别重视。最近几年常见的挖山建房活动，对原来的山体结构、植被造成了很大破坏，降低了山体和表土的稳定性，如遇暴雨，极易引发滑坡、泥石流等自然灾害，需要进一步加强管理。

十二、结语

（一）真实性

1. 外部空间的真实性

岩寨四周山环水绕，美烧、无边、衙萨、崎岭四座小山和林溪河画出了岩寨内外部空间的大致界限。由于岩寨的居住区是多点式分布，经过发展后逐渐连成一整片，因此居住区内仍散落着不少水田。岩寨的整体空间布局并没有形成明确的"居住区——田地——林地"的环带状层次结构；相反，主要田地是顺河谷呈条带状分布的，集中在寨子西侧。四周的小山则是杉木与茶叶等经济作物的种植区，显示了侗族人民对于世代居住的生存空间的了解和开发利用多种自然生态资源的智慧。除必要的农田平整、开垦活动之外，岩寨的土地利用方式基本沿袭了传统的风俗习惯，人类和其他生态系统要素长期保持稳定和谐的关系，充分展现了和谐的人地思想在当地居民中的传承。和谐稳定的自然环境与长期保持的田地、林地布局结构体现了岩寨外部空间的真实性。

2. 内部结构的真实性

岩寨最早的布局以老鼓楼、萨坛和最早的寨门为中心，后逐步向山下、向西、向南扩展，至今形成"四点连片"的布局，这一发展过程基本上没有过多的人为设计规划，而主要是村寨自身自然扩张演变的结果。老鼓楼、寨门和风雨桥以及相当一部分民居都具有几十甚至上百年

---

① 《岩寨侗寨〈中国世界文化遗产预备名单〉申报材料》，第9页。

的历史，除因1957年火灾和1983年洪水而重建了一部分房屋桥梁之外，村寨整体的内部结构并未因自然灾害或人类行为的干扰而发生过重大变革。而新修建的房屋也绝大部分采用当地人自家种植的杉木，请当地的工匠采用传统的侗族木构建筑营造技艺修建而成，并遵循了请风水先生选址、选朝向、择日动工的传统风俗，相关的庆祝活动也较完整地保存了下来。因此，岩寨的内部结构具有比较好的真实性条件。

3. 居民的真实性

岩寨的居民以世代生活在寨子中的侗族村民为主，形成了以杨、吴、陈为主，兼有一两户其他姓氏的总体格局。当地居民均可以熟练使用侗语进行日常交流，具有世代沿袭的房屋和田地，在日常作息、饮食习惯、服饰装束、工艺技术、风俗节庆、娱乐活动等方面均带有非常突出的侗族特征和鲜明的地方特色，也具有比较稳定的发展传承脉络。寨中还有一家六代人持续生活在同一间房屋中的典型案例。这些特征和案例充分显示了岩寨居民的真实性。

（二）完整性

1. 空间的完整性

岩寨拥有以鼓楼为中心的公共活动区、依山沿河而建的居住生活区、提供生产生活资料的林地和田地、与其他村寨进行交流沟通的道路和桥梁以及安葬逝者的公共墓地，具备了满足村民日常生活不同方面需求的基本功能单元。最具有侗族特色的鼓楼、风雨桥和萨坛在岩寨也都得到了较好的保护，作为村落文化景观在空间上的完整性保存较好。

2. 时间的完整性

岩寨从最早有人定居开始至今已有二三百年的历史，期间各个历史时期的特殊事件都在岩寨留下了独特的印记，比如道光年间的石碑、始建于宣统二年（1919）的老鼓楼、解放前为保护寨子安全修建的寨门、"文革"时期的标语等等。此外，不同时期的民居在岩寨几乎都能够找到，绝大部分仍然在使用中能得到及时的维护；有一栋建筑就包含了从始建到历次维护、翻修的痕迹；这对于了解时代变化对侗族村寨的影响以及侗族村寨自身的发展演变过程具有非常重要的价值，体现了岩寨发展过程的完整性。

3. 内涵的完整性

岩寨的侗族文化在精神情感、技艺技术、物质基础等不同层次上均具有完整的发展演变序列和具有代表性的人物、事迹或作品。以侗族传统木构建筑营造技艺为例，使用的基础材料是本地种植的杉木，建筑技术是世代传承的传统工艺，指导思想是当地居民所认可的风水文化，建造者是当地的木匠师傅，从动工开始就会举行一系列具有地方特色的仪式活动，建成的房屋是传统的吊脚楼，还拥有杨似玉、杨求诗等代表性传承人以及老鼓楼、风雨桥等重要的作品，满足多个层次的完整性要求。

（三）突出普遍价值

1. 历史价值

岩寨具有比较完整清晰的历史发展序列和众多具有重要年代价值的房屋、公共建筑、碑刻题记等，村落整体的自然发展演变过程有着较清晰的脉络和完整的空间形态，保留了大量传统的风俗习惯和较为纯正的侗族居民生活方式，许多重要的手工技艺得到了完整有序的传承。这些信息对于研究侗族村寨的发展演变过程、探讨其与周邻文化的互动、理解侗族自身的文化特质具有重要的意义，对于侗族历史的研究具有重要价值。

2. 艺术价值

岩寨依山傍水而建，未经过人为规划，整体布局错落有致，既能方便日常生活，又展现出人与自然和谐共处的美感。寨内的建筑大多是传统的木构吊脚楼，设计精巧，结构严密，细节处的装饰灵活生动，体现了侗族传统木构建筑的独特之处。绛紫色的侗布表面光洁耀眼，配上寓意吉祥的手工刺绣图案，色彩斑斓，充满活泼的动感。一年当中大大小小的节日保留了传统的庆祝方式，芦笙、多耶、百家宴……共同构成了一幅幅多姿多彩的民族风情画卷。这些独特的艺术形式和表现手法展现了侗族人民的智慧和独到的审美情趣，对于现代艺术的发展具有参考和借鉴意义，有重要的美学价值。

3. 情感价值

岩寨拥有完整的村落布局形态、清晰的历史发展脉络、保存完好的木构建筑群、传承有序的技术技艺、底蕴深厚的文化传统、自然和谐的生活方式、灵动独特的艺术形式、特色鲜明的风俗节庆……这些无一不凝聚着侗族人民的勤劳与智慧，对其进行恰当的保护与管理，有助于进一步激发当地居民的民族自尊心和文化自豪感，调动起他们自觉保护本民族传统文化的热情和使命感。

4. 科学价值

岩寨大多数民居为侗族传统木构建筑，不用一颗钉子，全部由榫卯直接连接，且设计营造不用图纸，充分体现了侗族工匠高超的空间架构能力和精巧的数学思维。一批以杨善仁、杨似玉、杨求诗为代表的杰出侗族木构建筑营造技艺传承人，数十年如一日，为侗族传统木构建筑的传承与推广贡献着自己的力量，更是岩寨乃至整个侗族的宝贵财富。此外，岩寨居民基本保持了稻田养鱼、林木建屋的传统生活方式，充分利用当地自然资源，建立了和谐的人地关系，对于岩寨建设资源节约型、环境友好型社会、走可持续发展道路有观念和方法上的启示。

附录一：主要访问对象

陈才新，男，45岁，初中学历，在家务农，偶尔出去务工。主要访问内容为房屋和家庭基本情况、村内防火情况及气候环境。

陈会娜，女，18岁，高中学历，高考结束后补习。主要访问内容为人类起源的传说。

陈景能，男，72岁，观景宾馆老板的父亲，自己在家务农并经营一家小卖铺。主要访问内容为家庭基本情况、当地主要动植物资源、公路和水电气情况、观景宾馆概况、小卖铺经营情况、特色食物制作方法和侗布制作方法等。

秦女士，40岁左右，不愿透露姓名年龄，侗族，从外地嫁到岩寨，在合龙桥头摆小吃摊和铜首饰摊。主要访问内容为摊位营业状况、小吃做法和铜首饰做法。

粟萍，女，30多岁，高职学历，家住距三江40多公里的苗江，2008年开始在三江做计调导游。主要访问内容为导游和旅游业情况。

外出务工青年三人，男，均不愿透露姓名，小学学历，常年在广东务工。主要访问内容为在外务工情况。

吴女士，50岁左右，不愿透露姓名，住平寨，平常在合龙桥上摆摊卖民族服饰和装饰品。主要访问内容为服饰绣品的制作方法。

吴德义，男，66岁，识字，在家务农。主要访问内容为房屋和家庭基本情况、村内燃气使用情况及气候环境。

吴凡秀，男，60多岁，老人协会现任会长，社区理事会现任理事长，从2005年起连任至今。主要访问内容为社区理事会和老人协会情况。

吴平松，男，54岁，初中学历，在家务农。访问内容为房屋和家庭基本情况。

吴生义，男，67岁，高一辍学，以前在三江县供销社工作，退休后回到岩寨。主要访问内容为婚丧嫁娶仪式。

吴先生，男，32岁，茶商，与人合伙在平寨表演广场卖茶叶。主要访问内容为红茶绿茶制法、采茶方法、茶叶价格与经营状况。

吴奕莹，女，29岁，高职学历，住平寨，2009年开始在此做景区导游。主要访问内容为导游及旅游业。

吴永良，男，70岁，务农。主要访问内容为婚丧嫁娶、节庆仪式、日常娱乐等。

吴原惠，男，84岁，岩寨的风水先生。主要访问内容为婚丧嫁娶、节庆仪式、传说故事及风水相关内容。

冼劲红，女，43岁，岩寨唯一一位医生，自己经营卫生站。主要访问内容为医疗卫生状况。

杨军责，50岁，务农，家中经营小商店，有空了就开业，村委会副主任。主要访问内容为房屋和家庭基本情况、岩寨林地与田地分布、人口基本情况、消防情况和建筑材料等。

杨利婷，女，12岁，平岩小学6年级学生。主要访问内容为平岩小学情况。

杨莲指，男，38岁，初中学历，汽车司机。主要访问内容为房屋和家庭基本情况。

杨群，女，13岁，林溪中学初一学生。主要访问内容为林溪中学情况。

杨姗娅，女，19岁，林溪中学高三毕业生，担任此次调查向导。主要访问内容为高中情况、服饰、传说故事、日常起居、信仰崇拜等。

杨善刚，男，74岁，岩寨的碑刻先生。主要访问内容为节日庆典、日常娱乐和碑刻技术。

杨善仁，男，94岁，木构建筑营造师，国家级非物质文化遗产传承人杨似玉先生的父亲和师傅。主要访问内容为家庭基本情况、木构建筑营造技艺和传说故事。

杨似玉，男，50岁，国家级非物质文化遗产传承人，侗族传统木构建筑营造技艺大师。主要访问内容为木构建筑营造技艺相关内容、非物质文化遗产展示中心和传说故事。

杨先生，男，40多岁，不愿透露姓名，住平寨，与人合伙在平寨表演广场卖茶叶。主要访问内容为采茶方法、茶山和杉木种植。

杨新刚，男，三江县福桥侗族文化传播有限公司、三江县意达茶叶专业合作社经理，寨主茶馆老板，平寨人，与人合伙在平寨表演广场卖茶叶。主要访问内容为红茶绿茶制法、采茶方法、茶叶价格与经营状况。

杨艳里，男，21岁，桂林医学院大二学生，担任本次调查向导。主要访问内容为节日庆典、婚丧嫁娶、传统食物做法和升学酒。

杨银群，女，近50岁，杨似玉先生的妻子，负责非物质文化遗产展示中心（博物馆）的日常管理与清洁工作。主要访问内容为非物质文化遗产展示中心。

杨右林，男，48岁，小学学历，观景宾馆老板。主要访问内容为观景宾馆和旅游业。

杨宇豪，男，8岁，匡里小学2年级学生，因为父母都在匡里小学教书而就读于匡里小学，平时和父母住在学校的教工宿舍，节假日回到岩寨。主要访问内容为小学情况。

杨云花，女，60岁，在合龙桥售卖传统服饰和手工绣品等。主要访问内容为服饰和手工绣品制作方法。

杨云生，男，77岁，务农。主要访问内容为房屋和家庭基本情况和信仰崇拜。

杨志瑜，男，80岁，务农，小学学历。主要访问内容为房屋和家庭基本情况和信仰崇拜。

丈夫姓杨的妇女，70多岁，不愿透露姓名。女儿出嫁后，独自在家务农。主要访问内容为房屋和家庭基本情况。

附录二：杨志瑜家谱

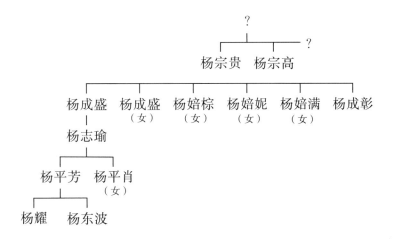

附录三：频安桥概况

有井设亭，逢山修路，遇河搭桥，本是侗族人民素爱乐于之事。此境上往林溪，下往古宜而必经之路。因一溪穿流，岭分两岸。每逢春夏水涨，人们难渡，望津兴叹不已！约于清末道光年间，寨上众人议是，在此兴建桥梁，以便行人之往来。至今，年深人更，又无文记载，何人发起，始建具体日期，难以考实。

后修筑马路过此，竟成北通湘、蜀，南达粤、闽之要道。或务农，或经商，往来络绎不绝。因桥身低矮，桥面狭窄，肩□对行，得须相让，坐骑欲过，则须下鞍，实成不便。于是众老提议，须行重新改建，欣得人们之赞同，以反八方好善者的乐助，或捐款，或捐工，或献料，由人所愿，献料无计资，捐工无须取酬，气质慷慨。资材备齐，于一九四八年秋兴工，一九五〇农历二月建成。十四根巨木叠列横空跨岸，八排栋柱直树腾空。桥分七间，榫木衔接。中间凸阁耸立，柱□彩灯，龙角顶起。盘凳沿缘，面铺平板，上盖青瓦，白粉刷檐。檐边画有凤飞，脊上脊上塑立鳌跳。碑刻众士姓名及其捐款数字，陈列于桥头之左端，以示彰扬。与此同时，沿溪而上，连续兴建三桥。故众老以其意，命此桥名"频安桥"。可是，在十年"文革"期间，以破四旧为名，将碑一概砸尽。

公元□于一九八三年农历五月十一日凌晨，一场百年罕有的大雨，倾盆而下。顿时山洪暴发，溪水猛涨。洪波滚滚，恶浪滔滔，江河横溢，一片淼茫，淹没农田，卷走民房，粮去数万，财损若干。因流物堵塞，水漫桥面，骇浪冲击，石墩崩塌，桥身倾倒。列底平条随波而去。午后雨停，洪波消退，此路竟变成一片圩圫。目睹此情，无不心叹！

翌日众人集议，又得各级党政领导亲临安抚，人心奋起，数以百计的青壮老人，毅然沿河寻下，将卡于马湾、光辉的八根平条全部拉回原地。其余漂流无踪。

众事难成，有志竞成。于一九八四年春，在村委和诸老的创议下，人不分男女，年不论老少，倾寨而动，正月二十五日开始施工。又获马安、平寨、程阳等处众士解囊相助，众志更加激昂。拨泥清基，抬石拉木，无不尽己之力。于农历三月二十五日告竣。桥身长6丈，宽0.8丈高1.4丈，形同原样。只凸阁因材难筹，结构与原式有异。如今桥复原貌，两岸重变通途。一则便利行之往来，二则可供人们闲时歇息，真是"与人为善，其乐无穷"。今谨将众士募捐现金和出工折款，两项并计，张列下榜，以资表彰众士之功，勉励后人之志。

本人才薄学浅，因难辞众老邀约，竟厚颜执笔，心有愧意，不当之处，望勿见笑。

口述：吴发云、杨彦

执笔：梁通文

创议人：吴条诗、杨白雄、吴发云、杨彦、吴源惠、吴条桂、吴钦庭、杨义光、梁通文、杨善祥、陈维业、吴发玉、陈云、吴成集、杨宗春、杨景虞、杨成章、杨善生、吴成任、陈才贤、吴成玉、吴景凡、陈维立、杨善成

公元一九八四岁次甲子年农历五月十三日

调查组成员：张林、张高扬、冯玥、陈时羽

访谈：冯玥、陈时羽、张林

制图：张林、张高扬

摄影：张林、张高扬、陈时羽

初稿执笔：张林、张高扬、冯玥、陈时羽

平岩村马安寨调查简报

一、概述

马安寨位于广西壮族自治区柳州市三江侗族自治县林溪乡的南部，东经109°38′38.66″，北纬25°53′47.97″，海拔205米，距林溪乡人民政府所在地10公里，距三江县城19公里。马安寨是国家4A级景区——程阳八寨（另七寨是平寨、岩寨、平坦、懂寨、大寨、平埔、吉昌）景区的重要寨子之一，举世闻名的程阳风雨桥（永济桥）就坐落在马安寨，同时，本寨还处于景区入

口，是游客进入景区的必经之地。故此马安寨在程阳八寨景区中的位置显得特别耀眼。

马安寨隶属平岩村。平岩村辖平寨、岩寨、马安和平坦四个自然寨，共有864户人家，3800多人，31个村民小组。其中，马安有175户人家，820人，18-20村民小组。寨中由陈、杨、吴、梁四姓组成，皆为侗族。村民之间日常交流以本民族语言为主，老人妇女大部分只会说侗语，上学时间较长或有外出工作经历的中年人，也多会讲普通话。农业以种植水稻为主，经济林有杉树、油茶树、松树等。

马安寨正处于林溪河弯曲拐折的高台地上，三面环水，远处眺望犹如一个小半岛，形势得天独厚，风光秀丽。民居呈团状式聚集在这块台地上，并以鼓楼为中心，向外层层展开；环绕在民居的外围，是整齐青绿的稻田；稻田之外，林溪河蜿蜒曲折从旁流过，河上的程阳桥、合龙桥分别位于寨子的西北、东北部，像两道彩虹凌空寨上；沿河西岸、南岸，一条公路环绕而过；公路另一侧即是将寨子围在其间的高山，山坡上种有大片杉树和油茶树（图版一）。

以往，马安寨有"一坪二楼三门四庙"之说，即一个鼓楼坪、两座鼓楼、三座寨门、四个土地庙。鼓楼、寨门、土地庙都在20世纪60年代被毁。目前所见的这个鼓楼，于1985年在原址附近重建。鼓楼前面有一个广场叫鼓楼坪。寨边的程阳桥始建于1912年，历时12年才告竣工。寨中的鼓楼与寨尾的程阳桥交相辉映。马安寨的民居，是典型的具有侗寨风格的吊脚楼，代表着侗族人民高超的木构建筑工艺。

程阳八寨保存着侗族传统的木构建筑、服装饰品、歌舞文化、生产方式、生活习俗等，因此，20年前即有游客到这里驻足流连。2007年起，程阳八寨先后荣获了"广西十大魅力乡村""中国首批景观村落""国家4A级旅游景区"等荣誉称号。2010年申报全国特色景观旅游名村并顺利晋级。

参加本寨调研小组的共有5人，由北京大学考古文博学院博士研究生徐团辉担任组长，组员有北京大学考古文博学院博士生温筑婷、本科生张夏、李唯和张予南。

二、地理环境和资源

（一）地理环境

马安寨位于广西三江侗族自治县林溪乡南端，处于中亚热带南岭湿润气候区，属山地谷地气候。三江县位于广西北部的湘、黔、桂三省（区）交界处，地处桂北山区，故马安寨地貌以山地丘陵为主，地势稍陡（图版二）。

三江县年均降水量为1730.2毫米，降水量在空间和时间上分布有差异，东南部多于西北部。马安寨隶属于三江县西北部的林溪乡，全乡年均降水量年只有1400毫米，且春夏降水量较多，秋冬降水量较少。

马安寨地处林溪河曲折迂回处，东、西、南三面环水，背面依山。寨内及周围丘陵的海拔均低于300米，属红壤地带。马安寨土层深厚，土壤肥沃，非常适宜林木特别是经济林木、果树、茶叶的生长。

马安、平坦、岩寨和平寨是由平岩村管辖的四个自然屯，地理环境类似，各寨交错分布。马安寨东侧的青石板路延伸至平寨，西北侧的山坡则连接岩寨。

马安村民的住宅主要集中于鼓楼附近，陆续向外围辐射。在中心居民区的外围，环绕着平展整齐的稻田。稻田之外，林溪河沿寨而下，哺育着一代又一代的马安子孙。林溪河对岸，631县道沿河修建，来往车辆川流不息。河道外围，丘陵起伏，东有"冈鼎峒"、南有"冈奇嵩"、西有"拜八浪"、北有"冠撒老"等群山环绕。

俯瞰马安，一座座古朴的吊脚楼宛如散落于半岛上璀璨耀眼的颗颗明珠，令人赞叹不已；环视全寨，无不是山清水秀，人与自然和谐共处，令人流连忘返。

（二）水资源

三江县水资源总量24.7亿立方米，人均水资源占有量为7005立方米。马安寨的水资源主要来自林溪河以及引自山中的泉水。

村民的灌溉用水主要从林溪河抽取，也包括从山泉水引流。泉水在山脚下汇集成一块块水塘，主要用于养鱼，同时也用作蓄水消防。

村民的饮用水主要来自三口古井，其中程阳桥下的古井已被村民废弃。

村民的生活用水主要是自来水，其水源位于马安寨外围"交隆羡"和"兄嵬"两座山上。两座山上分别筑有容量达两百吨的水池，用来储存引来的山泉水，供居民生活之用，兼具防火之效。

据平岩村党支部书记陈群树介绍，20世纪50年代马安寨在南侧的林溪河沿岸开凿了一条水渠，主要用于抽取林溪河灌溉外围稻田，同时用于水力发电。1996年，位于程阳桥下的小型水力发电厂被拆，该水渠及抽水设施遂被废置。

（三）土地及动植物资源

马安寨隶属于平岩村，平岩村总面积约5.53平方公里，其中水田面积1551亩、经济林面积5700亩（油茶林面积4600亩、茶叶面积900多亩、水果林面积300多亩），用材林面积1560多亩。

马安寨周围的山头均被绿植覆盖，野生树种以杉树和松树为主，山麓常见各种灌木丛。其中，杉树生长快，材质好，而且能抗虫耐腐，易于加工，是这里建造房屋的主要材料，杉树皮也可用来铺盖屋顶。

村民在山上主要种有茶树、茶油树以及楠竹等经济作物，作物种类较少的原因是此处多山，可供种植作物的空地太少（图版三）。

山上的野生动物数量和种类都不多，主要有野猪、野鸡、野羊、野狗等。此外，山上常有蛇出没。虽然国家不允许猎杀野生动物，但是当地村民仍会猎杀破坏庄稼的野猪。据岩寨村民陈景能所言，1951年当地的山上还曾发现过老虎，之后就再没有出现过。

在马安寨居民区的外围，环绕着青绿的稻田；在稻田的外围，麒麟山等山脚下，同样分布着马安村民的耕地（图版四）。马安寨的耕地按人分配，每人两三分地，极其有限，目前绝大部分种植粳米。以前马安寨村民主要以糯米为主食，后来由于人口增加，村民们才陆续种植粳米，并于近年广泛引进杂交水稻。

马安寨的居民区外围，林溪河沿寨而下。河中水产资源丰富，有鲤鱼、草鱼、虾等常用食材，另有螃蟹、甲鱼、泥鳅、螺蛳等水生动物。有的村民家中所养的鸭鹅也会到河边取食。

（四）灾害

1. 自然灾害

当地发生水灾的次数较多，其他如地震、旱灾、雪灾、大风、冰雹等自然灾害的发生次数不多。

1937、1973、1983、1993年当地均发生水灾，尤以1937年和1983年那两次洪水最为猛烈：1937年，洪水冲毁了程阳桥的西段半桥；1983年，洪水冲毁了程阳桥东段的两墩三亭。

2013年夏季发生旱灾，很多稻田发生干裂。8月初，十几户人家根据各自稻田多少按比例集资买了抽水机，将林溪河的河水抽至稻田，以缓解旱情。

当地发生地震很少，村民陈能忠回忆解放前这里曾发生过一次地震，曾震倒大树。

村民陈发三印象中，当地遭受过两次台风。其中一次台风发生于20世纪80年代，吹倒了寨中一棵由六人方能合抱的大树，足见当年台风威力之强。

此外，以前由于雨水较多，常发生山体滑坡。近几年随着降雨量减少，当地发生山体滑坡的次数随之下降。

2. 瘟疫疾病

据村民陈六瑞介绍，大概在他七八岁时（20世纪70年代初），全寨八成的小孩子曾经患过一种名叫"干库"（侗语音gan ku）的疾病，主要症状是脖子上大面积出现红肿块。患病人数极多，故而印象深刻。据他回忆，当时政府专门派医疗队前来治疗病患以抑制疾病传播。

据村民陈发三介绍，1968年本寨曾经流行过脑膜炎，多数人最终康复，但是少数人因治疗不及时而变得十分迟钝，严重者甚至失去性命。

寨中牲畜的疾病不多，村民们的记忆中并没有发生过大规模的动物瘟疫。究其原因，是由于村民极为重视预防动物瘟疫。由于木结构建筑内老鼠盛行，寨中居民家中常备老鼠药以预防鼠疫。此外，寨中所养之鸡多为放养，村民陈群帅认为："不用鸡圈的原因是为了防止鸡瘟。"

三、传说和村寨历史

（一）传说

1. 村寨得名传说

马安寨旧名"马鞍寨"，寨名由来说法有三。第一种说法来自陈基光，说本寨地势外高内低，状如马鞍，故名"马鞍"，但未提及此名和周围山形的联系；第二种说法来自陈发三，说马安寨外山形如同一个睡着的人，而马安寨地形外高内低，两者联系，就如骑手卸鞍休息，故把此寨命名"马鞍"；第三种说法来自陈能先，说马安寨周围山势如马，而寨子正处马鞍位置，因而得名。无论何种说法，本寨都是因地势而得名。

现在为了书写方便，一般把寨名写作"马安"，甚至在居民身份证和房屋门牌上也是如此。但"马鞍"旧名在寨中依然可见，如鼓楼的匾额上就是"马鞍鼓楼"四个字。

2. 姓氏传说

本寨有陈、杨、吴、梁四个大姓，其中陈姓又分两支。这些姓氏到本寨定居的顺序依次是吴、陈、杨、梁。在这四个姓氏中，陈氏人数最多，保存的姓氏传说也最完整。

据传，本寨的陈氏都来自江西，途经湖南靖县（州）。在靖县，陈氏分为了两支，一支直接来到本寨，另一支先到广西龙胜，然后才来本寨。因此，这两支陈氏在节庆方面有所不同，且都曾有独立的土地庙。后到本寨的那支陈氏在1993年修过族谱（图三—1），2011年还派人参加了黔湘桂陈氏联谊会，家族来源较为可信。

传说本寨的杨氏也来自广西、湖南，具

图三—1　陈氏族谱前言

体情况已没人能说清楚了。

3. 轶闻传说

当地传说，此处原本居住着苗族，后来被现在马安寨人的祖先赶走了。据陈六瑞介绍，20世纪60年代农业学大寨时，村民在山上开荒，还挖到原来居住在那里的苗族留下的瓦片。几十年过去后，现在这些瓦片已经没有了。

关于如何赶走苗族的说法有二。杨云路说，本寨祖先和苗族定了一个赌约，苗族赌输，因此不得不遵约离开。而杨珍思和陈能秀却都认为根本没有什么赌约，本寨祖先是用武力把苗族赶走的。

另据杨军伦和陈能秀的说法，本寨侗民一向歧视苗族，视嫁女入苗为耻。这种观念现在虽然有所淡薄，但仍然存在。这种观念的存在，或许正为当年侗苗夺寨之争提供了佐证。

（二）建制沿革

马安寨乃至平岩村都没有属于自己的、独立的史志。据《三江侗族自治县志》，本寨清代之前的行政归属无考。清代时，本寨属于大营峒（林溪五圹区域）。民国时，本寨和东寨一起归属于平阳区程阳乡马东村，且是村公所所在地。三江县人民政府成立时，程阳乡属于林溪区。1951年调整，程阳乡属于八区。1953年初，又改为10个区，把大乡拆分为小乡直接为区所领导。程阳乡改为小乡，属于八区林溪，本寨仍归程阳乡。1958年改区为公社，小乡为生产大队，程阳所属的林溪区改为卫星公社。1959年，程阳单独成立了程阳公社，级别较低，仍然受区级公社的领导（后来又改为生产大队，具体时间不详）。1962年曾经恢复区乡，原生产大队改为公社（小公社）。1966年又改回了公社和生产大队，原小公社改为生产大队。1980年，本寨已经归林溪公社平岩生产大队管理。1984年，林溪公社改为林溪乡，平岩生产大队改为平岩村公所。本寨从此归平岩村管辖，直到现在[①]。

（三）碑刻、题记

由于20世纪60年代本寨所存碑刻都被用作修路、建房、筑坝，所剩无几，所以本寨现存碑刻大多数都是"文革"之后所立或者复原的。

---

① 三江侗族自治县志编纂委员会：《三江侗族自治县志》，第30–37页，中央民族学院出版社，1992年。

1. 永济桥序碑（图三—2）

原永济桥序碑立于1925年，本置于程阳桥头，后来被拿去作为水电站的基石，现已无存。现在程阳桥头碑亭所立程阳桥序碑，为今人根据抄录的碑文复原所得。

碑文如下：

永济桥序

窃惟鸟道羊肠，前人修康庄之路；龙滩虎臂，前辈建济渡之桥。是知架桥修路之善心，诚为无量之功德者也。吾境程阳乡底河滩，虽非长江大衢之区，然亦为工农军贾必经之津冲要地。昔无桥梁，未免病涉之虞。尤当仲夏之日洪波滚滚，履足固所难举，即令冬月水消，然寒冰激骨，冯河犹多可畏。嗟呼！交通阻断，憾息召渡艰难，隔岸相呼，靡不望洋兴叹。恨天涯于呎尺，悲日暮于穷途。乡庶耆老，目瞩此景，有不慨焉？是以急功好义有为之士，集会商议，兴修舆桥，俾永古便利行人济渡，故名曰永济桥。诚因工程浩繁，独力难支，故订缘薄，四方募捐。深蒙各界仁人志士，善男信女，慷慨输将，解囊乐助，捐金献银，同修善念，舍木施工，工裹美举，集

图三—2　永济桥序碑

腋成裘，鸠工兴建。惨淡经营，十载于斯。而今工程告竣，荡荡坦道，通达四处，巍巍楼阁，列竖江中。往来称便，远近讴歌。谨此勒石标铭，垂芳后世，为后来好善者劝焉。是为序。

程阳乡马安村　陈栋梁撰

中华民国十四年岁次乙丑

杨同昆书　杨神善勒石于丁卯仲春

注：此碑文原置于桥东亭，后石碑被移作电站基石，原碑无存。
本文根据平寨吴士彬老人手抄遗本重刻。

2. 郭沫若诗碑（图三—3）

程阳桥头碑亭中还有一块郭沫若诗碑，上面刻着郭沫若为程阳桥的题诗。

碑文如下：

> 艳说林溪风雨桥，桥长廿丈四寻高。重瓴联阁怡神巧，列砥横流入望遥。竹木一身坚胜铁，茶林万载苗新苗。何时得上三江道，学把犁锄事体劳。
>
> 一九六五年十月二十日　郭沫若

图三—3　郭沫若诗碑

3. 程阳桥简介碑（图三—4）

在程阳桥头，靠墙并排放着两块石碑。靠右的一块最上面写着"程阳桥简介"，因此称为"程阳桥简介碑"。此碑是三江侗族自治县革命委员会在1973年所立，碑文主要介绍了程阳桥的一些基本情况，并肯定了风雨桥的价值。碑文模糊不清，但还可以勉强读出。

碑文如下：

> 程阳桥简介
>
> 侗族人民擅长建筑，并有着悠久的历史。
>
> 侗族人民多喜在村旁交通河上，架设一种名为风雨桥的长廊式木桥，以供行人避雨和休息。这种桥以它独特的艺术结构著称于世。
>
> 程阳桥，又名永济桥，是三江境内最为壮观的风雨桥。它建于一九一六年，全长六十四点四米，宽三

图三—4　程阳桥简介碑

点四米，高九点六米，是一座石墩木□桥，桥上建有五座方形楼亭，其结构系用杉木卯榫衔接，大条木条斜穿直套，纵横交错，结构精致严谨，但不用一颗铁钉。

> 风雨桥充分表现了侗族人民的勤劳和智慧，为侗族文化在建筑上的结晶。解放后，程阳桥被列为广西壮族自治区重点文物保护单位，曾多次拨专款进行修缮。
>
> 三江侗族自治县革命委员会
>
> 一九七三年立

4. 程阳永济桥修复工程人员名单碑（图三—5）

程阳桥头碑亭还有一块程阳永济桥修复人员名单碑，该碑也是1985年所立。

碑文内容如下：

> 程阳永济桥修复工程人员名单
>
> 领导小组：
>
> 组长　吴仕德　副组长　党丁文
>
> 成员　陆炳兰　吴浩　肖启中　吴世金　陈基纯
>
> 技术组：周霖　张宪文　李玉瑜　苏益声　吴英
>
> 俊　吴世华
>
> 办公室主任：吴浩　吴家英　工作员　李仕敏
>
> 曹骏初　唐庆阳　杨世雄　杨炳德
>
> 工程队：平岩工程队　程阳工程队　平甫工程队
>
> 木匠：杨善仁　石银修
>
> 石匠：杨神善
>
> 塑脊匠：吴家声
>
> 杂工队：陈基光　吴天群　杨光敏
>
> 　　　　　　一九八五年十二月十五日

图三—5　永济桥修复工程人员名单

5. 永济桥修复记碑（图三—6）

永济桥修复记碑也在程阳桥头碑亭，碑文为周霖副教授所写的《永济桥修复记》，该文详细介绍了程阳桥修复的相关事宜。

碑文如下：

> 永济桥修复记
>
> 中华侗民，文明质丽，慷慨大方，热衷公益。凡水阻途塞，辄修桥铺路，集资献料，尽心尽力。是故风雨花桥，星罗棋布于侗乡之津途。交通往来，跨山越水便利；劳作休息，避雨趁风怡然。
>
> 宣统辛亥，程阳乡（属广西之三江县）陈栋梁、

图三—6　永济桥修复记碑

杨唐富等十二首士倡议募金，兴建永济花桥。阅十年，乃竣工。丁丑五月，曾遭洪水，西端半桥，坍圮摧毁。程阳父老，共襄义举，历时十二年，修复旧貌。

永济桥横跨林溪河水，勾连湘桂古道，石墩木面，青瓦白饯，重檐叠翅，笔亭长廊。曾迭托架，举巨杉以作桥体；围砌料石，填泥砾而为墩基。墩森五亭，间设四廊，干栏构造，穿斗柱枋。歇山亭台，挑悬柱而成体系；攒头墩楼，抬雷柱以为构框。其桥型，称翅木桥之代表；其建筑，集侗族技艺之大成。桥梁史上，乃征独特桥式，而显居要位；建筑学中，更因特异风格，而素享盛名。以是，1982年2月，国务院公布为全国重点文物保护单位。作善降祥，侗境生光，长存远古，永济流芳。

是年7月，余偕师生数人，慕名前来瞻赏。见此伟美严谨结构，遂测绘之，得平、立剖面图数幅，携而归焉。审究之余发现，桥轴偏移，梁木有朽，墩基松散，防漂无术。乃吁请文物部门迅速维修。孰料余上书未及十日，山洪突发，骇浪暴洒。涛涌流急，桥之东墩基，因掏空而崩溃；墩塌梁陷，右岸三亭廊，遂失恃而倾翻。断桥危柱，孤横茕立；破壁残珪，众叹群惊。飞驰报警于各方，共输忧悯于上下。中央饬令重修，首府派人亲临。自治区政协副主席秦似教授，乃率余等奔赴桥址，视察详情。比较方案，深入考究；设计修复，悉心察谋。落墩再建，立基以巩固；卸架重装，升桥面而防壅。沿用旧物，恢复原貌。改引道为拾级；理河滩，以畅流。桥木浸药，使之延长寿命；河岸镶石，俾一防止蚀空。方案既成，乃即上报。国家文物局迅即审批，拨款修复。工程铺开，人民称颂。父老献寿材以资梁木；子弟服工力以建墩基。绳墨舞锛，牂牁梓匠；敷瓦塑脊，侗族泥工。同心协力，和衷共济，蹈艰履险，沐雨栉风。历时两年，费资卅万，旷古之物，终于修复。工程既竣，游目驰怀，乃知古人所谓"秦王金作柱，汉帝玉为梁"，不过浮词空论耳。桥之工拙，又岂在装金饰玉哉！试观此奇桥伟梁，横亘绿野；峥楼嵘础，倒掩碧空。负砥强似灵龟，承梁胜于螭龙。黛白相间，酿清新为素雅；横竖交列，蕴隽美于会融。不堆不砌，无缺无冗，和谐得体，稳健从容。有谓，美在宜而不在妆，雅在清而不在艳，信矣。霖等得效绵力，平生所幸；侗民真为我师，敢叨其光。受教廿月，得益匪浅；领工二载，体味殊深。余所耿耿者，惟绿化稍逊，美中不足，当信来兹，弥此篑功。壮哉，三江一水长流去，侗寨花桥万古青。是为记。

公元一九八五年十二月广西大学土木系周霖撰并书

八江福田村吴光胜勒石

6. 程阳桥序碑（图三—7）

在程阳桥简介碑左边，有一块上题"程阳桥序"的碑，称为"程阳桥序碑"，1985年立，但碑文模糊不清，只能读出片段。结合读出的内容和文献信息，可以确定碑文就是广西大学秦似教授在1985年10月30日为程阳桥写的序文，序文主要叙述了修复1983年被大水冲毁的程阳桥的相关事宜。

该序文原文如下[①]：

图三—7　程阳桥序碑

　　三江为侗族聚居地，县内有风雨桥多处，以程阳桥最为著称。侗族人民喜歌舞，多巧思，其建桥技艺之超卓，世所罕及。桥之结构，秀丽庄严，犹如游龙翘首，又如凤凰展翅。五座桥墩，悉用青石敷成，不沾灰浆，天然质朴。至于雨檐斗拱，设计之精，瓦脊雕饰，色调之美，格局风韵形成之气，洵集侗族土木建筑之大成，充分体现民族艺术之特色，其脍炙人口，列为全国重点文物保护单位，良有以也。

　　一九八三年六月二十一日，林溪河山洪暴涨，水势汹涌，为七十年来所罕见。虽经干部群众冒险抢修，至晚八时四十分，东岸两墩三亭，终为洪水冲垮。当晚立即出动七百人次，将大件木料捞回，使损失减至最小，人民对程阳桥爱护之切，视同性命，由此可见焉。

　　国家文物局对此甚为关怀，指示自治区文物部门，尽早提出方案，予以修复。自治区政府乃于十月间派出各有关单位组成之工作组，到实地调查研究，制定修复方案。工作组与县领导干部、区县两级工作人员仔细勘察现场，并反复研究，决定务必保持原来之结构形式及其外观面貌，在不影响原貌的原则下，辅之以现代建筑技术，于桥墩中心灌浆，俾增强其抗洪能力，桥位适当提高，以防洪水冲击桥面，桥木施以药水浸泡，以免腐蚀之虞，方案得到国务院文物局批准，并由中央拨给专款，乃于次年二月兴工。构木以来，侗族能工巧匠与区、县工程人员，通力合作，侗族人民献料献力，仅二十阅月，工程遂得全

---

① 三江侗族自治县志编纂委员会：《三江侗族自治县志》，第899-900页，中央民族学院出版社，1992年。笔者将碑上尚可辨认的文字片段和《民族志》所引的《程阳桥序》文字进行了细致的对应，没有发现任何不同之处。

部告竣。若非国家关怀，人民踊跃，安能有此计日程之成效哉！

今雄桥重建，气象更新，民族精英，原物修复，岂惟三江县人民欢庆鼓舞，抑亦吾中华文化遗产得以保存发扬之一端，举世瞩目之盛世焉。今兹以往，五湖四海旅游之士，因可一瞻风趣，驰目骋怀，对民俗风土或古代建筑有兴趣之专家，更得资以考察，进而探求。又何乐耶？至于便利交通，则不待言也已。

1985年12月30日

7. 马安鼓楼序碑（图三—8）

马安鼓楼序碑镶嵌在马安寨鼓楼正中电视柜的下面，两边都是乐捐碑。碑的最上方有"马安鼓楼序"五个大字，因此称为"马安鼓楼序碑"。

本碑立于1985年12月，碑文回顾了马安寨鼓楼从修建到毁坏再到重建的历史，抒发了侗族人民对鼓楼的热爱。文中提到马安寨原先两个鼓楼的修建年代分别是1926年和1944年，有一定的史料价值。

碑文如下：

图三—8　马安鼓楼序

村旁永济彩虹腾飞乘风避雨千秋便通衢

寨中鼓楼琼阁耸立道古谈今万载利社交

此为予于吾屯鼓楼兴建竖柱之际所撰之楹联。斯见，风雨桥乃避风雨便济渡之桥也；鼓楼者为置鼓议事社交谈古之楼也。噫！盖风雨桥之著称于世，鼓楼之闻名遐迩，为其独具的民族特色，结构的巧夺天工之故矣！凡吾侗民居住之域无不修桥建楼哉。

吾屯原有鼓楼两座，先后建于丙寅（1926）、甲申（1944），数十载深为民众所喜爱。鸣呼！神州异变，文革祸临，浩劫十年，古物难存。斯鼓楼也，亦遭厄运。群小专权，蛊（原碑文此字上虫下心）民惑众，或曰封建，或曰防火，亭亭鼓楼，毁于一晨。嚣哉民众，言悼心詈，妇姬皆恐，毁楼荒基，童幼齐恨，材废料光，青壮尽怼，何罪当毁；耄耋亦恚，无聚之楼。

嗟乎！阴阳交替，夜尽日明，中华大地，冬逝春临，再展宏图，继续长征，政通人和，百废俱兴，歇永济桥，洵不虚传，中央决定，晋为国保，圮圮洪涛，拨款重修，墩亭蠹立，面目一新。此举如东风，喜讯通侗乡。吾屯民议纷纷，众论汩汩；鼓楼已圮，吾侪同修。耆叟哀集，羁縻青壮，解囊乐捐，同修善念；施工献料，捨布捐元，集腋成裘，共襄美举，童叟共矻，青壮同动，殚精竭虑，靳楼告竣。巍巍鼓楼，荡荡永济，日月争辉，鸾凤长翅，流芳百世，垂馨千祀焉。

恶予识浅，勿能觊（原文右边的"见"为简体字）缕。木匠师傅吴成芳　择日先生陈永彰

首士：陈基民　杨敬云　吴成芳　陈能轩　杨通灵　杨通文

　　　　陈　朋　陈安定　陈永凡　陈安荣　陈永清　吴继云

陈基付　陈保香　杨通成　陈永荣　陈基万　陈能科

陈万金　陈基泰　陈继生　陈永定　陈能忠　杨日善　陈志春

破土奠基乙丑十月初一，竖柱上樑十月十七，是为序。

　　　　　　　　　冠小杨林培列石马安屯　陈能军　撰·书

　　　　　　　　　　　　　　　　一九八五岁次

　　　　　　　　　　　　　　　　乙丑十二月

8. 防火公约碑（图三—9）

本碑立在马安寨新建的戏台旁边向上的台阶路旁，在马鞍戏台序碑的旁边，立碑时间1990年10月1日。碑文的主要内容是一些防火的常识，而且根据内容判断，应该是林溪乡在所辖各村统一立的。

碑文如下：

一、安全防火是大事，护山护寨都有责。村村寨寨落实防火员，家家户户接受监督。

二、村寨防火线不准占用和堆放易燃物、油榨、酒坊、砖瓦、烘烤等行业要设在安全处。

三、火堂、炉灶要安，不准拿油灯上床看书、烧蚊子，不准拿火盆、火笼取暖睡觉，不准把炭火放近易燃物，不准乱丢烟头。生产用

图三—9　防火公约

火坚持"五不烧"，做到人离火灭。

四、教育小孩莫玩火，燃放爆竹要小心。

五、电器线路要安全，不准私拉乱接和超负荷用电。

六、发现火警、火灾要及时呼救，不误时机。

七、违反公约者，视情节轻重。按防有关规定处罚。

望全乡人民共同遵守。

林溪乡人民政府

一九九零年十月一日

9. 马鞍戏台序碑（图三—10）

本碑立在马安寨新建的戏台旁边向上的台阶路旁，在防火公约碑的旁边，立碑时间2003年12月18日。碑文主要叙述了政府和马安寨村民在新建戏台问题上的争议及其解决过程。

原文如下：

图三—10　马鞍戏台序

　　俗话说：好事多磨。马鞍戏台的建造确实几经周折才得以建成。在竖柱上梁之际，建台领导小组要笔者撰几副对联贴上去。

名匠绘新图紫陌红尘填锦绣

新台展雄姿黄童白叟庆升平（楷书，贴于中柱）

欢迎佳宾歌好舞美耶浓千般乐

喜建新台天时地利人和万事兴（仿宋体，贴于后柱）

木匠师傅妙手修座戏台如花似玉

马鞍民众欢心扶贫项目既得所有（隶书，贴于前柱）

对联如此安排是有其用意的。楷宋二联描绘戏台为程阳八寨添加了亮点，预示着侗家人民的生活人寿年丰，吉祥如意。而前柱上醒目的隶书联是画龙点睛之笔——它含蓄告知人们一个史实：马鞍戏台的设计者及所有者，给为时半年多建台风风雨雨划上一个圆圆的句号。

　　马安寨原有一个戏台，建于上个世纪八十年代。当时杉木奇缺，柱子大梁都用杂木做，因此不久就出现了大梁严重弯曲、大柱腐烂等现象。2003年初，一位区领导见了此景此象后，作了扶贫项目拨款重建的指示，并由乡人大主席具体负责。4月到村宣传，5月在乡招标。于是建台的风风雨雨随之而来。归纳起来主要是：资金多少、建台地址、拆旧补助及所有权。所有权是焦点。一些人担心拆了自己亲手建的戏台再去造人家出钱戏台，谁能保证这戏台永久是马鞍戏台？并以永济桥为例：永济桥是我们祖先建造的，84年虽国家拨款重修，但一木一石一瓦乃是祖先遗留的，现在这桥却成了人家的摇钱树。针对上述种种问题，领导小组半年多来召开了大小会议近二十次，仍未能统一思想。乡里也再三推促快点定下来，否则拿到别寨去建。11月8日星期六，寨里又一次召开大会，笔者到鼓楼参加了会议。会上人们各抒己见，激烈争论。个别领导提议登记名字表决，主持者同意，会场立即静下来。笔者讲了三点：一是不赞成登记名字的提议，因为这样势必把民众分裂成两派，后果不堪设想。笔者大声反问大家——我们马安原有两座鼓楼，谁把它们拆了、砍了？都登记名字了吗？后来又是谁重建了这座鼓楼？拆呀！砍呀！重建呀！都是马安自己人。现在为什么要登记名字？第二，办事要多想点。要想现在，还要想过去，更要想点未来。大家想想看，现在政府拿钱为我们建戏台，如果我们不同意，不配合，那往后政府怎么相信我们？这不是自己卡自己？第三，所有权问题，要相信政府。政府已讲明是马鞍戏台，如果我们老是不统一，才拿到别的寨子去建造。为了消除民众的担心，于是笔者建议戏台建成后、立碑作序，以为永古的见证。笔者的发言得到大家的赞赏——"拆旧建新"成了大家统一的思想。

　　11月9日，建台领导小组召开了会议，讨论具体方案及人员安排。

　　11月10日，旧戏台正式拆迁到对河公路边另建。

　　11月21日（农历十月廿八），新的戏台正式建造，

　　是为序。

马鞍寨　陈能军　撰书

2003.12.18

　　通过这些碑刻，特别是程阳桥碑刻，我们可以突出感受到村民们热心公益的高尚品质，同时我们也可以看出村民对具有自己民族特色的公共建筑的钟爱。

四、村落外部空间

（一）耕地、林地、墓地空间分布

1. 耕地、林地分布

马安寨耕地的分布范围较广，近者位于居住区外围的林溪河沿岸，集中分布于"半岛"的西、南以及东南侧。远者主要位于西侧丛山的山脚下。同时，为了缓解人多地少的矛盾，村民们将附近山沟中的土地也开垦为耕地种植庄稼，所以寨子外围的耕地往往呈窄长带状分布。

马安寨的林地主要分布在耕地外围的山上，主要种有杉树、茶树、茶油树和楠竹，且以杉树居多。此外，山中种有棉花等经济作物，山沟处还开辟有鱼塘（图版五）。

2. 墓地分布

据村民陈基光介绍，寨中墓葬广泛分布于马安寨外围西南侧的"刚百浪"以及南侧的"兄嵬"等周边群山之上。其中，"刚百浪"上的墓地按照陈、杨、吴、梁四大姓氏家族独立分布，其内又按家族分支埋葬，且同一个家族墓地之中的墓葬朝向一致。

较之于"刚百浪""兄嵬"等马安周边群山之上的墓葬数量少且不按姓氏家族墓地分布，但是同一家庭的墓葬位置接近。我们登上"兄嵬"观察后发现，山路两旁的墓葬确实零散分布且数量不多，可能由于多数墓葬不立墓碑，加之植被茂盛遮挡视线所致。此外，我们观察到的墓葬大多数为单独设置，家庭成员的墓葬则相互紧邻（图四—1）。

图四—1　墓地

（二）寨外道路和水路

1. 寨外道路

631县道（图四—2）是马安寨隶属的平岩村与外界连通的主要公路，最初开通于20世纪60年代的"四清运动"后期。公路走向与林溪河流向大致相同，原本是砂石路，由于路况不佳，1996年由政府统一铺设柏油。自此之后，平岩村与外界联系进一步加强。

村民外出的交通工具有公交车、小型面包车、拖拉机、摩托车、三轮车等。村民乘公交车自马安寨出发前往三江县城，只需半个小时。

2. 水路

马安寨东、西、南三面环绕着林溪河。林溪河全长51公里，流域面积427平方千米，是古宜河右岸支流，发源于三江县林溪乡茶溪村，向南流经林溪乡驻地、冠峒村、平铺村、程阳村以及古宜镇的光辉村、黄排村，最后于石眼屯东南汇入古宜河。

图四—2　631县道标志

20世纪60年代以前，林溪河水路是马安寨对外交通的主要方式之一，交通工具主要是小型船舶和木排。古代湘桂两地的商贸旅人将湖南的米运到广西贩卖，将广西海盐运到湖南内地以实现两地的物资交换，而林溪河水路在湘桂盐米贸易中起着举足轻重的地位。

631县道开通于20世纪60年代，林溪河水路的交通运输作用开始逐渐被取代。现如今林溪河水量不足，流经马安寨的部分河段水位较浅，甚至不足没膝（图版六）。林溪河难以行船，水路已断，所以本寨对外交通目前主要依靠631县道。

（三）本寨与外寨的关系及交流

1. 集市

马安寨与周边各村寨经济往来的主要平台是大寨和林溪乡的集市。集市上的商户主要出售农副产品或手工制品，流动商贩则主要出售水果、蔬菜、干货、猪肉等商品。

2000年之前，马安寨附近只有林溪乡在"逢五逢十"①的日子举行集市。2000年之后，离马

---

① 逢五逢十意为逢阳历每月的5号、10号、15号、20号、25号和30号。

安寨更近的大寨也开始出现集市，于"逢一逢六"①的日子举行。

林溪乡的集市规模较大，集市自早上六点就有商家聚集，至八点基本所有摊位都已开始交易，将近正午逐渐收摊。据马安村民介绍，大寨的集市有一部分是从林溪乡集市分流下来的流动商贩，马安村民不会带东西到集市上卖。换言之，马安村民赶集只买不卖。

由于大寨旁边的集市形成时间很短又规模不大，且集市形成之时，村寨中已经出现不少便民商店，村民赶集并不甚积极。此外，马安寨外围的公路两旁经常出现来自其他村寨的流动商贩，出售蔬菜、水果以及烤鸡、烤鸭一类的食品（图版七）。

2. 婚姻

马安村民恋爱自由，婚姻关系大部分保持在程阳八寨内。村民们对婚姻对象的要求较为自由，基本没有民族和地域的限制。随着开放程度日益提升，尤其近年来外出务工人员增多，马安村民的婚姻对象在全国范围内都有一定分布。

3. 演出交流

逢年过节或是寨中有重大活动，马安与周边其他侗寨的往来交流会较平时更多。比如农历三月初三、六月初六等重要节日，马安寨村民便会邀请附近村民共襄盛举。

除节日的固定仪式外，村民或表演队会在鼓楼旁的戏台上唱侗戏或进行歌舞表演。节庆表演不仅针对本寨的村民，其他寨的村民也会闻讯而来；上台表演者不仅是本寨的村民或表演队，其他寨也会专程上台作交流演出以增进友谊。当地村民介绍，从前马安村民经常到八江乡去演出侗戏，所以马安寨与八江乡关系友好。村民陈志东甚至认为鼓楼顶上的木雕凤凰的朝向正对着八江，其原因便是马安与八江因侗戏表演而建立起的友好关系。

4. 体育活动

"抢花炮"盛行于贵州黔东南、广西三江等侗族地区，是侗族最有特色的体育活动之一，也是各寨之间进行体育交流的重要平台。"抢花炮"大赛既可以在本寨进行，也可以与其他几个寨联合举办。凡是抢得"头炮"者，来年的"抢花炮"活动便由该人所属寨主办。

程阳八寨每年正月初五至初八举办"抢花炮"大赛，八个寨抢五个花炮，比赛地点一般固定在大寨，届时马安寨以及其他七寨的代表会一同受邀参加。比赛当天人山人海，各寨选手与观众齐聚一堂，场面极为热闹，深受村民欢迎。

5. 矛盾

总体而言，村民们普遍反映马安寨和其他寨的关系整体上比较融洽，矛盾很少。

据村民陈六瑞介绍，20世纪90年代时，平寨曾经因为马安寨修水坝而导致雨季的时候淹没

---

① 逢一逢六意为逢阳历每月的1号、6号、11号、16号、21号、26号和31号。

了一些田地，一度与马安寨产生矛盾。后来，双方协议炸掉了马安水坝，两个寨子的矛盾也自此解决。

五、村寨的内部结构

（一）村寨布局及功能分区

1. 居住区

马安寨的居住区可分为两部分（参见平岩村平寨图版四）。一是被林溪河东、南、西三面包围的北部居住区，面积较大，住户更多，约占总户数的70%。北部居住区以鼓楼坪及下行台阶为界又可分为东、西、北三部分，西部住户中有一部分最早来到马安寨，因此房屋年代较早，住宅密集，组团分布。东部新建房较多，主要围绕中心水塘分布。北部住户位于鼓楼背面，住宅很少。二是位于林溪河南侧山脚下的南部居住区，呈线型分布，约占总户数的30%。

北部住宅区的住户以陈、杨两姓为主，兼有极少数吴姓人家。而南部住宅区则以陈姓为主，兼有少量杨姓。梁姓人家主要居住在商业区内。

2. 旅游商业区

围绕马安寨的标志性建筑程阳风雨桥和马安鼓楼分布，主要是向游客而非村民提供服务。程阳桥东侧多为出售特色纪念品的商家，也有若干旅店、餐馆，另有小摊贩出售特色小吃。由于马安鼓楼前曾经每天固定时间进行侗族歌舞表演供游客观看，两侧的住户也多将一层辟为店面，包括茶馆、酒坊、家庭旅馆、便利店，但歌舞表演移至平寨后生意萧条。店家住宅的位置，或在一层店面的上层，或在店面的后面。

3. 公共区

由位于寨子中心的鼓楼、戏台以及鼓楼坪组成。村内举办的月也、芦笙、侗戏表演，百家宴等活动都会在此举行，选举等公共会议亦会在此召开。平时，人们也会聚集在这里打牌、聊天，进行休闲活动。

（二）寨墙遗迹与寨门

解放初，马安寨有三十多户人家，主要围绕鼓楼建在高地上，在东南侧低地处亦少量分布。最初的寨墙即环绕这三十多户而建，现已无存，大概在20世纪五六十年代被毁。

马安寨原有三座寨门，分别位于鼓楼坪西南侧、马安寨东侧林溪河畔以及寨内卫生室南侧，旁边均设有土地庙。寨门与寨墙相连，每晚寨内均会关闭寨门以防盗贼。据村民陈发三所述，在寨内西南侧寨墙处还在高处设有炮楼，用石头叠成，远看类似桥墩，民国时期建造，用来防备土匪。寨门和炮楼都在20世纪60年代遭到毁坏，现已无存。

（三）村内道路体系

马安寨内道路根据材质可大致分为四种类型，分别是公路、旅游开发道路、寨内步行道路以及碎石小路。

寨内公路沿林溪河岸延伸，三面环绕马安寨的北部居住区，东侧公路直达三江，西侧公路可到达林溪乡，是村民外出最主要的道路，路旁有里程碑。1996年铺设柏油。

寨内为方便游客游览，程阳桥东侧、鼓楼南北两侧、马安寨东西两侧林溪河畔均铺设有石板路，俗称旅游路，沿旅游路行走即可游览马安寨的各个主要景观。这些道路均由规则长方形青石板铺就，河畔道路沿河一侧均修建木栏杆，程阳桥东侧道路最宽，约四五米，两侧均为商家。另有登山步道设有青石板及围栏，供游人登山远眺（图五—1）。

寨内步行道路主要分布在鼓楼坪四周的居住区内部，呈网状结构，基本可以通向各家各户，宽1–2米不等。原由石板铺设，五六年前开始硬化，铺设水泥（图五—2）。

图五—1　寨内旅游路　　　　　　　　　图五—2　寨内步行道路

碎石路宽度不足0.5米，包括2种形制，一种是水稻田间小路，为方便农业生产而建，两侧生有杂草，崎岖不平，有些小路亦可通向住户。另一种主要依山修建，通向山上住户、林地、耕地。

（四）给水和排水设施

马安寨各家约在20世纪80年代开始通有自来水，与其他村寨相比较早。村内的自来水体系约在八年前全部建成，水源主要来自"交隆羡"和"兄嵬"山上，两座山上分别建有蓄水池用来储存引来的山泉水。每个蓄水池容量大约二百吨，供应自来水，也有防火之用。山泉水通过政府出资修建的管道引入村中。灌溉用水主要来自坪坦村上游的水坝以及山中小溪，近年来水量不足，干旱严重。此外，井水亦是各家生活用水的来源之一。

马安寨的生活污水通过各家管道，汇集到寨子西南侧底下的污水池集中处理，之后排放进入林溪河。雨水则主要通过路旁沟渠排走，这些沟渠大多为敞开式，原为泥土沟，约在2006-2008年期间硬化铺设水泥。由于整个寨子倚在一个状似马鞍的山坡之上，雨水即沿路边沟渠由寨中心的高地流向两侧的低地，最终灌入农田中。

（五）公共建筑及设施

1. 鼓楼

马安寨原有鼓楼两座，一座即位于现马安鼓楼处，另一座位于现消防室处，两座鼓楼距离很近，村民对于为何建造两座鼓楼的说法不一。村民陈永清、陈继泰的观点是随着马安寨人口增加而且分散，必须建立两座鼓楼；陈基光认为马安寨主要由陈、杨两姓组成，所以需要相应的两座鼓楼；杨书雄则认为马安寨地势酷似马鞍，应有两个马镫，所以有两座鼓楼。

两座鼓楼在"文革"中均遭到破坏，仅马安鼓楼在"文革"后重建。另一鼓楼原建于1944年，"文革"中被破坏后，于1987年复建，但因寨内建造完马安鼓楼后木材不够，且财力所限，只得重建为供老人活动的木屋，外观如凉亭，冬天则在四周用木板封闭，以保持室内温度。老人活动木屋在功能上亦具鼓楼的意义，但在面积、高度、装饰、规模等各方面都无法与第一座重建的鼓楼相比。老人活动木屋于2010年为配合防火改造，再度改建为消防室，现为平岩村马安消防器材室。

马安鼓楼始建于1926年，最初只有三层。村寨人口增加之后，该鼓楼有一次大修，改三层为五层。"破四旧"的时候该鼓楼被拆毁，改建为戏台。"文革"后期，这里还曾作为平岩小学的教学点使用。1985年，马安村民在原来鼓楼后边一点的位置重建了鼓楼。当寨内有重要的公共事务的时候，村民们都会聚集在鼓楼商议。平时鼓楼则主要是村民们休闲娱乐的场所，且来鼓楼休息聊天的村民以男性老人居多。鼓楼维修费用由村民共同承担，数额多少依各家经济条件而定。

鼓楼朝向东南，为木穿斗结构，呈宝塔形单层攒尖式，上半部为七层四角密檐，覆有小青瓦，檐角仰天上翘，为百鸟造型，顶部固定木杆，上面穿有5节钵罐宝瓶，最顶部为凤鸟塑像，与檐角百鸟造型构成"百鸟朝凤"。村民陈志东认为，该凤鸟朝向八江，象征侗戏从马安向外传播，而吴珍海认为凤鸟朝向与鼓楼相反是出于阴阳的考虑。鼓楼下半部呈四角形，为正方形厅堂，铺有青石板。设落地柱16根，其中主承柱4根，檐柱12根，另有一根雷公柱，其间施穿枋，逐层收分，鼓楼四周均设有檐柱。整个鼓楼均由杉木构成，鼓楼的整体形态即模仿杉树而建（图版八）。

鼓楼大门上方挂有匾额（图版九），中部书有"马鞍鼓楼"四字。周围有一对联，上联"楼矗寨中聚众而乐"，下联"鼓置梁下遇事则鸣"，横批"鸣鼓楼乐乐楼鼓鸣"，底部写有"一九九九（岁次己卯）年春陈能军敬书"。离门口最近的两根落地柱挂有篆书对联，内容与匾额上相同。大门正对面壁龛中原有排位及祭祀用具，现在放置电视供村内老人休闲娱乐，并有毛主席像，而将牌位移至左侧，村民在节庆时仍会祭拜。

进入鼓楼右手处设有圆形火塘。鼓楼内亦张贴公榜，公布各户为公共事务捐款数额。鼓楼大梁上悬挂一皮鼓，近来极少使用，而以锣代替。侗家往往有"款鼓"之说，凡遇火灾等，寨中有人击鼓呼援，村民闻声而来，参与救援。马安鼓楼内的皮鼓最初很可能也有此用途，但被锣替代后已经从实际应用转变为象征意义。

鼓楼内部及四周均设置消防栓等消防设施，并于鼓楼内部挂有马安寨防火员轮流值班牌，值班工作多为各家自愿承担，主要任务是每天早中晚各一次于寨内鸣锣，提醒各家注意防火，若走遍全寨需要30分钟左右。此外，值班员还负责鼓楼内部的清洁工作。

鼓楼四周均有数块记载捐钱情况的功德碑倚墙放置，凡为鼓楼捐款20元以上者皆录入碑中，内部共34块且专门修筑水泥碑座，多余者则置于鼓楼外倚在鼓楼外墙上，共14块。各碑榜题各不相同，如"情系侗乡""功名千秋""四海一家"等等。榜题下方刻有捐款人姓名，来源地区，捐赠数目及立碑日期。

2. 风雨桥及其他桥梁

程阳桥位于马安寨西侧，为程阳八寨共有，但在地理位置上属于马安寨，以东西走向横跨于林溪河上，于1982年公布为全国重点文物保护单位。程阳桥正式名称为永济桥，根据永济桥序碑，取的是"永古便利行人济渡"的意思。该桥建成于1925年。1937年发洪水时西端半桥坍圮摧毁。程阳八寨父老又用了12年时间才把永济桥的旧貌修复。1983年，永济桥东岸两墩三亭又被洪水冲垮。1984年，国家文物局拨款大修，至1985年才恢复了永济桥的旧貌（图版十）。

永济桥长77.76米，桥道宽3.75米，由桥墩基础至桥面高11.52米，桥型为密布托架简支木桥，托架梁有2层，上层伸出4米，下层伸出2.5米，各以7根中径约为40公分的杉木排成，两层之间再以横木按一定距离隔开，重叠于桥墩之上。梁叠两层，间以横木和木墩，竖柱立梁，覆盖青瓦，成为宽4米的长廊走道桥面[1]。桥下3墩4孔，石墩外壳以青条石垒成，呈六角船形以降低河水冲击。墩台上建有5座塔阁式桥亭和19间桥廊，中央亭为六角攒尖挺颐式，以葫芦形收顶，顶距桥面高7.3米，东西亭为正方形攒尖式，高7米，东西两端亭为歇山式，高6.5米[2]。5座桥亭均为3重屋檐，檐角翘起，楼阁、廊檐上绘有侗族民间传统图案。

桥东西两侧均铺设水泥台阶，旁边设置木栏杆。桥头悬有郭沫若先生题写"程阳桥"匾额，桥西侧另有碑刻分别记载郭沫若先生题诗、1985年程阳永济桥修复工程人员名单、永济桥修复记以及民国十四年撰写的永济桥序。旁边另有三块碑置于墙角，分别为1985年撰写的程阳桥序、1973年三江县革命委员会撰写的程阳桥简介以及雕有"保护文物，小心火烛"字样的石碑，保存状况较差，被商家遮挡。桥东侧共19块功德碑嵌于水泥碑座中，记录游客和村民为修建程阳桥捐款情况，包括捐款人姓名及捐款数额。

程阳桥位于程阳八寨景区的门户，亦是这里的标志性建筑。该桥位置特殊、历史悠久，随着旅游的开发，成为游客流连观赏拍照的重要浏览场所。两侧座椅主要供商贩摆摊出售民族服饰，摊主大多来自马安寨。据陈基泰回忆，桥上原有五处神龛，其中三处祭祀土地公，一处祭祀关公，另一处塑像的形制寨内老人亦回忆不清，土地公塑像有一米多高。据村民陈志东所述，1982年程阳桥被公布为全国重点文物保护单位后，神像及祭祀用品都被移走以防止明火引发火灾。目前神龛均闲置，大多供商家在晚上放置杂物。尽管地理位置属于马安寨，但程阳桥的管理全部由旅游局负责，本寨村民无从参与。

马安寨南侧另有2座露天水泥桥横跨林溪河。西侧桥为2008年新农村建设期间修筑，宽约2米，结构为简易梁桥，最下层为水泥桥基，中间以6个桥墩支撑，桥上有低矮石栏。全部由水泥建成，桥面铺有青石板地面，与北侧旅游开发道路呼应。因为主要供游客通过，俗称旅游桥，村民较少通行（图版十一）。东侧桥建于1996年，为马安寨自行修建。由于与寨内主要道路相连，使用率最高。宽约1米，两侧锥形护坡向中间延伸，起到支撑作用，中间设有一处梯形桥墩，护坡和桥墩均由石块加水泥砌成，中间桥面全部由水泥铺就（图版十二）。

3. 戏楼（台）

马安寨戏台朝向西南，位于马安鼓楼东南侧，与之仅隔一栋建筑，亦位于鼓楼坪东侧，这一片区域属于整个寨子的中心地带。马安寨原有戏台，建于20世纪80年代，与现在的戏台位置相同。由于当时杉木奇缺，只得使用杂木作为柱子和大梁，之后不久梁柱就出现了弯曲腐烂现

---

[1] 三江侗族自治县志编纂委员会：《三江侗族自治县志》，第66页，中央民族学院出版社，1992年。
[2] 三江侗族自治县志编纂委员会：《三江侗族自治县志》，第66页，中央民族学院出版社，1992年。

图五—3　旧戏台

象。2003年乡人大通过扶贫项目拨款建设新戏台，将旧戏台拆迁到林溪河南侧重建，拆迁后的旧戏台为一层厅堂式纯木建筑，较为破败，目前闲置（图五—3）。

新戏台于2003年底建成，主体为木结构框架单层建筑，上半部分屋檐采用二次抬梁的方式形成两层，下层二重屋檐，上层一重屋檐，檐角翘起呈百鸟朝凤造型，屋顶为歇山式。下半部分以6根木柱支撑，形成长方形地面。戏台右侧地势较低，即依地势建两层吊脚式偏厦，屋顶呈悬山式（图版十三）。

戏台主体建筑框架距地面一米左右高处设一楼枋为台面，前台供演员表演，两侧承重柱上贴有红底黑字对联，上联"台上演戏震惊中外誉满天下"，下联"台下观众庆贺今朝名扬四海"，横批"梦想成真"，上悬红灯笼，并安置扩音器。大梁上悬挂两块红布，分别写有"上梁大吉""福星高照"，并按照上梁传统在大梁上书写吉祥语，用侗布包裹木筷、黄历等，悬挂吉祥花。后台隔有一个房间，为砖结构，演员在这里进行化妆、换衣等准备工作。前后台通过木板墙隔开，整面墙上包有写着"中国侗戏表演"的宣传画，木板左右两侧留门供演员出入。偏厦两层各有一个房间，主要作为仓库，放置各种表演用具。

目前，新戏台主要在过年和节日时表演使用，其他寨子也会有人前来唱侗戏和观看。平时上午常有男性在戏台上阴凉处打牌、聊天，也会有小孩玩耍。

4. 古井及井亭

马安寨内现有三口井，除程阳桥旁井已经干枯外，另两口井使用率很高，主要作为周围住户及过路者的饮用水源。

程阳桥旁井：位于程阳桥西端的桥柱东侧，靠近林溪河，坐西朝东。形制为传统的盖式水井，即以青石板为底，四周以石板为围栏，上方盖有拱弧形状岩块，以防止空中灰尘掉入井中污染井水，外部抹有水泥。由于水质不佳，不作为饮用水源，村民打水后主要用于洗衣服（图版十四）。

醉山路边井：位于马安寨南侧公路旁，建于1980年，坐北朝南，呈盖式，外层有水泥，井旁围栏上以碎石拼有"八〇年建成"字样，井旁立有木牌，写有"醉山路边井水"字样。井边放置塑料水瓢，井盖上放有竹筒供人舀水。井水夏天丰沛，冬天枯竭，水质很好，很多人将这口井作为家中的主要饮用水源（图版十五）。

桥旁井：位于林溪河东侧小桥的南侧，一年四季井水都非常丰沛，包括水井、附属井亭、饮水用具、休闲设施一应俱全，路人往往在此饮水解渴，水质与公路边井相比稍差，因此也有人打水回家仅用来洗衣服。水井呈盖式，但上盖没有完全遮盖水池。以水泥砌成，泉水从侧面的管道口涌出。井边放置塑料水瓢及漏斗，井后置有标牌，提醒人们注意保持井水干净卫生，否则予以罚款。该井大约在七十年前建成，2008年修建盖式结构。井上立有井亭，于2012年落成。井亭上层为三重檐歇山顶纯木建筑，铺有青瓦，翼角翘起，下层由四根水泥柱支撑，地面呈四方形，铺有青石板。井亭两侧设有坐凳供人休息，梁上记载择日人等信息，并挂有吉祥花（图版十六）。

5. 现代公共建筑

马安寨消防室位于鼓楼坪东侧居住区内，建于2010年，原为老人活动中心。主体建筑为二层悬山式，一层砖外包木，仅有一个房间，放置消防员制服和头盔。二层四面敞开，设有木质围栏。消防室正门上方悬挂匾额，写有"平岩村马鞍消防器材室"字样。正门左右两侧挂有木牌，写有程阳八寨自古以来的村规民约，左侧为防火安全部分，右侧为村寨环境部分。消防室后面设有消防水池。寨内每个季度都会利用消防水池内的水冲洗一次鼓楼坪以保持其清洁，亦确保消防用水通畅。自消防室建成之后，寨内虽未发生火灾，但起到相当高的防范作用（图五—4）。

图五—4　消防室

另外，在程阳桥西北侧沿公路从北到南依次分布有程阳八寨景区的游客中心、经营管理中心及验票处。原属于马安寨及岩寨管理，在旅游局征地后，现属于旅游局管理。

（六）公共广场——鼓楼坪

位于马安鼓楼前，与西北侧的鼓楼、东侧的戏台共同组成马安寨的中心地带。地面全部铺设长方形青石板，上有几何纹饰（图五—5）。由于东南侧地势较低，在此视野开阔，东南侧亦修建栏杆和石凳供游客远眺、休息。据村民陈能中所述，鼓楼坪原来面积较小，东南侧紧邻菜地，周围亦有住户。于20世纪70年代末将菜地改建并铺设水泥板地面，2008年建成现在形制。原来每天固定时间会在鼓楼坪上进行民俗歌舞表演，两侧商铺也多因此建成，2013年5月起表演移至平寨。目前，村内举行百家宴、月也、晒谷子、吹芦笙等集体活动时仍会在鼓楼坪进行，平时也会有老人在这里兜售自己制作的饰品。

图五—5　鼓楼坪地面纹饰

（七）村落发展轨迹

马安寨的最初住户为陈姓家族，之后吴姓家族，另一支陈姓家族、杨氏家族先后迁入。至20世纪50年代形成包括三十多户人家的聚居区，主要组团分布在现马安鼓楼西侧，东南侧亦有小型居住区，以陈姓人家为主。吴姓人主要居住在北部，两族陈姓人家分别居于东西两侧，杨姓人家居于南侧。梁姓人家迁入马安寨时间最晚，并未像其他三族一样建造本族的土地庙。开始时各姓户数很少，之后通过兄弟分家等形式逐渐增加，使得村落面积围绕原来的两个鼓楼逐渐增加。自从东南侧鼓楼拆除后，马安鼓楼成为整个寨子的中心，村落围绕鼓楼向四周扩散（参见平岩村平寨图版一、十一）。

鼓楼坪南侧原有大量房屋，由于过于拥挤不利于防火，在20世纪七八十年代逐渐迁到村外围以及林溪河南侧，使得整个村落面积进一步增大。林溪河南侧住宅沿公路两侧建设，逐渐向东西两侧延伸，在山上只有零散分布。自程阳桥被公布为全国重点文物保护单位后，马安寨逐渐开发旅游，使得程阳桥东侧的房屋在20世纪八九十年代逐渐增加，形成旅游景区。目前，政府已经对程阳桥景区制定出保护规划，禁止村民在程阳桥附近新建房屋。

由于地势所限，整个村落难以继续向外扩张，各家只能在村内空地处搭建房屋，或者将旧房拆除后重建。

总体而言，马安寨以鼓楼为中心，向四周扩散。但其最初仅处于林溪河环绕的北部高地上，随着增加的人口向林溪河南岸扩张，受南部山脉所限，林溪河南岸民居沿山麓呈线型展开。

六、村落的基本单元

（一）建筑布局特征

马安寨内的传统建筑大多为三层（参见平岩村平寨图版十二），面阔三间，但很多建筑的进深和面阔因地制宜，有所调整。一般一层用于存放杂物并圈养牲畜，并设置厕所。二层为主要起居空间，设有客厅、厨房、少量卧室及仓库。三层大多为卧室。部分房屋内居住有存在亲戚关系（多为兄弟关系）的两户人家，一般两户人家完全分开，较少存在共用房间的现象。

1. 构成要素

根据用途和重要性，可以将室内空间划分为四类：礼仪空间，包括火塘和堂屋；生活空间，包括廊道空间、卧室和起居室；辅助空间，包括畜棚、储藏室和卫生间；交通空间，以楼梯为主[①]。这四类空间构成了住宅的平面功能要素，以下分别分析。

火塘（间）和堂屋：在传统的侗族聚居区内，火塘不仅集炊事、取暖、照明功能为一体，还是最基本的社会单位——家庭的象征。堂屋中往往设置祖先牌位，与火塘间共同构成了侗族人家的祭祀、聚会场所。马安村民居的堂屋和火塘间已经被现代客厅所取代，一般设在2层。客厅内摆放电视、沙发等供人们休息娱乐。厨房大多不另设房间，灶台就建在客厅一侧，以水泥、瓷砖建造，也有些人家将客厅一侧增建水泥构造的房间，灶台即设于此。很多人家在一层加设有大的炉灶，可作为宴请宾客时的大灶使用。火塘大多设于客厅中心地面，嵌于地面青石板内，冬天作为取暖使用，其他时间闲置不用，上面堆放杂物。有些建筑内虽两户居住，但只有一户设置火塘。各家的祖先牌位在"文革"期间悉数毁坏，一些人家将毛主席像张贴在原来祖先牌位的位置。

廊道：大多数人家的廊道并不封闭，即使封闭也会设置面积很大的窗框方便与室外沟通。廊道作为室内外空间的中介，一般临户外一侧设有板凳，另一侧直通客厅和其他房间。各家廊道一般进深一间，比较宽敞，家中宴席都会摆在廊道进行。另外少数人家直接将廊道一侧作为

---

① 蔡凌：《侗族聚居区的传统村落与建筑》，第129页，中国建筑工业出版社，2007年。

客厅，不另设房间。

卧室：一般位于三层，分成若干小间，也有卧室设于二层，通过客厅可以进入。大多数人家的卧室数量超过家庭总人数，一些卧室闲置作为客房或仓库。卧室内陈设简单，有些仅有床铺。一个家庭内卧室的分配并无严格长幼关系，有些老人会住在二层方便起居。

辅助空间：包括厕所、牲畜棚、杂物间等，一般设于一层架空部分。猪圈往往在一层用砖砌而成，也有人家在屋外搭建偏厦，鸡、鸭、鹅则主要是放养。木材、柴火一类的杂物一般放在一层，桌椅、衣物等杂物则堆放在二层廊道以及三层天花板与屋顶形成的半楼高储存空间内。很多人家的厕所与淋浴间分开，厕所用砖建成，设于一层猪圈旁边，淋浴间则在一层或二层屋外另外搭建一间砖混水泥结构、贴有瓷砖的小屋，与室内相比供水更为方便。

楼梯：马安寨内住宅的楼梯大多数为踩板式，极少数新建房在两层踩板之间增加竖直薄板，即踩踢板式。连接一层和二层廊道的楼梯大多设于山墙面，也有设在正面，宽度约0.5米，坡度接近45度，在一层仓库内部往往也有楼梯连接一二层。很多人家在楼梯间上方加盖披檐以遮蔽入口。也有些人家将三层的一部分建在楼梯间正上方，形成吊脚楼形制。连接二三层的楼梯一般与一二层楼梯相对，设在住宅另一侧山墙处，以保护隐私，客人一般只上到二层。

2. 布局类型

前廊—堂屋型布局在马安寨内最为常见，尤其是上世纪八十年代以后建造的房屋大多采用这类布局规则。通过一层台阶进入二层即为廊道，有些建筑由于地势所限直接将大门开在二楼，或在一二层均设大门，则进入二层大门即为廊道。空间序列从前廊到堂屋，通过堂屋可进入周围各个房间，但这些房间也会向廊道开窗。堂屋实际上是通过在进深方向扩大前廊所形成的，周围房间一般用作卧室和仓库。

也有一些人家属于前廊直入型，空间序列由前廊分散到后部及上层空间，廊道有开口进入一侧各个封闭房间单位，这类布局中的客厅往往位于山墙一侧，无法将二层房间全部组织起来。若住户不断增多，则最终形成"长屋"。

以上两种布局一般都将一层作为仓储兼养牲畜，二层为主要活动空间，三层及以上为卧室和仓库。极少部分人家一层非常低矮，二层距地面很近，未设廊道而仅有封闭过道，则仍将客厅设于过道尽头，通过客厅进入周围房间。

（二）建筑材料与工艺

马安寨的传统建筑为纯木结构，不用铁钉，完全靠榫卯连接。以杉木作为建造房屋的主要材料。杉木生长快，材质好，而且抗虫耐腐，易于加工。屋顶用杉树皮铺盖，但由于风吹日晒，几年就需更换。

在20世纪90年代开始逐渐采用砖、水泥等现代建筑材料。发生变化的原因据村民陈志东所述主要有三点：一是本家自留地内的林木已经伐完，如果所有木头都从其他家买来的话，建筑造价与砖房相当；二是建砖房更利于防火；三是建木房技术要求更高，一般村民难以掌握，而木匠师傅紧缺，不容易请到。由于村内瓦匠增多，并采用机器制瓦价格下降，屋顶也改为铺瓦，易于补换修正。只有个别人家不会制瓦而且买不起瓦，则继续使用杉树皮。目前，马安寨内的砖房大多做了外包木板的处理。据村民所述，为了更好地吸引外地游客、进行旅游开发，上级领导要求寨中民居一律为木构建筑，当地人不得已采用了砖外包木这种"偷梁换柱"的方法。曾经发生过政府拨款，大规模地把寨中所有的砖瓦房外包木头的事情。目前，马安寨内纯木结构建筑仅有16栋，其他建筑大多一层砌有砖墙，外面包裹木板，或以木结构支撑，在两根承重柱中间砌成有砖墙。二层以上则以穿斗式木结构为主（参见平岩村平寨图版十五）。

村内建房如果资金充裕，最快2个月即可完成。一块瓦价格3角五分，一块空心砖7角钱，关键立柱一根三四百，买木头共需要2万，木匠每人每天的工资为120元，建两层房屋包括买木头、砖瓦以及木匠、泥瓦匠师傅的工钱，需要三万多元。

部分村民认为木房优于砖房，原因在于木房能够防潮，减少噪音而且抗震。也有人认为木房虽然比砖房舒适，隔热，凉爽，但最致命的缺点就是易燃，一旦失火几乎倾家荡产，而靠近地面的一层、二层砌砖则利于防火而且更稳固。有了砖，可以在室内建厕所。如果是纯木制结构，厕所一般建在接地底层，不能建在室内，原因是厕所内水多容易腐蚀木头，同时处于室内太阳照射不到，木头很容易腐烂。

在建造新房时，首先将屋内落地柱全部竖起，之后开始排扇，将各个构件摆放在相关位置，形成一榀屋架。立架时一边人推，另一边人拉，将一榀榀屋架逐个立起并固定位置。然后开始由下层向上铺地板，地板并不固定，仅靠每层的承重墙压住。

马安寨内共有建筑111栋，主要是吊脚楼。3层建筑数量最多，占73%，4层建筑占19%，2层建筑7%，其他层数1%。近年来为旅游开发新建的水泥建筑层数有所增加，最高达到6层。另外，传统建筑的屋脊线一般要求与河流走向相同，但很多建筑由于条件所限，往往灵活调整房屋朝向。

（三）特色装饰装修做法

马安村民居的装饰装修风格以简约、洗练为主，大多并未进一步装饰原有的木构地面、墙体和天花板，只有极少数人家地面铺设瓷砖。客厅和廊道墙壁上常粘贴家人照片、奖状，悬挂年历。过年时会在各处门上方贴三张红纸条作为平安符，并贴有对联和年画，端午节时亦在门上悬挂菖蒲和粽叶。有些人家在门上和窗户上挂有"泰山石敢当"的木牌。很多人家原有祖先牌位，在"破四旧"运动中撤下，改为张贴毛主席像，纸张破败后在20世纪八九十年代开始不再悬挂。

二层的悬挑垂花柱雕饰是侗族建筑的装饰重点，但马安寨内的雕饰样式较为简单重复，仅在垂花柱下端20～30厘米处雕刻椭圆形柱头，柱头上部四周雕刻V型切口，中部呈扁圆球状，有细密长条状凹槽刻痕，下方于柱头中间生出圆柱形垂柱，整体酷似灯笼（图六—1）。

六角形乾坤样式门簪极为常见，左右两门簪均在最外圈雕刻莲花纹饰，中层雕刻莲蓬，最里层分别雕刻左乾卦右坤卦（图六—2）。也有菱形和圆形门簪，表面不进行装饰。

图六—1　垂花柱雕饰　　　　　　　　　　　　图六—2　乾坤门簪

马安寨内传统建筑的窗户为纯木结构，最简单者即在窗框上加装横竖木条而不封闭，只起到通风透光作用，稍复杂的为菱形或长方形格子窗。目前，寨内的窗户大多是买回的玻璃窗，形制统一。

寨内重檐的做法非常普遍。一种做法是利用二楼的"穿"出挑支撑瓜柱，瓜柱上再设挑檐枋支撑挑檐檩并和檐柱拉结，另一种做法将悬挑的"前廊"柱与支承重檐的瓜柱合二为一，设挑檐枋出檐[1]。檐上大部分铺有青瓦，杉树皮屋顶很少见。

（四）典型人家

1. 陈基泰宅

位于马安寨中心部分，在鼓楼东南侧。房屋为纯木结构，建于三百多年前，没有经过大修，仅在25年前将房屋南侧猪圈改建为砖木结构。户主陈基泰现年84岁，家中共9口人，但目前只有陈基泰夫妇常住于此。陈基泰家养有一头猪和十几只鸡，还种植水稻。

---

① 蔡凌：《侗族聚居区的传统村落与建筑》，第161页，中国建筑工业出版社，2007年

房屋坐东北朝西南，为2层穿斗式平地吊脚楼，屋顶铺有青瓦。整栋房屋面阔3间，进深4间。但面阔仅有1间属于陈基泰家，旁边另有1户与之共处1栋房屋，另一户人家面阔2间，进深1间。陈基泰宅一层为主要起居空间，门房以及相连的过道主要堆放杂物，过道一侧为陈基泰夫妇卧室。客厅位于过道一端，其中设有石板铺设的火塘用于取暖。整个一层的布局即以卧室为中心，门房、过道、客厅环绕四周。2层主要堆放杂物以及垃圾，2间卧室均闲置，用于堆放衣物，目前主人已经很少上到2楼。

房屋正门上方装饰有"三""王"字样的门簪，在正门一侧立柱和二层卧室窗外均挂着写有"泰山石敢当"的木牌。另据陈志东所述，该房屋的房梁走向与河流垂直，非常少见，似与当时要求房梁与河流平行的风水理论相违背。但是，这种违背并未给家中带来不利，相反，"家中诸事都很顺利"（陈志东语）（图六—3、4、5）。

图六—3　陈基泰宅

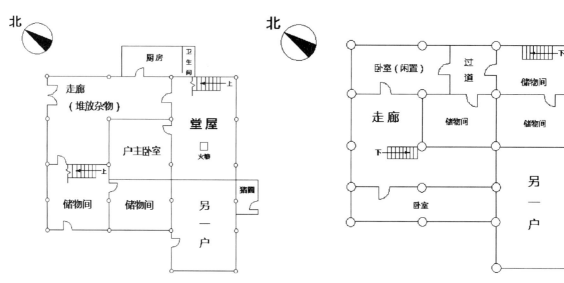

图六—4　陈基泰宅一层平面示意图　　　　图六—5　陈基泰宅二层平面示意图

2. 陈能先宅

位于马安寨鼓楼东侧集中居住区内，建于1848年，约在20世纪90年代初加盖砖头进行维护。户主陈能先现年71岁，家中共8口人，但目前只有户主夫妇二人和一个儿子常住在此，他们的其他两个儿子及其家属则另有住处。陈能先家养有一头猪，并在山上鱼塘内养有十五条鱼。

房屋坐北朝南，为4层穿斗式平地吊脚楼，屋顶铺有青瓦。面阔3间，进深4间，但面阔仅有2间为陈能先家，旁边另有1户。屋外走廊与邻居相连，两户户主为兄弟关系。二、三层为纯木结构，一层内部用砖砌成猪圈并存放猪粪。除猪圈外，一层主要存放木材、粮食等各式杂物。二层仅有两个房间属于陈能先家所有，分别为陈能先夫妇二人的卧室，可通过三层地面拉门进入，房间较低矮昏暗。三层为主要起居空间，设有走廊、客厅、厨房，两间仓库用于存放粮食、桌椅、日用品。客厅内设有火塘，供冬天取暖使用，通过客厅可以进入周围各个房间，并通过楼梯与四层连接。厨房与客厅并未隔开，灶台采用水泥建造。四层阁楼位于客厅上方，有两间卧室（其中一间闲置）和仓库。

房屋大门上方装饰有乾坤式样门簪，屋内楼梯均为踩板梯。屋内原有牌位，2013年搬走。屋内窗户部分没有任何遮挡，极少数装有蓝色玻璃（图六—6、7、8、9、10）。

图六—6　陈能先宅

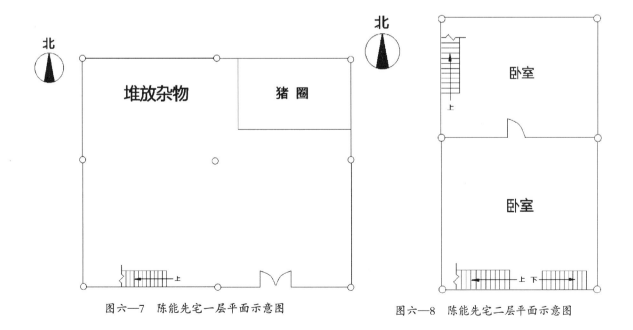

图六—7　陈能先宅一层平面示意图　　　　图六—8　陈能先宅二层平面示意图

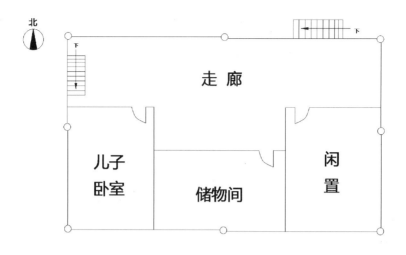

图六—9　陈能先宅三层平面示意图

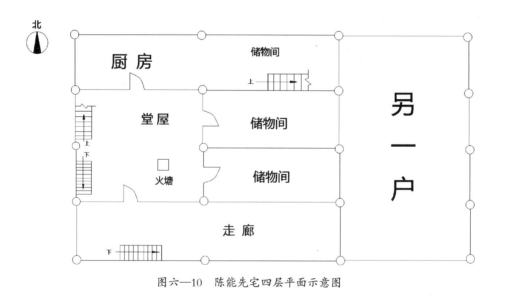

图六—10　陈能先宅四层平面示意图

3. 陈永清宅

位于马安寨东南部，建于1953年，并于1984年扩建。户主陈永清，2013年90岁。该宅主体建筑部分未曾经过大修，为纯木结构，1984年扩建部分则为砖外包木的形式，陈永清一户总人口23人，常住14人。建筑主体部分与扩建部分相互连接，内部可互相通行。陈永清家养有一头猪与七只鸡，水田内种植水稻，并在山上种有茶油树、杉树等。

房屋坐北朝南，为3层穿斗式平地吊脚楼，屋顶铺有青瓦。面阔4间，进深3间。一层主要存放粮食、木材、自行车等杂物，设有两处厕所。东侧厕所旁设有猪圈，内部用砖砌成并存放猪粪。猪圈原为木结构，约30年前改建为砖结构。二层为主要起居空间，设有卧室、走廊、客厅、厨房以及存放日用品的仓库。没有设置开放式廊道，将二层的开阔空间直接作为客厅，客厅分为两处，一处位于主体部分，另一处则位于扩建部分。主体部分的客厅内设有火塘，供冬天取暖使用；扩建部分的客厅墙上挂有一面大镜子，一旁挂有钟表，两物件为陈永清之孙结婚时，其舅爷所赠。厨房与客厅并未隔开，灶台采用水泥建造。三层主要设有卧室与仓库，有开放式阳台。陈永清夫妇的房间位于建筑主体部分二层的客厅旁，其子女与孙辈主要住在扩建部分二层的卧室以及整栋房屋三层的诸卧室中。

屋内原有祖先牌位，在"破四旧"运动中撤下，伟人画像在5年前因破旧而撤下。屋内楼梯均为踩板梯，窗户部分没有任何遮挡。房屋外立柱上挂有一块"泰山石敢当邪路"字样的木牌（图六—11、12、13、14）。

图六—11 陈永清宅

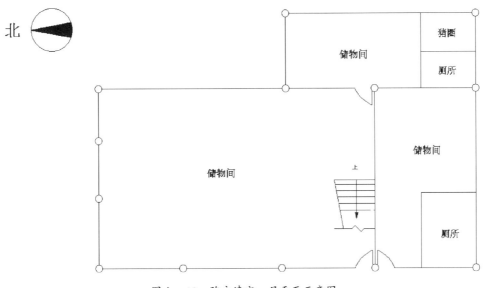

图六—12 陈永清宅一层平面示意图

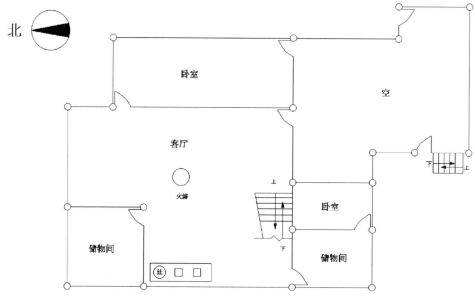

图六—13　陈永清宅二层平面示意图

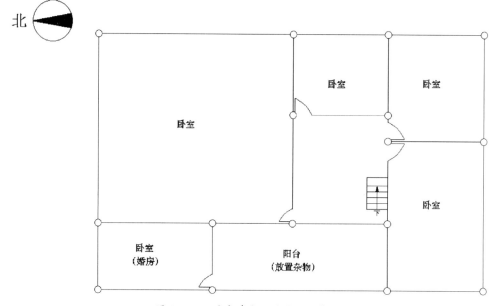

图六—14　陈永清宅三层平面示意图

4. 杨珍思宅

位于马安寨鼓楼东部集中住宅区内，原来是有三百多年历史的老房子，20世纪六七十年代于原址彻底重建，1980年扩建，2006年改建。户主杨珍思，现年52岁，家中有5口人常住于此。家中养有一头猪和十四只鸡，亦种植水稻、茶叶、茶油和蔬菜。房屋与旁边的4层水泥砖房内部连通，两户户主为兄弟关系。

房屋坐西北朝东南，为垫底式吊脚楼，底部垫有碎石。一层砖外包木，二、三层为纯木结构，面阔4间，进深5间，东侧盖有二层偏厦，面阔1间，进深1间。

一层堆放木材、柴火等杂物，并盖有砖混水泥猪圈，为2006年改建。一、二层楼梯位于房屋正面且嵌入房屋内部，使得二层廊道呈"凹"字形。二层设有客厅以及储存桌椅、谷子、日用品的仓库，通过廊道均可进入。客厅位于山墙一面，由此可上到三层。客厅一侧为厨房，没有用墙隔开。三层2间卧室供5口人居住，另有阳台供晾晒衣服。

火塘原来位于客厅内，在改建后没有移动，现在位于客厅旁厨房一侧。家中原有祖先牌位，在20世纪60年代"破四旧"运动中撤下，改为张贴毛主席像，纸张破旧后在80年代撤掉（图六—15、16、17、18）。

图六—15　杨珍思宅

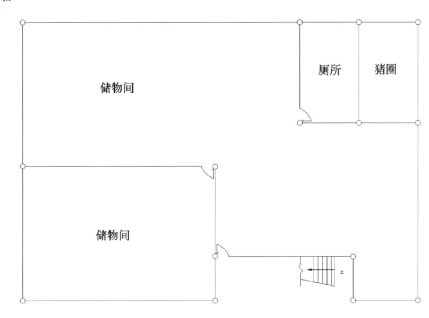

图六—16　杨珍思宅
一层平面示意图

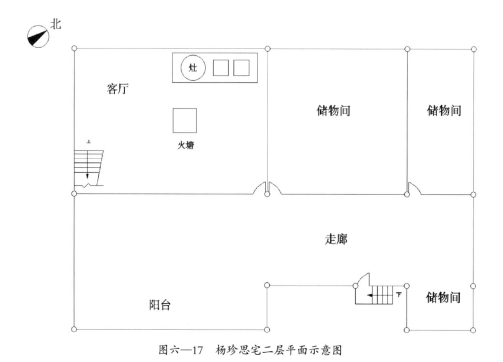

图六—17　杨珍思宅二层平面示意图

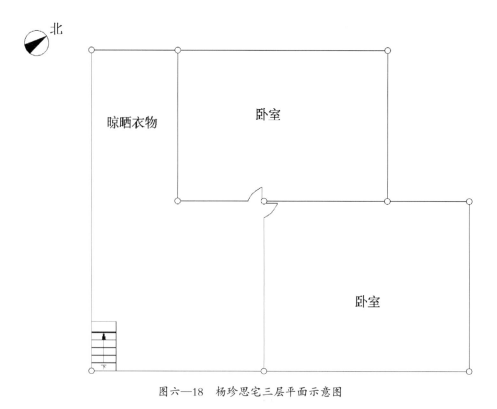

图六—18　杨珍思宅三层平面示意图

5. 陈志胜、陈生如宅

位于马安寨西南侧，建于1982年，2004年进行翻修，在一层及二层添加砖混水泥构造。陈生如现年50岁，家中6口人常住，养有七只鸡和一只猪；陈志胜现年45岁，家中4口人，仅养五只鸡。两人为兄弟关系，目前两户人家居住在一栋房屋中。

房屋坐东北朝西南，一层砖外包木，二、三层为纯木结构，为垫底式吊脚楼，底层垫有碎石，面阔4间，进深4间。一层为两户共用，全部堆放杂物，东南角设有厕所，旁边为猪圈。二层廊道及廊道尽头储存桌椅的仓库两家共用，客厅等其他房间则完全分开。两户人家布局完全对称，均为前廊直入型，由廊道进入客厅，之后可进入各家二层的仓库、卧室以及顶层。实际上，两家将二层原来的仓库和卧室均用墙隔开，一分为二，分属两户。分隔开的仓库分别储存两家的日用品，卧室则作为客房使用。二层外部依地势建有砖砌贴瓷砖的淋浴间，两家分开。陈志胜家三层隔有三间卧室，分别供陈志胜夫妇，他们的女儿和儿子居住。

两户人家客厅中均有火塘，供冬天取暖，厨房即设在客厅一侧，为砖混水泥建造。一层楼外有大灶，供宴请时使用。陈志胜家客厅中仍挂有毛主席像。门上有菱形门簪，悬挂菖蒲、灯笼，张贴对联，还钉有三江侗族自治县人民政府颁发的"爱国守法光荣户"标牌（图六—19、20、21、22）。

图六—19　陈志胜、陈生如宅

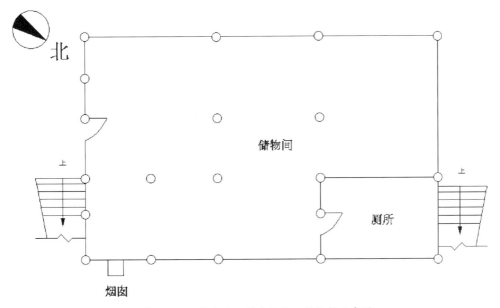

图六—20　陈志胜、陈生如宅一层平面示意图

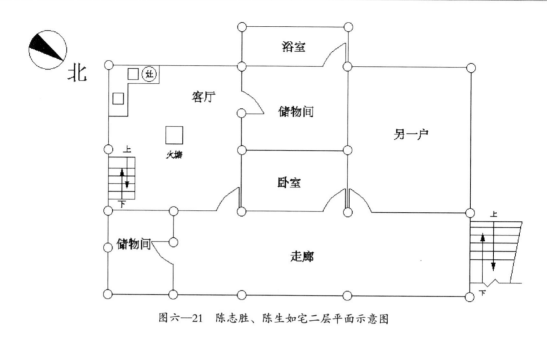

图六—21　陈志胜、陈生如宅二层平面示意图

图六—22　陈志胜、陈生如宅三层平面示意图

6. 杨玉全宅

位于马安寨东南部水塘西侧，建于2000年，并于2005年扩建。户主为杨玉全，39岁，宅内住有6人。杨玉全家养有一只鸡，水田内种植水稻。

房屋坐北朝南，为平地吊脚楼。2000年建造的主体部分一层为"砖外包木"形式，二、三层为木结构，屋顶铺有青瓦。2005年建造的扩建部分为3层砖结构建筑。主体部分面阔2间，进深4间，一层为"侗族文化展示厅"，游客需付费进入参观，内设织布机、火塘、打糍粑处、舂米处等，意在展示侗家生活场景（图六—23）。二层设有走廊、客厅、厨房、厕所、仓库以及1间卧室，为主要起居空间，属于前廊—堂屋的典型布局，一二层楼梯设于房屋正面，用砖砌成。走廊上放置杂物，设有一张吊床，墙上挂有一面大镜子，正对卧室房门。二层一间卧室，住有杨玉全母亲。三层有三间卧室，一间住有杨玉全夫妇及其幼女，一间住有杨玉全的两个女儿，另一间闲置为客房。

屋内未曾设祖先牌位，亦无伟人画像。屋内与屋外楼梯均为踩板梯，廊道处窗户装有蓝色玻璃（图六—24、25、26、27）

图六—23 杨玉全宅民俗展示

图六—24 杨玉全宅

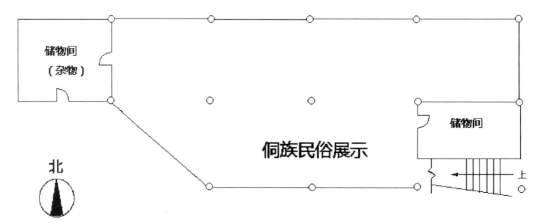

图六—25 杨玉全宅一层平面示意图

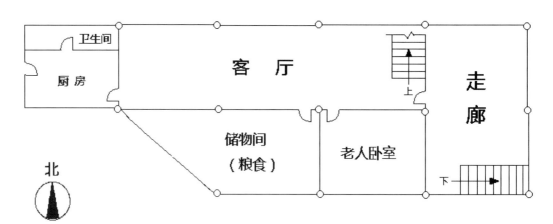

图六—26 杨玉全宅二层平面示意图

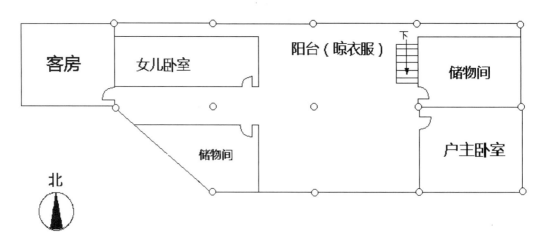

图六—27 杨玉全宅三层平面示意图

七、人群与社会组织

（一）个体与家庭

家庭是社会组织结构中最小的单位；个体是群体组成的基本单体。马安寨现有767人，由176户不同数量与结构稍异的家庭所组成[①]。家庭结构方面，组成人数一般为3～6人。代际层次为两代或三代，即由夫妻加上其未成家的子女所组成之"核心家庭"，以及上述情形再加上其父母或直系长辈所构成之"主干家庭"两者所组成。马安寨的夫妻在结婚后多半有自组家庭的意愿，妻随夫住，夫家的直系长辈以轮流的方式，流动居住于各个已婚儿子的家庭里，时间频率与间隔由长辈定。故而马安寨的家庭形式，实际上是一种介于"核心家庭"与"主干家庭"之间的模式。"扩大家庭"的情况亦有，部分落户于鼓楼周围的早期家户，在经过数代的人口扩增后，居住面积早已不符当前人口，加以景区农田限建之故，寨中确有已婚兄弟三代同住一栋吊脚楼之情形[②]。

马安寨婚姻关系现为一夫一妻制，族谱曾见的纳妾情形，如今已不复见。男性入婚女方家庭之情况亦有，惟入门女婿不须改姓，但多少会受本地人轻视[③]。受访者陈六瑞表示，膝下无子者在村寨中说话是不具分量的，招赘女婿入门形同无子者重新获得传承人，可以提高仅生女儿者的社会地位[④]。

上述情形与后续案例又可间接解释平岩村侗族社会中所存在的轻微重男轻女的现象。杨云路，40多岁；陈群利，36岁，两人皆为生育男孩而超生一人。杨云路表示，没有男孩没有办法传续香火；陈群利表示，幼子是在长辈的压力下冒险罚款超生。在老年人心目中，传统建房、下田劳动仍须男性得以胜任，故而即使侗族社会男女分工等各方面皆甚平等，但寨中重男轻女的现象仍有不同程度的存在[⑤]。

男女分工方面，田间劳动男女皆做，男性一般从事耕地等体力负荷较重的工作，女性则负责插秧；若同时有稻种与植树，男子可能负责水稻的种植，女子则上山管理茶树与茶油树；若

[①]　资料来源为平岩村村委会，为2011年统计数据。
[②]　受访者杨珍思表示其尚在等待建房。期待分家盖新房是基于一种对生活空间的需求，但这样的改变也有不便之处，若男性外出打工，留下之妇女将失去相互就近照顾之便。
[③]　资料来源为访谈，受访人杨军伦、陈六瑞。受访者所称之入门现象的存在可能是指其听过或以前发生过的事情，但具体为何人，受访者并未指出，本次调查亦未实际访谈过具有此类身份情形者。
[④]　资料来源为访谈，受访人为陈六瑞。
[⑤]　资料来源为访谈，受访人为陈群利。

男子有事，女子也可负责照料水稻田的种植，而男子也可以护理茶树、茶油树。总之，除了纺染、织绣之类工作必定为女子执行之外，其余分工并没有一定的规范。家务劳动方面，"谁手边有空谁就去做"①，男女分工亦同样模糊，烧饭、洗衣、照顾幼儿的工作原则上以女性为主，但寨中随处可见男性的协助②。

总体而言，侗族个体与社会之间关系和谐、长幼有序，稍有男尊女卑与重男轻女之观念，但不明显，亦不体现于日常相处与分工上。侗族家庭文化中，对于老人颇为尊敬，老人一般不负责生产工作，年轻一辈亦不会对其颐指气使，遇有家中或宗族大事，长辈和寨老意见是相对被敬重与采纳者，即使寨老制度今已式微，过渡为仅提供咨询与协助性质的老人协会，这样的传统仍然是造就今日侗寨社会和谐的重要原因之一。

（二）家族与姓氏

家族又称宗族，是以血缘关系为纽带所繁衍、组成的一种社会组织。房族是近支宗亲，是指5代以内有血缘关系的族人，少则十几户，多则二三十户，通常有公共墓地、公共田产，房族内因血缘过近而禁止通婚。这种宗族组织除由血缘纽带自然构成外，也可以通过改姓等方式，吸收非血缘关系的成员加入。

马安寨现有四姓，以人数多寡排列，分别为陈、杨、吴、梁③。传说马安寨侗民皆由江西迁来，一说是赶走苗民、一说为赶走苗化的侗族原住民而定居于此④。但对于迁徙时间、迁徙原因与姓氏源头皆已无法追问，村民今已不存完整之传说，仅知改革开放前，全寨仅有35户，围绕鼓楼而居⑤。尹始，杨、吴、梁三姓皆未迁来，只有陈姓定居于此，繁衍数十年后，由于人数已达一定规模，加以家族成员认为族群结构过于单调，过节时没有彼群可以互相走动与祝福，随之决定分家，即成今日寨中两群陈姓分过不同传统节日之习惯，其中一族过二月初二；另一族则过二月中旬的春社⑥。在其他姓氏的传统中，若同姓中有两群分过不同传统节日，则该两群体通常可被分归、指称为两个不同的宗族，彼此之间没有通婚的禁忌。然而马安寨中陈姓情况却

---

① 资料来源为访谈，受访人为杨军伦。
② 资料来源为访谈，受访人为陈能忠、陈六瑞。
③ 本次调查曾对寨中每户建筑进行入户调查，统计结果陈姓有67户、杨姓29户、吴姓9户、梁姓5户，共访得110户，与村委会数据176户相差66户，可能原因为同一栋建筑中居住了数户同姓兄弟，而调查者无法分辨，故合之为一户计，也有建筑物中无人居住，无法统计者。此项姓氏家户的统计与稍后文中由访谈得知的姓氏户数亦有些微出入，但入户调查数据皆比访谈对村中情况熟知之受访人——陈志东的数据要少，在逻辑上两项数据不相违背，应无可信度之疑虑。
④ 资料来源为访谈，受访人为杨珍思。
⑤ 资料来源为访谈，受访人为陈永清。
⑥ 资料来源为访谈，受访人为陈志东。

非如此，若受访者所叙述的传说为实，则马安寨中过着不同传统节日的两群陈姓，应是源于同一祖先、同属一个家族的两个不同房族，这样的事实在其严守无论传统节日是否相同，陈姓之间皆不通婚的内规，以及陈姓家族于1993年参与靖州陈氏合修族谱一事，马安寨两支陈氏房族视为一体之例可以为之说明。

杨姓是马安寨的第二大姓，目前有两个宗族，一是稍晚于陈姓迁进马安寨定居者，传统节日为十一月初七，目前有24户；另一为解放后才自平寨迁来，传统节日过十一月初一，目前仅有7户，两组间可以通婚。比较有趣的是，本次调查访得一位杨姓受访人，其祖先原本姓"洋"，因迁来马安寨时间甚晚，且人丁单薄，故于爷爷辈时即隐姓归于前组杨姓家族中，迄今仅繁衍至第三代，家分四户，其中一户入门妻家。今身份证上登记为杨姓，扣除已过世的爷爷，人数仅有十数人。此例或与侗族传统社会之"组织归属"[①]习惯有关，然该洋姓家族的传统节日并不与杨姓共度，而是独自于十月二十六日举行。

吴姓、梁姓在马安寨中则各有9户，吴姓未进行访谈，故资讯不明；梁姓为大寨迁来，目前仅有3代。马安寨中自始迄今都以陈、杨两姓数量最大，在马安寨为何有两座古楼的说法中，便有一种两姓势力代表说[②]反映了上述姓氏分布的情形。

家族活动方面，如同汉人和其他民族一般，在侗族人的红、白喜事中，庞大的经济与人力花费必须透过一定的社会互助机制才得以完成。在此机制里，房族亲戚是财力与人力资源上的主力，故而婚丧喜庆是家族动员最活跃的时刻，也是家族情感交流的最佳时机。除此之外，陈姓家族往年都会组织寨中族人赴广西龙胜、平等追根、扫墓，此项工作也是事先透过家族动员与组织而达成。至于普通的祭祖活动，各家各户会自行办理；抢花炮、月也等文娱活动则已式微，家族动员组织活动已不复从前活跃。

改革开放后，马安寨的人数与户数逐渐增加，居住区随之扩大，加以火改对原居住区域的调整，马安寨的居住区今已扩展至林溪河对岸山坡上，从前姓氏间依自然规律聚集而居的情形逐渐改变（参见平岩村平寨图版十一）；亲族之间因血缘、居住地缘而建构的紧密关系也在不断变化中。

（三）人群与社会

马安寨与同村其他三寨或程阳八寨的关系皆甚融洽，基本未有矛盾产生。首先，婚姻关系是马安寨人群与外部社会交往最常见的机会。马安寨的婚姻联系至今仍大致保持在程阳八寨

---

① 吴浩主编：《中国侗族村寨文化》，民族出版社，第455页，2004年。
② 两座鼓楼各为陈姓与杨姓所建。资料来源为访谈，受访人陈基光。

内，通过行歌坐夜的恋爱方式，年轻人自由恋爱，嫁娶外寨、外族、地域等皆无限制[1]。目前因外出就学或务工而与外地汉族通婚的情况仍少，女性较男性多，但随着年轻人外出就学的比例增加，以及青年返乡意愿的改变，可以预期未来透过婚姻关系所联系起的范围将更广泛。

除了婚姻关系外，从前各寨间的月也交往与侗戏、芦笙、抢花炮等文娱活动也是村寨间交流、增进友谊的方式。在侗戏刚引入马安寨之初，寨中有20人自贵州自费请来师傅教授侗戏，当时周边村寨尚无此种新潮活动，故在农闲时期，周边各寨竞相邀请马安戏班前往演出，陈基泰回忆，当时一个寨子唱两三天，随即就换至下一个寨子演出，就像今天的巡回表演一样，程阳八寨都曾去过，八江也是经常演出的范围[2]。马安鼓楼檐上凤鸟朝向的说法中便有一项曰：因为以前常至八江唱戏，与八江关系特别友好，故而建鼓楼时将凤鸟朝向八江，以示怀念之意的说法[3]。无论此说法是否可信，都侧面反映了马安寨人与周边社会的关系。

今日马安寨人与社会的交往和过去显然大有不同，寨与寨之间的月也、抢花炮等文娱活动式微，电视机取代了村民观赏侗戏、学习芦笙的热情；外出务工打散了马安社会的人群，传统工艺、音乐与戏剧很难找得到寨中的年轻人传承，活动氛围也已失去；人们学习芦笙、侗歌更大的目的在为旅游表演，成为副业以赚取收益。马安社会从过往以团体与社会交往的形式转趋个人化，以个人与社会交往、以自家贫富取代家族声誉的荣耀而为新的价值观。马安社会正在转变中，或许正如国家抵挡不了全球化一般，村寨社会同样抵挡不了主流社会价值观对其传统的穿透。

（四）语言与文字

1. 语言

语言是人们交际的工具；是文化传承与传播的重要载体。一般将侗语划分为南北两个方言区，称为"南侗"和"北侗"，北侗受汉族文化影响较深，相比之下，南侗保存较多古语的特征。三江侗寨属于南部侗语方言区，居民与广西侗民在语言交流上较贵州一带的北侗方言区容易，文化认同上亦然。马安寨居民无论男女老少，日常交流90%皆使用侗语，村寨中的侗语学习环境甚佳，连数年前来此地进行调研的日本人类学家都能学会。现阶段而言，居民对于母语的传承完全无须刻意作为，也没有担心母语丧失的忧虑。

2. 文字

侗族原无文字，今日的侗文是1956年国家为了提高侗族人民的科学文化水平而创立的，其以

---

[1] 资料来源为访谈，受访人为陈六瑞、陈基光。
[2] 资料来源为访谈，受访人为陈基泰。
[3] 资料来源为访谈，受访人为陈志东。

南部方言为基础、贵州榕江县章鲁话为标准语音，以拉丁字母为符号的一种拼音书写方式。严格而言，侗文不是一种文字，而是一种拼音书写的方法，但因"侗文"一词已成习惯用法，故而本文以下仍以"侗文"指称此种侗语的拼写方法，读者在阅读时应自行分辨其中差异。

本次受访的两位平岩小学教师于十年前皆曾学习过侗文，其中陈志杰更于2004年的《侗文专辑》刊载过3首侗族歌谣，但当向受访者询问侗文书写规则时，两位受访者皆无法立即解释清楚，甚至语调有8个与9个两种不同说法，待受访者取出课本回顾一番后，始能清楚说明。陈志东表示，目前侗语未获国家正式承认，无法正式出版，侗文在生活中并未产生任何实际的影响或功效；陈志杰认为，侗文的书写规则逻辑清晰、设计完整，惟侗文规则相较汉语复杂，在学习时间上不宜太早。若小学阶段同时兼学两者，将造成浑淆，导致优先弃舍较无实际功用的侗文学习。最佳的侗文学习时间应在初中时期，若侗族地区能于学校教育中排进侗文学习课程，对于侗族传统文化的应用、推广与保存都将有所助益。

（五）教育[①]

1. 平岩小学之现况

平岩小学现有二层教学楼两座、室外篮球场一座，学生来源包含平岩村四寨。在受访者刚刚返回平岩小学执教的80年代，扣除家长不重视教育或因经济问题而失学、辍学者，每个年级仍能有2班，全校学生人数可达五百多人，教师25人，包含班主任以及各专项行政与课程教师等。对照今日的平岩小学，每个年级皆仅剩1班，加上近两年因为教学楼成为危房而暂迁于平岩寄读的程阳小学高年级学生1班，总计平岩小学目前共有7班，学生人数仅360人[②]，学生人数降低的原因主要受计划生育政策之影响。对应学生人数的下降，教师人数目前为17人。

课程方面，基础课程有语文、数学、美术、体育、音乐等课程，林溪乡内两所规模较大的小学——平岩小学与林溪小学，试办有英语课程。平岩小学于2007年起试在高年级增设英文课程；2011年起下调至3年级开始学习基础英文；5、6年级上进阶英文。受访者陈志杰与陈志东皆认为，英文课程在平岩小学试办的成效颇佳，旅游开发后的程阳八寨随处可见外国游客，小学生多少能与之交谈或问候，在交谈深度或如协助家中生意买卖的实际功能上或许成效尚差，

---

① 资料来源为访谈，主要受访者为陈志杰，另陈志东先生亦提供部分资讯。陈志杰，马安寨人，1955年生，58岁。小学、初中皆于本寨就读，高中于八江就读（平岩的初中与八江的高中目前皆已废）。1974至1978年参与农业生产劳动，1978年起始掌教鞭，进入民办小学参与教学工作。至1985年起转正，于林溪乡公办之美俗小学执教。1986年转调平埔小学（当时程阳八寨共有程阳、平埔、平岩三个小学），随后即调回平岩小学任教。在平岩国小期间担任过班主任、辅导员、教导主任（1988～1998年）、校长（1985～1989年）等职务。总计于平岩小学任教时间为27年、从事教职时间共计35年。

② 2011年平岩村委会统计人数为236人，数字差异原因可能为受访者之估计粗略，或统计年份不同，亦或是受访者另将寄读之程阳小学5、6年级学生计入等，不得而知。

但在小学时期若能对英文奠下基础和兴趣，对于未来的升学、就业，甚或村中旅游发展的应用仍是可期的。除此之外，"民族文化进校园"施实已有近二十年，具体内容有芦笙课、侗歌、多耶、侗戏等课程，至于侗文、建筑、染布与织绣等其他富含民族文化特色的技艺性课程，受限于师资能力之限制，则未曾开设。野外活动方面曾经举办过登山、猜迷，以及学雷锋精神，为老人、单亲送温暖等活动。上述课程之师资皆由原编制内教师兼任，目前尚无外聘教师之体制，亦无志愿教师的参与。

2. 教育态度

从前的侗族生父母一生长养于山间、农村里，对于子女教育较不重视。改革开放后，侗族人逐渐外出打工谋生，后辈的侗族父母亲身体验到文化、知识不足，对生活与工作所产生的不便和缺憾，对其子女的教育态度转趋重视。在2008年以前，国民教育并未真正免费实施，当时小学学费每学期约三十五元、初中学费每学期约一百多元，教育支出对于仅有农产品收成，而现金收入极其微薄的农村侗族而言，是一项莫大的压力。这样的现象也反映在本次村寨调查的访谈里，多位40-55岁年龄层受访者（陈六瑞、吴德女、陈志杰等）皆曾提及，外出务工是侗乡父母筹措子女教育经费所不得不为的选择。人口外流是外出务工与就学的果，而外出务工与就学所体现的，则是侗族父母重视教育的因。

平岩村侗族父母对教育的重视，还体现于对子女升学的支持态度上。对于应届考上初中的孩子，平岩村父母大多鼓励升学；遇应届未考上初中者，父母甚至同意子女补习一年，来年再试。两者合计，在经济贫困的80年代，平岩村的初中录取率已达70%，然就学后因为家中经济而辍学者仅知亦有，但受访者无法统计。

近五年来，免费国教落实，小学与初中学费绝大部分由政府支出，除此之外，小学生每月另有营养餐补助每日3元（不领现金）；初中给予民族补助，每月住宿费25元的（不领现金）。中、小学家长每学期的实际支出，小学为数十元，初中为一百多元，对照今日国民收入与消费比例，基础教育的开销基本不造成家庭经济负担。免费教育的落实与强制实施已使今日小学与初中辍学率降至1%以下。

目前全林溪乡初中学生皆于林溪乡中学就读，每年级约有5班，教师70～80人。高中大部分至县城就读，有能力、有财力者也至他地就读的。大学以在广西地区内就读者居多，其他省份亦有。目前高中升率约为80%以上，中专、院校及大学的合计升学率约为50%～60%，近五年来高中与大学升学率有明显上升的趋势。青年学子毕业后仅有少部分返乡工作，如担任公务员，大部分仍会选择留在外地工作，尤其是自己就读大学的城市[1]。

---

[1] 资料来源为村委会访谈，受访者为平岩村支书陈琼树。

3. 体制外教育

在对成人的培训课程方面，平岩小学于80年代曾办理过扫盲活动长达七八年之久，此活动由政府发起，于实施前曾对村民进行文化程度的普查，将文盲人数定出后，以寨为单位，每月约5次，利用夜间集中村民于鼓楼等公共场域内授课。主要教授基础汉文识字（如学会写自己与家人的名字）与基础算数（如从1数到100与简单加减等），授课师资主以平岩小学教师为主干，各教师就近负责其所居住村寨的授课工作。扫盲属于一种强制施实的课程，教师负有帮助村寨脱盲的义务；村民则有落实学习、通过考核的责任。经过80年代的扫盲，如今村中可谓人人能识汉字，基本已无文盲存在。

平岩小学的体制外课程尚有国民基础教育前之学前班，收授5-6岁儿童，人数约有100人，分大班与小班，共两班。学前班因未在义务教育的体制内，故而每学期收费约180-200元。上课时间为上午9：00-11：30，下午2：30-5：00。与私立幼儿园不同，因师资使用原编制内的17位教师，未再另聘教师，故而学校方面无法负责孩童上、下课的交通接送；课程方面也与小学相仿，主授语言（汉语）、算术两门；其余美术、体育、音乐等课程亦有，惟于程度上给予适当之调降。

3. 当前问题

平岩小学师资目前共17位，男性占三分之二、女性占三分之一，其中20～30岁有2人、30～40岁有3人、40～50岁7人、50～60岁有5人，就年龄层分布而言，年轻教师的比例偏低，且当前已有8年未补进新教师。受访者指出，新进教师的断层是当前教育最大的问题，分析原因有三：（一）年轻人选择进入师范学校的意愿低，专业人才产生断层与不足。（二）教师待遇不佳，不如劳工阶层、未反映社会进步速度；且除固定薪资外，再无其他补助或收入，因而无法吸引或留住年轻教师。（三）儿童教养困难度高，推入教师职业之意愿不足。受访者认为，适当调整乡村教师之薪资，使与社会发展速度跟进，是解决教师人力不足的当务之急。除此之外，对于学校规模与硬件方面亦有改善之期许，如教师能有住房；办公室、电脑室、阅览室与上课教室等教育空间的充足；或如当前虽已装设电灯、电扇，然电费支付仍为问题未解决，以及多媒体等现代化教育设备的增补等。

（六）医疗、卫生

1. 医疗[1]

马安寨现有村卫生室一间，为本寨人杨建科所开设，服务范围有全科医疗与预防保健，但

---

[1]　资料来源为访谈，受访者为杨建科。

禁止开展静脉用药业务。杨建科为1982年生，卫校（中专）毕业后即返乡服务，执业至今已有七八年。杨建科表示，原先村卫生室的规划是以每寨一位医师为原则，在村中同一地点上班，彼此有所讨论与照应。但后来因医师与病患皆反映路程较远、不便，故而各寨医师返回自己寨内开设，遇医师有事外出，便于门口留下联络电话待诊。村卫生室的工作除看疹、售药外，也须辅助县政府对于人民群众的预防保健工作，如提醒产检、关怀孕妇，新生儿的上卡、登记、并与其出生医院进行核实等工作；遇流行病期间或幼儿疫苗（百日咳、麻风、腮腺炎、肺结核、甲肝、乙肝、麻疹等十多种）的施打，县政府医疗单位会另派医护人力与疫苗前来，村卫生室提供协助。

杨建科表示，平时寨中村民遇有感冒、发烧、腹泻、皮肤过敏等症状皆会前往卫生室看诊、拿药。在调查者访谈的两小时期间内，卫生室共进入5组病人，其中两组为本地儿童、一组为游客，皆因发烧感冒而就诊；另有本地壮年男性一位与女性游客一位，分别为皮肤过敏与腹泻前来取药。根据调查者观察，看诊流程首先是询问症状、度量体温、检查有否发烧、喉咙是否发炎，而后医师即判断大致病因、决定是否打针、开用何药，再续向病患解释开立的药物为何、如何服用等；待病患离开后，还须详实登记病患姓名、看诊时间以及投药资讯，以供县卫生单位稽查。

马安寨居民表示，40年前马安寨的医疗条件极差，过去曾经发生过痢疾、霍乱、腮腺炎、脑膜炎与不知名的严重流行病疫情[1]，受访者陈发三19岁，亦即1968年时，村中爆发流行性脑膜炎，当时国家从上海等地调来众多医生，于普济桥头边开设一个医疗点并留驻多年，除了负责村内疾病的医治，也训练出一批当地的医生。该场情疫后续控制得宜，大多数人皆康复，但因治疗不及而丧生与愈后呆滞情况者亦有[2]。另有一次全村八成儿童集体得病的案例，也是外来医生所治愈[3]。所幸今日村寨卫生环境改善、国家流行病学整体发展亦已相当进步，现有流行病多为季节性流感、腹泻等，近年已无重大疫情。至于旅游开发后，全国以至世界各地人群的到访，是否改变寨中的疾病情势，杨建科表示，目前尚未感受到任何的影响。

今日村寨中的医疗能力仍然薄弱，若遇小病，卫生室尚有能力给予患者诊治与投药，但若遇需静脉注射时（如挂点滴），原则上马安村民必须至大寨上那间具有静脉注射执照的诊所就医；病情再重，或如妇女分娩等手术，即须至县城始得以获得诊治。村内部分居民至今仍有自行采集草药煎服的偏方，如猪耳菜被村民用于感冒发烧的治疗[4]。杨建科表示，许多偏方确实有

---

[1] 讯息来源为访谈，受访者杨建科、陈六瑞、陈发三。
[2] 资料来源为访谈，受访者陈发三。
[3] 资料来源为访谈，受访者陈六瑞。
[4] 资料来源为访谈，受访者陈六瑞。

其神效，他个人也曾因好奇，为深入了解而欲拜师学习，但因年龄未达传承资格而求师未果。但整体而言，中草药与民间偏方仍旧不是村民生病时的优先选择，比起三五块钱即能有所疗效的西药，偏方和中草药的费时耗工渐难为现代人所接受。

目前寨中人人皆已参与新农村合作医疗保险，但该制度的补助目前仅能用于县内诊所，若在寨内卫生室看诊、购药则无法补助。杨建科表示，预计半年后，卫生室也能加入新农合保险范围，未来村民的福利将会更好，但若相关配套措施未有调整，他的收入将会相对受到颇大影响。调查者来访当日是杨建科新建卫生室的第一天营业，他表示，行医是他的本业，但面对医疗行业风险高、收入微薄、薪资补助体制不到位的情形，将来二楼、三楼建毕，将会另行兼做旅游相关行业，若副业经营得好，将来亦不排除结束卫生室，以改变当前每月只有一千余元收入的现况。

2. 卫生

马安寨是平岩四寨中自来水建置最早通水的区域，居民修建化粪池与现代化厨房的时间相较四寨要早，从前因粪池外露而产生的苍蝇、蚊虫、寄生虫等传染疾病随之杜绝[1]，目前亦已不见挑粪施肥之情事。排水方面，在无污水处理厂之前，马安寨家庭废水向来皆是直接排入林溪河中，当时排水沟壑均为泥筑，遇雨经常阻塞、崩坏，2006-2008年间排水沟硬化、污水净化系统建置完成[2]，今家庭废水皆于净化后始排入林溪河里，河川污染情形相较过去改善不少。

村寨卫生方面，以往村民卫生意识较为缺乏，垃圾、牛粪、鸡屎随处可见，目前景区开发商在与马安寨相关的保洁工作上编派有寨内保洁员、道路保洁员、林溪河保洁员各一名。寨内的保洁工作每日工长12小时，来回穿梭5-8次清理寨中垃圾，除固定工时外，每月1、10、30日及遇领导视察时另须大扫及加班[3]。道路保洁员主要负责旅游路线所涉及的寨间与寨外一定范围道路、公路的清扫，由于范围长达8公里，故而清扫频率为早、中、晚，一日三次，遇领导来访同样必须配合清扫工作的加强。河川部分现马安寨区段由一位马安寨陈姓居民负责。在村民自觉维护与保洁员的努力之下，目前马安寨周边环境基本良好。

（七）社会管理

1. 款文化与款管理

侗族社会的早期社会管理制度，是依靠款组织对其社会实施规范与赏罚，"款"是大家公认遵守的条款，类似今日之法律，具有高度权威性；"款"也有区域划分的意义。在和平时

---

[1] 资料来源为访谈，受访者杨建科。
[2] 资料来源为村委会访谈，受访者为陈琼树。
[3] 资料来源为访谈，受访者陈能忠。

期，款组织通过村寨，以款规、款约对内进行自治；战争之时，各款区的款首领导款民，协力作战，共同保卫家园。款组织结构体系既具血缘的凝结性，又具有地缘的稳固定①，至清末民初时期款组织仍保有上述作用，但时至今日，就连象征性讲款仪式都已难得一见。

马安寨现存款师目前尚有两位，一是陈能学，另一个为陈能开。本次调查访得陈能学，讲款能力得自父亲教授。据其表示，从前有很多情况下都需要讲款，尤其是以下三种情况：

第一，寨上有人犯错须受罚时，村民会召开大会，并请款师当众讲款。讲款的内容主要为规章制度、法律法规。讲款的目的在于使犯错者甘心认错，自愿受罚。讲款时款师与村民参与者互动，有时款师讲一句，村民随之应和一句，讲款场面甚具气势。此种作法可使法规、制度深入人心，收教化之效。

第二，举行百人大型餐宴之情况。款师首先会讲养鱼、养猪、养牛的过程。讲清楚鱼肉、猪肉、牛肉的来源之后，接着说明平时是如何舍不得食用这些珍贵食材的；最后再讲哪些人可以食用这些食物。讲款的目的推测应是为使大众知道食物如何得来？因为付出了怎样的努力而得以食用之，具有使莫忘本的意义，同时也有规范宴会秩序、表达对宾客的尊重之意，此种款在春节时期最为常见。

第三，为讲地理的款。通常按照水流讲述侗族各寨，其远近高低、山水走势等。此种款于每年全乡侗族大会时固定讲述，目的在于加强侗族各寨之间的交流，并借以解决寨际间之纠纷。

今日侗族社会中的款文化、族长管理机能与家族活动皆已式微，由于家族目前仅有公共墓地，而无公共田产，故在家族、家户间产生矛盾的机会已相对较小，即使有偷盗、打架、分产纠纷之事，亦多半由家户内部自行处理；内部无法解决者，便寻求村委会协调，依村规民约裁罚或诉诸法律途径。透过款师仲裁或管理社会人群的实质意义已不复存在，讲款活动在马安寨中可谓已消失，只有在县、乡组织旅游相关活动时，才能见到表演形式的讲款。

2. 现代行政管理

马安寨当前社会事务的管理体制主要为党和政府的官方管理系统——村委会；另一个为协助性质之民间管理系统——老年协会。村委会下设村民小组，由民主选举产生，负责村内日常事务。

平岩村村规民约每三年修订一次，2011年修订版将规范事项分为三大类：安全防火、偷盗、公共设施管理三方面，各条皆明订罚款情形与罚款金额，部分于后另书明"若情节严重者"将送或上报"司法部门"②，由村规民约的执法者——村委会——以及后续上报单位——司法部门——在现行管理体制之角色可以看出，平岩村侗寨的现行社会管理体制已全然属于现代行政管

---

① 吴浩：《中国侗族村寨文化》，第455页，民族出版社，2004年。
② 资料来源为村委会办公室。

理机制，传统村寨之自然管理已然弱化，余留"老人协会"尚见传统治理机制之模糊影像。

"老人协会"为非官方组织，没有严格的入会资格，一般是由寨中热心公众事务、有能力、有威望、家庭富裕或过去曾经担任村委职务的人士组成。协会会员年满60岁者，不分姓氏、家族，皆可参与会长选举，选上后无固定任职年限其性质，如同侗族传统社会之寨老，村寨事务凡不涉及政治问题、不与公共行政发生冲突者，多会征询"老人协会"的意见，透过协会向居民宣导实施，对村寨事务具有一定的影响力。

马安寨"老人协会"会长现为杨光能，1944年生，1976年结束军旅生涯即返乡投入村委会与寨上领导工作至今。1989-2003年担任平岩村村委会副主任职务期间，杨光能曾带领村民消灭荒山，引进杉木、松木、茶树、茶油树的辅导与规模化种植。退休后进入"老人协会"，协助村委会执行防火、水利、卫生三项公众事务的管理①。

防火是侗寨的头等大事，村规民约中明文条列各项防火规定，2008年起马安寨配合火改政策，搬迁民宅、留出防火带②，寨中间隔设置消防栓，并由老人协会成员负责对建筑物进行防火与用电安全检查、填写火灾隐患排查整改通知单等，组织居民排班喊寨，一日3次，以落实防火③。防火工作每月一小检；一年一大检，协会成员分组进行检查，遇事则回鼓楼商议。就是这样的谨慎与重视，马安开寨至今未曾遭遇祝融④。

随着时代的变迁，传统款约治理已然失效，寨老转变为老人协会会长；传统自然管理机制所赋寨老的人际协调、仲裁、赏罚等权利，过渡为保安、防火、照顾环境、慈善募款等功能，当今社会秩序维系所依赖的，已是现代政治与法律的体制。

八、生产方式和经济结构

（一）经济结构

马安寨是平岩村村委会辖下的四个自然屯之一，主要经济结构为：第一产业，农作方面有水稻、蔬菜及糯米等，亦见少量玉米与棉花；经济作物有茶油、杉树、茶叶等，除茶叶较具经济规模外，其余农作皆属自给。本地茶叶仅有极小量在寨内工厂加工出售，大部分仍靠专人来

---

① 资料来源为访谈，受访者为陈光能。

② 资料来源为网页信息《马安寨防火线搬迁户喜到新安置点重建家园》，网址http://www.cyq.gov.cn/Html/200782501315-1.html、《广西少数民族村寨防火改造项目实施方案》，网址http://laws.66law.cn/law-115716.aspx。访问时间2013年8月15日。

③ 资料来源为访谈，受访人为杨光能、陈志东。

④ 资讯来源为访谈，受访人为陈志东。

村收购，采收季长，收购价格高，甚具经济价值。茶油产量极少，仅够自用；杉树利润虽高，然收成时间过长，且数量通常不足以提供自家建房所使用，无法仰赖为稳定之收入。第二产业受腹地与人力之限，全平岩村总计仅有十家，且种类单调，均为私人经营。马安寨中目前有3家小规模茶叶加工厂，过去曾有宝石厂与榨油厂，今皆已关闭。第三产业之旅游业与服务业得益于程阳桥全国重点文物保物单位之列名与国家4A级景区之美誉，进年来游客量增多，旅游发展与周边商业发展迅速，俨然成为日后村民经济结构之主力。惟当前并无完善之管理，官方与民间利益仍存在冲突，是未来发展尚待解决的问题。

关于村民的收入与家庭开销状况，由于本次调查未进行抽样或普查，故而无法得出确切数字，但据村委会陈琼树支书表示，在平岩村的普通家庭中，若无外出务工者，则家中至少须有一亩茶园之收入，方可保障一年生活之所需。陈支书解释，一亩茶园的年收入约为7000-10000元，亦即一个家庭在日常生活、子女教育、各种婚丧喜庆等基本开销之总和每年至少10000元。对比本次调查之某位小学高级教师受访人，其月薪3000，年收入为36000元，其间的贫富差距已稍能想象。然而当前阻碍村中经济发展的主要因素即为人口增长与土地资源紧缺之间的矛盾[①]，"耕地极其有限，每人两三分地，四、五口人不够吃"[②]，由于并非人人都能拥有保障生活的一亩茶园，故而外出务工成为长年存在的现象，这是一部分村民的看法。

另有一种看法否认无地可种或单纯农作无法为生之说。马安寨居民梁先荣谈及目前寨上多有停耕荒林，由于林地主人暂时外出务工，数年后仍然希望回乡务农，这段期间若有意愿者向其借地耕作，不但不需要缴付林地主人租金，甚至会为主人所感谢，且种茶产量稳定、价格优厚，勤劳者多借数亩地，收入不输外出务工。惟外出务工隐藏着不可预知的机会，固定领薪也让人感到心安，见见世面更是年轻人难以抗拒的欲望，于是人们带着自己心中的愿望离家，"希望工作几年以后，回乡能够盖上一栋水泥房……"[③]。

总之，农业种植与畜养、采集目前仍是马安村民生活食用自给的基本保障，在旅游业发展未臻稳定之前，种茶是唯一的可行之道，而小规模的商业与不稳定的旅游收益都只能视为少量、偶有的收入，家中若遇有重大开销，外出务工仍是较被信赖的选择[④]。

（二）农业与林业

马安寨的农业种植包括粮食作物、经济作物与蔬果。

---

① 资料来源为村委会访谈，受访者为陈琼树。
② 资料来源为访谈，受访者为陈群帅。
③ 资料来源为访谈，受访者为梁先荣。
④ 在2013年8月3日村委会的访谈中，支书陈琼树表示，在一般情形下，村民的主要经济来源为务农和外出打工两项，此说法与调查者观察所获结论一致。

粮食作物种类现有粳米与糯米，据说十数年前马安寨中种植大量糯米，后因糯米培植时的种子需求量甚大（是粳米的两倍），加以中老年人对糯米的消化能力不佳，后多为粳米所取代，如今各家仍会留出小范围面积植种糯米，以供年节或做糍粑时使用。主要粮食作物仍以水稻作物为主，从前多为双季稻，当地村民习惯于在三月初三前后插秧，六月初六左右收割，紧接着种下一季秧苗，至九月底收割。水稻种植过去以牛耕为动力，今日已全面机械化。近年来，由于多数人家中皆有成员外出务工，另有经济收入可以买粮，多数村民改种单季稻，六月收割后，大多数人家的农田处于闲置，直至来年；小部分农民会趁此期间轮种蔬菜。

除了种植水稻外，大多数村民于家屋附近另辟有菜园，种植油菜、白菜、萝卜、南瓜、豆角、黄瓜、茄子、黄瓜、空心菜、青椒等蔬菜；于旱地种植玉米、红薯、棉花等作物；个别村民在路边、空地亦种有李子、柿子、葡萄、杨梅等水果，数量少者自家食用，自用有余，也会拿至寨中或他寨出售[①]。

经济作物有茶油、杉树、茶叶等。茶油种植面积甚小，以足够自用为原则。杉树从前早有野生种，1991年消灭荒山时期，村委会引进杉树与松树大规模种植，如今已颇具规模。一般建筑小木长成需7～8年，每根可售150元；大木需20～25年，每根可售300元，收成时期利润甚高，但因成长期久，货源无法持续，平均利润未及茶树优厚，故而种植面积有减少的趋势。茶叶是现阶段最受欢迎的经济作物，1998年以前本地并无规模化的茶叶种植，山中仅有五六种野茶，村民平日没有喝茶的习惯，仅于谷雨节当日采集些许野茶炒食[②]。后村委会由外地引进优良茶苗，花费3年时间对村民进行技术辅导[③]，现规模化种植的树种有龙井、三江绿茶与红茶3种，其中以绿茶的产量最大、产期最长，1至10月皆可采收，每三日可采收一轮，收购价格浮动，约20元一斤，最受茶农喜爱[④]。

（三）养殖与采集

如同农业一般，马安寨各家各户也都有着自给自足的养殖业。过去农村商品经济不发达，农户一年所需肉品几乎皆仰赖自家养殖而得，因此家家户户都建有牲圈与鱼塘，饲养牛、羊、猪、鸡、鸭、鹅、鱼等，以提供自家食用或来客、年节时宰杀食用，自用有余还可前往县城或集市上贩售。近年来，农村劳动力流失、商品经济日盛、乡县间交通随着旅游业之发展而益加便利，传统家庭养殖业已逐渐衰退。今日马安寨的养殖业已不见牛、羊、鸭，而猪、鸡、鹅、

---

① 资料来源为访谈，受访者为陈群利。
② 资料来源为访谈，受访者为陈六瑞。
③ 资料来源为访谈，受访者为杨光能。
④ 资料来源为访谈，受访者为梁先荣。

鱼的养殖规模亦比从前要小。不再养牛的原因在于农耕动力的机械化[1]；而寨上不见羊群的饲养，原因则和土地利用的选择有关，农地已多用于作物的种植，没有余地与粮草放养或喂食羊只。鸭、鹅则是因自养的经济效益不如采买划算而被选择性淘汰[2]。在有限的土地与人力上，马安寨居民有着自己与其生态共存的生业模式与最有效率的调整节奏。

传统上，侗族家屋吊脚楼一层是圈养牲畜的地方，今日马安寨家屋多数仍保持这样的格局，居民于一楼空间混养猪只和鸡群，猪只以圈养方式养殖，食用饲料与厨余，近几年来，人们为避免蚊蝇或因无法忍受猪圈臭味，部分家户于屋外另行架设独立猪圈，部分减少猪只养殖数量；于卫生考量与经济结构的改变，也有改以采买获得肉品而不再养猪者。鸡只虽与猪只一同混养于家屋一层，但鸡只多为放养，平日家户仅以少量稻谷喂养，而后令其四处走动觅食，受访者称"不用鸡圈的原因是为了防止鸡瘟"[3]，对于鸡与鹅的养殖，寨中普遍没有疫病防预的能力，尽管鸡、鹅出售获利甚高，目前仍无规模化的养殖[4]。

鱼类养殖方面，得侗寨水塘防火之便，过去马安寨家家户户都有水塘，居民于水塘中饲养鲤鱼与草鱼，兼具食用、消防、景观等多重作用。稻田养鱼是另一项侗族人民与大自然和谐共生的智慧。农民于稻苗灌水下去后，于田间放入鱼苗，在兼顾水稻与鱼苗两者的生长条件之间，寻得对空间、生态最有效与友善的利用。水田养鱼法在鱼类选择上有其限制，鲤鱼较草鱼为佳，原因在于草鱼以苗草为食，对初种稻苗有啃食损坏之虞，而鲤鱼则无此缺陷，是较佳的选择。水田养鱼法受周期与空间之限，养殖规模更较鱼塘为小，产量一般尚不足以自用，但该法可以降低农药化肥的使用率，只要水田长保有水，在稻季成熟之前即可泄水捉鱼，行稻、鱼双收之效。然而今日的马安寨，由于地少人多，居住空间紧张，加以旅游开发后，当地对于餐馆、旅馆空间的需要，以及现代化防火设施的引进等因素，鱼塘已多数填埋，取而代之的是一栋栋崭新的楼房。

除了种植、养殖工作以外，辛勤的马安侗民在主要工作之余，亦会利用零碎时间进行采集。由于周边土地多已充分利用，得以采食的野菜、野果数量并不多，仅稍有蕨菜、笋、野生栗子与杨梅等，村民一度也曾食用一种名为"米锥树虫"的害虫[5]。入河捕捞水产是较野菜采集更优的选择，在本次调查期间，调查人员观察到林溪河每日傍晚，甚至夜间皆有村民在河中捕

---

[1]　资料来源为访谈，受访者为杨云路。
[2]　资料来源为访谈，受访者为杨珍思。
[3]　资料来源为访谈，受访者为陈群帅。
[4]　资料来源为访谈，受访者为杨珍思。受访者解释，鹅的饲养每日需饲料约1.6斤／每斤8角钱（以1元计）／饲养时间需120天，则成本约为192元，再加上小鹅苗成本，总计约为200元。出售价可得300元，之间利润约有100元。鸡的成本较鹅更低，所以售价稍减，但因照顾容易，饲养量比鹅高出甚多。
[5]　资料来源为访谈，受访者为陈发三。

捞鱼、虾、水草等。至于打猎活动现已甚少，此次调查马安寨仅访得一位猎人，其表示每年九月稻禾成熟前即是猎人上山猎打野猪的季节，猎人或带猎狗、猎枪，或带柴刀、捕兽夹等上山猎捕野猪，捕获可以分食。然而现行政府对于野生动物订有保护规定，猎打野猪工作今已改换为以保护农作为主要目的之驱赶，且因当前观光客上山人数增多，为免伤人，兽夹也不再使用于打猎行动中[①]。

（四）商业与手工业

马安寨的商业、手工、运输等行业与旅游发展的兴盛有着密切关系。目视当前寨中商店的分布现况，杂货店有3间、纪念品贩售店8间（含银饰专卖店1间）、旅馆（兼餐馆）4间、茶坊4间、酒坊1间[②]。杂货店开设于程阳桥畔的百家宴街入口，以及鼓楼坪旁，店内贩售简单的日用品、零食、饮料、烟酒等，选择性甚小，居民若需较复杂的货品或较完整之选择，须至大寨、林溪集市或县城中购买。流动摊贩可见戏台前之猪肉贩1处，程阳桥头卖凉粉、油茶等小吃摊3处，程阳桥上纪念品摊贩5-8处，平日傍晚亦有许多外地车贩在631县道路旁贩售蔬菜、水果、鱼货等。杂货店与流动摊贩的主要客群为当地居民，商贩收益本次调查未进行统计。

手工业是马安寨中不再具有高劳动力妇女的最佳选择，有为自身的生活而做，也有为旅游贩售而准备者。传统侗锦织造、染印、绣织之工艺，老一辈妇女仍熟稔在手。访查期间，调查团队四处见得染制中的侗布，它们是村民来年的新衣，并不会成为出售兑现的货品。此外，程阳桥上的纪念品摊贩中，部分侗服与手工绣片亦是寨中老人自制贩售或托售的。年龄层再高的老妪则于游客稀疏期间，三两成群，在彼此分享生活絮语之间，以染色鸡毛与各色毛线缠制吉祥花，待游客聚集时游售于各景点之间，一个个佝偻兜售的身影，都是侗族妇女的勤奋写照。

（五）旅游相关产业

旅游开发为马安寨带来甚多商机，纪念品贩售、旅馆、餐馆、茶酒与人货运输等服务都在游客入寨后蓬勃发展，直接与间接受益于旅游。目前寨中纪念品店贩售的货物有民族服饰、首饰、布匹、竹编制品、葫芦雕刻艺品、芦笙、葫芦笛等，货源大部分由外地批发而来，同质性甚高。

旅馆与餐馆皆为合并经营，旅馆喜以外层包木之新建砖房为营，未见以传统吊脚楼旧屋改设者。当地人多有"赚几年钱回来盖一间新房子做（经营）旅馆"的愿望。在他们的想象中，

---

① 资料来源为访谈，受访者为陈发三。
② 资料来源为调查者观察所得，数量为粗估。其中旅馆数量与村支书提供之数量不符，可能为兴建中或已关闭者之误计。

旅馆应该是现代化而舒适的，故而"开设旅馆"等同于"盖新砖楼"，保存一栋未现代化的传统吊脚楼，让游客亲近相较更为真实的侗族居住体验，亦即农家院式的住宿经营并不在马安寨人的想象中。

由于马安寨位处程阳八寨之入口，所占地势之优非他寨所能比拟，故而上述各类商店数量皆居三寨之冠，相形之下，从事人货运输业的数量则较他寨要少。据闻平寨从事村民与旅客运送之九人座厢型车现有十多辆，均为私人运行，每日于三寨至县城间发车数趟，满车可坐7名乘客，包车费每趟固定60元，由乘客分摊，如此每月净收益约在千余元上下，马安寨同业情况大致相同，但相较数量偏低，目前仅有3辆[①]。

在体验式旅游经济方面，目前已开发之项目大致有打糍粑、侗族芦笙歌舞表演、百家宴等三项。简单介绍如下[②]：

1. 打糍粑

游客于前一日告知提供服务的店家，以便有足够时间蒸煮糯米，待约定时间前往，在简单的技巧说明后即可执行。此活动形式简单，成本、技术、参与门槛皆低，侗寨家家户户皆有能力做此生意，但这样的服务在马安寨中并不多见。

	游客人数	包场费	服务内容	工作人员数量	场地费
方案一	10人	300元	芦笙歌舞表演	芦笙员13人	30元
方案二	50人	600元	芦笙歌舞表演	芦笙员30人	30元
方案三	100人	1000元	芦笙歌舞表演 营火搭设 百家宴餐饮服	芦笙员30人以上 现场工作人员 餐食准备人员	100元
方案四	100人以上	1500元	芦笙歌舞表演 营火搭设 百家宴餐饮服	芦笙员30人以上 现场工作人员 餐食准备人员	100元

2. 侗族芦笙歌舞表演

侗族芦笙歌舞队的成立约在2000-2005年期间，为村中农民自组，成员皆为马安寨居民，成立之初仍属业余性表演，农民平时各自从事工事、农活，遇有表演商洽时，队长始召集队员，放下手边工作，前往马安寨鼓楼坪演出。故于成立之初，芦笙队的演出时间并不固定，团员无固定薪资，团队整体发展情形亦不稳定。芦笙队现行副队长杨云路回忆，2005年他加入芦笙队时，马安寨的旅游开发并不兴盛，人多时一天的表演量可达3场，但即使如此，每月最多也仅能赚进300元，对照当时广东务工的薪资为1400元，相差之大使得团员常因外出务工而反复于进、

---

① 资料来源为非正式访谈，调查者访谈由马安寨返三江县之平寨司机所得。
② 资料来源为调查者实际观察与访谈所得。

退之间。随着景区承包制的开发，芦笙队开始隶属于景区管理，但在2006–2013年期间景区已陆续转手3次承包商，不断变动的管理与要求，对于芦笙队的发展造成一定程度的影响与限制。

现行芦笙队的营生模式有二：一是白天隶属于景区承包商的上班制；另一为非上班时间芦笙队干部另行接洽演出的包场制。在白天的上班时间里，芦笙队于平寨的程阳景区管理委员会所在建筑的室内表演厅演出，每日3场，游客在买票进入景区后，观赏芦笙歌舞无须另行缴费。在这个部分里，队员的固定月薪为1000元，若固定场次外另遇团客进寨，团员有加场演出的义务，景区承包商不另行加薪。另，在上班时间外，芦笙队回归原组团时期的独立运作模式，依芦笙队主要干部——团长、副团长、编导的各人关系，另行接受包场演出，此类形式较具弹性，服务内容可依游客需求而调整，在芦笙歌舞表演以外，尚可另加营火搭设、百家宴饮食服务等，包场演费用依服务内容与游客人数交叉考量，演出收益由服务内容与参与人数分摊。较常运作的包场方案如下：

杨云路解释，一场单纯的芦笙歌舞表演，因至少需要出动10名队员，故包场费最少为300元。低之，不够成本；高之，游客负担不起。在这样的情况下，团队的获利为300元，扣除场地费30元，余额按团员人数均分。再如游客人数50人之团体，若同样以每人出资30元计，因经济规模较大，参与演出的阵容得以加巨，游客可享受到的服务内容也将更加丰富，即除单纯歌舞表演外，可能另有营火布置或百家宴餐饮等。据调查者了解，在包场制的演出中，队员的平均获利通常在30元上下；月薪制演出的每场平均薪资则低于20元，以时间及劳动成本而计，获利并不算高，但对于芦笙队成员而言，尽管利润微薄，技艺却是用之不尽的宝藏，不失为一务农之外的好选择。

3. 百家宴

岩寨与马安寨在两寨相隔之百家宴街合作设有为旅游观光而举办的百家宴活动，由岩寨主导、马安寨配合，每逢周六固定办理，2013年8月10日村寨调查小组实地参与了一场百家宴活动，情形简述如下：

据百家宴的现场主持人梁先荣表示，本次两寨参与的户数共约50户，其中岩寨约占三分之二，马安寨约占三分之一。活动筹备组人员会于活动当日早上与提供餐食之家户确认是否办理，并依预约人数之多寡，协调与控管菜量。参与活动的当地村民，每户出六道菜，在12点之前备妥并送至百家宴街。游客方面，参与的来源有二：一为事先预订者；另一则是百家宴当时自由买票用餐的游客。据调查者观察，活动现场的人力成本甚低，主要工作人员仅有：主持人1位；活动会场前后设置之两处收费摊售票员各1人，共3人。活动时间开始后，主持人身着传统侗族服饰进行芦笙吹奏与敬酒之简单仪式，随即开宴。期间散客若有意参加，可行至售票摊缴费参与，每人20元，自由入座。用餐期间，提供餐食的各户村民也会不定时入座，向游客解释侗族饮食特色，热情与之交流。莫约下午2点后，提供餐食的家户纷纷至场地取回自家餐盘，活动即结束。

调查者交叉询问马安寨受访者梁先荣，以及岩寨村民杨先生与某商店女老板得知，本次活动的游客参与量属中等，所获利润在未扣除食材成本下，每户约得80元。相较于芦笙歌舞表演，为旅游所举办的百家宴所付出之时间与劳力成本相较为低；收益比率相较高出许多，且受限甚小、自由度甚高，家家户户任凭自家情况与意愿参与或暂缓参与，即使当日游客人数不如预期，剩菜剩饭还可取回自用，没有浪费与亏本的压力。由于优点甚多，深受岩寨与马安寨人家喜爱，故除了之前因岩寨活动筹组人的个人健康问题曾短暂停办三个月以外，无论春、夏、秋、冬，每逢周六皆会举办，若逢国定长假或年节期间更会扩大办理；即使主要工作人员（如现场主持人）自家遇有红白喜事，亦会设法协调人力让活动持续进行。

马安寨目前没有从事导游的个人，但与马安寨相关的上述活动目前皆与程阳八寨之导游自主产生异业结盟，如从前寨中数处可见为旅客包办百家宴或芦笙歌舞表演的广告，后为与导游互惠而将通路保留予导游，彼此间再行拆分佣金，达到共生互利的效果。

整体而言，为旅游而开发、为开发而各自寻求转变已为马安寨当前的气氛，旅游业收入目前虽已占全村收益的五分之一，但由于商货、服务皆为村民各自经营，缺乏整体视野的规划与管理[①]，故就质而言，服务等级尚处初级阶段，附加价值甚低；就量而言，经济规模不足，无法形成群聚效应。另就受益的广度而言，因旅游开发而受惠者，目前仍局限于少数人。旅游开发加锢于村民的建地限制，风雨桥管理权丧失，加之景区开发商与地方政府并未给予村民任何相关之规划与辅导，使其知悉如何在保护的基础下，善用并且享受旅游开发所带来的机会与收益，更严重的是，现阶段景区收益的财务未透明化、分红机制合理性不足、景区限建规定之执法标准不一、景区开发承包商的频繁更换等问题[②]皆令村民诟病，使村民更进一步对地方政府产生不信任之感。有关旅游开发的问题与争议，由于本次调查仅属村寨初级资料之搜集，非为旅游开发的专题讨论，故未对地方政府旅游部门以及景区承包商进行相对资料的搜集；受限于田野资料之不完整，本研究于旅游开发与村民争议项上仅提供单方之资讯，侧写与反映当前村寨旅游发展及其对文化遗产保护影响之现况。

---

① 资料来源为访谈，受访者为陈琼树。

② 多位受访者皆曾提及"风雨桥是我们祖先盖的，鼓楼和风雨桥的整修也是村民出钱出力完成的，现在拿它来赚钱的是景区承包商和地方政府，我们村民连在桥边摆个摊有领导来都不行，房子住不下了也不能建，建起来他把你拆掉，那他自己在别的寨子盖的旅馆就不违法，标准不一嘛！那我们能去哪里建也不跟我们说，说要找一个地方让我们建，等了三年根本没消息……"以及"旅游开发的好处对我们来说根本没有，他一年赚几百万、几千万，分给我们一个人一年18块，18块要做什么？18块还是马安寨才有，其他寨子还有四五块的……"等类似感受。

（六）离乡务工情形

据调查者了解，马安寨40-60岁男性90%以上均有外出务工之经历。以目前45岁的男性为例，其青少年时期约为80年代，时寨中家庭经济普遍穷困，无法继续升学者，若于村寨附近协助木头、石头搬运等工作，每日工资仅有数毛钱，糊口尚须仰赖农业自耕。当男子成家后，上述收入不够，而赖以糊口的农作收成有其风险，"钱不够用、稻不够吃"成为马安寨村民外出务工的第一道推力。同一个时间点，广东沿海已陆续开发，1989年受访者杨云路于广东务工时，含吃住之每月薪资为150元，然每日工时达15～16小时之高[1]，整体待遇仍然不佳，但相较留于寨中毫无现金收入的情况而言，外出务工仍是较佳的选择。

1991～1998年是寨中青年大规模外出务工的时代，80年代第一批离乡奋斗者回乡后陆续转介亲友前往广东地区务工，举凡制陶、制鞋、建筑、沙发皮革、木工家具、纸业加工等皆是寨中村民曾经付出青春与汗水的行业。1997年受访者陈六瑞在广东佛山务工的年工资约为一万多元，其表示这样的收入对于有子女教育费支出的家庭而言是相当重要的，1994年一位初中学子的学期报名费为450元，每周尚需缴纳50元伙食费，这样的数字是马安寨村民外出务工的第二项必然[2]。然而青壮年人口大量外出务工相对也造成了民族文化流失，以及留守老人与儿童的潜在性社会问题，如对老人关怀不足、隔代教养、儿童心理发展与教育问题之隐忧。

时至今日，国民基础教育已全面免费实施，初中学费不再成为村寨父母的负担，但取而代之的是对生活水准更高的追求，盖一栋更宽阔的新砖楼、买上高端先进的各式家电用品、让孩子个个都能接受大学教育等，在旅游业尚无法支持新愿望落实的现况下，外出务工还是最积极的作为。当前外出务工的人数仍占青中年比例的30%；2003～2004年比例更高达40%～50%，随着全国经济的发展，务工地区由早期的广东扩展至浙江、东南沿海等各经济发达区域。工作型态从早年的劳力密集型工作，转而增添更多样的服务业与专业性质的工作；且男女外出务工比例相若、薪资水平相近，对照留守于寨中年薪资至多仅有一万元上下之水准，今日外出务工之年薪可达2万～3万元之强。近5年来，外出务工人数稍有减少之趋势[3]，旅游业带给村寨居民一份新希望，新楼四起、返乡人潮渐多，但旅游业后续的发展如何？是否得以取代离乡背井的选择？发展后的经济收益与不可避免之自然、人文生态环境的改变又将如何影响与权衡，都是后续尚须关注的课题。

---

[1]　资料来源为访谈，受访者为杨云路。
[2]　资料来源为访谈，受访者为杨云路、陈六瑞。
[3]　资料来源为访谈，受访者为陈琼树。

九、生活方式与风俗

（一）民族服饰

1. 传统服饰

侗族传统服装由棉质侗布制作而成，染色后为深紫红色。在寨中人家的窗户外边，时有看见晾晒的侗布。晾晒侗布也并不仅仅限于窗外，晴朗的天气，在河边村头的石板路上，也可以看见晒着的侗布（图九—1）。

图九—1　晒着的侗布

本寨侗衣男女样式不同，男式对襟（图版十七），女式左衽（图版十八）。侗衣又分为内衣（图版十九）、棉袄（图版二十）和外衣。外衣又分为夏装（图版二十一）、秋装和冬装三类。夏装一般都是浅蓝色，而秋装、冬装的颜色都很深。本寨女式侗装，左右均可系带，这样即使衣服左边的带子断掉，也可以右衽穿着。

这里的女子饰品以银质为主，包括银梳、项圈、手镯以及与肚兜配套的吊带等。银饰一般在穿着盛装时佩戴。这些银首饰同时也是女子嫁妆的一部分。

图九—2　戴上侗帕的样子　　图九—3　戴上发带的样子

侗族妇女平时或将头发盘起以银梳固定，或用"侗帕"包头（图九—2），有时头上还会缠绕发带（图九—3）。侗帕和发带都是长方形的（图版二十二）。

本寨无论男女，侗衣都以蓝色最多，其他颜色较少使用，具有朴素的特点。

2. 服饰现状

侗布制作耗时耗力，加上裁布制衣工序复杂，使得穿着侗衣并不经济。因此马安寨男女日常服饰已与汉族地区无明显差异，只有中老年妇女多着深蓝色棉布衫，保留了一点传统的特色。考察时正逢酷暑，侗衣厚实不易散热，因此穿侗衣的人更加少见。

虽然马安村民日常不再穿着侗衣，但是大都拥有完整的侗族服饰，逢年过节，仍会穿着。加上目前马安寨中纺车、染缸、织布机、缝纫机等制衣工具都保存完整，且仍有很多妇女在织布、染布，制作侗衣，因此侗衣的制作工艺暂时并不存在失传的危险。

（二）饮食情况

1. 日常饮食

在20世纪80年代以前，本寨全种糯米稻，但是现在，本寨所种水稻大部分都是袁隆平教授培育的籼型杂交水稻，是粳米稻。这也使得本村民众的主食从糯米变成了粳米。

"无酸不成侗"诚非虚言。马安寨人吃酸很厉害，每餐必备酸品。这些酸菜，素菜有酸豆角等，荤菜有酸猪肉、酸鱼肉、酸鸭肉等。其中酸猪肉、酸鱼肉、酸鸭肉是宴请宾客的必备菜肴，也是男方给女方家的结婚彩礼中的重要部分。

本寨村民所食的蔬菜主要有白菜、南瓜、豆角、黄瓜、茄子、空心菜、青椒等，对这些菜的烹饪以炒为主。

本地一些特色的食品，如糍粑、螺蛳粉、油茶等，在本寨也很常见，但在本寨并没有发现牛憋。

本寨的重阳酒，初饮如同果酒，但之后酒力发作起来却极其厉害，极具特色。除了重阳酒之外，本寨还有有自酿的米酒、杨梅酒。

由于本寨大量种植茶油树，所以烹饪多用茶油。

2. 节日饮食

在20世纪，本寨没有成规模的茶叶种植，只有五六种野茶，因此本寨人不常喝茶。但在谷雨那天，村民会采些野茶炒一炒，吃一次油茶。

四月初八是黑米节，在这一天，本寨村民会吃一种用糯米制成的黑米饭。

五月初五端午节，这里也要吃粽子。

八月十五，除去吃月饼之外，本寨村民还有吃"鱼生"（即生鱼）的习俗。

3. 制作方法

酸鱼的做法，是将鲤鱼或草鱼刮去鳞片并剖腹去除内脏后，切成薄片加以佐料腌制。

糍粑是先把泡了一晚上的糯米沥干蒸熟，然后把糯米放在专门捣糍粑的石臼中，用木杖把糯米捣烂。捣烂之后，加以玉米粉、芝麻、白糖等制作而成。

黑米饭的做法，是将糯米用买来的一种植物的汁液泡过之后再蒸熟。蒸熟之后，糯米就变成黑色了。

（三）日常生活

1. 日常作息

本寨居民一般早晨六点钟左右起床，起床之后先下地干活，工作到八九点钟，回家吃早饭。早饭后直到下午两点是休息时间。两点钟左右开始吃午饭了。下午四点左右出去工作。晚饭大概在晚上八点钟。晚饭后村民自由娱乐，大概在晚上十点睡觉。

2. 日常娱乐

四牌

寨上的人经常打一种名为"四牌"的牌。鼓楼之旁、戏台之上、风雨桥中，乃至屋角巷头阴凉之处，都不难看到四牌的身影（图九—4）。

四牌是一种纸牌，形状长方，上写各种数字。一副牌共有60张。打牌人数一般是四人，但三个人或五个人也可以。四牌虽然不是本寨居民创造的，但是打四牌的规则却是由村民自主确定的。这导致各寨之间的四牌规则并不一样。

图九—4 在戏台上打牌的马安寨民

四牌很早就有，但是在本寨极大流行却是近几年的事情。现在，打四牌已经成为了本寨村民消遣娱乐的重要方式。

三棋

本寨的老人和小孩都喜欢一种叫做"三棋"的游戏。在马安鼓楼后边的石凳上就刻有三棋棋盘（图九—5）。原本在马安鼓楼中也专门有三棋的棋盘和棋子。棋盘和棋子丢失后，老人们就在一块空石板上手绘棋盘，另取石子来玩，痴迷程度可见一斑（图九—6）。在马安寨的道路上，也时而见到小孩子手绘的三棋棋盘（图九—7）。

图九—5 凳上棋盘　　　　图九—6 老人手绘的棋盘　　　　图九—7 小孩手绘的棋盘

三棋棋盘可以手画，棋子随手可得，规则简单但是棋理深远，上手容易但意味无穷，因此一直是本寨侗民十分喜爱的游戏。

侗戏

在20世纪40年代末，马安寨人就从贵州请来师傅教本寨愿意学习侗戏的青年人唱侗戏了。由此，马安寨成为了三江地区引入侗戏最早的寨子。

马安寨最早学习侗戏的，是三十多个十几岁的小伙子，没有女子。由于侗戏的表演形式是男女对唱，所以只好让一部分小伙子男扮女装。但第二批学习侗戏的人中就有女子了，之后男演员不足时，还出现了女扮男装演唱侗戏的情况。当时，从开始教唱，到排练至可以登台演出的程度，大概只花了两三个月时间。

由于引入侗戏较早，马安寨的侗戏全县有名。据陈基泰回忆，在他唱侗戏的那几年（20世纪四五十年代），从农历正月初四开始，马安的侗戏表演者会组织连续一个月的巡回演出。几年下来，他们几乎走遍了林溪乡和八江乡的所有寨子。

除了春节农闲时那一次集中的巡回演出之外，村寨之间月也的时候，或是寨上有什么节庆的时候，也会有侗戏的演出。

由于对侗戏的喜爱，在侗寨中总会找到固定的戏台。侗戏的演出地点，一般就在村寨的戏台上。没有戏台的时候，侗戏会在临时搭的戏台上演出，之前马安寨的鼓楼坪就是搭戏台最常用的地方。

侗戏的内容，主要是通过演出故事来赞扬美好，抨击丑恶，有着很强的现实意义。

大概在20世纪80年代的时候，电视机进入了村子里，侗戏就逐渐退出了村寨的舞台。特别是近几年，随着外出务工人员的增加，侗戏的演出更是显著减少了。

但是，随着旅游的发展，马安寨又有了唱侗戏的人，并且还有教人唱侗戏的人。五十多岁的杨光敏，在2013年"五一"的时候就曾经招了一个表演队，教一些年轻人唱侗戏。杨光敏家还存有用于侗戏教学的侗戏本子。适应游客的需要，现在这个表演队会不定期地表演侗戏。只要游客想看侗戏且支付合适的报酬，就能够看到他们的表演。

吹芦笙

之前，吹芦笙是专门为庆祝丰收而举行的活动，因此，寨子里有农历六月初六吹芦笙的习惯，农历八月十五也有芦笙比赛。九十岁老人陈永清说，农历三月初三到六月初六这段时间是没有公开的芦笙表演的。八十岁老人陈能元有不同的说法，他说本寨的习俗是只有农历六月初六到八月十五期间才会有芦笙表演的活动，八月的芦笙比赛结束后，一般就不再吹芦笙了。

但是现在，芦笙表演已经没有时间的限制了。马安有一个表演队，是归景区管理的。这个表演队不但在平寨有定时的演出，而且只要游客要求，他们也会随时进行演出。

马安村民虽然会制作芦笙，但由于发音不够响亮，所以真正使用的芦笙大多数还是从贵州黎平请人来制作的。

（四）社会风俗

1. 月也

月也是村寨间的联欢活动，也是重要的娱乐活动。月也的举办时间于节日、农闲的时候居多。但有邀请，平常也会有月也活动。月也的举办和结婚、过生日等没有什么直接的关系。为了叙述方便，我们把作为月也的邀请方的寨子称为主寨，把被邀请去月也的寨子称为客寨。客寨的人，一般都要准备一些节目。节目可以是侗戏，也可以是侗歌、吹芦笙等。

月也的时间最少一天，最长可以达到三天两夜。三天两夜的月也活动安排如下：

第一天傍晚，客寨的人来到主寨。晚上，会进行第一场表演。表演结束后，主寨的人就把客寨的人分别接到自己家里住下。

第二天早饭后，仍然是表演活动。中午在鼓楼坪聚餐，办百家宴。下午和晚上继续联欢。晚上的表演结束后，另一批主寨的人又会把客寨的人接到家中住下，以期让客寨的人同主寨更多的人家进行交流。除此之外，第二天主寨的人还会杀猪待客，以示对客寨人的欢迎。

第三天上午，表演继续进行。表演结束之后，客寨的人就可以离开了。

月也有助于增进寨间友谊，而且，有很多青年男女都是通过月也相识相爱的。但是随着时代的发展，特别是21世纪以来，月也活动逐渐减少了。究其原因，一方面是由于电视机等新娱乐方式的普及，使得月也吸引力减小；另一方面是由于村寨中的青壮年多半外出打工了，导致月也缺少相应的人力支持。

2. 起木

"起木"或"起墨"，在侗语中属"上梁"之意。举行起木仪式的时间，是事先请风水先生来确定的。在起木之前，还要先用一碗水以纪念鲁班大师。梁架好后，必须在梁上悬挂禾把，以象征五谷丰登。梁上还可以悬挂吉祥花或者绣球，以祈祷吉祥。除此之外，还要用长宽不等的侗布，包裹一双筷子（象征神木）、一支毛笔、一本名为《望星楼正宗通书》的小册子（图九—8），并固定在大梁上。梁上往往涂成红色，称为"挂红"。公共建筑上，梁上会有题字，

图九—8　望星楼正宗通书

而私人建筑上一般没有题字。

在起木仪式结束后，主人家就会摆宴席招待前来祝贺的亲友，共同庆祝房屋的落成。

3. 恋爱婚姻

恋爱

除了青梅竹马和媒人介绍这样普通的相识途径之外，侗族男女还有很多独特的相识机会，如月也、抢花炮、多耶等。这些机会为不同寨子之间男女的相识相爱提供了便利。

相识之后，若彼此感觉良好，就进入了恋爱阶段。从前，侗族男女的恋爱是比较公开的和直接的。这种公开和直接在坐夜习俗中体现得尤其明显。所谓坐夜，就是夜晚时候，男子去敲女家的门，若女方也中意男方，就开门放男子进来聊天，聊到很晚才走。有的时候，一个夜晚会有十几个男子去敲同一个女子家的门，为了防止开错门，互相倾心的男女之间有时会约定一些独特的暗号。通过坐夜交谈，青年男女对彼此的了解都更加深入了。

从开始坐夜到最后结婚的时间有长有短。有的侗族男子进行两三年的艰苦坐夜，才能最终抱得美人归。坐夜的习俗一直延续到了今天，但是有消失的趋势。究其原因，可能是现在青年男女大多外出务工，在打工地认识和恋爱的越来越多了。

由于坐夜是一件半公开的事情，所以男女方家长一般都知道自己儿女的恋爱对象是谁。马安村民们对恋爱对象的要求较为自由，基本没有民族和地域的限制，只要男女两情相悦，就可以恋爱。虽然限制少，但是本寨大多数青年的恋爱对象还都是附近寨子里的人。这可能是由于距离较近，坐夜方便的缘故。不过随着本寨外出务工青年的增多，在打工地的恋爱也逐渐增多，这使得本寨青年恋爱对象逐渐遍布全中国。

等到男女双方的感情发展到了考虑结婚的程度，男女双方便会互赠定情信物。女子通常是送给男子一双鞋或者一件衣服，而男子则送首饰之类。赠送信物并没有什么特殊的仪式。

婚礼

大多数情况下，婚礼都是在过年的时候办的。但是，本寨还有不能在娘家生小孩的习俗，因此，若是女子已经怀孕且等不到过年就要生产，便会尽快成婚。若是女子在生产前还没有嫁出去，女子家人便会在家门外搭个棚子，让该女子在棚子里生孩子。等到孩子满月了，该女子才能重新进娘家家门。

农历十二月二十九或大年三十，新郎就要去"偷新娘"了。所谓"偷"，就是偷偷摸摸的意思。之所以要偷偷摸摸，是因为本寨村民认为娶亲不能被太多人知道，否则会遭妒忌，造成不好的结果。新郎去新娘家，可以是一个人去，也可以和最好的朋友一起去，但人数一般不多。这一方面是为了体现隐秘性；另一方面，新郎带的人太多会被嘲笑为"没本事"。

关于具体如何"偷"说法有二。

杨云路的说法是，大年三十吃过午饭之后，新郎去新娘家。新郎到新娘家坐着聊天，到了预定的时间之后，大家会喝一点油茶。喝完了油茶，新郎才可以带新娘出来。新娘到新郎家一般就到晚上十点了。新娘到达，喝一点油茶之后，新郎家就可以放鞭炮了。放鞭炮就是告诉大家这一家有喜事，明天早晨可以来闹了。到了新郎家之后，新娘不可以睡觉，要一直煮糯米粥。

而杨珍思的说法是，"偷新娘"一般是在农历十二月二十九晚上进行的，具体时间要根据风水先生算出的新娘适宜进门时间确定。他还举例子说，如风水先生算出大年三十凌晨二时新娘进门合适，则新郎应于二十九日晚餐后前往迎娶新娘，让新娘在大年三十的两点过门。大年三十下午五时的时候，新娘又会独自返回娘家，与家人共进晚餐，餐毕再独自返回新郎家，意思是陪父母吃年三十的晚饭，在出嫁前再尽孝道。

大年初一早上要"闹新娘"。这个"闹"，大概就是亲戚朋友一起把新娘吵起来的意思。据杨云路说，早上五六点就已经有亲戚朋友来"闹"了。上午，等到伴娘把衣服首饰之类的送到了新郎这里后，新娘就要打扮齐整了去寨上的井里面挑水。而此时全寨的人，都会到村旁边去看新娘挑水，"看得是新娘的衣服缝得好不好、鞋子做的漂不漂亮、首饰多不多、相貌仪态是否出众"（杨云路语）。新娘挑水要挑两趟。从前新娘挑水时，每桶至少要装满半桶水才行。可是近几年，桶里就只装一两瓢水意思一下就可以了。

大年初二，新郎家要办喜酒，大宴宾客。

大年初三要"送新娘"，新郎家的人会把新娘连同彩礼一同送回新娘的娘家。从前，只是送一块不太大的猪肉，还有酸鱼、酸鸭等食物。而现在一般是送两三个红猪，还有草鱼、酸鱼、酸鸭等，若是实物运输不方便的话，送两三万块钱也是可以的。而女方的嫁妆，在生下第一个孩子后才会送到夫家（在三朝酒习俗的介绍中会详细提及）。

从前，新娘自此就继续住在娘家了，只有秋收农忙的时候，男方才会请妻子来住一段时间。一般要到婚礼后第二年的下半年，新娘才会正式搬到夫家。当然，若是女方怀孕了，会提前搬来夫家的。这个风俗是取"慢慢来"的意思。受这个风俗的影响，从前很多村民结婚四五年之后才有第一个孩子。

但在改革开放之后，越来越多的新娘在大年初三下午就随着男方的人回到夫家，之后就一直住在夫家了。

离婚

如前所述，按照旧俗新娘结婚之后还要在娘家住两年左右。在此期间，男女双方都没有已经结婚的样子。男女双方甚至都可以自由地坐夜，经营新的感情。在此期间，男女双方的离婚也甚容易。若由于男方背叛而导致离婚，女方不会退男方的彩礼。而若由于女方的背叛导致离婚，女方必须把男方的彩礼全数退回。若是没有孩子的话，此时发生离婚，对男女双方的再婚均无影响。

现在新娘结婚后即住夫家，和汉族地区无异，前段所提到的情况就较少发生了。本地离婚发生率很低。但吵架、家庭暴力或者婚后无子等原因也可能会引发离婚。离婚后的女人不被嫌弃，再嫁也并不十分困难。村民陈发三形象地说："（本地）只有剩男，没有剩女。"

招赘

若是所生均是女孩，本寨村民就要考虑招赘问题了。如前所述，若是只有女儿，村民在寨中的地位就比有儿子的村民低。但若是招赘了女婿，那么该村民在寨中的地位就和有儿子的村民一样了。所以，招赘可以提高一个只有女儿的人在村寨中的地位。

丈人家对招赘来的女婿有好有坏，但是多数女婿在丈人家都是受到尊重的。陈能忠甚至说有六成的上门女婿在家中是"当王"的，即所有的事情都是女婿说了算，丈人和丈母娘反而要听女婿的话。另据陈能先说，计划生育政策实行以来，由于生了两胎女孩之后就不能再生育了，所以女婿愈加不受歧视，"当王"的现象更为普遍。

村民对上门女婿有歧视，原因在于当地认为男子应该留在本家继承家业、赡养父母，对家庭负有责任，而上门女婿离开了自己原本的家庭，没有履行对其自己家庭的责任。

4. 三朝酒和满月酒、周岁酒

小孩出生之后，侗家人会为其摆"三朝酒"。关于三朝酒的具体时间说法有二。陈基光、陈能秀等都说，三朝酒的日期可以是小孩出生后3天、5天、7天、9天、11天、15天这些奇数天中的任意一天。杨军伦则说，三朝酒的日期是除了小孩出生后第7天之外的任意奇数天，但对于忌讳第7天的原因语焉不详。

在三朝酒的前一天，小孩父亲的本家亲戚与最好的朋友会帮忙至县城买菜，返回后并进行洗菜、炸鱼、淘米等准备工作。

三朝酒当天，帮忙张罗的亲戚朋友们会早起杀猪、以竹笼蒸糯米饭，并准备早餐、中餐中所吃的各种菜肴。在八九点钟吃早餐，早餐招待的，是帮忙张罗的亲戚和朋友们，一般都是住得较近的。

九点之后，远路的亲戚陆续携礼而来。礼物一般是一担米、至少4个鸡蛋和每人至少50元的礼金。若是住的较远不方便带米的，可以用10块钱的礼金替代那一担米，鸡蛋也可以交4块钱的蛋钱顶替。除此之外，亲友们还有额外送衣服、毛毯的。亲友带来的米会被倒到袋子里，但是不会倒完，要留一点在筐子里。据说这是取一个"有余"的意思。收了亲友礼物之后，主人家返还给其一个红包，里面钱不多，只有几块钱，取的是"有去有回"的意思。

孩子外婆家的人在午饭开始前抬着礼物来到女婿家（图九—9）。如在前边"恋爱婚礼"章节提到的那样，这些礼物的一部分，就是女方的嫁妆。从前，女方的嫁妆，除了二三十担米之

图九—9 娘家送嫁妆

外，一般只是火盆、漱口杯等简单的日用品。而现在，女方家庭稍富裕一点嫁妆便是洗衣机、冰箱之类，甚至可以是小汽车。除此之外，孩子外婆家还会送一些育婴用品。

午餐主食为手抓糯米饭，且有散扣肉、生鱼、烧鸭、玉米煲、虾公、白鸡爪、大白菜、酸鸭、酸鱼、蒸鸡蛋等十样菜肴（图九—10）。其中，鸡蛋具有特别的意义，各位宾客每人都必须食用一个（若不想当场吃带走吃也可），以表示对于初生儿的祝福。

图九—10 三朝酒宴席

在三朝酒的后一天，孩子外婆家的人还会来拜访，并吃早饭。早饭吃完之后，三朝酒就正式结束了。

从前，本寨是不给小孩过满月、周岁的，现在给小孩过满月、周岁的也不多。可以合理推测，摆满月酒的习俗应该是从汉族地区传过来的。但是据陈群利介绍，这里摆满月酒、周岁酒的风俗却有独到之处，如满月酒一般是在孩子的外婆家举办的，且一般只请男女方的自家亲戚，不请朋友。如果外婆家较远，来去不便，就必须要去祭拜土地公，供品一般有糯米、酸鱼、酸鸭等。

另据陈六瑞介绍，以前小孩满月的时候不会摆酒，更没有到外婆家办满月酒的习俗。但是，小孩满月祭拜土地公却由来已久。且在小孩满月那天，一定要把三个鸡蛋炒成一片供在土地公那里。除了鸡蛋外，还要为土地公供三杯酒，点三只香，烧几张纸。

5. 起名

本寨成年男子个个都有两个名字，一个是乳名，一个是好名。乳名，是出生后一个多月父母给起的。而好名，则是在男子二十多岁的时候自己另外取的一个名字。好名是最后为大家熟知的，而乳名并不被外人所知。如杨光敏的乳名为杨生玉，这个名字现在已经不为寨里的人所知道了。

6. 丧葬习俗

若是在家中正常死亡的，死者家人会随即请来风水师，由风水师选择为死者换衣服的时间、下葬的时间以及下葬的地点。为死者换衣服之前，家人会为死者擦洗身子。死者在家里停放的时候，要头朝里脚朝外（脚部朝向门口）。若风水师选中的地点不为死者家所有，则死者家人会尽量换地。换地不成功的话，死者家人会请风水师另外择地。

死者去世后，丧事一般进行一至三天。下葬当天，较疏远亲戚会带来1担米、每人至少50元现金和4、6或8个鸡蛋等，而亲近的房族亲戚的礼金数目可能会达到100-200元。亲近的亲戚有的还会送上金纸一副（内含红、白、青三色各1~2张），用于铺垫棺中。而死者家人则以青纸制成的纸包包钱回礼。纸包里面的钱一般只有几块，只是取"有来有回"的意思。死者家会备饭招待前来的亲友们。

下葬当天，挖墓穴、抬棺材等事，都是由死者的亲戚朋友优先去做的，而尽量不用死者的兄弟儿子。将死者抬进杉木棺材的时候和棺材抬上山埋葬时，一般都让死者的大女婿来抬棺木前端。填埋墓穴的事情也是由亲戚来承担的。在把死者埋好之后，大家就可以回来了。回来前，据说还要大喊三声。回家后要先洗手才能进屋。

下葬后，死者家属在一个月内不能串门，也不能把家中的东西借出去。而且屋内的灯要一直亮着，早晚不熄。原因是这里相信死者的魂魄会在死亡后回到家中来，若看到自己死后不久家人就随便串，或者是随便把家中的东西借出去，便不会再保佑家人了。点灯则是为了让死者的魂魄晚上回来的时候，能够更容易地在家中徘徊流连而不至于磕到碰到。

死者下葬一个月内，死者家人早晚都要去坟上上香。亲戚朋友要在下葬后的第三天、第七天、一个月后来为死者上香。

家门之外正常死亡的人，不能进家门办丧事，也不能直接归葬祖坟。若是死亡时已经过60岁，则在别处埋几年之后，可以移进祖坟。若是死者死亡的时候不足60岁，那么就要等到其诞辰达到60岁以后，才能把其移进祖坟。

如果遇到自杀、他杀、摔死、溺死等非正常死亡的情况，遗体不许进入家门、也不埋入祖坟，而采用当即火烧的处理方式。

7. 讲款

本寨现在还在世的款师主要有两个，一个是陈能学，另一个是陈能开。据陈能学说，以前有很多情况下都要讲款的。其中主要有以下三种情况：

第一，寨上若有人犯错要受惩罚，村民会开个大会，并请款师当众讲款。讲款的内容就是规章制度、法律法规。讲款的目的就是让犯错的人甘心认错，自愿受罚。讲款的时候，款师还会和参加大会的村民互动。有的时候是款师讲一句，村民喊一句，很有气势。这种活动，能够使得规章制度更加深入人心。

第二，举行一两百人大型的聚餐的时候，也会有讲款。款师会先讲养鱼、养猪、养牛的过程，讲清楚鱼肉、猪肉、牛肉的来源，然后会讲平时是如何舍不得吃这些比较好的食物，最后讲哪些人可以吃得到这些食物。讲款的目的可能是为了让大家知道这些食物是如何来的，并且知道谁才能吃到这些食物，有不忘本的意思，也有表达对参加宴会的客人的尊重的意思，也有规范宴会秩序的意思。这种款，在春节的时候讲得最多。

第三，还有种讲地理的款。这种款会按照水流来讲侗族各寨，讲各寨的远近高低，山水走势。这种款是在每年固定的全乡侗族各寨的大会的时候讲的。大会的目的是加强侗族各寨的交流，并解决一些寨际纠纷。这种款和大会的主题很是符合。

讲款是从老人家那里传下来的。陈能学是从自己的父亲那里学到的讲款。现在有很多款师都会通过录音或者写书的形式，把讲款的内容记录下来。

现在，只有在县里、乡里组织一些有关旅游的活动的时候，才会讲款。村寨中的讲款已经很少。

（五）节庆活动

下面，我们将按照从农历正月到农历十二月的顺序列举本寨所过的节日。

正月的节日有春节和元宵节。

由于这里结婚一般安排在春节期间，所以和婚事相关的偷新娘、闹新娘、送新娘都是在春节里进行的。

正月初五有抢花炮的习俗，因此也被称为花炮节。抢花炮当天，程阳八寨的人齐聚大寨，分寨组队，抢夺五个花炮。比赛当天人山人海，十分热闹。花炮节给各寨提供了展示自己的平台，也为寨际交流提供了很好的机会。很多姻缘也是由此而始。

这里元宵节虽然吃元宵，但是并不放花灯。

二月的节日有二月初二和春社。春社的日子是在立春后的第五个戊日。本寨有两支陈姓，一支过二月初二，一支过春社。据村民陈六瑞说，本寨吴氏原本是吃六月初一的，现在也改吃春社了。

本寨不过三月初三。

四月的节日有四月初四和四月初八。四月初八是黑米节，这是个纪念耕牛的节日，这一天牛不必去耕地，人要吃黑米。

五月的节日有五月初五的端午节。端午的时候，人们会在门上挂一种草药以祈福。还会把这种草料的根须套在银耳环上，还会把这些根须放进黑布缝成的变成小老鼠或者三角形的形状的东西里，给孩子戴。会提前一天做粽子，然后在端午节当天煮粽子，做出的粽子要吃好几天。

六月的节日有六月初一，这个节日以前也是吴姓的人过的。但如前所述，现在吴姓改吃春社了。

六月初六，人们会在鼓楼坪拜菩萨驱鬼，还会吹芦笙、唱侗戏。各户还会出钱一起在鼓楼坪聚餐，类似百家宴。

马安寨不过七夕，不过七月十四。

八月十五会过中秋节。这里八月十五有干鱼塘的习俗，还要吃鱼生。而且和其他地方一样，也要吃月饼（从前寨上不做月饼，大家都是用茶油来换月饼的），八月十五的晚上，是本寨一支陈姓家族参拜土地公的时候。八月十五前后，还会有寨与寨之间的芦笙比赛。

九月初九会过重阳节，但是并不隆重。

十月的节日吴姓过的是十月二十六。这个节日是马安寨的吴姓和一部分杨姓要庆祝的。

本寨不过冬至节。

十一月有吃冬节，持续时间很长。这是个杨姓的节日。具体时间是十月三十日、十一月初一、十一月初四、十一月初五、十一月初七。

（六）传统技艺

1. 木工

本寨曾经有过很多有名的木匠，如修建程阳桥的木匠师傅陈栋梁、重建马安鼓楼的木匠师傅吴成芳等。现在本寨还有一些木匠师傅，如杨书雄、陈能秀等。杨书雄自家的木房，就是他自己一手营建的。

杨书雄是吴成芳的徒弟，他家里保存着完整的木匠工具。他说做木匠的并没有画图纸的习惯。就是凭着心中的图纸，他们建造起了一座又一座精美的房屋。

下面我们将介绍一些传统的木工工具（图版二十三）。

摆聒（侗语音），呈T字形，使用时卡在柱子上，测量柱子直径，可作为标准使用（图九—11）。

凿斧，用于凿洞（图九—12）。

墨斗，牛革制作，使用时戴在手腕上，随时蘸取墨汁划线（图九—13）。

木斗，山羊角制作，用于拉线（图九—14）。

长刨子，侧面使用，使木头表面平整，不固定位置（图九—15）。

短刨子，正面使用，使木头表面光滑（图九—16）。

斧子（图九—17）。

榔头，用于击打凿子（图九—18）。

图九—11　摆聒

图九—12　凿斧

图九—13　墨斗

图九—14　木斗

图九—15　刨子
（平整用）

图九—16　刨子
（光滑用）

图九—17　斧

图九—18　榔头

图九—19　圆规　　图九—20　揽弊系　　图九—21　凿　　图九—22　油筒　　图九—23　分寸尺与公
　　　　　　　　　　　　（左小右大）　　　（组合）　　　　　　　　　　　　　　　　　　　分尺

圆规，只在木头上使用，不能在砖上用，抽出中间的木片可以调整圆的半径（图九—19）。

揽弊系（侗语音），用于挖槽，上有刀片，可制作凹槽，没有正式名称，称呼时即叫做开槽的刨。长边可在制作棺材时固定位置（图九—20）。

凿子，共5个，均用于使木头表面光滑（图九—21）。

油筒，由于给刨子抹油，由棉布和竹子制成，向内部放入本地产茶油即可渗出，非常光滑（图九—22）。

尺子，分为公分尺和分寸尺，前者为现在计量单位，后者为以前的计量单位，建造程阳桥和鼓楼时均使用分寸尺，尺上表明一寸和五分，公分尺上亦标记分寸。长把用于测量直角（图九—23）。

从这些工具中，我们可以深刻地感受到马安寨木匠的智慧。由此我们也可以理解为什么侗族人民创造出这么多优秀的建筑作品了。

2. 制衣

从棉籽到衣服，大致要经历如下的流程：压榨去籽、弹棉花、纺纱、制线、织布、染布、晒布、捶布、裁衣。其中染布、晒布、捶布的过程会重复进行四五次。

染布的染料主要是一种草，草名的侗语音是蓝（图版二十四）。割了草之后，先捣碎，在大缸里泡两天。然后放石灰进去。量的话，草半缸多一点，水没过草就好，石灰一斤。然后用大的袋子，对这个缸中的东西进行过滤，水渗下来，流在另外一个缸里，渣就留在袋子里（图九—24）。这时流下来的水是有颜色的。再把布放在水流入的缸里，用水为布染色。染一次之后，把清水倒入袋子里，让渣再次浸在水里，通过布袋子流下来的水也可以用来染布。就这样染三四次后，染成的布料就可以拿去晒了。三十斤这样的渣能染足够做四件衣服的布料。八尺

图九—24　制成的用于染布的渣

图九—25　敲打侗布

布大概能做四五件衣服。

侗布染好晒过后，还有不断捶打的过程（图九—25）。捶打侗布是为了使得侗布更加光亮。

由于制衣只能在农闲的时候才能抽空做，整个过程可能会持续一年。这些过程可以完全由一户人家完成。

十、宗教与信仰

（一）风水

本寨在世的风水先生有陈永清、陈能先等。陈永清现年90岁，看风水有30多年的历史，但他不算命。寨中遇到婚丧嫁娶多请他来选定良辰吉日，房屋和坟墓（即阳宅和阴宅）的选址及朝向也由他帮着确定，他主要根据当事人的生辰八字推定。谈到师承问题时，他说这是祖传的，当时他学了三四年。他还会继续传给子孙，"如果其他人愿意学，我也会教"，陈永清说道。

陈能先现年71岁，既看风水，也算命。在给房屋看风水时，他说主要看房门和火塘的朝向，依据是甲子理论和五行学说。他对风水本身，甚为推崇，说家庭的兴衰贫富都取决于居室和祖坟风水的好坏。涉及马安寨的风水时，他谈到林溪河像一条龙，龙首就在马安寨，两个风雨桥（程阳桥和合龙桥）是龙的胡须，因而马安寨是块得天独厚的风水宝地。上文提到的周围山势像一匹马，马安寨因处于放置马鞍的位置而得名"马鞍"的说法也来源于他。他的这套风水理论也是祖传的，他也会继续传给后人。不过，"现在年轻人不爱学"，陈能先不无忧虑地说，"再加上破除迷信的教育，现在很多人都不相信风水"。之前，村民建房对大门朝向很讲究，最近二十来年，多数人变得很随意，不再迷信风水，而是根据实际出行便利的需要开设房门，有的房屋为了出行方便不止一个房门。

关于算命，他说："这不准，多是猜测的。"劝我们不要相信。

在传承问题上，他告诉我们，风水可以传给外人，但算命不向外传。

按照传统风水理论，正对道路的房屋转角或缺角处，要用"泰山石敢当"来抵挡煞气，以起到镇宅辟邪厌殃降妖的作用。马安寨中发现的"泰山石敢当"牌并不多，不足十块，有的放在家门口（图十一—1）或窗户旁边（图十一—2），有的置于房屋转角处。多是在长方形的木板上书以墨书。

图十一—1　门口"泰山石敢当"

图十一—2　窗户旁"泰山石敢当"

（二）祖先崇拜

很多人家的堂屋中原设有祖先牌位，这些牌位在20世纪60年代"破四旧"运动中被撤下，后来部分人家在原来祖先牌位的位置粘贴毛主席像。

（三）自然崇拜

马安寨主要信奉土地神，本寨有四个土地庙。20世纪60年代原有四庙被毁坏，现在看到的土地庙是后来在各自的原址附近重新建造的。据陈基泰回忆，程阳桥上原有五个神龛，其中有三个供奉土地公，土地公的塑像都有一米多高，这些神龛都在"文革"期间被毁坏。四个土地庙分属四个家族。陈能忠说："自家不会去祭拜别家的土地庙，别家也不会去祭拜自家的土地庙。"位于陈群帅家门口的土地庙属于吴氏家族（图十一—3），陈发三家附近的土地庙属于杨氏家族（图十一—4），剩下的位于陈志胜家附近（图十一—5）和杨生荣家附近（图十一—6）的那两个

图十—3　土地庙　　　　　　　　　图十—4　土地庙

图十—5　土地庙　　　　　　　　　图十—6　土地庙

土地庙分属于陈氏家族的两个分支。但是，近几年来各个姓氏家族只供奉自家土地庙的情况在逐渐变化，很多人家按就近原则选择土地庙上香。

现存的四个土地庙都极其简陋，多是用砖块、石板砌筑而成，既无塑像，也无神位。陈发三家和陈志胜家附近的土地庙前，各有一个易拉罐做成的香炉。陈群帅家附近的土地庙，最为简陋，仅仅有一个用石块堆砌而成的小平台，连个象征性的小屋都没有，更不论神像和牌位了[①]。

每个月的农历初一和十五，即朔、望两天，各家都要到土地庙进香烧纸，祭拜土地公。在大年三十和农历八月十五，村民也会到庙前供奉美食。不过，最近几年图于省时省事，部分人家在时间和次数上"偷工减料"，农历每月初一和十五并不祭拜土地公，而只在大年三十和农历八月十五前去供奉。也就是说，村民们在祭拜时间上有了随意和简化的趋向。

另外，小孩满月的时候也会祭拜土地公，具体情况上文已经叙述。

---

① 陈六瑞介绍，曾经搭建过小屋，但是由于对联写得不好被人嘲笑，自己拆掉。

（四）其他信仰

这里还供奉关公，合龙桥上就建有关公的塑像和龛位。在清明扫墓的时候，村民们经过合龙桥时，会拜一拜桥上的关公。农历的五月十三，也会去合龙桥上祭拜关公，原因是农历五月十三是当年建桥完工的日子，而关公在桥上，有镇水护桥之功。

至于为什么选择关公，多数村民都难以给出确切的信奉理由和来源，陈志东认为："关公只是一个英雄人物的象征罢了，没有什么特别的含义。由于关公比其他历史人物更加有名气，当地人大概只知道关公，对其他人物不了解，于是就选择了关公。"此为众多说法中的一种。

现在，时常有老人去合龙桥上给关公进香烧纸，但这只是少数的个人行为。

十一、保护与管理现状

（一）保护现状

在十多天的观察、走访过程中，对马安寨作为侗族村落文化景观的保护与管理有了大致的了解，总体而言，现状堪忧。侗族人民传统的生活面貌、生产方式、婚恋习俗、节庆文化、民俗习性等面临着严峻的考验。

1. 生活面貌

生活面貌的变化体现在服饰、住房、消遣方式等方面。

在服饰面貌上，侗族传统服饰面临着被现代服饰取代的危险，相应的制衣工艺有失传的隐患。侗族妇女自己种棉纺纱，用织布机织成白布，再用蓝靛染色，反复数十次，直至染成青黑色，经熏蒸后再用木棰反复捶打，最后裁剪、缝补制成侗衣。可见，侗衣的制作要经过一系列复杂的工序，真可谓"一丝一缕，物力维艰"。尽管侗衣穿着舒适，古朴美观，但也有着制衣工序繁多、耗时费力的缺点。随着商品化的发展，越来越多的人们选择购买衣服。在马安寨、岩寨、平寨等的走访中，我们发现除老年妇女仍穿着传统服饰外，其他人多穿着现代服饰。同时，也只有老年妇女还在辛勤地制作侗衣，多数中年妇女已不再、甚至不会制作侗衣。换言之，侗衣的制作工艺并未得到真的继承。这一点还可从工具上得到印证。尚存放有纺纱车、织布机的人家很有限，多数人家已闲置不用，甚至已将其拆除烧掉。

在居住面貌上，传统的纯木质结构的吊脚楼也面临着被砖构建筑取代的危险，相应的木构建筑工艺的传承问题也不容轻视。

侗族人民的传统建筑为纯木结构的吊脚楼，以杉木作为主要材料，不用铁钉，完全靠榫卯连接。杉木生长快，材质好，而且抗虫耐腐，易于加工。木构建筑有着居住舒适、冬暖夏凉、防噪抗震的优点，为侗家人们所喜爱。然而，随着城镇化和新农村建设的推进，越来越多的水泥砖房在林溪河两岸拔地而起。据马安村民所述，为了更好地吸引外地游客、进行旅游开发，上级领导要求寨中民居一律为木构建筑，当地人不得已采用了砖外包木这种"偷梁换柱"的方法。其实，这种砖木混杂结构已失去传统木楼的精神和内涵。但是，即使在政府政策的强力推行下，依然有部分人家在砖房外表镶嵌瓷砖。更值得注意的是，在马安鼓楼后面有一家外抹水泥的砖房高达六层，如此高高耸立的现代建筑在一片传统民居中异常夺目、分外扎眼。

目前，还掌握木构建筑工艺的以老年人居多，年轻人多数不会，也不愿意学习。不愿意学习的原因大概是建造木房工序繁多，技术不易掌握；而且，不如外出务工挣钱更快捷更高效。

电视等现代讯息工具的流行，使得人们的休闲生活发生了重大变化。在电视进入村寨之前，人们的主要消遣方式是到鼓楼和风雨桥乘凉、聊天。如今，尽管部分老人还会到鼓楼、风雨桥谈心，但人数已明显减少，很多人选择在家看电视。甚至，平寨还上演过一出闹剧：召集村民开会，已过开会时间，还有很多人没有到场，负责人不得不采取关闭电视信号的措施，之后，村民们才陆续到达会场。

2. 生产方式

随着越来越多的年轻人到外地务工，经济上有了可靠来源，传统的侗族生产方式发生了明显的变化。

之前，为浇灌稻田除了挖渠引水等方式外，在河边建造水车将河水运至河岸稻田是一个重要途径。而且，水车不仅代表着中华先民的聪明智慧，也是西南水田一道亮丽的风景，颇受游人喜爱和注目。如今，在程阳桥附近除部分水车还在发挥作用外，有几辆已完全废弃，林溪河上游河段（马安寨内）的几辆水车也已经消失。2013年夏季，马安寨出现旱灾，多数稻田发生干裂，部分村民集资买了一台抽水机，很显然抽水机比起水车更高效，且不需特别维护（水车1～2年就要维修、更换，因为木头长期泡在水中会腐烂）。有理由相信，在不久的将来，抽水机将承担更多的浇灌责任，水车也将变得更稀有更罕见。

以前侗族人民的种田方式是牛耕作业，经济上富足之后，部分人家开始购买拖拉机等现代机械化工具。现在马安村民家中鲜见养牛，传统的稻田水牛（或黄牛）耕作图不复存在。对稻米去壳的传统方式是舂米，现在这种设备已被脱粒机取代。多数家中已无舂米用的木杵等木质工具，石臼由于不易损坏会在树荫下、房屋旁偶尔见到。

3. 婚恋习俗

年轻人多外出务工，寨中出现了年轻人的"空白"，由此，与年轻人有关的婚恋活动也开始变味和简化。行歌坐夜的恋爱习惯和不落夫家的结婚习俗开始逐步退出人们的生活舞台。

年轻男子多常年在外，增加了认识外地女子的几率，行歌坐夜逐渐被自相认识、自由交往所取代；同时不落夫家也正因为年轻人居家时间短（一般只在过春节时回家一段时间），也丧失了赖以依存的时间保证。

4. 节庆文化

侗族号称有"百节"，有时一个月都要过好多次节日，节日里也举办隆重的节庆活动。随着年轻人外出务工的增多，留在寨中的老人、妇女开始"偷工减料"，具体表现是节日数量的减少，节庆活动的变质。如上文所言，节日数量已降至十余个。节庆活动的变质，体现在部分活动已丧失娱乐身心、增进感情、庆祝节日的本意，逐渐沦为为服务游客而举办的商业活动。比如，吹芦笙表演按照传统是有特殊的时间限制的，如今，为了迎合游客，每天可举办三次吹芦笙的歌舞表演。

5. 民族习性

受旅游开发和商业化的冲击，侗家儿女的热情好客、善良淳朴的民族习性开始出现利益化、商业化的倾向。

马安寨处于程阳八寨景区的必经要地，位置重要，游人如织，此地商铺林立，商业化的色彩极为浓烈。开设商店售卖礼品赚取收入，可作为村民脱贫致富的一条途径，本无可厚非，但表现出的一种扭曲心理却值得人们深思。在鼓楼里访谈时，一个老汉提着功德箱，逼着我们捐款，并明码要价"每人五块"。在我们想进入鼓楼坪旁的一家店铺以了解商业情况时，女店主说道："不买店里的东西还有什么可谈的啊？"不得已我们只好买了几瓶水算作访谈前的"酬劳"。还有，在路边遇到小姑娘吹葫芦丝卖艺，我们准备拍照时，小姑娘正经地说："拍照要收钱，一张十块！"在拍一户典型人家时，坐在家门口的八十余岁老太太说："拍照需给两块钱。"如此之事，并不少见。当然，或许这是一种戏谑心理，或许这是一种个别现象，但能多次出现，很值得关注。

综上，侗族村寨文化景观的真实性和完整性受到了极大冲击。只有老年妇女还在穿着传统服饰，里砖外木、表里不一的房屋建筑，痴迷于看电视等现代娱乐方式，使用抽水机、拖拉机、脱粒机等现代农业生产工具，民族习性的变化等都是侗族村落遗产不再"真实"的表现；行歌坐夜和不落夫家的丧失，节日数量的减少，完整性受到破坏。

（二）影响保护原因探讨

1. 外出务工

外出务工是导致侗族村寨受到破坏的内部原因，也是最直接最重要的原因。外出务工多为年轻人，由此造成了寨中常住人口发生了结构性的变化，出现了年轻人的"空白"。寨中很多活动与技艺需要年轻人继承，但年轻人的缺失无疑会造成很多活动精简乃至取消，很多技艺面临着失传的危险。

另一方面，外出务工为家庭增加了经济来源，提高了村民的生活水平。从遗产保护的角度看，村民们的增收致富有一定负面效应。有了可靠的经济基础，村民有能力购买拖拉机、抽水机、脱粒机、电视机、电冰箱、洗衣机等现代设备，如此，传统农业社会的生活面貌变得现代化、电气化、机械化；传统的稻田牛耕图、水车旋转引水图、纺纱织布图、河边捶布洗衣图逐渐退出人们的视野，成为记忆中的画面。

解决这一问题的关键在于，吸引年轻人返乡回寨；而要让年轻人长住寨中，必须要为当地村民提供更多的就业机会，使得年轻人在寨中有活干、有钱赚。如何在寨中扩大就业、吸引村民本地务工，是政府要审慎思虑的问题。

2. 旅游开发

旅游开发是造成侗族村寨被破坏的外部原因，是制约保护的重要因素。二十余年的旅游开发，马安寨宾馆林立、餐馆云集，鳞次栉比错落有致的侗族民居到处充斥着商业的气息。传统吊脚木楼构成的村落景观开始变色。显眼的招牌，飘扬的酒旗，提着礼品到处推销的老太太，商业化的歌舞表演、篝火晚会、百家宴等，吸引着遗产保护研究者的眼球。

马安寨内已经建有包括酒坊、茶坊、民俗展示在内的各类商店及展示中心供游客了解侗族文化，以前也有歌舞表演在鼓楼坪进行。然而，这些展示大多以经济利益为中心，而且缺乏新意，多是对其他村寨和旅游景区的模仿。对于本地侗家饮食、服饰、宗教文化的挖掘并不深入。很多面向游客的民俗活动仅仅作为一种符号，在预设好的舞台上进行表演，不再具有生活中原有的意义和功能，更有可能已经对其进行了夸张和放大，比如程阳桥成为程阳八寨乃至三江县对外宣传的符号化工具。这种表演式的民俗活动恐怕也不可避免会影响村民们对自身文化的理解。目前，歌舞表演虽然移到平寨进行，然而演员大多出自马安寨，每天日复一日的表演会不会使他们对侗族歌舞产生厌烦之情？又能否为游客带来真实的侗族风情？而一些表演在常态化之后是否本身就是对传统文化的背离？比如侗家的习俗是每年特定月份吹奏芦笙，而这里的芦笙表演却是全年均在进行，从不间断。于是，民俗表演实际上已经对侗族文化带来了巨大冲击。

马安寨由于地理位置好，临近景区入口，多家开有商店、饭店、茶馆、酒馆、旅馆等，显然比起其他寨子更易赚钱更先富裕，各寨之间的贫富差距已然拉开。同时，寨子内部有经商头脑、占尽地利人和的村民开始率先富裕起来，经济条件上的平衡逐渐被打破。部分人家建有气派豪华的高楼大房，有的甚至开有集吃饭、住宿于一体的豪华大酒店，如程阳观景酒店，里面的住宿条件堪比大城市的星级酒店。这些高楼没有雄厚的财力是建不成的。与此形成鲜明对照的是，部分人家还住在几百年前的老房子里面，昏暗潮湿，没有足够财力维修、补建。

相对闭塞的山寨，被开发成旅游景区，随之而来的就是昔日的共同富裕被贫富分化取代，昔日友善好客的淳朴民风也有所改变。

这里还有一个具体因素，那就是旅游管理制度不健全。

尽管马安寨已经发展旅游多年，然而管理制度的不健全却也制约着这里的发展。在程阳桥上，随处可见商家在两侧座椅上销售商品，这种在全国重点文物保护单位上卖纪念品的行为似乎并不多见。一方面，这些商品大多没有包装，很多根本没有侗族特色，在全国各地旅游景区随处可见；另一方面，有些商贩一路追随游客兜售商品，既影响游客专心赏景，又给游客留下了商业气息浓厚的不良印象。

此外，程阳桥景区内基础设施较为健全，然而很多设施仅仅由政府设立，村民们并不配合，出现了停车场作为商店，公厕归为私有的现象，许多公共设施沦为摆设。同时，寨内的各种广告牌、标语牌没有统一规范，非常混乱。

当然，这里并不是全盘否定旅游开发，旅游开发也并非一无是处，比如旅游开发会给当地百姓带来一定收益，外来游客也会对文化遗产的保护起到监督作用。这里的关键问题是，如何在外地游客进入寨中观赏景观的同时，能最大程度地减少遗产保护被干扰和冲击，以保证侗族遗产的真实性、纯洁性和完整性？还有，如何规范市场秩序，如何平衡旅游收入，如何拉近贫富差距等等，都是要面临的急迫问题。

3. 村民本身对现代文明的渴望与追求

人类社会发展的方向必然是由低级到高级、由简单到复杂、由单一到多元，机械化、自动化是现代文明的标志。侗族人民对现代文明充满了渴望和追求，因为使用拖拉机、脱粒机机械劳动显然比牛耕、舂米的手工劳动更快捷更省力。当经济条件有所改善时，人们也很希望坐在家中吹着风扇看着电视，在丰富自己娱乐生活的同时，以期对外部世界有更多了解。

在现代化和城市化的浪潮下，很多老年人不愿将自己的木工技艺、纺织工艺等传给后代，不愿让子孙太过辛苦劳累；而年轻人更热衷于到外地打工，只要有了钱就可以买砖建房，就能直接购买衣服以取代低效复杂的手工制衣劳动。

作为人类社会组成部分的侗族人民有追求现代文明的权力和要求，对外人来讲，无权力也无能力阻止村民对现代文明的追求和向往。如此就产生一个矛盾，站在侗族人民的角度来看，需要不断摈弃自己的文化传统，向现代文明积极靠拢以提高自己的生活水平；站在遗产保护者的角度来看，侗族人们最好能更多地保留自己的文化传统，并对现代化有所抵制，至少放慢自己实现现代化的脚步。如何协调这一矛盾，如何在让侗族村民分享现代文明成果、提高生活水平的同时，还能保护、传承自己优秀的传统文化遗产，是摆在遗产保护研究者面前不可回避的难题。

4. 砖房和木包砖房对村寨景观的冲击

目前，马安寨内大多数民居的一层墙体均采用内层用砖砌成，外层包裹木头的建造方式，这其实也是侗族传统木质民居与现代砖房融合后的权宜之计。这种表面看来"修旧如旧"的做法只是将现代建筑包裹上不合时宜的外衣。我们认为砖房的增加主要由两方面原因：一是客观原因，木房虽然更舒适凉爽，但不能防火防潮，而砖房显然更有利于居民在楼内建造猪圈、厨房、厕所、浴间等现代化设施；二是主观原因，村民们与外部世界的接触增多之后，逐渐认同了大城市的建筑风格与生活习惯，也就必然会不自觉地进行模仿。

此外，随着旅游业的开发，马安寨的旅馆逐渐增多，而传统侗族民居因为层数低，房间少，显然难以适应旅馆的住宿要求，高层楼房不可避免。另一方面，游客们既想体验侗族传统生活，也想有舒适的住宿条件，于是旅馆的房屋只能向大多数游客所习惯的砖瓦房靠近，以服务游客。因而，传统民居与发展旅游陷入矛盾境地。

不可否认的是，大多数村民对于建造木房尚有一定热情，在这种情况下如果能够引入科技手段对传统木房进行改造，似乎不失为一个解决方法。如果选择的新型材料既能延续历史景观，又能得到村民在经济和心理上的接受，那就可以两全其美。比如，在墙体中采用空气间层保温隔热等等，既可以保证木质结构不改变，又可以通过政府补贴尽可能降低房屋造价。

新型材料必然会给寨内民居带来不可逆转的转变，然而村寨保护毕竟是一个动态的过程，我们不能阻断其发展以满足现代人对异域的渴望。静态保护已经式微，保护的基本目的不是留住时光和简单的物质形态，而是要协调各种力量，为生活在此的人创造更美好的生活。一个村寨的特色并不是指延续已经破败的木屋或是试图重建传统形制，这也无异于痴心妄想。旧特色一旦改变已经不可逆转，而新特色不可能加诸其上。

5. 利益冲突

在程阳桥景区进行资本化运营之后，多方利益诉求点的不同导致村民、景区管理公司、政府三方产生了难以调和的矛盾，这恐怕也是制约旅游发展的最大障碍。对于村民与旅游公司而言，后者虽然已经将景区门票提高为每张60元，却没有将高额利润与村民共享。门票不断提高之后，很可能导致游客减少，进一步导致了寨内旅游业的衰退。对于村民和政府而言，后者的强硬规定和举动不考虑村民的实际情况，已经使得村民感到马安寨不再属于自己。比如在马安寨重建戏台时，很多村民就认为戏台即便重建，也只能像永济桥一样"成了人家的摇钱树"。对于旅游管理公司和政府而言，前者强调开发利用，后者希望保护遗产，两方利益侧重点的不同必然导致矛盾的产生。

十二、结语

（一）完整的河谷地带侗族村寨布局模式

本寨居住区、农田、林地分区完整，但墓地分布零散，也没有专门的仓储区。本寨基本依照自然形势建造，人为设计的成分并不太多。本寨原本有寨门和寨墙，但是都在20世纪60年代被毁掉了。总体而言，本寨村寨布局模式还是比较完整的。

（二）延续性较好的传统侗族典型建筑木工工艺

本寨仍保存有很多木结构的建筑，可以为研究木结构建筑的建造和形制提供很好的素材。此外，本寨还有不少木匠师傅在世，他们不但保存有较完整的木工工具，而且都有独立营建房屋的能力。所以本寨木工工艺还有一定的延续性。

（三）保留纯正的传统侗民族生活方式

本寨人把自己的生活与当地的自然地理环境融为一体，体现了人与自然的完美结合。虽然近年来，本寨受外来文化冲击较大，但是从整体上看，本寨仍然保留着许多传统侗民族生活方式，值得我们研究保护。

（四）景观的多样性与协调性

马安寨内的文化景观多种多样，包括风雨桥、鼓楼、戏台、古井、井亭以及各式传统民居，以鼓楼为中心，通过街巷空间巧妙串联，有移步换景之感。马安寨内的街巷宽窄不一，根据空间的变化收放自如，进一步增添了整体层次感。此外，寨内的自然景观亦是和谐自然，与人文景观巧妙结合。村寨临水而居，林溪河蜿蜒而来环寨而去，寨内散落的鱼塘进一步调节了民居的组团空间。这些静止的景观从一个侧面体现出传统文化的传承。

附录一：主要访问对象

马安寨：

陈基光，男，1944年生。他基本没有离开过马安寨，之前曾经当过几年村委会副主任。从1977年开始，还当过七年或者八年的民兵营长。

陈志东，男，生于1952年，1971-1976年在海南岛当兵。复员回乡第二年成为小学老师，直到今天。

吴周群（音），女，2013年59岁。她17岁的时候就有了第一个孩子。访谈她的时候，她正在染布。

杨军伦，男，1983年生。早些年曾经在北京当兵，复员回家后从事茶叶生意。

杨云路，男，43岁。初中毕业后就为了家里的生计而出去打工，中间变换了很多工种，经历异常丰富。现在由于孩子都长大出去打工了，所以就留在了村子里，担任马安表演队的副队长。

杨永清，男，刚刚90岁，一直在村子里务农，没有离开过。他的妻子也90岁了，是程阳大寨的人。村中上90岁的男性村民，只有他一个。杨永清18岁结婚，换算成公元纪年的话，大概就是1941年。杨永清还是一个风水师，看风水已经30年了，可看阴宅阳宅但是不算命。

陈能秀，男，61岁，是陈永清的儿子。他是村里的木匠。

吴珍海，男，在1977年的时候他二十多岁三十岁，那时候在乡政府工作。

陈六瑞，男，1963年6月出生。1995-2006年期间，为供应子女上学而到广东省广州市番禺区打工，做陶瓷地板砖。随后回到寨子里从事农业生产。

陈发三，男，64岁，是村寨上的猎人，现在经营村寨上的一个家庭旅馆。

陈基泰，男，83岁，他17岁的时候学过侗戏，并且一直唱到20多岁。

陈能学，男，1949年生，从前曾经当过款师。陈能学也曾经长期担任村干部。

陈能元，男，80岁，陈能元的妻子今年77岁。在陈能元二十多岁的时候，曾经从县文化馆里买书自学风水，然后在风水方面又得到了房族里的叔叔陈永清和自己父亲的指导。二十多年前，也就是50多岁的时候，陈能元在融安的种子公司工作。陈能元也曾经加入过民运会的芦笙队。

陈群利，女，36岁。初中毕业。

陈能先，男，71岁。能看风水，也给人算命。曾做八年村干部。

陈群帅，男，51岁，木匠。

陈能忠，男，61岁，清洁工。曾在云南打工三年。

岩寨：

陈景能，男，72岁。观景酒店老板的父亲，对马安寨的道路了解甚多。

调查组成员：徐团辉、温筑婷、张夏、李唯、张予南

访谈：徐团辉、温筑婷、张夏、李唯、张予南

制图：徐团辉、温筑婷、张夏、李唯、张予南

摄影：徐团辉、温筑婷、张夏、李唯、张予南

初稿执笔：徐团辉、温筑婷、张夏、李唯、张予南